U0448275

西政文库·青年篇

民事公益侵害阻断程序研究

丁宝同 著

商务印书馆
2020年·北京

图书在版编目(CIP)数据

民事公益侵害阻断程序研究 / 丁宝同著. — 北京：商务印书馆，2020
（西政文库）
ISBN 978-7-100-18363-5

Ⅰ.①民… Ⅱ.①丁… Ⅲ.①民事诉讼－诉讼程序－研究－中国 Ⅳ.①D925.118.04

中国版本图书馆CIP数据核字（2020）第068215号

国家社会科学基金项目结项成果
项目名称："民事公益侵害阻断程序研究"
项目批准号：13CFX065
结项证书号：20170586

权利保留，侵权必究。

西政文库
民事公益侵害阻断程序研究

丁宝同 著

商务印书馆出版
（北京王府井大街36号　邮政编码 100710）
商务印书馆发行
三河市尚艺印装有限公司印刷
ISBN 978-7-100-18363-5

2020年6月第1版	开本 680×960　1/16
2020年6月第1次印刷	印张 23　1/4

定价：72.00元

西政文库编委会

主　任：付子堂

副主任：唐　力　周尚君

委　员：（按姓氏笔画排序）

龙大轩　卢代富　付子堂　孙长永　李　珮

李雨峰　余劲松　邹东升　张永和　张晓君

陈　亮　岳彩申　周尚君　周祖成　周振超

胡尔贵　唐　力　黄胜忠　梅传强　盛学军

谭宗泽

总　序

"群山逶迤，两江回环；巍巍学府，屹立西南……"

2020年9月，西南政法大学将迎来建校七十周年华诞。孕育于烟雨山城的西政一路爬坡过坎，拾阶而上，演绎出而今的枝繁叶茂、欣欣向荣。

西政文库以集中出版的方式体现了我校学术的传承与创新。它既展示了西政从原来的法学单科性院校转型为"以法学为主，多学科协调发展"的大学后所积累的多元化学科成果，又反映了学有所成的西政校友心系天下、回馈母校的拳拳之心，还表达了承前启后、学以成人的年轻西政人对国家发展、社会进步、人民福祉的关切与探寻。

我们衷心地希望，西政文库的出版能够获得学术界对于西政学术研究的检视与指引，能够获得教育界对于西政人才培养的考评与建言，能够获得社会各界对于西政长期发展的关注与支持。

六十九年前，在重庆红岩村的一个大操场，西南人民革命大学的开学典礼隆重举行。西南人民革命大学是西政的前身，1950年在重庆红岩村八路军办事处旧址挂牌并开始招生，出生于重庆开州的西南军政委员会主席刘伯承兼任校长。1953年，以西南人民革命大学政法系为基础，在合并当时的四川大学法学院、贵州大学法律系、云南大学法律系、重庆大学法学院和重庆财经学院法律系的基础上，西南政法学院正式成立。中央任命抗日民族英雄，东北抗日联军第二路军总指挥、西南军政委员会政法委员会主任周保中将军为西南政法学院首任院长。1958年，中央公安学院重庆分院并入西南政法学院，使西政既会聚了法学名流，又吸纳了实务精英；既秉承了法学传统，又融入了公安特色。由此，学校获誉为新中国法学教育的"西南联大"。

20世纪60年代后期至70年代，西南政法学院于"文革"期间一度停办，老一辈西政人奔走呼号，反对撤校，为保留西政家园不屈斗争并终获胜利，为后来的"西政现象"奠定了基础。

20世纪70年代末，面对"文革"等带来的种种冲击与波折，西南政法学院全体师生和衷共济，逆境奋发。1977年，经中央批准，西南政法学院率先恢复招生。1978年，经国务院批准，西南政法学院成为全国重点大学，是司法部部属政法院校中唯一的重点大学。也是在70年代末，刚从"牛棚"返归讲坛不久的老师们，怀着对国家命运的忧患意识和对学术事业的执着虔诚，将只争朝夕的激情转化为传道授业的热心，学生们则为了弥补失去的青春，与时间赛跑，共同创造了"西政现象"。

20世纪80年代，中国的法制建设速度明显加快。在此背景下，满怀着憧憬和理想的西政师生励精图治，奋力推进第二次创业。学成于80年代的西政毕业生们成为今日我国法治建设的重要力量。

20世纪90年代，西南政法学院于1995年更名为西南政法大学，这标志着西政开始由单科性的政法院校逐步转型为"以法学为主，多学科协调发展"的大学。

21世纪的第一个十年，西政师生以渝北校区建设的第三次创业为契机，克服各种困难和不利因素，凝心聚力，与时俱进。2003年，西政获得全国首批法学一级学科博士学位授予权；同年，我校法学以外的所有学科全部获得硕士学位授予权。2004年，我校在西部地区首先设立法学博士后科研流动站。2005年，我校获得国家社科基金重大项目（A级）"改革发展成果分享法律机制研究"，成为重庆市第一所承担此类项目的高校。2007年，我校在教育部本科教学工作水平评估中获得"优秀"的成绩，办学成就和办学特色受到教育部专家的高度评价。2008年，学校成为教育部和重庆市重点建设高校。2010年，学校在"转型升格"中喜迎六十周年校庆，全面开启创建研究型高水平大学的新征程。

21世纪的第二个十年，西政人恪守"博学、笃行、厚德、重法"的西政校训，弘扬"心系天下，自强不息，和衷共济，严谨求实"的西政精神，坚持"教学立校，人才兴校，科研强校，依法治校"的办学理念，推进学校发展取得新成绩：学校成为重庆市第一所教育部和重庆市共建高校，入选首批卓越法律人才教育培养基地（2012年）；获批与英国考文垂大学合作举办法学专业本科教育项目，6门课程获评"国家级精品资源共享课"，两门课程获评"国家级精品视频公开课"（2014年）；入选国家"中西部高校基础能力建设工程"院校，与美国凯斯西储大学合作举办法律硕士研究生教育项目（2016年）；法学学科在全国第四轮学科评估中获评A级，新闻传播学一级学科获博士学位授权点，法律专业硕士学位授权点在全国首次专业学位水平评估中获评A级，经济法教师团队入选教育部"全国高校黄大年式教师团队"（2018年）；获第九届世界华语辩论锦标赛总冠军（2019年）……

不断变迁的西政发展历程，既是一部披荆斩棘、攻坚克难的拓荒史，也是一部百折不回、逆境崛起的励志片。历代西政人薪火相传，以昂扬的浩然正气和强烈的家国情怀，共同书写着中国高等教育史上的传奇篇章。

如果对西政发展至今的历史加以挖掘和梳理，不难发现，学校在教学、科研上的成绩源自西政精神。"心系天下，自强不息，和衷共济，严谨求实"的西政精神，是西政的文化内核，是西政的镇校之宝，是西政的核心竞争力；是西政人特有的文化品格，是西政人共同的价值选择，也是西政人分享的心灵密码！

西政精神，首重"心系天下"。所谓"天下"者，不仅是八荒六合、四海九州，更是一种情怀、一种气质、一种境界、一种使命、一种梦想。"心系天下"的西政人始终以有大担当、大眼界、大格局作为自己的人生坐标。在西南人民革命大学的开学典礼上，刘伯承校长曾对学子们寄予厚望，他说："我们打破旧世界之目的，就是要建设一个人民的新世界……"而后，从化龙桥披荆斩棘，到歌乐山破土开荒，再到渝北校区新建校园，几代西政人为推进国家的民主法治进程矢志前行。正是在不断的成长和发展过程中，西政见证了新中国法学教育的涅槃，有人因此称西政为"法学黄埔军校"。其实，这并非仅仅是一个称号，西政人之于共和国的法治建设，好比黄埔军人之于那场轰轰烈烈的北伐革命，这个美称更在于它恰如其分地描绘了西政为共和国的法治建设贡献了自己应尽的力量。岁月经年，西政人无论是位居"庙堂"，还是远遁"江湖"，无论是身在海外华都，还是立足塞外边关，都在用自己的豪气、勇气、锐气，立心修德，奋进争先。及至当下，正有愈来愈多的西政人，兼顾家国情怀和全球视野，在国外高校的讲堂上，在外交事务的斡旋中，在国际经贸的商场上，在海外维和的军营里，实现着西政人胸怀世界的美好愿景，在各自的人生舞台上诠释着"心系天下"的西政精神。

西政精神，秉持"自强不息"。"自强不息"乃是西政精神的核心。西政师生从来不缺乏自强传统。在20世纪七八十年代，面对"文革"等带来的发展阻碍，西政人同心协力，战胜各种艰难困苦，玉汝于成，打造了响当当的"西政品牌"，这正是自强精神的展现。随着时代的变迁，西政精神中"自强不息"的内涵不断丰富：修身乃自强之本——

尽管地处西南，偏于一隅，西政人仍然脚踏实地，以埋头苦读、静心治学来消解地域因素对学校人才培养和科学研究带来的限制。西政人相信，"自强不息"会涵养我们的品性，锻造我们的风骨，是西政人安身立命、修身养德之本。坚持乃自强之基——在西政，常常可以遇见在校园里晨读的同学，也常常可以在学术报告厅里看到因没有座位而坐在地上或站在过道中专心听讲的学子，他们的身影折射出西政学子内心的坚守。西政人相信，"自强不息"是坚持的力量，任凭时光的冲刷，依然能聚合成巨大动能，所向披靡。担当乃自强之道——当今中国正处于一个深刻变革和快速转型的大时代，无论是在校期间的志愿扶贫，还是步入社会的承担重任，西政人都以强烈的责任感和实际的行动力一次次证明自身无愧于时代的期盼。西政人相信，"自强不息"是坚韧的种子，即使在坚硬贫瘠的岩石上，依然能生根发芽，绽放出倔强的花朵。

西政精神，倡导"和衷共济"。中国司法史上第一人，"上古四圣"之一的皋陶，最早提倡"和衷"，即有才者团结如钢；春秋时期以正直和才识见称于世的晋国大夫叔向，倾心砥砺"共济"，即有德者不离不弃。"和衷共济"的西政精神，指引我们与家人美美与共：西政人深知，大事业从小家起步，修身齐家，方可治国平天下。"和衷共济"的西政精神指引我们与团队甘苦与共：在身处困境时，西政举师生、校友之力，攻坚克难。"和衷共济"的西政精神指引我们与母校荣辱与共：沙坪坝校区历史厚重的壮志路、继业岛、东山大楼、七十二家，渝北校区郁郁葱葱的"七九香樟""八零花园""八一桂苑"，竞相争艳的"岭红樱"、"齐鲁丹若"、"豫园月季"，无不见证着西政的人和、心齐。"和衷共济"的西政精神指引我们与天下忧乐与共：西政人为实现中华民族伟大复兴的"中国梦"而万众一心；西政人身在大国，胸有大爱，遵循大道；西政人心系天下，志存高远，对国家、对社会、对民族始终怀着强烈的责任感和使命感。西政人将始终牢记：以"和衷共济"的人生态度，以人类命运共同体的思维高度，为民族复兴，为人类进步贡献西政人的智慧和力量。这是西政人应有的大格局。

西政精神，着力"严谨求实"。一切伟大的理想和高远的志向，都需要务实严谨、艰苦奋斗才能最终实现。东汉王符在《潜夫论》中写道："大人不华，君子务实。"就是说，卓越的人不追求虚有其表，有修养、有名望的人致力于实际。所谓"务实"，简而言之就是讲究实际，实事求是。它排斥虚妄，鄙视浮华。西政人历来保持着精思睿智、严谨求实的优良学风、教风。"严谨求实"的西政精神激励着西政人穷学术之浩瀚，致力于对知识掌握的弄通弄懂，致力于诚实、扎实的学术训练，致力于对学习、对生活的精益求精。"严谨求实"的西政精神提醒西政人在任何岗位上都秉持认真负责的耐劳态度，一丝不苟的耐烦性格，把每一件事都做精做细，在处理各种小事中练就干大事的本领，于精细之处见高水平，见大境界。"严谨求实"的西政精神，要求西政人厚爱、厚道、厚德、厚善，以严谨求实的生活态度助推严谨求实的生活实践。"严谨求实"的西政人以学业上的刻苦勤奋、学问中的厚积薄发、工作中的恪尽职守赢得了教育界、学术界和实务界的广泛好评。正是"严谨求实"的西政精神，感召着一代又一代西政人举大体不忘积微，务实效不图虚名，博学笃行，厚德重法，历经创业之艰辛，终成西政之美誉！

"心系天下，自强不息，和衷共济，严谨求实"的西政精神，乃是西政人文历史的积淀和凝练，见证着西政的春华秋实。西政精神，在西政人的血液里流淌，在西政人的骨子里生长，激励着一代代西政学子无问西东，勇敢前行。

西政文库的推出，寓意着对既往办学印记的总结，寓意着对可贵西政精神的阐释，而即将到来的下一个十年更蕴含着新的机遇、挑战和希望。当前，学校正处在改革发展的关键时期，学校将坚定不移地以教学为中心，以学科建设为龙头，以师资队伍建设为抓手，以"双一流"建设为契机，全面深化改革，促进学校内涵式发展。

世纪之交，中国法律法学界产生了一个特别的溢美之词——"西政现象"。应当讲，随着"西政精神"不断深入人心，这一现象的内涵正在不断得到丰富和完善；一代代西政校友，不断弘扬西政精神，传承西政文化，为经济社会发展，为法治中国建设，贡献出西政智慧。

是为序。

西南政法大学校长，教授、博士生导师
教育部高等学校法学类专业教学指导委员会副主任委员
2019 年 7 月 1 日

自　序

民事诉讼制度之"公益"价值目标可一分为二:"集合性公益"和"纯粹性公益"。基于其间之本质差异,承载二者的制度逻辑和程序原理必须区分。在以私益救济为本质目标的传统民事诉讼制度体系中,为满足对"集合性公益"的救济需求,以共同诉讼为基础又形成了代表人诉讼、选定当事人诉讼、集团诉讼、示范性诉讼(实验性诉讼)、团体诉讼等诉讼模式。因其以当事人(或利害关系主体)数量众多为共同特征,故学界又习惯性统称为"群体性诉讼"。它们依托于"诉讼担当"或"诉讼信托"之程序原理而得以融入传统民事诉讼制度体系,并且开始超越传统民事诉讼模式之私益属性而承载一定意义上之公益属性特征。但其公益化的程度有所区别:代表人诉讼与选定当事人诉讼仍坚守私益属性原理,仅通过技术性规则间接实现程序效果的公益性扩张;集团诉讼和示范性诉讼(实验性诉讼)为实现程序效果之公益性扩张而采用的技术性规则更为激进,已经在酝酿突破私益属性原理的可能;团体诉讼则聚焦于群体性案件中所蕴含之"集合性公益"的不可分性和扩张性,并通过"停止侵害之诉"或"撤销之诉"的诉请形态直接实现程序效果的公益性扩张,其制度功能处于"集合性公益"与"纯粹性公益"的临界状态,在广义上属于公益侵害阻断程序的范畴。

2012年我国《民事诉讼法》第二次修正后新增第55条规定:"对

污染环境、侵害众多消费者合法权益等损害社会公共利益的行为，法律规定的机关和有关组织可以向人民法院提起诉讼。"2017年该法第三次修正时又于该条增加第二款："人民检察院在履行职责中发现破坏生态环境和资源保护、食品药品安全领域侵害众多消费者合法权益等损害社会公共利益的行为，在没有前款规定的机关和组织或者前款规定的机关和组织不提起诉讼的情况下，可以向人民法院提起诉讼。前款规定的机关或者组织提起诉讼的，人民检察院可以支持起诉。"学界普遍认为，其于基本立法层面确立了"民事公益诉讼程序"，但究其本质，实为对团体诉讼制度理念的借鉴。由此，基于团体诉讼之制度理念而扩大担当性公益诉权之适用范围的发展趋势得以形成。而在立法层面，为实现对"纯粹性公益"的系统性制度承载，就不能再局限于对团体诉讼之制度理念的借鉴，而应系统构建以之为模本的"公益侵害阻断程序"。

作为一个全新的制度命题，"公益侵害阻断程序"尚未进入常规之诉讼程序类型范畴，亦有待于逐步融入传统之民事诉讼法学理论体系。该制度范畴的创设涉及四个逻辑层次：

首先，明确其程序法理属性，定位其基本制度功能。在"诉讼程序 VS 非讼程序"之封闭性二元程序分类模式之下，"公益侵害阻断程序"是一个特例，它兼具传统之"非讼程序"与"诉讼程序"的双重属性；其以承载"纯粹性公益"之价值目标为本质特征，不以对个体性民事损害的具体赔偿为本质目的，基本功能定位于"为避免社会之'纯粹性公益'遭受难以弥补的损失或难以挽回的后果而禁止相应主体实施其可能实施的侵害行为、要求其立即停止正在实施的侵害行为或立即采取消除危险、排除妨碍、恢复原状的积极措施"。

其次，以对其"适用范围""诉请与裁判范围"和"与私益损害赔偿诉讼的关系"三项先决性程序要素的准确定位为基础，就其立法体例作出恰当选择。确立"公益侵害阻断程序"，其于立法层面的定位应介于诉讼程序和非讼程序之间;就其立法体例,应选择置于民事诉讼法典内部,与"第十五章 特别程序""第十七章 督促程序"和"第十八章 公示催告程序"并列的方案;可在现行立法之"第十四章 第二审程序"与"第十五章 特别程序"之间增设一章,命名为"第 × 章 公益侵害阻断程序"。

再次,以其程序启动主体类型为标志要素,就其制度模式作出正当性取舍。根据程序启动主体的类型,其制度方案可分为"公益性民间组织提起""检察机关提起""行政机关提起"和"公民个人提起"四种基本形态;我国应兼顾这四种方案,采取正文图 4 所示之"四位一体"的制度模式。

最后,立基于正确的立法价值导向和恰当的制度模式选择,为其建立"统一性程序规则体系"。立法增设之"第 × 章 公益侵害阻断程序"须完成两项基本任务——"就其一般性程序事项作出援引规定"和"对其特殊性程序事项作出专门规定"。因此,其"统一性程序规则体系"的构建主要包含两个方面的基本内容:"程序启动规则"和"审理程序规则"。

丁宝同

澳大利亚新南威尔士州赖德米尔公园路 76—129B 号,邮编 2116

2018 年 12 月 18 日

目 录

第一章 民事公益诉讼之中国现状 1
　第一节　民事公益诉讼之立法理论渊源 1
　第二节　民事公益诉讼之程序规则具化 4
　　一、立法层面 4
　　二、司法解释层面 6
　　三、本质性不足 35
　第三节　民事公益诉讼之典型案例与实践规律 41
　　一、民事公益诉讼之典型案例 42
　　二、民事公益诉讼之实践规律 78

第二章 民事公益之基本类型与程序路径 102
　第一节　民事公益之基本类型 102
　　一、集合性公益 103
　　二、纯粹性公益 105
　第二节　承载集合性公益之群体性诉讼 109
　　一、代表人诉讼 109
　　二、选定当事人诉讼 112

三、集团诉讼 118
　　四、示范性诉讼 120

第三节　临界状态之团体诉讼 132
　　一、德国之团体诉讼 132
　　二、对法国、日本和我国台湾地区的影响 137

第四节　承载纯粹性公益之侵害阻断程序 140
　　一、公益侵害阻断程序之命题提出 140
　　二、公益侵害阻断程序之法理属性 144
　　三、公益侵害阻断程序之功能定位 149

第三章　民事公益程序之中国方向 151

第一节　民事公益程序之制度谱系蓝本 151

第二节　代表人诉讼制度的完善 155
　　一、代表人诉讼之公益属性 155
　　二、代表人诉讼之实践境遇与逻辑出路 158
　　三、代表人诉讼之不可取代 159
　　四、代表人诉讼之困境根源 168
　　五、代表人诉讼之内在完善 184

第三节　示范性诉讼制度的引进 195
　　一、引进示范性诉讼之法理可行性 195
　　二、示范性判决之效力扩张的程序保障 201
　　三、示范性诉讼之基本程序要素 203

第四节　公益侵害阻断程序的确立 214
　　一、公益侵害阻断程序之先决要素 215
　　二、公益侵害阻断程序之立法体例 223

第四章　公益侵害阻断程序之制度模式 ... 228

第一节　民间组织提起之公益侵害阻断程序 ... 229

一、《民事诉讼法》第 55 条之法理本质 ... 229

二、由民间组织提起是公益侵害阻断程序的基础形态 ... 231

第二节　检察机关提起之公益侵害阻断程序 ... 236

一、检察机关提起公益侵害阻断程序之理论基础 ... 236

二、我国之传统立场 ... 238

三、确立检察机关提起之公益侵害阻断程序的可能性 ... 241

四、检察机关提起之公益侵害阻断程序的先决要素 ... 243

五、检察机关提起公益侵害阻断程序之试点改革与立法动向 ... 247

第三节　行政机关提起之公益侵害阻断程序 ... 257

一、行政机关提起公益侵害阻断程序之理论基础 ... 257

二、我国之传统立场 ... 258

三、行政机关提起公益侵害阻断程序的可能性、可行性与必要性 ... 261

四、行政机关提起之公益侵害阻断程序的先决要素 ... 265

第四节　公民个人提起之公益侵害阻断程序 ... 269

一、公民个人公益诉讼的法理渊源 ... 269

二、公民个人公益诉讼的法理障碍 ... 270

三、《民事诉讼法》第 55 条排除公民个人公益诉讼的原因 ... 272

四、公民个人提起公益侵害阻断程序的制度必要性与法理可行性 ... 273

五、公民个人提起之公益侵害阻断程序的先决要素 ... 277

第五章　公益侵害阻断程序之规则体系..................281

第一节　程序启动规则..................285

一、启动程序的主体..................285

二、启动程序的客体..................295

三、启动程序的要件..................302

四、启动程序的文件..................309

五、管辖案件的法院..................311

第二节　审理程序规则..................315

一、诉请项目与审理范围..................315

二、立案通告与诉讼参加..................321

三、证据收集与事实认定..................323

四、诉讼调解与撤回起诉..................327

五、重诉禁止与再诉允许..................330

六、私益损害的另行诉讼..................332

参考文献..................336

附录　立法建议..................344

后　记..................352

第一章 民事公益诉讼之中国现状

第一节 民事公益诉讼之立法理论渊源

在中国,"公益诉讼"(Public Interest Litigation)概念的提出,在很大程度上源于日本之"现代型诉讼"概念的启发。在日本诉讼法学界,现代型诉讼这一术语非常流行,用以指称因"纯粹性公益"纷争导致的诉讼。日本学者及国内研习日本诉讼法学理论的学者通常亦将其与消费者诉讼、环境权诉讼、公害诉讼、公民权诉讼、公共福利关系诉讼等具有纯粹公益属性的诉讼类型联系起来理解。但就"现代型诉讼"这一概念,学界并未对其进行传统注释法学意义上之概念界定。因此,其内涵尚不明确,外延尚不清晰。故而,已经习惯了注释法学之传统理念的中国诉讼法学界,在借鉴现代型诉讼这一概念时,基于其与纯粹性公益之间的内在联系,以注释法学之分析逻辑截取其公益内涵,而采取了公益诉讼这一概念术语方案。并认为,以民事诉讼所保护之利益的属性为标准,可对其进行私益诉讼和公益诉讼的二元分类。但是,这绝非一种严格意义上的理论分类。因为,私益与公益之间的界限从未清晰到足以令其担任严格意义之分类标准的程度。伴随公益诉讼概念的提出,公益诉讼个案开始大量出现,并因其公益之名广受社会关注。公益诉讼逐渐成为学术界、实务界的热门话题,并频繁见诸媒体、报端,以至其不仅被作为保护超越个体私益之公共利益的诉讼方案加以理解,甚至在更多的时候被泛化地理解为一种承认"现实之法"与"应然之法"之差距的法律观念。乃至于,在当前之社会话语体系中,公益诉讼这一本源于诉讼程序之技术逻辑的概念术语,已经被世俗化地抽象为一个符号,用以指称一种社会性话语沟通机制,借以引导公众讨论的主题,给予缺乏权利保护手段的人以引起关注和发出声音的机会。甚至有学者明确主张:对于那些被边缘化的群体而言,公益诉讼有时是进入政治生活的最不昂贵(甚至是唯一)的入口,为他们参与社会治理、提出新的改革目标提供了合法的途径。[①]

源于对公益诉讼这一概念的泛化理解,对诉讼之公益价值目标的高度期待就在所难免,甚至赋予其"执行社会政策的角色"[②]。因此,中国诉讼法学界,在主张通过对传统之诉讼制度理念和程序规则体系进行技术性调整,以承载相应之公益价值目标的同时,也产生了通过制定新法或修改旧法确立新的诉讼模式和程序方案以承载诉讼之公益价值目标的主张,并很快就这种新诉讼模式的名称达成共识,称其为"公益诉讼"。源于公益诉讼这一概念的广泛社会基础,及整个社会对于司法诉讼之公益维护功能的殷切期待,2012 年对《民事诉讼法》的修改根本无法回避这一话题。而在消费维权和环境污染两类案件中,通过司法诉讼维护公共利益的社会呼声尤其高昂,因为在这两类诉讼中,原告方当事人的诉讼请求既包括私益性的损害赔偿,也涉及要求被告停止生产、停止销售、召回缺陷产品、停止排污、治理污染、恢复环境等纯粹公益性的诉求。因此,第十一届全国人大常委会第二十八次会议于 2012 年 8 月 31 日审议通过《全国人民代表大会常务委员会关于修改〈中华人民共和国民事诉讼法〉的决定》,其第 9 条规定:"增加一条,作为第五十五条:'对污染环境、侵害众多消费者

---

① 佟丽华、白羽:《和谐社会与公益法——中美公益法比较研究》,法律出版社 2005 年版,第 196 页。
② 王福华:《民事诉讼的社会化》,《中国法学》2018 年第 1 期。

合法权益等损害社会公共利益的行为，法律规定的机关和有关组织可以向人民法院提起诉讼.'"从而正式于基本立法层面确立了民事公益诉讼程序。随后，2015年7月1日，第十二届全国人大常委会召开第十五次会议，审议通过《关于授权最高人民检察院在部分地区开展公益诉讼试点工作的决定》①。以之为基础，2017年6月27日第十二届全国人大常委会第二十八次会议又审议通过了《全国人民代表大会常务委员会关于修改〈中华人民共和国民事诉讼法〉和〈中华人民共和国行政诉讼法〉的决定》②。《修改决定》总计两条，分别针对《民事诉讼法》第55条和《行政诉讼法》第25条关于"公益诉讼"的规定作出修改，其第1条规定："一、对《中华人民共和国民事诉讼法》作出修改。第五十五条增加一款，作为第二款：'人民检察院在履行职责中发现破坏生态环境和资源保护、食品药品安全领域侵害众多消费者合法权益等损害社会公共利益的行为，在没有前款规定的机关和组织或者前款规定的机关和组织不提起诉讼的情况下，可以向人民法院提起诉讼。前款规定的机关或者组织提起诉讼的，人民检察院可以支持起诉.'"

就此，笔者认为，源于某种社会需求而对某一理论概念术语产生某种泛化的理解方案，这种现象在现代信息社会之大背景下在所难免。但当需要将这种社会需求转化为某项法律制度的价值目标，并通过具体的制度方案和规则体系加以实现的时候，对相应之立法概念术语、制度范畴和规则体系的理解就绝对不能再停留在这种泛化的层面，而必须走向具体化、明确化乃至技术化的层面。③就本处之主题而言，诉讼之公益价值目标的实现恰恰源于社会对于司法诉讼之公益维护功能的殷切期待，并以对公益诉讼这一概念术语的泛化理解为宏观背景。但当要真正于立法层面将公益维护的价值目标加载于民事诉讼制度体

---

① 后文简称《检察院公益诉讼试点决定》。
② 后文简称《修改决定》。
③ 丁宝同：《民事公益之基本类型与程序路径》，《法律科学》2014年第2期。

系中,并期待民事诉讼实践能够在真正意义上承载公益维护之程序功能时,这种抽象化、模糊化,乃至形式化的立法方案是无力解决具体问题的。就《民事诉讼法》第55条的立法方案而言,可以说只是部分性地解决了与公益诉讼有关的一个程序事项,即消费维权民事公益诉讼与环境污染民事公益诉讼中的原告资格问题,从而以泛化的姿态回复了社会对于司法诉讼之公益维护功能的殷切期待。而要确立一种新的诉讼模式,并打造一套完整的程序规则体系,所须解决的程序问题远不只这一项,诸如诉讼中的被告资格、诉讼请求的范围、审理的范围、证明程序规则、裁判的范围等程序问题均须面对。因此,必须从那种为社会需求所统领的泛化理念中脱离出来,站在具体化、明确化乃至精确化的高度上,以技术化的眼光重新审视我国之民事公益诉讼制度的发展方向,就其制度模式作出理性的判断和取舍,就其程序规则体系形成系统方案,并令其与传统之民事诉讼制度体系实现内在的有机融合。

第二节　民事公益诉讼之程序规则具化

为将民事公益诉讼之程序规则推向具体化、系统化的层面,并实现其与传统之民事诉讼制度体系的内在融合,我们也正在立法和司法解释两个层面上作出积极努力。

一、立法层面

2012年第二次修正后的《民事诉讼法》第55条确定了两种基本类型的民事公益诉讼案件,即:"环境污染"和"消费维权";同时也规定了提起诉讼的主体,即:"法律规定的机关和有关组织"。但是,所谓"法律规定",其具体内涵需要通过援引相关之单行立法方能明确。与环境污染案件和侵害众多消费者合法权益案件直接相关的单行立法,当然就是《环境保护法》和《消费者权益保护法》。而在2012年第二次修正后的《民事诉讼法》施行后,这两部单行立法也跟进性地完成了修改。

我国《消费者权益保护法》于1993年10月31日第八届全国人大常委会第四次会议通过,自1994年1月1日起施行。先后于2009年8月27日和2013年10月25日进行了两次修正。修改后的第37条和第47条,明确了消费维权案件之民事公益诉讼的起诉主体,即:"中国消费者协会"和"省、自治区、直辖市消费者协会"。①

我国《环境保护法》于1989年12月26日由第七届全国人大常委会第十一次会议颁布施行,2014年4月24日修订后的新《环境保护法》自2015年1月1日起施行。其第58条的规定,明确了环境污染案件之民事公益诉讼程序的提起主体,及其所需满足的前提条件,即:其一,登记于设区市级以上政府之民政部门的社会组织;其二,专门从事环保公益活动达到五年以上;其三,没有违法记录。②

2017年《民事诉讼法》的第三次修正又于第55条增加第二款:"人民检察院在履行职责中发现破坏生态环境和资源保护、食品药品安全领域侵害众多消费者合法权益等损害社会公共利益的行为,在没有前款规定的机关和组织或者前款规定的机关和组织不提起诉讼的情况

---

① 《消费者权益保护法》第37条:"消费者协会履行下列公益性职责:……(七)就损害消费者合法权益的行为,支持受损害的消费者提起诉讼或者依照本法提起诉讼;……"第47条:"对侵害众多消费者合法权益的行为,中国消费者协会以及在省、自治区、直辖市设立的消费者协会,可以向人民法院提起诉讼。"

② 《环境保护法》第58条:"对污染环境、破坏生态,损害社会公共利益的行为,符合下列条件的社会组织可以向人民法院提起诉讼:(一)依法在设区的市级以上人民政府民政部门登记;(二)专门从事环境保护公益活动连续五年以上且无违法记录。符合前款规定的社会组织向人民法院提起诉讼,人民法院应当依法受理。提起诉讼的社会组织不得通过诉讼牟取经济利益。"

下,可以向人民法院提起诉讼。前款规定的机关或者组织提起诉讼的,人民检察院可以支持起诉。"从而将"人民检察院"纳入第一款之"法律规定的机关和有关组织"的范畴之内,明确其为民事公益诉讼程序的提起主体类型之一。

此外,我国《人民检察院组织法》于 1979 年 7 月 1 日第五届全国人民代表大会第二次会议通过,曾根据 1983 年 9 月 2 日第六届全国人大常委会第二次会议《关于修改〈中华人民共和国人民检察院组织法〉的决定》和 1986 年 12 月 2 日第六届全国人大常委会第十八次会议《关于修改〈中华人民共和国地方各级人民代表大会和地方各级人民政府组织法〉的决定》两次修正,最近于 2018 年 10 月 26 日第十三届全国人大常委会第六次会议完成修订,修订后的新《人民检察院组织法》于 2019 年 1 月 1 日起施行。其第 20 条规定:"人民检察院行使下列职权:……(四)依照法律规定提起公益诉讼;……",从而与 2017 年《民事诉讼法》修正时第 55 条增加之第二款对应,为检察机关提起公益诉讼奠定职权基础。

二、司法解释层面

(一)环境民事公益诉讼的司法解释

2015 年 1 月 6 日,最高法公布《关于审理环境民事公益诉讼案件适用法律若干问题的解释》(法释〔2015〕1 号)[①]。该司法解释总计三十五个条文,以《民事诉讼法》《侵权责任法》和《环境保护法》的规定为基础,为规范环境民事公益诉讼案件的审理工作,就九个方面的程序事项作出了规定。

---

① 最高人民法院审判委员会第 1631 次会议于 2014 年 12 月 8 日审议通过,自 2015 年 1 月 7 日起施行。后文简称《环境民事公益诉讼解释》。

第一，环境民事公益诉讼的客体、提起条件和起诉材料。根据《环境民事公益诉讼解释》第1条的规定，环境民事公益诉讼的客体是"对社会公共利益已经造成损害或重大风险的环境污染和生态破坏行为"。[①] 其提起条件则有三项：其一，被告明确；其二，诉讼请求具体且有事实、理由；其三，属于民事诉讼主管范围和受诉法院管辖。而根据《环境民事公益诉讼解释》第8条的规定，提起诉讼的起诉资料有三类：其一，符合民诉法规定的起诉状；其二，被告行为已经损害或危及社会公共利益的初步证明材料；其三，提起诉讼之社会组织的章程、登记证书、五年的年度工作报告或年检报告，及依法签署的无违法记录声明。

第二，环境民事公益诉讼的提起主体。就《环境保护法》第58条对提起主体问题所作之规定，《环境民事公益诉讼解释》第1—5条又作出了具体的解释性规定，涉及四个方面的内容。其一，"社会组织"之类型和范围。因据《基金会管理条例》《民办非企业单位登记管理暂行条例》和《社会团体登记管理条例》之规定，由民政部门登记的非营利性社会组织包括基金会、民办非企业单位和社会团体三种。所以，《环境民事公益诉讼解释》第2条规定："社会团体、民办非企业单位以及基金会"可以提起环境民事公益诉讼。其二，"设区的市级以上人民政府民政部门"的内涵和范围。修订后之《环境保护法》第58条的立法表述为"设区的市级"而非"设区的市"。故而，只要在行政区划的等级上能够与设区的市基本相当即可。所以，《环境民事公益诉讼解释》第3条规定："设区的市级以上人民政府"包括"设区的市""不设区的地级市""直辖市的区"和"自治州、盟、地区"等四种情形。

---

① 《环境民事公益诉讼解释》第1条："法律规定的机关和有关组织依据民事诉讼法第五十五条、环境保护法第五十八条等法律的规定，对已经损害社会公共利益或者具有损害社会公共利益重大风险的污染环境、破坏生态的行为提起诉讼，符合民事诉讼法第一百一十九条第二项、第三项、第四项规定的，人民法院应予受理。"

其三,"专门从事环境保护公益活动连续五年以上"的含义界定。根据《环境民事公益诉讼解释》第4条:只要该社会组织依法订立之章程所规定的组织宗旨是维护社会公共利益,其主要业务范围也包括相应的环境保护公益事项,并且确实实际从事环境保护的公益,就属于立法所规定之"专门从事环境保护公益活动";符合规定之社会组织提起环境民事公益诉讼的地域范围不受限制,但在提起诉讼前其成立时间必须已经达到五年。其四,"无违法记录"的含义界定。就此,《环境民事公益诉讼解释》第5条将其限定为未因组织所从事之业务活动违反法律、法规而曾遭受刑事制裁或行政处罚,其发生时间限于提起诉讼前五年,且其业务活动中的轻微违规行为,及其法定代表人或组织成员之个人违法行为均不包括在内。

第三,环境民事公益诉讼的管辖。就此,《环境民事公益诉讼解释》第6、7条的规定明确了四个方面的问题。其一,级别管辖和管辖权转移问题。作为新的案件类型,环境民事公益诉讼的审、执难度和社会关注度相对较高,故其管辖级别也应适当提高,原则上应该交由中级以上法院管辖案件的一审程序。但是考虑到有些基层法院较早时期曾经尝试建立了专门的环保法庭,并且已经就环境民事公益案件的审理工作积累了大量实践经验,故而应该允许适用《民事诉讼法》第38条规定的管辖权转移规则,受案的中级法院可在报请上级法院批准后,裁定移交案件由基层法院审理。其二,地域管辖问题。《环境民事公益诉讼解释》认为,环境民事公益诉讼本质上属侵权纠纷,其管辖地点应该包括"被告住所地"和"侵权行为地","侵权行为地"则又包括"污染环境和破坏生态行为的实施地"和"环境污染、生态破坏之损害结果的发生地"。其三,共同管辖、选择管辖和指定管辖问题。就此,《环境民事公益诉讼解释》认为应该适用民事诉讼法的一般规则。就同一污染环境或破坏生态的行为,如果原告分别向依法享有管辖权的两家以上法院提起公益诉讼,则应由其中最早立案的法院管辖该案件的一审程序，必要时也可由就案件管辖有争议的法院报请其共同上级法院指定管辖。其四，集中管辖问题。环境资源和生态因素具有极其显著的流动性和延续性，而当前我国的环境监管和资源利用体制却在极大程度上依赖于既定的行政区划体系，从而造成监管权限的区域性和部门性割裂，进而导致生态系统的管控需求与管控权力的职能配置间存在被人为割裂的内在矛盾，难以对那些区域跨度和时间跨度大的环境污染和生态破坏事件进行有效的应对。党的十八届三中全会曾提出，要探索将司法管辖与行政区划适当分离的制度。党的十八届四中全会又进一步提出，要探索跨行政区划设立人民法院。为此，就环境民事公益诉讼案件的诉讼管辖问题，《环境民事公益诉讼解释》创设了集中管辖规则。即：报请最高法批准后，各地高级法院可以根据其所辖省、自治区或直辖市内之生态资源的分布状态和环境保护的实际需求，在其所辖之区域内选择性确定部分中级法院作为环境民事公益诉讼案件一审程序的管辖法院，并区分所选定之各中级法院管辖一审环境民事公益诉讼案件的区域范围和界限。

第四，环境民事公益诉讼的诉请与裁判范围。综合《环境民事公益诉讼解释》第9、17—24条的规定，涉及四个方面的相关问题。其一，诉讼请求的项目。在环境民事公益诉讼程序中，对破坏生态、污染环境，已经损害或严重危及社会公共利益的行为，原告方当事人可以针对被告方提出"停止侵害、消除危险、排除妨碍、恢复原状、赔偿损失、赔礼道歉"的诉讼请求。具体而言：为防止环境损害结果的发生或污染区域的扩大，可以提出"停止侵害、消除危险、排除妨碍"的诉讼请求；为修复环境、恢复生态，可以提出"恢复原状"的诉讼请求；就生态环境受损至其恢复原状之期间内的服务功能损失，可提出"赔偿损失"的请求；原告为停止侵害、排除妨碍、消除危险采取合理预防、处置措施而支出的费用，可以提出"赔偿损失"的请求；原告为实施诉讼而支出的鉴定费用、检验费用，以及合理的律师费和其他费用,可以提出"赔偿损失"的请求。其二,"恢复原状"请求的裁判。就当事人提出之"恢复原状"的诉讼请求项目:法院可依法判令被告修复环境至损害发生前的状态,并恢复其生态功能,亦可在修复无法完全实现时依法判令其采用替代性的修复方案;法院可在判令被告修复环境、恢复生态的同时,确定其不履行修复义务时所需承担的修复费用,亦可直接判令其支付一定金额之修复费用;修复费用包括修复方案之制定和实施费用,以及修复进程之监测和监管费用;难以确定修复费用,或通过鉴定确定所需支付之费用过高时,法院亦可结合生态资源的稀缺程度、污染和破坏的范围和程度、防治设备的运行成本、环境修复和生态恢复的难易程度、被告方当事人的获益程度及其过错性质和程度等因素,参考相关专家和环保部门的意见,合理予以确定;所判令之修复费用和服务功能损失费用赔偿款项,必须依法用于环境修复和生态恢复,但其他环境民事公益诉讼程序的原告方当事人因败诉所需承担的鉴定费用、检验费用、专家咨询费用和调查取证费用,可酌情从其中予以支付。其三,基于释明的诉讼请求变更。环境民事公益诉讼中,如果法院经审查认为原告方当事人已经提出的诉讼请求项目尚不足以充分维护社会公共利益,可依职权向其释明,要求其变更或者增加诸如停止侵害、排除妨碍、恢复原状等诉讼请求项目。其四,反诉的禁止。环境民事公益诉讼中,被告以反诉方式提出诉讼请求的,法院不予受理。

第五,环境民事公益诉讼的支持起诉、立案通告与诉讼参加。根据《环境民事公益诉讼解释》第10—12条的规定:其一,支持起诉问题。其《民事诉讼法》之"支持起诉原则",检察机关、环保部门,及其他机关、社会组织和企业事业单位,可以通过提出书面意见、提供法律咨询或协助调查取证等方式支持符合规定的社会组织依法向法院提起环境民事公益诉讼程序。其二,立案公告与通告。法院受理环境民事公益诉讼后,应当在立案之日起五日内公告案件受理情况,并于十日内告知对被告行为负有环境保护监督管理职责的部门。其三，诉讼参加。就同一环境污染案件，有权提起公益诉讼程序的其他机关和社会组织，可于立案公告之日起的三十日内，向已经受理起诉的人民法院提出申请要求作为共同原告参加诉讼。

第六，环境民事公益诉讼的证明。就此，《环境民事公益诉讼解释》第13—16条的规定明确了四个方面的问题。首先，推定规则。原告在诉讼中提出请求，要求被告方当事人就其所排放之主要污染物的名称、所采用的排放方式、排放浓度和数量、超标排放的具体情况和防治设施的运行情况等环境信息事项提供法律、法规、规章规定被告方当事人必须持有或有证据证明其实际持有的相关证据材料，被告方拒不提供，如原告提出不利于被告的相关事实主张，可推定其主张成立。其次，依职权调查取证。在审理环境民事公益诉讼案件时，法院认为确有必要的，应当依职权调查收集相关证据材料。再次，鉴定与专家意见。对为维护社会公共利益所必须查明的专门性问题，如应由原告方当事人承担证明责任，法院可依职权委托具备相应资质的机构实施鉴定，当事人也可申请通知有专门知识的人出庭就服务功能损失费的计算、修复方式的确定、修复费用的计算、因果关系的认定，以及与鉴定意见的可采性相关的专门性问题提出专家意见。最后，自认规则。对原告方当事人在诉讼中作出的自认，法院认为损害社会公共利益的，不予确认。

第七，环境民事公益诉讼的调解、撤诉与再诉。根据《环境民事公益诉讼解释》第25—28条的规定：其一，调解问题。环境民事公益诉讼中，当事人双方可以通过法院调解或自行协商达成和解协议，但法院应当对其所达成的协议依法进行不少于三十日的公告，法院在公告期满之后经审查认为协议内容对社会公共利益不构成损害的，应当依法出具写明诉讼请求项目、案件基本事实和最终协议内容的调解书，并依法公开。其二，撤诉问题。原告申请撤诉可能损害社会公共利益的，当事人以达成和解协议为由申请撤诉的，法庭辩论终结以后原告提出撤诉申请的，法院不予准许。除非因环保部门依法履行环境保护和监管职责而使原告方当事人的诉讼请求得以全部实现。其三，再诉问题。环境民事公益诉讼案件被法院裁定驳回起诉或原告申请撤诉被裁定准许的，其他有权提起诉讼的法定机关和社会组织就同一环境污染或生态破坏行为再次提起公益诉讼，除非因环保部门依法履行环境保护监管职责而使原告方当事人的全部诉讼请求得以实现，否则人民法院应当依法受理。法院对环境民事公益诉讼案件作出之实体判决生效以后，如果有新的证据证明存在前诉审理过程中未能发现的环境损害，法律规定的机关和社会组织另行提起公益诉讼程序的，人民法院应当依法予以受理。

第八，环境民事公益诉讼与私益损害赔偿诉讼的关系。基于同一环境污染或生态破坏行为，既能提起环境民事公益诉讼，也能提起私益损害赔偿诉讼，二者既在诉讼程序目的和诉讼请求项目上存在区别，也在审理客体范围和法律事实认定等方面紧密联系，妥善处理其相互关系至关重要。就此，《环境民事公益诉讼解释》已经开始区分"环境侵权私益诉讼与环境侵害公益诉讼的运行逻辑"[1]，其第10、29—31条的规定明确了四个方面的问题。其一，环境民事公益诉讼与私益损害赔偿诉讼在诉之属性上相互独立。法定机关和社会组织依法提起环境民事公益诉讼程序，对因同一污染环境或破坏生态行为而遭受人身或财产损害的其他民事主体依法另行提起私益损害赔偿诉讼程序，不构成障碍。其二，环境民事公益诉讼和私益损害赔偿诉讼在审理程序上相互独立。鉴于诉之属性上的差异，且合并审理不仅不能提高效率还会导致诉讼拖延。因此，环境民事公益诉讼与基于同一环境污染或生态破坏行为而提起的私益损害赔偿诉讼不能实施合并审理。其三，环

---

[1] 张旭东：《环境民事公私益诉讼并行审理的困境与出路》，《中国法学》2018年第5期。

境民事公益诉讼裁判的事实认定对于后续的私益损害赔偿诉讼有预决效力。基于环境民事公益诉讼与因同一环境污染或生态破坏行为而提起的私益损害赔偿诉讼间在争议事实认定和法律规则适用等方面所存在的共通性，鉴于在私益损害赔偿诉讼程序中原告方当事人举证能力的缺乏，《环境民事公益诉讼解释》第30条特别强调了这种预决效力，并将其区分成为两种情形：法院依职权援引的预决效力和依当事人申请而援引的预决效力。所谓法院依职权援引的预决效力，即：就法院已于环境民事公益诉讼程序之生效裁判中作出结论性判定的法律事实，在因同一环境污染或生态破坏行为而提起的私益损害赔偿诉讼程序中，当事人无须再行举证、证明，法院可直接根据前次诉讼的认定结论作出判断，除非原告方当事人提出异议并持有充分的相反证据。所谓依当事人申请而援引的预决效力，即：对于环境民事公益诉讼生效裁判就被告是否存在免责或减责情形，损害结果与其行为之间是否存在因果关系，以及被告方当事人所需承担民事责任的范围等争议事项所作出的认定结论，在因同一环境污染或生态破坏行为而另行提起的私益损害赔偿诉讼程序中，原告方当事人可向法院提出主张要求直接适用，除非被告方当事人有相反证据足以推翻，但被告方当事人不得向法院主张直接适用对其有利的认定结论。其四，私益损害赔偿诉讼之原告的受偿顺位优先于环境民事公益诉讼。当被告因同一环境污染或生态破坏行为，在分别进行的环境民事公益诉讼程序和私益损害赔偿诉讼程序中均被判令承担民事责任，但其全部财产不足以履行两次诉讼的所有判决义务时，应当先履行私益损害赔偿诉讼程序中所判定的民事义务，除非法律另有规定。

第九，环境民事公益诉讼裁判的执行。就此，《环境民事公益诉讼解释》第32条规定，对于环境民事公益诉讼所作出之生效裁判，如果确有采取强制执行措施之必要，应当由审判机构依职权移送启动强制执行程序。

(二)《〈民诉法〉解释》中的公益诉讼程序规则

2015年1月30日,最高法又公布了《关于适用〈中华人民共和国民事诉讼法〉的解释》(法释〔2015〕5号)①。《〈民诉法〉解释》于其"十三、公益诉讼"一部分中,用八个条文(第284—291条),对《民事诉讼法》第55条作出了解释性规定。以期提升民事公益诉讼之程序规则的具体性和针对性,并推进其于民事司法层面的实践运行。综合来看,八个司法解释条文(第284—291条)的规定涉及民事公益诉讼八个方面的程序事项。

第一,民事公益诉讼的客体和提起条件。以《民事诉讼法》第55条为基础,《〈民诉法〉解释》第284条再一次就民事公益诉讼的客体作出界定,即"污染环境、侵害众多消费者合法权益等损害社会公共利益的行为"。包含两层含义:其一,列举以明确两类典型民事公益诉讼案件——环境污染和侵害众多消费者合法权益案件;其二,明确立法之开放性立场,为将来其他类型之民事公益案件进入诉讼程序保留立法空间。同时,该条还列举性界定了民事公益诉讼的提起条件:其一,被告明确;其二,诉讼请求具体;其三,有初步证据证明社会公共利益遭受损害;其四,属于民事诉讼的主管范围和受诉法院管辖。与《民事诉讼法》第119条对通常诉讼程序之起诉要件的规定相比,"原告与本案有直接利害关系"未被作为民事公益诉讼的起诉要件,这与《环境民事公益诉讼解释》的立场是一致的。但与之不同的是,根据《环境民事公益诉讼解释》第1条,提起环境民事公益诉讼仅需符合《民事诉讼法》第119条第二、三、四项的规定,即:其一,被告明确;其二,诉讼请求具体且有事实、理由;其三,属于民事诉讼的

---

① 最高人民法院审判委员会第1636次会议于2014年12月18日审议通过,自2015年2月4日起施行。后文简称《〈民诉法〉解释》。

主管范围和受诉法院管辖。但在《〈民诉法〉解释》第284条中,增加了一项新的起诉要件,即"有社会公共利益遭受损害的初步证据"。但是,这又与《环境民事公益诉讼解释》第8条第二项的规定保持了逻辑上的统一。①

第二,民事公益诉讼的提起主体。以《民事诉讼法》第55条为基础,《〈民诉法〉解释》第284条进一步明确规定提起公益诉讼的主体为"《环境保护法》、《消费者权益保护法》等法律规定的机关和有关组织"。根据修正后的《消费者权益保护法》第47条,消费维权公益诉讼的提起主体为"中国消费者协会"和"省、自治区、直辖市消费者协会"。而根据修订后的《环境保护法》第58条,提起环境民事公益诉讼的法定主体和前提条件为:其一,登记于设区市级以上政府之民政部门的社会组织;其二,专门从事环保公益活动达到五年以上;其三,没有违法记录。就此,《环境民事公益诉讼解释》第1—5条又作出了具体的解释性规定。

第三,民事公益诉讼的管辖。就此,《〈民诉法〉解释》第285条的规定涉及四个方面的问题。首先,级别管辖问题。作为新的案件类型,民事公益诉讼的审、执难度和社会关注度较高,因此其一审程序原则上由中级以上人民法院管辖。其次,专门管辖问题。就海洋环境民事公益诉讼的管辖问题,之前的《环境民事公益诉讼解释》未作具体规定,《〈民诉法〉解释》第285条第二款则为其确立了专门管辖规则——就海洋环境污染行为提起的公益诉讼程序,其管辖法院为海事法院,其管辖地点包括"污染发生地、损害结果地和采取预防污染措施地"。再次,地域管辖问题。与之前的《环境民事公益诉讼解释》立场一致,《〈民诉法〉解释》也认为民事公益诉讼本质上应定性为侵权

---

① 《环境民事公益诉讼解释》第8条:"提起环境民事公益诉讼应当提交下列材料:……(二)被告的行为已经损害社会公共利益或者具有损害社会公共利益重大风险的初步证明材料;……"

纠纷，应由被告住所地或侵权行为地人民法院管辖。而具体到环境民事公益诉讼，侵权行为地则包括"环境污染、生态破坏行为的实施地和损害结果的发生地"。最后，共同管辖、选择管辖和指定管辖问题，亦与之前的《环境民事公益诉讼解释》立场一致，《〈民诉法〉解释》也认为应该适用民事诉讼法的一般规则。如果当事人就同一公益侵权行为分别向两家以上依法拥有管辖权的法院提起民事公益诉讼，应该由立案时间最早的法院管辖案件的一审程序，必要时亦可由产生管辖权争议的法院报请其共同上级法院指定管辖。但是，与之前的《环境民事公益诉讼解释》不同的是，《〈民诉法〉解释》并未就所有类型之民事公益诉讼案件统一确立集中管辖规则。故而，《环境民事公益诉讼解释》所创设的"环境民事公益诉讼案件集中管辖规则"①，不能直接适用于消费维权或其他类型案件之民事公益诉讼程序。

第四，民事公益诉讼的立案通告与诉讼参加。根据《〈民诉法〉解释》第286、287条的规定，之前《环境民事公益诉讼解释》专门针对环境民事公益诉讼案件所确立的立案通告与诉讼参加规则被扩及于所有类型的民事公益诉讼案件。该项规则包括两个层面的基本内容：其一，立案通告。人民法院受理民事公益诉讼案件起诉之后，须以书面形式于十日内通告于相关之行政职能部门。其二，诉讼参加。人民法院受理民事公益起诉之后，就同一案件有权提起公益诉讼程序的其他主体，可于开庭前向法院提出申请要求以共同原告身份参加诉讼。

第五，民事公益诉讼与私益损害赔偿诉讼的关系。就此，《〈民诉法〉解释》与之前的《环境民事公益诉讼解释》立场一致，认为以同一公益侵权行为为客体而提起的民事公益诉讼程序和私益损害赔偿

---

① 经最高法院批准，高级法院可以根据本辖区环境和生态保护的实际情况，在辖区内确定部分中级法院受理第一审环境民事公益诉讼案件，并确定其管辖环境民事公益诉讼案件的区域。

诉讼程序，二者在诉讼请求、诉讼目的上存在本质区别。因此，其第288条规定：人民法院受理民事公益案件的起诉，对同一侵权行为的受害人根据《民事诉讼法》第119条规定另行提起私益损害赔偿诉讼不构成障碍。该规定意味着：首先，私益损害赔偿诉讼与民事公益诉讼在诉之属性上相互独立。民事公益诉讼程序的启动，对因同一公益侵权行为而遭受人身或财产损害的公民、法人或其他组织依法提起私益损害赔偿诉讼程序，不构成障碍。其次，民事公益诉讼与私益损害赔偿诉讼在审理程序上相互独立。鉴于诉之属性上的差异，基于诉讼效率价值的考量，民事公益诉讼和私益损害赔偿诉讼不能合并审理，公民、法人或其他组织以其人身、财产遭受损害为由申请参加民事公益诉讼程序的法院不应允许，而应告知其另行提起私益损害赔偿诉讼。

第六，民事公益诉讼的和解与调解。就此，《〈民诉法〉解释》与之前的《环境民事公益诉讼解释》立场高度一致。根据其第289条的规定：首先，民事公益诉讼程序允许当事人通过法院调解或自行和解达成协议；其次，法院应当对当事人通过法院调解或自行和解达成的协议进行为期不少于三十日的公告；再次，法院于公告期满后经过审查认为当事人所达成之协议的内容对社会公共利益不构成损害的，应当出具写明诉讼请求项目、案件基本事实和协议内容的调解书，并予以公开；最后，如果审查之后法院认为该协议的内容与社会公共利益相违背，则应拒绝出具调解书，并应及时恢复、推进案件的审理程序，依法作出裁判。

第七，民事公益诉讼的撤诉。就环境公益诉讼中的撤诉问题，《环境民事公益诉讼解释》的规定较为细致：原则上，原告申请撤诉可能损害社会公共利益的，当事人以达成和解协议为由申请撤诉的，法庭辩论终结后原告申请撤诉的，法院不予准许；除非因环保部门依法履行职责而使原告方当事人诉讼请求得以全部实现。但《〈民诉法〉解释》仅在第290条概括性规定：公益诉讼案件的原告，不得在法庭辩论终结以后再行提出撤诉申请。

第八，民事公益诉讼中重诉的禁止。就民事公益诉讼程序中再诉与重诉问题，《〈民诉法〉解释》与之前的《环境民事公益诉讼解释》，在价值取向和规则设定上有明显差异。根据《环境民事公益诉讼解释》第28条：对环境民事公益诉讼案件法院裁定驳回起诉或原告申请撤诉被法院裁定准许，有权就同一环境污染、生态破坏行为提起公益诉讼的其他主体再次提起公益诉讼程序的，人民法院应当依法受理，除非因环保部门依法履行职责而使原告方当事人诉讼请求得以全部实现；在环境民事公益诉讼所作出之实体判决生效后，如有证据证明存在前案审理过程中未发现的损害，法律规定的机关和社会组织另行起诉的，人民法院应予受理。可见，就环境民事公益诉讼案件，其制度价值取向是鼓励在社会公共利益没有得到彻底维护时再次提起公益诉讼。而且，其规则设计也更注重于再次提起公益诉讼时的程序要件的设定。因此，本质上，可将其定性为"再诉允许"规则。《〈民诉法〉解释》第291条则规定为：公益诉讼裁判发生法律效力后，其他主体再次就同一案件提起公益诉讼的，法院裁定不予受理，除非法律、司法解释另有规定。① 可见，针对民事公益诉讼案件，其制度价值取向是坚守民事诉讼之"一事不再理"的基本理念。而且，其规则设计也更加强调同一民事公益诉讼案件之另诉或重诉的禁止。因此，本质上，可将其定性为"重诉禁止"规则。但是，同时也要强调，《环境民事公益诉讼解释》第28条规定的"再诉允许"规则与《〈民诉法〉解释》第291条规定的"重诉禁止"规则，在制度逻辑上也存在质的关联。"重诉禁止"规则源于民事诉讼之"一事不再理"的基本理念，是民事诉讼

---

① 《〈民诉法〉解释》第291条："公益诉讼案件的裁判发生法律效力后，其他依法具有原告资格的机关和有关组织就同一侵权行为另行提起公益诉讼的，人民法院裁定不予受理，但法律、司法解释另有规定的除外。"

制度的基本程序法理立场；而"再诉允许"规则源于民事公益维护的制度性需求，是民事公益诉讼程序所必要的程序规则路径。就此，笔者认为：首先，民事公益诉讼程序应当遵行"一事不再理"理念订立"重诉禁止"规则，但相较于通常诉讼程序，亦应适度弱化其程序地位和制度功能；其次，在民事公益诉讼程序中，为弱化"一事不再理"的制度理念，为避免"重诉禁止"规则的僵化，也要确立正当的"再诉允许"规则，以通过预设前提下再次提起的民事公益诉讼程序更加充分地维护社会公共利益。

（三）检察机关提起民事公益诉讼的司法解释

2015年7月1日，第十二届全国人大常委会第十五次会议审议并通过了《检察院公益诉讼试点决定》。该决定提出：为加强对国家利益和社会公共利益的保护，授权最高检在生态资源和环境保护、国有土地使用权出让和国有资产保护、食药安全等领域开展公益诉讼试点工作。根据《检察院公益诉讼试点决定》，包括北京、江苏、安徽、吉林、山东、内蒙古、广东、福建、贵州、湖北、陕西、甘肃、云南在内的十三个省级行政区划被确定为试点地区，并对试点工作的开展提出了六个方面的具体要求。①

2015年7月2日，最高检公布《检察机关提起公益诉讼试点方案》②，从四个方面勾勒了检察院公益诉讼试点工作的基本框架。首先，

---

① 第一，坚持党的领导、人民当家作主和依法治国的有机统一，充分发挥法律监督和司法审判的职能作用，积极促进依法行政、严格执法，坚定维护宪法法律权威、社会公平正义、国家利益和社会公共利益。第二，稳妥有序，严格遵循相关诉讼制度和原则。第三，在正式提起公益诉讼程序前，人民检察院应当依法督促相关行政职能机构纠正违法行政行为、履行法定职责，或督促、支持法定机关和有关组织依法提起公益诉讼程序。第四，人民法院应当依法审理人民检察院提起的公益诉讼案件。第五，由最高人民法院、最高人民检察为其制定实施办法，并报全国人大常委会备案。第六，试点期限为二年，最高法、最高检应当加强监督检查和组织指导，最高检应当就试点推行情况作出中期报告，期满后，实践证明可行的应当及时依法修改完善有关立法。

② 后文简称《试点方案》。

《试点方案》明确了检察院公益诉讼试点工作的目标[①]，并提出了检察院公益诉讼试点工作的四项原则，即：坚持正确方向，立足法律监督职能，有效保护公共利益和严格依法有序推进。其次，《试点方案》明确检察院公益诉讼试点工作主要包含两个方面的内容，即："提起行政公益诉讼"和"提起民事公益诉讼"。就"提起民事公益诉讼"的试点工作，又明确了五个方面的试点工作具体事项：其一，试点案件范围。检察机关在依法履行检察职责的过程中发现污染环境、食药安全领域侵害众多消费者合法权益等损害社会公共利益的行为，在没有适格主体或适格主体不提起诉讼的情况下，应当依法向人民法院提起民事公益诉讼。其二，诉讼参加人。检察机关在其提起的民事公益诉讼程序中，其诉讼参加人身份为"公益诉讼人"，被告则为实施公益侵权行为的公民、法人或其他组织。其三，诉前程序。检察机关在正式提出民事公益起诉之前，应当依法督促或支持其他法定机关或组织先行依法提出民事公益起诉。其四，提起诉讼。检察机关依法提出民事公益起诉，应当制作并向法院提交公益诉讼起诉书，起诉书应载明明确的被告和具体的诉讼请求，并提出初步证据证明社会公共利益遭受损害。其五，诉讼请求项目。检察机关在由其提起的民事公益诉讼程序中，可以向被告方当事人提出恢复原状、排除妨碍、停止侵害、消除危险、赔礼道歉、赔偿损失等诉讼请求项目。再次，《试点方案》明确了检察院公益诉讼试点工作实施计划的三个阶段，即：立法机关授权，积极开展试点和推动相关法律修改完善。最后，《试点方案》对检察院公益诉讼试点工作提出了四项要求：其一，坚持统筹谋划；其二，积极稳妥推进；其三，加强协调配合；其四，注重宣传引导。

2015年12月16日，最高检第十二届检察委员会第四十五次会议

[①] 依据《中共中央关于全面推进依法治国若干重大问题的决定》关于法制改革的部署，积极探索建立检察机关提起公益诉讼的制度，充分发挥法律赋予检察机关的法律监督职能，促进依法行政和严格执法，维护宪法和法律权威、社会公平正义，以及国家和社会公共利益。

审议通过《人民检察院提起公益诉讼试点工作实施办法》[①]。该《检察院公益诉讼试点实施办法》总计58条,分为四章:"第一章 提起民事公益诉讼""第二章 提起行政公益诉讼""第三章 其他规定"和"第四章 附则"。其中,"第一章 提起民事公益诉讼"(第1—27条)和"第三章 其他规定"(第53—56条)就检察机关提起之民事公益诉讼程序的十一个方面的事项作出了规定。

第一,检察机关提起民事公益诉讼的案件类型和范围。就检察机关提起民事公益诉讼的案件类型和范围问题,《检察院公益诉讼试点实施办法》第1条从三个方面作出了界定:其一,检察机关提起民事公益诉讼的客体为环境污染、食药安全领域侵害众多消费者合法权益等公益侵权行为;其二,检察机关提起公益诉讼的案件是其在履行职务犯罪侦查、批准或决定逮捕、审查起诉、控告检察、诉讼监督等职责过程中发现的;其三,案件没有适格主体或者适格主体不提起民事公益诉讼。

第二,检察机关提起民事公益诉讼的管辖规则。就检察机关提起民事公益诉讼的管辖问题,《检察院公益诉讼试点实施办法》第2条从级别管辖、地域管辖、指定管辖和管辖权转移四个方面作出了规定。首先,检察机关提出民事公益起诉的案件,一般由市(分、州)人民检察院管辖。其次,检察机关提出民事公益起诉的案件,其管辖地点为侵权行为实施地、损害结果发生地或被告住所地。再次,因特殊原因致使有管辖权的检察院不能依法行使管辖权的,由上级检察院指定其辖区内其他试点检察院提起诉讼。最后,确有必要时,本由下级检察院管辖的案件,可由上级检察院依法办理;下级检察院在认为确有必要时,可以报请其上级检察院办理本由其管辖的案件;确有必要时,有管辖权的检察院在报请其上一级检察院批准后,可以将本院管辖的

[①] 后文简称《检察院公益诉讼试点实施办法》。

民事公益诉讼案件交由下级检察院依法办理。

第三，检察机关提起民事公益诉讼的立案规则和承办部门。综合《检察院公益诉讼试点实施办法》第3—5条的规定：其一，检察院提起民事公益诉讼的案件，承办机构为其民事行政检察部门，其他业务部门在履行职责中发现民事公益诉讼案件线索，应当及时与民行检察部门沟通，并移送有关案件材料。其二，民行检察部门经审查认为可能需要提起民事公益诉讼的，应当报请检察长批准决定登记立案，并要制作《立案决定书》。

第四，检察机关提起民事公益诉讼的证明责任、证据收集与事实调查。根据《检察院公益诉讼试点实施办法》第6、19条的规定：其一，人民检察院在其提起的民事公益诉讼程序中，对其所提出之各项诉讼请求所依据的事实、反驳对方诉讼请求所依据的事实，及其履行诉前程序的相关事实，应当依法提出证据材料予以证明。其二，对可能损害社会公共利益的行为和损害后果，检察机关可以采用以下方式收集证据、调查事实：调阅、复制行政执法卷宗材料；询问违法行为人、证人；调取物证、书证、视听资料；向专业人员、相关部门或行业协会就专门问题进行咨询；委托相应机构实施鉴定、评估、审计；勘验现场、提取物证。但是，在证据收集和事实调查过程中不得采取冻结账户和扣押、查封财产等强制性措施，更不能限制人身自由。

第五，检察机关提起民事公益诉讼的结案规则。根据《检察院公益诉讼试点实施办法》第8—12条的规定：其一，就民事公益诉讼案件，在审查终结后应由案件承办人制作审查终结报告，并以书面形式提出处理建议。其二，检察机关办理民事公益诉讼案件应当对案件事实、适用法律、处理建议等问题进行集体讨论，在客观地归纳讨论意见的基础上形成集体讨论意见，由民行检察部门负责人提出审核意见并报请检察长，再由检察长予以批准或提请检察委员会讨论决定。其三，对于审查终结的民事公益诉讼案件，检察机关应当依法在立案之日起的三个月之内，作出"终结审查"或"督促、支持起诉"的决定，或在立案之日起六个月内作出"提起民事公益诉讼"的决定。其四，经审查认为社会公共利益未曾遭受损害，或在其依法履行督促、支持起诉职能之前已经排除对社会公共利益的侵害，并且社会公共利益已经获得有效救济时，检察机关应当决定终结审查。

第六，检察机关提起民事公益诉讼的诉前程序。综合《检察院公益诉讼试点实施办法》第13—14条的规定：在正式提起民事公益诉讼程序之前，检察机关应当依法督促法定机关先行提出民事公益诉讼，或建议、支持其辖区内符合法定条件的有关组织依法提出民事公益诉讼；没有适格的主体或其不能及时提起民事公益诉讼，且社会公共利益正在继续遭受侵害的，检察机关再行向人民法院提起民事公益诉讼。

第七，检察机关提起民事公益诉讼的诉讼参加人与诉讼请求。根据《检察院公益诉讼试点实施办法》第15、16、18条的规定，在检察机关提起的民事公益诉讼中：人民检察院以"公益诉讼人"身份参与诉讼，可以向被告方当事人提出恢复原状、排除妨碍、停止侵害、消除危险、赔礼道歉、赔偿损失等诉讼请求项目；实施公益侵权行为的公民、法人或者其他组织为被告，其不能在公益诉讼程序中提出反诉请求。

第八，检察机关提起民事公益诉讼的诉讼材料。根据《检察院公益诉讼试点实施办法》第17条，提起民事公益诉讼程序时，检察机关应当依法制作并向法院提交"民事公益诉讼起诉书"和"社会公共利益遭受损害的初步证据"。

第九，检察机关提起民事公益诉讼的保全。根据《检察院公益诉讼试点实施办法》第20条，检察机关提起的民事公益诉讼中，因被告方当事人的行为或其他原因可能进一步损害社会公共利益或使将来之生效判决难以执行的,检察院可建议法院采取财产保全或行为保全措施,且无须提供担保。

第十,检察机关提起民事公益诉讼的权利与职责。根据《检察院公益诉讼试点实施办法》第21—27条的规定:其一,一审或二审程序中,对检察机关提起民事公益诉讼的案件,检察机关应当派员出席庭审。其二,检察人员出席法庭需履行的职责包括:宣读民事公益诉讼起诉书、抗诉书;出示、说明、质证其调查核实的相关证据;参加法庭调查、法庭辩论并依法提出出庭意见;发现庭审活动违法时提出检察建议。其三,在由检察机关提起的民事公益诉讼程序中,检察院可以通过法院调解或与被告和解达成协议,但其协议内容不得对社会公共利益构成损害。其四,检察机关提起的民事公益诉讼中,诉讼请求全部实现的,检察院可以撤回起诉。其五,检察机关提起的民事公益诉讼中,地方各级人民检察院认为同级法院一审判决、裁定确有错误,应当通过原审法院抗诉至上一级法院,其抗诉书应当同时抄送上一级检察院,上级检察院如果认为其抗诉不当,也可以直接撤回抗诉。

第十一,检察机关提起民事公益诉讼的层报审批规则。根据《检察院公益诉讼试点实施办法》第53—56条的规定:其一,地方各级检察院拟定提起公益诉讼程序的案件,应逐级上报由最高检审查批准。其二,收到案件请示的上级检察院应当在一个月之内办结,有特殊情况需报经检察长批准延长。其三,省级检察院向最高检报送审批需提交"公益诉讼案件层报审批表""省检请示""省检民行检察部门案件集体讨论记录和审查终结报告""证据目录和主要证据""公益诉讼起诉书"等案件材料。

2016年2月22日,为贯彻实施《检察院公益诉讼试点决定》,依法审理检察院提起民事公益诉讼的案件,依据《民事诉讼法》和《行政诉讼法》等法律的规定,结合审判工作实际,最高法院审判委员会第1679次会议又审议通过《人民法院审理人民检察院提起公益诉讼案件试点工作实施办法》(法发〔2016〕6号)①。并于2016年2月25日印发,自2016年3月1日起施行。《法院审理检察院公益诉讼实施办法》由"一、民事公益诉讼""二、行政公益诉讼""三、其他规定"和"四、附则"四个部分构成,总计二十五个条文。其中,"一、民事公益诉讼"(第1—10条)和"三、其他规定"(第20—23条),就与人民检察院提起民事公益诉讼程序之案件的审理有关的八个方面程序事项作出了规定。

第一,人民检察院提起民事公益诉讼程序的客体和条件。根据《法院审理检察院公益诉讼实施办法》第1条,人民检察院可以对环境污染、生态破坏、食药安全领域侵害众多消费者合法权益等公益侵权行为提起民事公益诉讼。人民检察院提起民事公益诉讼需要满足四项程序要件:其一,没有适格主体或适格主体不提起民事公益诉讼;其二,被告明确;其三,诉讼请求具体,且有事实、理由;其四,属于民事诉讼的主管范围和受诉人民法院管辖。

第二,人民检察院提起民事公益诉讼的诉讼资料。根据《法院审理检察院公益诉讼实施办法》第2条,人民检察院提起民事公益诉讼应当提交的诉讼材料包括三类:其一,符合《民事诉讼法》第121条规定的起诉状;其二,损害社会公共利益行为存在的初步证据材料;其三,已经依法履行督促、支持起诉之诉前程序的证明材料。

第三,人民检察院提起民事公益诉讼案件的诉讼参加人与诉讼请求。综合《法院审理检察院公益诉讼实施办法》第3、4、6条的规定:其一,人民检察院提起民事公益诉讼,其诉讼参加人身份为"公益诉讼人",享有、承担立法所规定之民事诉讼原告的程序权利和义务,可以提出恢复原状、消除危险、停止侵害、排除妨碍、赔礼道歉、赔偿损失等诉讼请求项目;其二,人民检察院提起民事公益诉讼以实施损

---

① 后文简称《法院审理检察院公益诉讼实施办法》。

害社会公共利益行为的公民、法人或其他组织为被告，其不能提出反诉请求。

第四，人民检察院提起民事公益诉讼案件的管辖。根据《法院审理检察院公益诉讼实施办法》第 5 条，人民检察院提起民事公益诉讼的案件，其一审程序由中级法院管辖，管辖地点包括"侵害行为实施地""损害结果发生地"和"被告住所地"。

第五，人民检察院提起民事公益诉讼案件的审判组织。根据《法院审理检察院公益诉讼实施办法》第 7 条，对人民检察院提起民事公益诉讼的一审案件，人民法院审理时原则上适用人民陪审制，由人民陪审员与审判员共同组成合议庭主持庭审，但当事人申请不适用人民陪审制的，由法院审查、决定。

第六，人民检察院提起民事公益诉讼案件的调解、和解与撤诉。综合《法院审理检察院公益诉讼实施办法》第 8、9 条的规定：其一，检察院与被告通过法院调解或自行和解所达成的协议应当进行不少于三十日的公告，法院在公告期满后经审查认为其对社会公共利益不构成损害的，应当出具调解书。其二，人民检察院申请撤诉的，应在法庭辩论终结前书面提出，法庭辩论终结后提出撤诉申请，不予准许，除非经审查法院认为其诉讼请求全部得以实现。

第七，人民检察院提起民事公益诉讼案件的上诉、抗诉与审判监督。根据《法院审理检察院公益诉讼实施办法》第 10 条，人民检察院提起的民事公益诉讼中，对于法院的判决或裁定：其一，被告方当事人可依法提出上诉，启动二审程序；其二，人民检察院可依法提起抗诉，启动二审程序；其三，被告方当事人可根据《民事诉讼法》第 200 条依法申请再审，启动审判监督程序。

第八，人民法院审理检察院提起民事公益诉讼案件的附属程序事项。综合《法院审理检察院公益诉讼实施办法》第 20—23 条的规定：其一，检察院提起诉讼的公益案件，人民法院的审理程序应当依法公开进行,并可邀请政协委员、人大代表等到场旁听,还可通过录播、直播庭审等方式对媒体和公众公开庭审过程,其裁判文书则应在互联网上公开发布。其二,人民法院审理检察院提出起诉的公益诉讼案件,应当在必要时按照《最高人民法院关于加强司法建议工作的意见》的规定提出相应的司法建议。其三,人民法院审理检察院提起诉讼的公益案件,检察院免交《诉讼费用交纳办法》第六条规定的案件受理费,申请费,及证人、鉴定人、翻译人员、理算人员出庭发生的交通费、住宿费、生活费和误工补贴。

2017年6月27日,《修改决定》又于第1条规定:"一、对《中华人民共和国民事诉讼法》作出修改。第五十五条增加一款,作为第二款:'人民检察院在履行职责中发现破坏生态环境和资源保护、食品药品安全领域侵害众多消费者合法权益等损害社会公共利益的行为,在没有前款规定的机关和组织或者前款规定的机关和组织不提起诉讼的情况下,可以向人民法院提起诉讼。前款规定的机关或者组织提起诉讼的,人民检察院可以支持起诉。'"从而将"人民检察院"纳入第一款之"法律规定的机关和有关组织"的范畴之内,明确其为民事公益诉讼程序的提起主体类型之一。其后,2018年10月26日第十三届全国人大常委会第六次会议又修订《人民检察院组织法》,新法于2019年1月1日起施行,其第20条规定:"人民检察院行使下列职权:……(四)依照法律规定提起公益诉讼;……",从而与2017年《民事诉讼法》修正时第55条增加之第二款对应,为检察机关提起公益诉讼奠定职权基础。

(四)消费民事公益诉讼的司法解释

2016年4月24日,最高法又公布了《最高人民法院关于审理消费民事公益诉讼案件适用法律若干问题的解释》(法释〔2016〕10

号）①。该司法解释总计十九个条文，以《民事诉讼法》《侵权责任法》和《消费者权益保护法》的规定为基础，为规范消费民事公益诉讼案件的审理工作，就十个方面的程序事项作出了规定。

第一，消费民事公益诉讼的客体。《民事诉讼法》第55条和《消费者权益保护法》第47条均将消费民事公益诉讼的客体概括界定为"侵害众多消费者合法权益的行为"。以之为基础，《消费民事公益诉讼解释》第1条首先延续这一立法逻辑，进一步就消费民事公益诉讼的客体作出有针对性的概括界定，将其区分为两种宏观类型：其一，"经营者侵害众多不特定消费者合法权益的行为"；其二，"经营者具有危及消费者人身、财产安全危险的行为"。然后，《消费民事公益诉讼解释》第2条又进一步作出列举性规定，将经营者提供商品或者服务中的五种情形纳入消费民事公益诉讼之客体范围：其一，提供的商品或者服务存在缺陷，侵害众多不特定消费者合法权益的。其二，提供的商品或者服务可能危及消费者的人身或财产安全，未作出明确的警示或真实的说明，未标明正确使用商品、接受服务和防止危害发生方法的；对提供商品或服务的质量、性能、用途、有效期限等信息做虚假或引人误解宣传的。其三，商场、宾馆、银行、餐馆、港口、车站、机场、景区、影剧院、娱乐场所等经营场所存在危及消费者人身、财产安全危险的。其四，以通知、声明、店堂告示、格式条款等方式作出不公平、不合理的规定，排除或限制消费者合法权利，减轻或免除经营者法律责任，或加重消费者责任的。其五，其他侵害或危及众多不特定消费者合法权益或人身、财产安全的损害社会公共利益行为。

第二，消费民事公益诉讼的提起主体。根据《消费者权益保护法》第47条，提起消费民事公益诉讼程序的主体为"中国消费者协会"和

---

① 最高人民法院审判委员会第1677次会议于2016年2月1日审议通过，自2016年5月1日起施行。后文简称《消费民事公益诉讼解释》。

"省、自治区、直辖市消费者协会"。就此,《消费民事公益诉讼解释》第1条又进一步作出了拓展性规定,将提起消费民事公益诉讼的主体扩充为两种类型:其一,"中国消费者协会"和"省、自治区、直辖市消费者协会";其二,"法律规定或者全国人大及其常委会授权的机关和社会组织"。之所以作出这种拓展性规定,其最为直接的原因就是前文论及的"检察机关公益诉讼试点工作"。2015年7月1日审议通过的《检察院公益诉讼试点决定》提出:为加强对国家利益和社会公共利益的保护,授权最高检在生态资源和环境保护、国有土地使用权出让、国有资产保护、食药安全等领域开展公益诉讼试点工作。2015年7月2日,最高检公布《试点方案》,从四个方面勾勒了检察院公益诉讼试点工作的基本框架。《试点方案》明确检察院公益诉讼试点工作的主要内容包含两个方面:"提起民事公益诉讼"和"提起行政公益诉讼"。就前一项试点工作,又明确了五个方面的具体事项。2015年12月16日,最高人民检察院通过《检察院公益诉讼试点实施办法》,其"第一章 提起民事公益诉讼"(第1—27条)和"第三章 其他规定"(第53—56条)就检察机关提起民事公益诉讼十一个方面的程序事项作出了规定。2016年2月22日,最高人民法院通过《法院审理检察院公益诉讼实施办法》,就人民法院审理人民检察院提起民事公益诉讼案件相关的八个方面程序事项作出了规定。基于"全国人大及其常委会授权"和这一系列的司法解释文件,检察机关逐步被确立为民事公益诉讼之提起主体类型之一。因此,《消费民事公益诉讼解释》第1条才将消费民事公益诉讼的提起主体扩充为两种类型:"中国消费者协会"和"省、自治区、直辖市消费者协会",以及"法律规定或者全国人大及其常委会授权的机关和社会组织"。从而有预见性地实现了与2017年《民事诉讼法》第三次修正后第55条新增之第二款规定的制度逻辑统一。

第三,消费民事公益诉讼的提起条件与起诉材料。就此,《消费民事公益诉讼解释》只是在其第4条规定了诉讼应当提交的三类起诉材料：其一，符合民诉立法规定的起诉状；其二，被告行为侵害或危及众多不特定消费者合法权益或人身、财产安全的初步证据；其三，消费者组织就涉诉事项已按照《消费者权益保护法》第37条第四项或者第五项的规定履行公益性职责的证明材料。这与之前《环境民事公益诉讼解释》第8条的规定在逻辑上是统一的。但对消费民事公益诉讼的起诉要件，《消费民事公益诉讼解释》却未做专条规定。究其原因，尽管之前《环境民事公益诉讼解释》的第1条将环境民事公益诉讼的起诉要件设定为三项：其一，被告明确；其二，诉讼请求具体，且有事实、理由；其三，属于民事诉讼的主管范围和受诉人民法院管辖。但根据其第8条的规定，提起环境民事公益诉讼，原告还应当提交被告行为已经损害或对社会公共利益造成重大风险的初步证据材料。因此，后来《〈民诉法〉解释》第284条将民事公益诉讼的提起条件列举性地界定为四项：其一，被告明确；其二，诉讼请求具体；其三，有社会公共利益遭受损害的初步证据；其四，属于民事诉讼的主管范围和受诉人民法院管辖。这一处理方案已经趋于在理论和实务界达成共识。因此，就消费民事公益诉讼的提起条件问题，应该统一适用《〈民诉法〉解释》第284条的规定，《消费民事公益诉讼解释》已经完全没有必要再做专条规定。

第四，消费民事公益诉讼的管辖。根据《消费民事公益诉讼解释》第3条，其案件管辖适用《〈民诉法〉解释》第285条，经最高法批准，各地高级法院可以根据其辖区实际情况，选择性确定所属的部分中级法院作为一审消费民事公益诉讼案件的管辖法院。依据《〈民诉法〉解释》第285条的规定，消费民事公益诉讼管辖的三个问题得以明确：首先，级别管辖问题。作为新的案件类型，民事公益诉讼的审、执难度较大，社会关注度高，因此其一审程序由中级以上人民法院管辖。其次，地域管辖问题。与之前的《环境民事公益诉讼解释》立场一致,《〈民诉法〉解释》也认为民事公益诉讼本质上应定性为侵权纠纷,由侵权行为地或被告住所地法院管辖。最后,共同管辖、选择管辖和指定管辖问题。亦与之前的《环境民事公益诉讼解释》立场一致,《〈民诉法〉解释》也认为应该适用民事诉讼法的一般规则。如果就同一公益侵权行为当事人分别向有管辖权的两个以上法院提出起诉,应当由立案最早的法院管辖,必要时亦可由形成管辖权争议的法院报请其共同上级法院指定管辖。但与《〈民诉法〉解释》不同的是,《消费民事公益诉讼解释》第3条第二款的规定确立了"消费民事公益诉讼案件的集中管辖规则":"经最高法批准,高级法院可以根据本辖区实际情况,选择性确定部分中级法院受理消费民事公益诉讼一审案件。"这也与之前《环境民事公益诉讼解释》所创设的"环境民事公益诉讼案件集中管辖规则"一脉相承。

第五,消费民事公益诉讼的诉请与裁判范围。综合《消费民事公益诉讼解释》第5、11、13、17—18条的规定,涉及三个方面的相关问题。首先,诉讼请求的项目。在消费民事公益诉讼中,对经营者侵害或危及众多不特定消费者合法权益或人身、财产安全的行为,原告方当事人可以提出"排除妨碍、消除危险、停止侵害、赔偿损失、格式约定无效、赔礼道歉"等诉讼请求项目。具体而言,针对《消费民事公益诉讼解释》第2条规定之前三项行为[①],原告可以请求"停止侵害、消除危险、排除妨碍和赔礼道歉";就《消费民事公益诉讼解释》第2条规定之第四项行为[②],原告可以请求判定格式约定无效;就《消

---

① 第一,提供的商品或者服务存在缺陷,侵害众多不特定消费者合法权益的。第二,提供的商品或者服务可能危及消费者人身、财产安全,未作出明确的警示和真实的说明,未标明正确使用商品、接受服务和防止危害发生方法的;对提供商品或服务的用途、质量、性能和有效期限等信息做引人误解或虚假宣传的。第三,商场、宾馆、银行、餐馆、车站、机场、港口、景区、影剧院、娱乐场所等经营场所存在危及消费者人身、财产安全危险的。

② 以格式条款、店堂告示、声明、通知等方式,作出限制或排除消费者权利、免除或减轻经营者责任、加重消费者责任等对不公平、不合理规定的。

费民事公益诉讼解释》第 17、18 条规定之"原告为消除危险、排除妨碍、停止侵害采取合理处置或预防措施所产生的费用"和"原告及其诉讼代理人对侵权行为进行调查取证的费用、鉴定费用、律师费用、和其他合理费用",原告可以请求赔偿损失。[①] 其次,基于释明的诉讼请求变更。在消费民事公益诉讼程序中,如果法院认为原告方当事人已经提出的诉讼请求项目尚不足以充分维护社会公共利益,可以依职权予以释明,要求其对诉讼请求进行变更或者增加停止侵害等诉讼请求项目。最后,反诉的禁止。消费民事公益诉讼中,被告以反诉方式提出诉讼请求的,法院不予受理。

第六,消费民事公益诉讼的立案通告与诉讼参加。根据《消费民事公益诉讼解释》第 6、7 条的规定:首先,立案公告与通告。人民法院受理后,应当公告,并在立案之日起十日内书面告知相关行政主管部门。其次,诉讼参加。在一审正式开庭之前,就同一案件有权提起公益诉讼的其他主体可以向法院提出申请要求以共同原告身份参加诉讼,但是,不得以其人身、财产遭受损害为由提出申请要求参加诉讼,而只能就之另行提起私益损害赔偿诉讼。

第七,消费民事公益诉讼的证明。就此,《消费民事公益诉讼解释》第 8、12 条的规定明确了两个方面的问题。首先,证据保全问题。有权提起消费民事公益诉讼的机关或者社会组织,可以依据《民事诉讼法》第 81 条规定申请保全证据。其次,自认规则。对原告在诉讼过程中作出的自认,法院认为损害社会公共利益的,不予确认。

第八,私益损害赔偿诉讼与消费民事公益诉讼的关系。基于同一侵害众多消费者合法权益的公益侵权行为而分别提起的私益损害赔偿

[①] 《消费民事公益诉讼解释》第 17 条:"原告为停止侵害、排除妨碍、消除危险采取合理预防、处置措施而发生的费用,请求被告承担的,人民法院可予支持。"第 18 条:"原告及其诉讼代理人对侵权行为进行调查、取证的合理费用、鉴定费用、合理的律师代理费用,人民法院可根据实际情况予以相应支持。"

诉讼与消费民事公益诉讼，既在诉讼请求项目和诉讼程序目的上存在区别，也在审理客体范围和法律事实认定等方面紧密联系，妥善处理其相互关系至关重要。就此，《消费民事公益诉讼解释》第9—10、16条的规定明确了三个方面的问题。首先，消费民事公益诉讼和私益损害赔偿诉讼在诉的属性上相互独立。法定机关和社会组织提起消费民事公益诉讼程序，并不影响因同一公益侵权行为而遭受人身和财产损害的公民、法人和其他组织依法提起私益损害赔偿诉讼。其次，消费民事公益诉讼和私益损害赔偿诉讼在审理程序上相互独立。鉴于诉之属性上的差异，且合并审理不仅不能提高效率还会导致诉讼拖延。因此，消费民事公益诉讼和私益损害赔偿诉讼不能合并审理，对以其人身、财产遭受损害为由提出的参加诉讼申请法院应及时告知其另行提起私益损害赔偿诉讼。但是，在法院受理消费民事公益起诉后，因同一侵权行为遭受损害之消费者请求法院对其私益损害赔偿诉讼中止审理的，可以准许。最后，消费民事公益诉讼裁判的事实认定对于后续的私益损害赔偿诉讼有预决效力。基于消费民事公益诉讼与私益损害赔偿诉讼在争议事实认定以及法律规则适用等方面的共通性，鉴于私益损害赔偿诉讼原告举证能力的不足，《消费民事公益诉讼解释》第16条特别强调了这种预决效力，并将其区分成为两种情形，即法院依职权援引的预决效力和依当事人申请而援引的预决效力。[①] 所谓法院依职权援引的预决效力，即已为消费民事公益诉讼生效裁判认定的事实，在因同一侵权行为而提起的私益损害赔偿诉讼中，当事人无须举证证明，但原告对其有异议并有相反证据足以推翻的除外。所谓依当事人申请而援引的预决效力，即在因同一侵权行为而提起的私益损害赔偿诉讼中，对于消费民事公益诉讼生效裁判就被告是否存在减责或免责事由、损害结果与行为间是否存在因果关系、被告承担民事责任的范

---

① 这与《环境民事公益诉讼解释》第30条的规定在制度逻辑上保持了高度一致。

围和项目等争议事项所作出的认定，原告方当事人可主张直接适用，除非被告方当事人有相反证据足以推翻，但被告方当事人不得主张直接适用对其有利的认定结论。

第九，消费民事公益诉讼中重诉的禁止。之前的《〈民诉法〉解释》第291条，就民事公益诉讼案件的另诉和重诉问题，其制度价值取向是坚守民事诉讼之"一事不再理"的基本理念。而且，其规则设计也更加强调同一民事公益诉讼案件之另诉或重诉的禁止。因此，本质上，可将其定性为"重诉禁止"规则。就此，《消费民事公益诉讼解释》第15条的规定与《〈民诉法〉解释》第291条保持了制度逻辑上的高度统一。但是，更早的《环境民事公益诉讼解释》在价值取向上却与之有明显差异。其第28条明确规定：环境民事公益诉讼案件的起诉被裁定驳回或原告申请撤诉被裁定准许的，有权提起诉讼的其他法定机关和社会组织就同一公益侵权行为再次提起公益诉讼，人民法院应予受理，除非因环保部门依法履行环境保护监管职责而使原告诉讼请求全部得以实现；环境民事公益诉讼实体判决生效后，如有证据证明存在前案审理过程中未能发现的损害，法律规定的机关和社会组织另行起诉的，人民法院应予受理。可见，就环境民事公益诉讼案件，其制度价值取向是鼓励在社会公共利益没有得到彻底维护时再次提起公益诉讼。而且，其规则设计也更注重于再次提起公益诉讼时的程序要件的设定。因此，本质上，可将其定性为"再诉允许"规则。《环境民事公益诉讼解释》第28条规定的"再诉允许"规则与《〈民诉法〉解释》第291条规定的"重诉禁止"规则，在制度逻辑上存在质的关联。"重诉禁止"规则源于民事诉讼之"一事不再理"的基本理念，是民事诉讼制度的基本程序法理立场；而"再诉允许"规则源于民事公益维护的制度性需求，是民事公益诉讼程序所必要的程序规则路径。就此，笔者认为：首先，民事公益诉讼程序应当遵行"一事不再理"理念订立"重诉禁止"规则，但相较于通常诉讼程序，亦应适度弱化其程序地位和制度功能；其次，在民事公益诉讼程序中，为弱化"一事不再理"的制度理念，为避免"重诉禁止"规则的僵化，也要确立正当的"再诉允许"规则，以通过预设前提下再次提起的民事公益诉讼程序实现对社会公共利益的更加充分的维护。

第十，消费民事公益诉讼裁判的执行。《环境民事公益诉讼解释》第32条曾规定，已经生效的环境民事公益诉讼判决、裁定，需要采取相应强制执行措施的，应由审判机构依职权移送启动强制执行程序。《消费民事公益诉讼解释》却未直接规定消费民事公益诉讼裁判依职权移送强制执行规则，而是仅仅在其第14条规定：消费民事公益诉讼案件裁判生效后，人民法院应于十日以书面告知相关行政职能部门，并可发出司法建议。这一处理方案，显然令人不解，其在制度逻辑上难以获得充分的正当性支撑。

三、本质性不足

综上，为将民事公益诉讼之程序规则推向具体化、系统化的层面，并实现其与传统之民事诉讼制度体系的内在融合，我们正在立法和司法解释两个层面上作出积极的努力。从立法层面看，以《民事诉讼法》第55条的规定为基础，通过对《环境保护法》和《消费者权益保护法》的修改，初步明确了环境污染和消费维权两类民事公益诉讼案件的原告主体资格。具体而言：首先，修改后的《消费者权益保护法》，其第47条明确了提起消费维权案件之民事公益诉讼程序的主体："中国消费者协会"和"省、自治区、直辖市消费者协会"。其次，修改后的《环境保护法》，其第58条的规定明确了环境污染案件之民事公益诉讼程序的提起主体，及其所须满足的具体条件：其一，登记于设区市级以上政府之民政部门的社会组织；其二，专门从事环保公益活动达到五年以上；其三，没有违法记录。从司法解释层面看，则试图通过三种类型的司法解释文本，为民事公益诉讼程序的实践运行提供技术性的规则体系。首先，作为具有明确案件类型指向的两部司法解释文本：其一，《环境民事公益诉讼解释》对环境民事公益诉讼中涉及的诉讼客体和提起条件，提起主体，管辖，诉请与裁判范围，支持起诉、立案通告与诉讼参加，证据与证明，调解、撤诉与再诉，与私益损害赔偿诉讼的关系，裁判的执行等九个方面的程序事项作出了系统的规定，以期为环境污染这一具体案件类型提供系统的民事公益诉讼程序规则体系；其二，《消费民事公益诉讼解释》对消费民事公益诉讼中涉及的诉讼客体、提起主体、提起条件与起诉材料、管辖、诉请与裁判范围、立案通告与诉讼参加、证明、与私益损害赔偿诉讼的关系、重诉的禁止及裁判的执行等十个方面的程序事项作出了系统规定，以期为消费维权这一具体案件类型提供系统的民事公益诉讼程序规则体系。其次，作为具有明确的部门法价值取向的一部司法解释文本，《〈民诉法〉解释》对民事公益诉讼所涉及的诉讼客体和提起条件、提起主体、管辖、立案通告与诉讼参加、与私益损害赔偿诉讼的关系、和解与调解、撤诉、重诉的禁止等八个方面的宏观程序事项作出针对性规定，以期为民事公益诉讼程序确定一些基本的程序规则要素。最后，为落实《检察院公益诉讼试点决定》，进而践行 2017 年第三次修正后《民事诉讼法》第 55 条所增加之第二款规定，最高检制定的《检察院公益诉讼试点实施办法》和最高法制定的《法院审理检察院公益诉讼实施办法》，又分别就检察机关提起公益诉讼和法院审理的若干程序事项作出具体规定，以期为检察机关公益诉讼提起工作的顺利推进提供具体的程序规则体系。

但是，我们必须承认，这样的努力也存在以下两方面之本质性不足：

首先，立法层面未能就民事公益诉讼的制度模式、程序属性、功能定位和立法方案作出理性的判断与取舍。2012 年《民事诉讼法》的第二次修正继续贯彻"不动大的结构,不过多增加新法实施负担"[1]的基本理念。故而法典条文数量稳定,甚至有些制度命题(如"涉外民事诉讼")的条文数量不增反降。[2]具体到公益诉讼,无论是《民事诉讼法》第55条,还是《消费者权益保护法》第47条,抑或是《环境保护法》第58条的规定,均在一定程度上源于对公益诉讼这一概念的泛化理解,以及对诉讼之公益价值目标的高度期待。正是源于此种理念,我国诉讼法学界,才产生了通过制定新法或修改旧法确立新的诉讼模式和程序方案以期承载诉讼之公益价值目标的主张,并迅速就这种新诉讼模式的名称达成共识,称其为"公益诉讼"。而源于"公益诉讼"这一概念的广泛社会基础,及在消费维权、环境污染两类案件中通过司法诉讼维护公共利益的社会呼声,才最终缔造了以《民事诉讼法》第55条、《消费者权益保护法》第47条和《环境保护法》第58条为基本立法依据的民事公益诉讼制度。然而,这样的一种立法演进逻辑,忽略了一个重要的前置性逻辑命题,即:民事公益诉讼之制度模式、程序属性、功能定位和立法方案的理性判断与取舍。[3]《民事诉讼法》第55条"仅是关于民事公益诉讼的原则性规定"[4],只提及"公益诉讼"的两个基础程序事项。其本质是通过提出"公益诉讼原则性框架以回应社会的诉求,这也反映了立法与修法中的政治性作为——抽象地回应社会的要求"[5]。而且,所谓"法律规定的机关和有关组织"对于具体案件的适用非常模糊,仍须援引单行立法界定。[6]为此,《环境保护法》和《消费者权益保护法》才跟进性完成修改。然而,任何

---

[1] 张卫平:《中国民事诉讼法立法四十年》,《法学》2018年第7期。
[2] 何其生:《大国司法理念与中国国际民事诉讼制度的发展》,《中国社会科学》2017年第5期。
[3] 丁宝同:《民事公益之基本类型与程序路径》,《法律科学》2014年第2期。
[4] 张卫平:《中国民事诉讼法立法四十年》,《法学》2018年第7期。
[5] 张卫平:《民事公益诉讼原则的制度化及实施研究》,《清华法学》2013年第4期。
[6] 吕忠梅:《环境司法理性不能止于"天价"赔偿:泰州环境公益诉讼案评析》,《中国法学》2016年第3期。

一项新制度的建构，均须保证制度内部的逻辑一贯，并与已有制度妥当衔接。①故而，确立一种新的诉讼类型，所须明确的程序事项远不止于此。就公益诉讼而言，首要任务是界定"公共利益"以明确其适用对象和范围。②但在我们所经历的这一立法演进过程中，既没有对"民事公益"这一前提性概念术语展开深入的理论探讨，也没有对其在社会实践中的具体样态进行系统的实证调研，甚至从未审慎思考过公益诉讼的"程序属性"。③消费维权诉讼和环境污染诉讼两类民事公益案件的确立，更像是从天而降的两个惊喜。在《民事诉讼法》第55条、《消费者权益保护法》第47条和《环境保护法》第58条所采用的立法方案中，民事公益诉讼也似乎根本不需要什么完整的制度框架或系统的规则体系，只要明确由谁提起这样的诉讼，似乎一切都将万事大吉。这样的立法演进逻辑是缺乏理性的，这样的立法方案是过于天真的。此种状态于理论研究层面有直观反映，并延续于2017年的《民事诉讼法》第三次修正。比如，2012年《民事诉讼法》修改完成后，仍有学者致力于从"检察监督原则"和"支持起诉原则"的视角探求民事公益诉讼的正当性法理基础，尝试提出检察机关提起公益诉讼的立法建议。④继而，2017年《民事诉讼法》的第三次修正又于第55条增加第二款，将"人民检察院"纳入"法律规定的机关和有关组织"的范畴，明确其为民事公益诉讼的提起主体。同时，一并完成修正的《行政诉讼法》第25条也规定了由检察机关提起行政公益诉讼的制度，标志着行政公益诉讼从局部试点正式走向全面实施。⑤综上可见，关于制度模

---

① 罗丽：《我国环境公益诉讼制度的建构问题与解决对策》，《中国法学》2017年第3期。
② 熊跃敏：《消费者群体性损害赔偿诉讼的类型化分析》，《中国法学》2014年第1期。
③ 从属性意义上讲，民事程序包含审理程序和执行程序，其中审理程序又分为诉讼案件的审理程序和非讼案件的审理程序。潘剑锋：《论建构民事程序权利救济机制的基本原则》，《中国法学》2015年第2期。
④ 陈刚：《支持起诉原则的法理及实践意义再认识》，《法学研究》2015年第5期。
⑤ 刘艺：《构建行政公益诉讼的客观诉讼机制》，《法学研究》2018年第3期。

式、程序属性、功能定位的理性判断和立法方案的理性取舍，是构建民事公益诉讼制度的前置性逻辑命题。这一命题至少包含四个层面的构成要素：其一，民事公益的内涵界定、外延勾画和类型界分；其二，民事公益诉讼与民事私益诉讼在法理属性和制度功能上的逻辑区分与内在关联；其三，不同类型之民事公益的程序路径与制度原理；其四，民事公益诉讼制度体系的系统框架。

其次，以司法解释为民事公益诉讼提供程序规则支撑并非长久之计，并且存在将民事公益诉讼制度推向"碎片化"发展路径的重大风险。这种风险根源于我国立法之"宜粗不宜细"的传统，表现为部门法适用对于司法解释的"倚重或依赖"，激化至司法解释超越司法权限而具有"创制性质"。① 基于社会的现实需求而对某一理论概念产生泛化的认知方案，这种现象在现代信息社会在所难免。但要将其转化为某项法律制度的价值目标，并通过相应的制度方案和规则体系加以承载，对相应之立法概念术语、制度范畴和规则体系的理解就必须走向具体化、明确化和技术化的层面。诉讼之公益价值目标的提出恰恰是源于公众对司法之公益维护功能的殷切期待，并以对"公益诉讼"这一概念的泛化理解为外在背景。但要真正于立法层面将公益维护的功能加载于民事诉讼制度之上，这种抽象化、模糊化、形式化的认知逻辑，及以之为基础的立法方案无力实际解决具体问题。而《民事诉讼法》第55条、《消费者权益保护法》第47条和《环境保护法》第58条就民事公益诉讼所采用的立法方案，恰恰是以这种泛化的认知框架为基础的。故而，其对"民事公益诉讼之制度模式、程序属性、功能定位和立法方案的理性判断与取舍"这一前置性逻辑命题的忽略，是早已注定的。因此，这一立法方案只是在消费维权诉讼与环境污染诉讼的案件类型下，部分性地解决了民事公益诉讼程序中的原告资格问

---

① 顾培东：《判例自发性运用现象的生成与效应》，《法学研究》2018年第2期。

题。但是，民事公益诉讼程序的司法实践并不会因此而万事大吉，反而步履维艰。因为，在民事公益诉讼程序的实际运行中，除原告主体资格问题外，还有诸多的程序事项有待明确。为此，我们又只能寄望于最后的救命稻草——司法解释。这样，才有了后来的《环境民事公益诉讼解释》，其以三十五个条文对环境民事公益诉讼中涉及的九个方面程序事项作出了系统的规定，以期为"环境民事公益诉讼的具体程序以及相关问题设计较为详细、具体、可操作的程序规则"①，其中第10条甚至明确区分了"环境侵权私益诉讼与环境侵害公益诉讼的运行逻辑"②。《〈民诉法〉解释》也才于其"十三、公益诉讼"部分，用8个司法解释条文（第284—291条）对民事公益诉讼所涉及的八个方面程序事项作出了针对性规定，以期为民事公益诉讼程序确定一些基本的程序规则要素。而为落实《检察院公益诉讼试点决定》，进而践行2017年第三次修正后《民事诉讼法》第55条所增加之第二款规定，最高检、最高法又制定了《检察院公益诉讼试点实施办法》（五十八个条文）和《法院审理检察院公益诉讼实施办法》（二十五个条文），分别就检察机关提起公益诉讼和法院审理的若干程序事项作出具体规定，以期为检察机关公益诉讼提起工作的顺利推进提供具体的程序规则支撑。《消费民事公益诉讼解释》则再以十九个条文对消费民事公益诉讼中涉及的十个方面程序事项作出了系统的规定，以期为消费维权这一具体的案件类型提供系统的民事公益诉讼程序规则体系。然而，以我们所践行之立法演进逻辑和所选择之立法方案为背景，通过司法解释为民事公益诉讼提供程序规则体系固然有其必要性，但也并非长久之计，并且存在将民事公益诉讼制度推向碎片化发展路径的重大风险。其一，在司法实践不可避免之功利主义价值取向下，区分案件类型制

---

① 王明远：《论我国环境公益诉讼的发展方向：基于行政权与司法权关系理论的分析》，《中国法学》2016年第1期。

② 张旭东：《环境民事公私益诉讼并行审理的困境与出路》，《中国法学》2018年第5期。

定司法解释文本(如《环境民事公益诉讼解释》和《消费民事公益诉讼解释》),或区分起诉主体类型制定司法解释文本(如《检察院公益诉讼试点实施办法》和《法院审理检察院公益诉讼实施办法》),从而为民事公益诉讼制度的运行建立程序规则体系,这样的司法解释文本起草策略具有一定的必然性,但其也必将造成不同类型案件或起诉主体之民事公益诉讼程序规则体系的人为割裂,这种割裂将会造成程序规则资源的浪费,导致多头司法解释文本在规则设计和条文书写上的重复和矛盾,进而冲击民事公益诉讼之程序规则体系的统一性,甚至危及民事公益诉讼制度框架的稳定性;其二,部门法属性的司法解释文本(如《〈民诉法〉解释》),或许可以阶段性地缓解这种割裂可能造成的巨大危害,但其无力彻底解决这一问题,因其不过也就是司法解释而已,而且将来还会有更多针对具体案件类型或起诉主体类型确立公益诉讼程序规则的司法解释文本产生;其三,如果不能正视这种割裂可能造成的巨大危害,未来民事公益诉讼之程序规则体系的统一性和制度框架的稳定性必将遭受实质性冲击,积重难返之下,再行于立法层面收拾残局将会愈发艰难。

第三节 民事公益诉讼之典型案例与实践规律

2012年第二次修正后的《民事诉讼法》第55条确立了民事公益诉讼,其于2013年1月1日开始施行。之后,我国民事诉讼实践中也出现了数量众多的民事公益诉讼案件。因此,有必要以实际案例为基础素材,立足实证研究的方法论立场,总结、分析公益诉讼的司法实践规律。

一、民事公益诉讼之典型案例

2013年以后，我国司法实践中，代表性的民事公益诉讼案件集中为两类，即环境民事公益诉讼案件和消费民事公益诉讼案件。

（一）环境民事公益诉讼之典型案例

案例1 福建省闽侯县394名村民诉福建省固体废物处置有限公司环境污染损害赔偿案。[①]

【案件简介】福建省固体废物处置有限公司（简称"固废处置公司"）是一家专门处理医疗临床和其他危险废物的公司，其位于闽侯县青圃岭村的危废综合处置场多次发生排放不达标、偷排、漏排、擅自转包等严重违法事件。直接危害村民身体健康，当地居民癌症和皮肤病高发。2010年，福建省福州市闽侯县394名村民作为共同原告，以固废处置公司为被告，向闽侯县人民法院提起环境污染损害赔偿诉讼。

【诉讼请求】原告提出两项诉讼请求：第一，判令被告赔偿其10年来所遭受的人身健康和经济财产损失；第二，判令被告恢复当地自然环境。

【裁判结果】由于该案共同原告人数众多，闽侯县人民法院和福州市中级人民法院在案件的一、二审中，按代表人诉讼的程序规则审理了该案。2014年8月12日，福州市中级人民法院作出二审判决。认定：被告固废处置公司造成污染的事实存在。判令：第一，被告固废

---

① 该案曾入选"案例法学研究会2014年中国十大公益诉讼"。为推动公益诉讼制度的发展，总结公益诉讼司法实践经验，探讨公益诉讼制度所面临的困难和问题，案例法学研究会和中国公益诉讼网、民主与法制网、法治周末报社、北京理工大学司法研究所、中央财经大学法律援助中心等机构自2011年起开始举办"中国十大公益诉讼专家评选与公益诉讼发展研讨会"，至今已连续八届成功评选出2011、2012、2013、2014、2015、2016、2017和2018年度中国十大公益诉讼，推动了公益诉讼在中国的立法进程和司法实践。

处置公司赔偿394名村民各类农作物损失、人身伤害等近600万元；第二，被告承担原告已经支付的鉴定费用和其他合理诉讼费用。

案例2 邯郸冬泳协会诉山西天脊煤化工集团环境污染民事公益诉讼案。①

【案件简介】2012年12月31日，位于长治市潞城市境内的山西天脊煤化工（集团）股份有限公司（简称"天脊公司"）因输送软管破裂导致苯胺泄漏事故。事故发生后，浊漳河出山西省界的王家庄监测点的苯胺浓度一度超过国家标准的720倍，2013年1月6日凌晨2时下降到34倍。此次事故，山西境内受到影响的河道长约80公里，也影响到下游河道的水质安全。2013年1月9日，河北省邯郸市冬泳协会以天脊公司为被告向邯郸市中级人民法院提起环境污染民事公益诉讼。

【诉讼请求】原告河北省邯郸市冬泳协会提出四项诉讼请求：第一，判令被告天脊公司赔偿邯郸市980万名市民物质损失和精神损害抚慰金（每人1元，暂定）；第二，判令被告赔偿邯郸市政府为应对本次水污染事件所投入的资金（1000万元，暂定）；第三，判令被告消除危险，彻底清理浊漳河全流域，并对岳城水库受污染部分水域进行无害化处理；第四，判令被告承担此次诉讼费用。

【裁判结果】邯郸市中级人民法院未予受理。

案例3 任坚刚诉超彩钛白（安徽）科技有限公司环境污染民事公益诉讼案。②

【案件简介】安徽铜陵超彩钛白（安徽）科技有限公司（简称"超彩钛白公司"）是一家专门生产脱硝（催化）钛白的化工企业。在其生产过程中会产生大量有毒、有害的工业废料和垃圾，但却没有采取有

---

① 该案曾入选"案例法学研究会2013年中国十大公益诉讼评选推荐案例"。
② 该案曾入选"案例法学研究会2013年中国十大公益诉讼"。

效防护措施，而是直接将污染物露天堆放于厂区地面、直接排放至原告住所地的水域甚至是长江，造成了严重的环境污染，并且对该地区居民的生产、生活和身体健康造成了危害。环境志愿律师任坚刚系超彩钛白公司工业厂房附近居民，2013年其以个人名义就该案向铜陵县人民法院提起环境污染民事公益诉讼。

【裁判结果】2013年10月16日，铜陵县基层人民法院不开庭审理该案，直接裁定驳回原告起诉，理由是"本案应当以公益诉讼立案"。原告不服，上诉于铜陵市中级人民法院。2013年12月27日，铜陵中院不开庭审理该案，直接裁定驳回上诉人上诉请求，维持一审驳回起诉裁定，理由是"本案应当提起公益诉讼"。

案例4 东平镇经济社会事务服务中心诉李某佑环境污染民事公益诉讼案。①

【案件简介】李某佑为福建省泉州市永春县东平镇村民，其在未依法办理任何相关行政审批手续，也未建设任何必要的配套环保治理设施的情况下，在当地太平村的巷头地带，违章搭建圈舍进行生猪养殖。该养殖场的污水直接排入当地的桃溪流域，对周边区域和桃溪水域的生态环境造成了污染。当地环境监测站实地检验，所排污水已严重违反《畜禽养殖业污染物排放标准》规定。当地环保部门多次责令其限期搬迁，但均无结果。2013年4月9日，东平镇经济社会事务服务中心作为原告，以李某佑为被告方当事人，向永春县人民法院提起环境污染民事公益诉讼。

【诉讼请求】原告东平镇经济社会事务服务中心请求判令：被告李某佑立即搬离该养殖场，并排除其对周边环境和桃溪流域的污染侵害。

【裁判结果】2013年5月7日双方达成调解协议，之后李某佑将养殖场搬迁，原告东平镇经济社会事务服务中心则撤回起诉。

---

① 该案曾入选"案例法学研究会2013年中国十大公益诉讼评选推荐案例"。

案例 5 中华环保联合会诉海南天工生物工程公司等环境污染民事公益诉讼案。①

【案件简介】中华环保联合会经调查取证发现,海南罗牛山种猪育种有限公司(简称"罗牛山公司")和海南天工生物工程公司(简称"天工生物")违法超标排放废水,废水在无任何防渗措施的情况下通过坑塘下泄,直接威胁罗牛河水质安全和水体生态,并已经导致东寨港国家自然保护区内的红树林大面积死亡。2013年6月,中华环保联合会以罗牛山公司和天工生物为被告,向海口市中级人民法院提起环境污染民事公益诉讼。

【诉讼请求】原告中华环保联合会提出两项诉讼请求:第一,判令罗牛山公司支付污染赔偿款1399万元;第二,天工生物支付污染赔偿款233万元。

【裁判结果】2013年6月21日,海口中院环保庭正式立案,其立案决定认为"经审查,起诉符合法定条件"。这也使该案成为中华环保联合会在2013年八次提起环境污染民事公益诉讼中唯一被法院立案的案件。然而,2013年8月,海口中院又作出裁定,驳回了中华环保联合会的起诉。

案例 6 中华环保联合会诉谭某、方某环境污染民事公益诉讼案。②

【案件简介】2013年,中华环保联合会曾先后八次尝试提起环境民事公益诉讼,但没有一件被法院受理,民事公益诉讼制度遭遇尴尬的入法之年,曾备受关注的环境民事公益诉讼,却以"零"纪录告终。2014年1月13日,以广州市白云区钟落潭镇白土村村民谭某、方某为被告,就其向鱼塘倾倒铜、锡、锌等重金属含量严重超标的污泥导致环境污染的行为,中华环保联合会再次尝试提起环境民事公益诉讼,

---

① 该案曾入选"案例法学研究会2013年中国十大公益诉讼"。
② 该案曾入选"案例法学研究会2014年中国十大公益诉讼"。

起诉于广州市白云区人民法院。

【诉讼请求】原告中华环保联合会提出两项诉讼请求：第一，请求判令二被告恢复鱼塘原状；第二，如二被告不能对鱼塘恢复原状，则判令其赔偿恢复费用 409 万余元。

【裁判结果】白云区人民法院受理该案后，向当地环保局和检察院进行了通报，白云区检察院支持中华环保联合会就该案提起民事公益诉讼。①2014 年 12 月 25 日，钟落潭法庭对该案进行公开开庭审理，并当庭作出判决。判令：第一，谭某与方某共同对广州市白云区钟落潭镇白土村鱼塘实施修复，直至其恢复污染损害发生之前的环境状态和生态功能，其修复标准由环保部门负责审核；第二，如果被告逾期未能完成修复，则由环保部门依法指定具有专业清污资质的相应机构代为实施修复，相关修复费用则由谭某和方某共同承担。

案例 7 兰州市民温军、刘庆元、王玮、火东兵、徐子琦诉兰州威立雅水务集团有限公司环境污染民事公益诉讼案。②

【案件简介】2014 年 4 月 11 日，兰州市区发生局部自来水苯指标严重超标的恶性事件，经查为周边区域地下渗漏之含油污水所导致。而该区域渗漏之含油污水的主要成因，系兰州石化原料动力厂原油蒸馏车间分别于 1987 年和 2002 年所发生的两次物理爆破事故，前后两次事故致使大量渣油泄出并渗入地下，导致当地土壤和地下水环境的污染。对该区域承担供水责任的是兰州威立雅水务集团有限公司（简称"威立雅水务公司"），公众质疑其供水过程中的日常监管措施严重不到位。2014 年 4 月 14 日，以"威立雅水务公司"为被告，兰州市民"温军、刘庆元、王玮、火东兵、徐子琦"向兰州市中级人民法院提起民事公益诉讼。

---

① 该案为全国首宗由检察机关支持中华环保联合会作为原告提起的环境公益诉讼案件，对于探索"环保组织起诉、检察机关支持起诉"的环境民事公益诉讼模式具有示范意义。

② 该案曾入选"案例法学研究会 2014 年中国十大公益诉讼评选推荐案例"。

【诉讼请求】原告温军、刘庆元、王玮、火东兵、徐子琦提出两项诉讼请求：第一，请求判令威立雅水务公司对自来水苯污染超标事故进行民事赔偿；第二，请求判令威立雅水务公司向兰州市民公开道歉。

【裁判结果】兰州市中级人民法院以"公民个人提起民事公益诉讼不符合《民事诉讼法》第55条规定，温军等五人不具备起诉主体资格"为由，裁定不予受理。

案例8 常州市环境公益协会诉储卫清、常州博世尔物资再生利用有限公司等土壤污染民事公益诉讼案。

【案件简介】2012年9月1日至2013年12月11日期间，经常州市博世尔物资再生利用有限公司（简称"博世尔公司"）同意，储卫清使用该公司所有场地和设备违规从事工业废料——"含油滤渣"的处置性经营活动。其间，在明知储卫清不具备危险废物处置资质的情况下，无锡金科化工有限公司（简称"金科公司"）仍违规允许储卫清使用由其专属性持有的"危险废物经营许可证"，并以金科公司名义从常州精炼石化有限公司（简称"精炼公司"）和无锡翔悦石油制品有限公司（简称"翔悦公司"）等公司处违规购置油泥、含油滤渣等工业废料，提炼并销售废润滑油营利，致博世尔公司场地内部和周边大面积区域土壤遭受严重污染。2014年7月18日，常州市环境公益协会作为原告，以储卫清、博世尔公司、金科公司、精炼公司和翔悦公司为被告，向江苏省常州市中级人民法院提起民事公益诉讼。

【诉讼请求】原告常州市环境公益协会只提出一项诉讼请求：请求判令五被告共同承担遭受污染区域的土壤污染损失赔偿责任。

【裁判结果】受理该案后，江苏省常州市中级法院依法组成由环保专家担任人民陪审员的合议庭，公开开庭审理了该案。一审认定：储卫清违法借用金科公司专属性持有的"危险废物经营资质"，并对以其名义从精炼公司和翔悦公司购置的油泥和含油滤渣进行非法处置谋利，造成博世尔公司场地及周边地区土壤严重污染；博世尔公司在明知储卫清没有危险废物经营许可资质的情况下，仍为其持续实施污染环境的行为提供场所和设备等方面的便利，最终造成其场地内部和周边大面积区域土壤环境污染损害的严重结果；精炼公司和翔悦公司在明知储卫清行为违法的情况下，仍违规将其工业生产过程中所产生的危险性工业废物交其处置，不但没向其支付处置费用，反而向其收取危险废物价款；五被告之行为相互结合，最终共同导致了本案环境污染损害结果的发生，构成共同侵权，应共同承担损害赔偿的民事责任。一审判令：五被告在规定期间内共同向江苏省常州市生态环境法律保护"公益金"专用账户支付环境修复赔偿金 283 余万元。一审判决送达后，各方当事人均未对其提出上诉。一审进程中，法院依照法律规定的程序就涉案之环境污染损害事项委托专门机构鉴定，并将基于鉴定所形成的三套不同的生态环境修复方案在污染区域周边进行了公示，还通过现场问卷的方式收集公众意见，以准确结合案情确定最终生态环境修复方案。判决生效后，常州中院协同当地环保部门、检察机关、鉴定机构及本案各方当事人商定了第三方托管方案，以具体实施环境治理和生态修复方案。

案例 9 泰州市环保联合会诉江苏常隆农化有限公司等六公司环境污染民事公益诉讼案。①

【案件简介】2012 年 12 月，位于江苏省泰兴市内的江苏常隆农化有限公司等共六家化工企业，将其生产过程中产生的工业废酸，委托给完全没有工业废物处理许可资质的公司或个人，由其违规采用直接排放和船舶倾倒等手段直接排放于当地河流中，造成严重的环境污染。在民众举报和媒体曝光后，相关部门实施了刑事调查，并将多名犯罪嫌疑人抓获。截至 2014 年 8 月，经泰州市中级和基层两级法院审理，有 14 名涉案人员涉嫌"环境污染罪"并被依法判处 2 年至 5 年不等的

---

① 该案曾入选"案例法学研究会 2014 年中国十大公益诉讼"。

有期徒刑和16万至41万元不等的罚金。随后，泰州市环保联合会作为原告，以江苏常隆农化有限公司（简称"常隆公司"）、泰兴锦汇化工有限公司（简称"锦汇公司"）、江苏施美康药业股份有限公司（简称"施美康公司"）、泰兴市申龙化工有限公司（简称"申龙公司"）、泰兴市富安化工有限公司（简称"富安公司"）和泰兴市臻庆化工有限公司（简称"臻庆公司"）六家化工企业为被告，向江苏省泰州市中级法院提起环境污染民事公益诉讼。同时，泰州市人民检察院就本案支持泰州市环保联合会的起诉。原告泰州市环保联合会诉称，2012年1月至2013年2月间，作为被告的六家化工公司违反国家环境保护和危险废物管理的法律、法规，将其在工业生产过程中产生的废盐酸、废硫酸等危险性工业废物总计25934.795吨，以每吨补贴20—100元不等的价格，交给其明知无危险废物处理许可资质的主体，并由其偷排进泰州市高港区的古马干河和泰兴市的如泰运河，导致两河流水体严重污染的后果，造成了重大环境生态损害，需要进行大规模的环境修复。根据江苏省环境科学学会"（2014）苏环学鉴字第140401号"《泰兴市12.19废酸倾倒事件环境污染损害评估技术报告》（简称《评估技术报告》）的鉴定意见，常隆公司等六家公司在该污染事件中违法处置的危险废物在合法处置时应花费的成本（即"虚拟治理成本"）合计36620644元。根据环保部《关于开展环境污染损害鉴定评估工作的若干意见》（环发〔2011〕60号）附件《环境污染损害数额计算推荐方法》（简称《推荐方法》）第4—5条的规定，应当以"虚拟治理成本"为基数，按照4.5倍计算"污染修复费用"。上述"虚拟治理成本"按4.5倍计算后的污染修复费用合计164792898元，分别为：常隆公司85226755.5元，锦汇公司42615486元，施美康公司8463042元，申龙公司26455306.5元，富安公司1705189.5元，臻庆公司327118.5元。支持起诉机关泰州市人民检察院认为：2012年1月至2013年2月期间，涉案六家化工公司严重违反法律规定，以每吨支付补贴款20—

100元不等的价格提供副产性工业废酸给其明知不具备危险废物处理许可资质的主体，并由其偷排于古马干河和如泰运河，导致两条河流水体环境严重污染，对社会公共利益造成重大损害，应当依法承担水域污染民事损害赔偿责任。泰州市环保联合会对涉案六家化工公司提起民事公益诉讼，请求法院判令其承担民事损害赔偿责任，符合法律规定。

【诉讼请求】原告泰州市环保联合会提出三项诉讼请求：第一，请求判令六被告赔偿按"虚拟治理成本"4.5倍计算后的污染修复费用合计164792898元（其中：常隆公司85226755.5元、锦汇公司42615486元、施美康公司8463042元、申龙公司26455306.5元、富安公司1705189.5元、臻庆公司327118.5元），用于环境治理和受损生态的修复；第二，请求判令六被告承担本案的鉴定评估费用10万元；第三，请求判令六被告承担本案的诉讼费用。

【裁判结果】江苏省泰州市中级人民法院于2014年9月10日作出"（2014）泰中环公民初字第00001号"民事判决，认定：第一，为保护水生态环境和维护环境公共权益，依据《民事诉讼法》第55条的规定，作为依法成立的参与环境保护事业的非营利性社团组织，泰州市环保联合会有权提起环境民事公益诉讼。第二，常隆公司等六家公司，主观上具备非法处置危险性工业废物的故意，客观上造成了水域环境污染和水体生态破坏的严重法律结果，应该承担修复环境、恢复生态的民事法律责任。第三，常隆公司等六家公司被倾倒至如泰运河、古马干河副产酸的总量为25349.47吨。第四，总数达25349.47吨的副产酸倾倒进如泰运河、古马干河，对水生态环境造成了严重危害，其修复费用将远远超过正常治理成本。尽管2013年如泰运河、古马干河水质已恢复为Ⅲ类，但由于河水所具有的流动性，污染源必然会随时间的推移向下游流域移动，倾倒点水质的好转并不当然意味着水体生态环境已经得到修复。所以，仍须用替代修复方案恢复生态。根据《推荐方法》第4、5条规定，当修复费用难以或无法计算时，Ⅲ类地表水的污染修复费用应按虚拟治理成本的4.5—6倍进行计算。而如泰运河和古马干河受污染前的水质状况均为Ⅲ类地表水，因此应当按照《推荐方法》规定之Ⅲ类地表水的污染修复费用计算系数，即4.5倍于虚拟治理成本的标准计算修复费用并确定损害赔偿金额。判令：第一，常隆、锦汇、施美康、申龙、富安和臻庆六家公司，在判决生效后的九个月之内分别赔偿82701756.8元、41014333.18元、8463042元、26455307.56元、1705189.32元和327116.2元的环境修复费用，合计160666745.11元，用于泰兴地区综合性水体生态环境的修复。第二，被告六家公司在判决生效之后的十日内向泰州市环保联合会给付其已为实施诉讼所支付的鉴定评估费用合计10万元（其中：常隆51473.5元、锦汇25527.5元、施美康5267.5元、申龙16466元、富安1061.5元和臻庆204元）。第三，案件受理费50元，由被告六家公司共同负担。

一审判决作出后，常隆公司、锦汇公司、施美康公司、申龙公司不服，向江苏省高级人民法院提起上诉。二审中，江苏省人民检察院继续支持起诉。江苏省高级人民法院于2014年12月29日作出"（2014）苏环公民终字第00001号"民事判决，认定：第一，依相关法律规定，泰州市环保联合会具有提起环境民事公益诉讼的原告方主体资格，一审的审判程序操作合法有效。第二，二审上诉人和原审被告违规处置其工业生产副产酸的侵权行为与造成古马干河和如泰运河水体环境污染的损害结果之间存在必然的因果关系，依法应当就该损害后果承担侵权损害赔偿的民事责任。第三，一审程序认定争议事实清楚，适用法律规则正确，程序操作合法，但其判决所判定的责任履行方式和履行期限不恰当，诉讼费用的计算标准和交纳金额亦不符合《诉讼费用交纳办法》的规定，应予纠正。判令：第一，维持泰州中院"（2014）泰中环公民初字第00001号"民事判决第一项关于本案六被告民事赔偿金额的判决结论。第二，维持泰州中院"（2014）泰中环公民初字第00001号"民事判决第二项关于六家化工公司给付泰州市环保联合会为实施本案诉讼已支付的鉴定评估费用10万元的判决结论。第三，本判决生效之日起30日内，六家公司应将第一项判决结论中所判定的赔偿款项足额支付至泰州市环保公益金专用账户；如果六家公司逾期不履行，应当依法加倍支付迟延履行期间的债务利息；如果六家公司在本判决生效之日起30日内依法提出申请并能根据法院的要求提供有效担保，前述款项40%的支付期限可以延长至本判决生效之日起一年内。第四，如果六家公司能够实施有效的技术改造，从而实现对副产工业废酸的循环高效利用，并最终明显降低环评风险，且自本判决生效之日起的一年内不因环境违法行为遭受任何行政处罚，则可凭环保部门依法出具的项目竣工环保验收意见、企业环境守法情况证明和具有法定资质的中介机构所出具的技术改造投资审计报告，对其已经支付并用于技术改造的相关费用向泰州市中院提出申请，要求在延期支付的40%赔偿额度内进行抵扣。第五，一审案件受理费合计973651.72元，常隆、锦汇、施美康、申龙、富安和臻庆六家公司分别负担455308.78元、246871.67元、71041.29元、174076.54元、20146.7元和6206.74元；二审案件受理费合计947298.28元，常隆公司、锦汇公司、施美康公司和申龙公司分别负担455308.78元、246871.67元、71041.29元和174076.54元。

二审判决作出后，锦汇公司、施美康公司、常隆公司分别向最高人民法院申请再审，但施美康公司、常隆公司最终撤回了再审申请。对锦汇公司所提出之再审申请，最高法依法组成合议庭进行了审查，并于2016年1月31日作出"（2015）民申字第1366号"民事裁定书，以"锦汇公司所提出的再审申请不符合《民事诉讼法》第二百条第一项、第二项、第六项、第十一项规定的情形"为由，驳回了锦汇公司的再审申请。

案例 10 重庆绿色志愿者联合会诉湖北省恩施州建始县磺厂坪矿业有限责任公司环境污染民事公益诉讼案。①

【案件简介】位于重庆巫山、奉节和湖北建始三县交界地带的千丈岩水库，是重庆市政府确认的集中式饮用水源保护区。湖北省恩施州建始县磺厂坪矿业有限责任公司（简称"恩施矿业公司"）矿厂位于建始县业州镇郭家淌国有高岩子林场，毗邻千丈岩水库。2014年8月13日，恩施矿业公司矿厂未经处理即直接将其工业尾矿、废水排入厂区附近因溶洞漏斗地质而发育形成的自然洼地，导致千丈岩水库水质出现异常。该水库供重庆巫山县5万多名群众饮水，此次污染事件给周边群众饮水造成严重影响。经过重庆巫山和湖北建始两县相关职能部门采取紧急处理措施，千丈岩水库水质于8月18日才基本恢复正常。2014年11月13日，重庆绿色志愿者联合会作为原告，以恩施矿业公司为被告向重庆市万州区人民法院提起环境污染民事公益诉讼。

【诉讼请求】原告方当事人重庆绿色志愿者联合会总计提出四项诉讼请求：第一，判令本案被告恩施矿业公司立即采取措施，停止对巫山县千丈岩水库饮用水源的侵害；第二，被告修复环境、恢复生态，或赔偿修复费用；第三，被告在新闻媒体上公开赔礼道歉；第四，被告恩施矿业公司承担本案原告为实施诉讼支出的鉴定费、律师费，及其他合理费用。

【审理进程】作为三峡库区首例跨行政区域环境公益诉讼案，2015年10月23日，万州区人民法院对该案公开开庭审理，2016年1月14日，公开宣判。

【裁判结果】法院认定：被告所实施的违法生产活动已经导致千丈岩水库的水体环境污染，破坏了该地区的地表、地下水体和地下水溶洞，并严重损害了排放污水洼地区域的地表生态环境，造成了周边

---

① 该案曾入选"案例法学研究会2015年中国十大公益诉讼"。

四个乡镇居民生产和生活用水的困难，严重损害了社会公共利益。判令：第一，被告恩施矿业公司立即采取停产措施，停止对巫山县千丈岩水库饮用水源的侵害行为，并要重新履行环境影响评价程序，未经主管部门批复并通过环境保护设施验收，不得恢复生产；第二，被告在本判决生效后的 180 日之内对位于湖北省恩施州建始县业州镇郭家淌国有高岩子林场的选矿厂洼地制定土壤环境修复方案，并实施生态环境修复，逾期不履行修复义务或不能完成合格修复，由被告方当事人承担修复费用 99.1 万元；第三，被告在国家级新闻媒体上公开赔礼道歉；第四，被告向原告给付其为提起本案诉讼程序所支付的律师费、鉴定费和其他合理费用 32 万余元。

案例 11 北京市朝阳区自然之友环境研究所、福建省绿家园环境友好中心诉谢知锦等四人破坏林地民事公益诉讼案。①

【案件简介】2008 年 7 月 29 日，在未依法履行行政审批手续的情况下，谢知锦等四人私自扩大矿厂采矿范围，采取诸如剥山皮、倾倒采矿弃石、违规兴建工棚的方式，致使严重毁坏 28.33 亩林地植被。2014 年 7 月 28 日，法院依"非法占用农用地罪"对谢知锦等人依法判处刑期不等的有期徒刑。2015 年 1 月 1 日，两原告北京市朝阳区自然之友环境研究所（简称"自然之友"）和福建省绿家园环境友好中心（简称"绿家园"），以谢知锦等四人为被告，向福建省南平市中级人民法院提起民事公益诉讼。

【诉讼请求】原告自然之友和绿家园共同提出四项诉讼请求：第一，判令谢知锦等四人在一定期限内恢复被毁林地植被至损害前状态；第二，判令谢知锦等四人赔偿被毁林地生态环境服务功能损失费 134 万元，并承担连带责任；第三，如谢知锦等四人不能在判定期限对被毁林地植被进行有效的恢复，则应判令其支付 110 余万元的生态环境

---

① 该案曾入选"案例法学研究会 2015 年中国十大公益诉讼"。

修复费用;第四,判令谢知锦等四人共同向原告给付其为实施本案诉讼程序所支付的律师费用、鉴定费、评估费,及其他合理费用。

【裁判结果】福建省南平市中院一审认定:谢知锦等四人私自占用并严重毁坏林地植被,非法扩大采矿范围,造成严重毁损28.33亩林地植被的恶劣后果,同时也导致了自林地植被损毁期间内的生态服务功能损失,故其应依法共同承担恢复原状、生态服务功能损失等侵权损害赔偿责任。一审判令:第一,四被告自本判决生效之日起五个月之内修复被其毁坏的28.33亩林地植被并恢复其生态功能,在该被毁林地区域内补种林木,并负责对被毁林地实施为期三年的抚育和管护;第二,四被告如果不能在判定期限内有效修复被毁林地植被并恢复其生态功能,则应共同赔偿110余万元的生态环境修复费用,用于被毁林地的植被和生态功能恢复;第三,四被告共同赔偿127万元,作为本案被毁林地的生态环境服务功能损失费,用于原地或异地实施生态修复;第四,四被告共同给付原告为实施本案诉讼所支出的律师费、鉴定费、评估费,及其他合理费用合计16.5万余元。之后,一审被告向福建省高级法院提起上诉,二审法院作出裁定,驳回上诉人的上诉请求、维持了本案的一审判决。

案例 12 中华环保联合会诉德州晶华集团振华有限公司大气污染民事公益诉讼案。[①]

【案件简介】德州晶华集团振华有限公司(简称"振华公司"),位于山东省德州市境内,是一家从事玻璃生产及玻璃制品深加工制造的企业。该家公司虽曾为建设"脱硫除尘设施"投入专项资金,但其仍长期超标违规排放有毒污染气体,造成当地大气环境重度污染,对居民的生产、生活造成严重影响。2014年,国家环保部曾点名批评振华公司,山东省环保部门亦多次对其作出行政处罚措施,但该公司仍

---

① 该案曾入选"案例法学研究会2015年中国十大公益诉讼"。

然持续违规超标排放有毒污染气体。2015年3月25日，原告中华环保联合会向山东省德州市中级人民法院提起民事公益诉讼。

【诉讼请求】原告方中华环保联合会共计提出四项诉讼请求：第一，判令被告立即停止有毒污染气体的直接超标排放，立即增加建设相应的大气污染防治设施；第二，判令被告赔偿因超标排放污染气体造成的2040万元生态服务功能损失，赔偿因拒不改正超标污染气体排放行为所造成的780万元生态服务功能扩大损失，以上赔偿款项合计2820万元在规定期限内支付至地方政府财政专户，并专门用于德州市大气环境的修复和大气生态的恢复；第三，判令被告通过省级及以上新闻媒体向社会公众公开赔礼道歉；第四，判令被告承担本案的律师费用、专家咨询费用、鉴定费用、检验费用，及其他合理费用。

【审理进程】山东省德州市中级法院受理该案后，依法向双方当事人送达了民事起诉状、民事答辩状等相关诉讼文件，并依法向社会公告，向德州市环保局通告了该案的受理情况。德州市政府和环保局也积极支持、配合案件的审理工作，并与受案的德州市中级法院共同召开工作协调会，寻求案件的妥当处理。通过环保部门与司法机关的联动和协调机制，振华公司关停了涉案的全部生产设备，并启动了老厂设施搬迁和新厂建设选址计划。2015年9月21日，法院再次召集原、被告双方当事人，就案件所涉及的相关证据材料进行质证，并就被告方当事人的整改情况沟通信息、交换意见。

【裁判结果】该案仍在进一步审理过程中。

案例13　中国生物多样性保护与绿色发展基金会诉美国康菲石油（中国）有限公司、中国海洋石油总公司渤海生态环境污染民事公益诉讼案。①

【案件简介】2011年6月至9月期间，位于我国渤海海域的蓬莱

---

① 该案曾入选"案例法学研究会2015年中国十大公益诉讼"。

19—3油田发生总溢油量可能达到7070吨，污染海域达6200平方公里的重大溢油事故。事故严重危害渤海海洋环境和生态资源，并给包括天津、山东、辽宁和河北在内的三省一市渔业资源生产造成重大损失。事故发生后，国家海洋局立即责令涉案蓬莱19—3油田所隶属的美国康菲石油（中国）有限公司简称"康菲石油"，要求其在2011年8月31日前实现"两个彻底"（即彻底排查溢油风险点，彻底封堵溢油源）。2011年8月30日，康菲石油就漏洞点封堵效果向国家海洋局提交了由第三方主体作出的评估鉴定报告，并声称已完成"两个彻底"。随后，国家海洋局立即组织实施了现场核查，并进行了专家评估审查。2011年9月2日，国家海洋局通过媒体宣布，经过专家评估和现场核查，认定康菲石油根本没有按要求完成"两个彻底"，并对其作出五项处罚措施。① 在该次事故的处理期间，海洋局牵头七部委组成了联合调查组，并积极调查取证，以为事故级别有鉴定做好准备，并掌握了大量证据材料，并曾称：北海分局已经基本完成对该次事故污染海域的生态调查和评估工作，正在编制蓬莱19—3油田溢油损害评估报告，其间所取得的大量海洋环境监测和调查资料，可以为下一个环节的索赔工作提供具有法律效力的大量第一手证据材料，并且正在与数家律师事务所协商委托合同事宜，已经开始着手选聘律师团；除海洋局有权代表国家以康菲石油公司为被告提起海洋生态环境损害索赔诉讼外，其他有关主体也有权提起海洋生态环境损害赔偿诉讼，如涉事海域沿海16省市的相关政府职能部门和养殖业户、渔民个人等。

---

① 第一，责令蓬莱19—3全油田彻底停止油气生产作业、停止钻井、停止回注。第二，责令康菲石油继续有效封堵溢油源，大力排查溢油风险点，并积极采取有力有效的处置措施及时清除溢油事故海域的油污。第三，责令康菲石油重新编制涉案油田的海洋开发环境影响报告书，经行政主管部门依法核准后方能逐步恢复生产作业。第四，在实施"三停"期间内，康菲石油必须确保其开展溢油处置所实施的一切作业安全可靠，并在绝不产生新的污染损害的基本前提下进行。第五，与事故处置工作进展有关的一切信息，必须在第一时间向中国国家海洋行政主管部门报告，同时还要及时向社会公布，以接受社会公众的监督。

在国家海洋局认定蓬莱19—3油田溢油属于责任事故后，北京华城律师事务所律师贾方义曾向国家海洋局、山东省检察院、山东省公安厅递交公开信，举报康菲石油涉嫌重大环境污染事故罪，要求公安机关依据中国相关法律对其展开刑事调查。① 而基于渤海蓬莱19—3油田溢油事故所提出的民事公益诉讼和行政公益诉讼更是层出不穷。2011年8月，任职于北京华城律师事务所的专职律师贾方义，曾就蓬莱19—3油田溢油事故以个人名义，以康菲石油和中海油为共同被告，向青岛海事法院、天津海事法院和海南高院同时提起民事损害赔偿诉讼，所提出之诉讼请求项目包括要求判令两被告设立总金额高达100亿元的赔偿基金等，但未获立案。贾方义还称曾就本案，以国家海洋局未能于第一时间通报溢油事故、事故通报延后长达1个月之久，且其没有认定中海油为本次事故的责任主体为由，对国家海洋局向北京市一中院提起行政不作为的行政诉讼，但亦未见后续进展。2011年8月17日，中华环保联合会曾委托律师向国家海洋局发函，建议国家海洋局应尽快对康菲石油启动民事司法程序，并向依法拥有案件管辖权的法院提起民事诉讼。此后，国家海洋局不仅没有启动民事司法程序，反于2012年与中海油和康菲石油签订了《海洋生态损害赔偿补偿协议》，并于2013年2月批复康菲石油复产。2013年8月2日，中华环保联合会作为原告，以国家海洋局为被告提起行政公益诉讼，请求法院判定国家海洋局所作出的康菲复产的批复决定违法并予以撤销，理由是国家海洋局在作出康菲复产的行政审批前，既没有组织专家论证，也没有实施过公开听证，该行政批复严重违反法定程序。但对该

---

① 《环境保护法》第43条："造成重大环境污染事故，导致公私财产重大损失或者人身伤亡的严重后果的，对直接责任人员依法追究刑事责任。"《刑法》第338条："违反国家规定，向土地、水体、大气排放、倾倒或者处置有放射性的废物、含传染病病原体的废物、有毒物质或者其他危险废物，造成重大环境污染事故，致使公私财产遭受重大损失或者人身伤亡的严重后果的，处三年以下有期徒刑或者拘役，并处或者单处罚金；后果特别严重的，处三以上七年以下有期徒刑，并处罚金。"

次行政公益起诉，最终法院以原告不具有提起诉讼的原告方主体资格为由裁定不予受理。在此期间，也有大量渔民、养殖户提起私益损害索赔民事诉讼，但诉讼进程并不理想，多因法院拒绝立案而不能正式启动诉讼程序。

2015年7月7日，中国生物多样性保护与绿色发展基金会（简称"绿发会"）以康菲石油、中国海洋石油总公司（简称"中海油"）为被告，就2011年的渤海海域蓬莱19—3油田重大溢油海洋环境污染事故，向青岛海事法院提起环境污染民事公益诉讼。

【诉讼请求】原告绿发会认为：溢油事故发生后，至今已达4年之久，被告康菲石油和中海油一直没有采取任何有效措施用于应对渤海海洋环境的污染，也没有采取任何有效措施以修复海洋环境、恢复海洋生态，溢油污染仍然在持续，并且正在向涉案海域更加深入和广阔的区域扩散，已经严重损害了社会公共利益。提出诉讼请求：要求法院判令被告康菲石油和中海油修复严重受损的渤海海域海洋环境，并恢复其生态功能至溢油事故发生以前的状态。该诉讼请求中并未包含具体、明确的环境污染损害赔偿金额。对此，绿发会作出了解释：要提出具体、明确的生态修复费用金额或生态功能损失赔偿金额，必须先要对整个渤海海域在此次事件中的环境污染损害进行综合性的量化评估，其难度极高，不宜在诉讼程序启动前完成；为启动民事公益诉讼程序，而先提出概括性的诉讼请求——"恢复生态环境"，不失为明智之举。

【审理进程】2015年7月21日，青岛海事法院立案受理绿发会对康菲石油、中海油的环境民事公益起诉。

【裁判结果】该案仍在进一步审理过程中。

案例14　中国生物多样性保护与绿色发展基金会诉宁夏华御化工有限公司等八家公司腾格里沙漠环境污染民事公益诉讼案。①

---

① 该案曾入选"案例法学研究会2015年中国十大公益诉讼"。

【案件简介】2014年9月起,有媒体陆续报道内蒙古自治区和宁夏回族自治区交界处腾格里沙漠腹地遭受严重污染事件。一些企业将工业生产废水不经任何处理就直接排放到沙漠里,造成沙漠污染,并直接威胁黄河附近水域的水质。事件曝光后引发社会各界高度关注,环保部会同内蒙古、宁夏两地有关部门展开调查,问责相关责任机构和人员,责令涉案相关企业停产治理,并对相关企业和人员展开刑事追责程序。2015年8月12日,中国生物多样性保护与绿色发展基金会(简称"绿发会")以宁夏华御化工有限公司(简称"华御化工")、宁夏明盛染化有限公司(简称"明盛染化")、宁夏蓝丰精细化工有限公司(简称"蓝丰精细化工")、中卫市鑫三元化工有限公司(简称"三元化工")、宁夏瑞泰科技股份有限公司(简称"瑞泰科技")、宁夏大漠药业有限公司(简称"大漠药业")、宁夏中卫市大龙化工科技有限公司(简称"大龙化工")、中卫市美利源水务有限公司(简称"美利源水务")等八家公司为被告,就其污染腾格里沙漠的行为,向宁夏中卫市中级人民法院提起环境民事公益诉讼。

【诉讼请求】原告绿发会提出六个方面的诉讼请求:第一,判令华御化工等八被告立即停止污染沙漠环境的侵权行为;第二,判令华御化工等八被告消除沙漠环境遭受进一步污染的危险;第三,判令"华御化工"等八被告修复沙漠环境、恢复沙漠生态,成立专项修复基金,并委托第三方进行修复;第四,判令华御化工等八被告赔偿环境修复前的生态服务功能损失费用;第五,判令华御化工等八被告赔礼道歉;第六,判令"华御化工"等八被告承担本案的律师费用、鉴定费用和其他合理诉讼费用。

【审理进程】2015年8月19日,宁夏中卫市中级人民法院对绿发会的起诉裁定"不予受理",理由是:因其章程中并未确定其宗旨和主要业务范围是维护社会公共利益,其登记证书所确定的业务范围中也没有"环境保护"的业务项目,所以绿发会不具备《环境民事公益诉讼解释》第 4 条所规定之"专门从事环境保护公益活动"的职能，不属于《环境保护法》第 58 条所规定之"专门从事环境保护公益活动"的社会组织，不具备提起环境民事公益诉讼的原告方主体资格。对于中卫市中级人民法院的"不予受理裁定"，绿发会依法向宁夏回族自治区高级人民法院提出上诉。上诉中，绿发会提出：作为由中国科协主管的全国性非营利社会组织，其曾先后六次提起环境民事公益诉讼，且均被法院立案受理，其中包括安徽危险废物倾倒案、河南文物破坏案、浙江污泥污染案、海南红树林案、山东康菲溢油案等知名案件。宁夏回族自治区高级人民法院受理上诉后，于 2015 年 11 月 6 日作出终审裁定，驳回上诉请求、维持一审裁定，以同样的理由拒绝受理绿发会的起诉。2015 年 11 月 24 日，绿发会再次向最高人民法院申请民事再审，请求依法撤销中卫市中级人民法院和宁夏回族自治区高级人民法院的不予受理裁定，并指令其依法受理绿发会起诉华御化工等八被告的环境污染民事公益诉讼。绿发会在向最高人民法院递交的再审申请书中提出：原审法院并未正确理解"环境"及"环境保护"概念，依照环保法规定，环境保护包括多个方面，生物多样性保护、绿色发展事业、生态文明建设等均属于环境保护范畴。2016 年 1 月 29 日，最高人民法院作出再审裁定，撤销宁夏回族自治区高级人民法院和宁夏回族自治区中卫市中级人民法院的民事裁定，由中卫市中级人民法院立案受理绿发会对华御化工等八被告的环境污染民事公益诉讼。

【裁判结果】该案仍在进一步审理过程中。

案例 15 大连市环保志愿者协会诉大连日牵电机有限公司环境污染民事公益诉讼案。①

【案件简介】大连日牵电机有限公司（简称"日牵公司"）是一家中日合资企业，主要从事工业自动化研发制造、铁箱制造和电机制造

---

① 该案曾入选"案例法学研究会 2015 年中国十大公益诉讼评选推荐案例"。

等业务。该公司于 2012 年底建设了涉事的"铁箱部酸洗车间",但未对其依法办理环保审批验收手续。2014 年 11 月 13 日,大连市环境监察支队依法对该车间进行环保检查,发现其酸洗池通过管道经地下暗管将未经处理污水直接排入附近的入海河道,同时还发现其将该项目所产生的危险固体废渣直接堆放于室外场地,不依法进行环保处置,导致城市周边海域水体和土壤等地下资源严重污染,对当地生态造成重大损害,需要修复环境、恢复生态。大连市环保局于 2014 年 12 月 22 日对"日牵公司"作出行政处罚决定,责令其设置危险废物识别标志,并于 2015 年 1 月 31 日前办理环保审批手续,同时行政罚款 8 万元。大连环保志愿者协会认为,日牵公司的做法违反国家环境保护法律和危害物管理规定,导致城市海域水体和周边土壤等地下资源严重污染,对当地生态造成重大损害,需要修复环境、恢复生态。遂于 2015 年 6 月 4 日,以日牵公司为被告提起环境民事公益诉讼,诉至大连市中级法院。大连市检察院亦向法院提出了支持起诉书。

【诉讼请求】 原告大连环保志愿者协会提出四项诉讼请求:第一,请求法院以违法所得为计算标准判令被告赔偿 7221399 元用于环境修复和生态恢复;第二,请求法院判令被告依法处理废槽渣,并停止侵害;第三,请求法院判令被告对污染环境行为公开赔礼道歉;第四,请求法院判令被告承担本案律师费用、鉴定费用和其他合理诉讼费用。

【审理进程】 大连市中级人民法院于 2015 年 6 月 8 日立案受理该案,并于 6 月 10 日发布了《关于大连环保志愿者协会诉大连日牵电机有限公司环境污染责任纠纷公益诉讼案件的公告》,告知有权提起诉讼的机关和社会组织可以在该公告发布之日起 30 日内申请参加诉讼。

【裁判结果】 2015 年 12 月 23 日,经大连市中级人民法院调解,日牵公司赔偿 200 万元用于支付修复环境等环保费用,此款项将存放于环境公益专门账户中,先期 100 万元赔偿款已支付到位。

案例 16 大连市环保志愿者协会诉中国海洋石油总公司环境污染

民事公益诉讼案。①

【案件简介】 2010年7月16日，位于大连市保税区内的中国海洋石油总公司（简称"中海油"）原油库输油管道发生爆炸、导致大火，致使大量原油泄漏，并直接流入海湾，多地海域环境遭受污染，海洋生态遭到破坏，多项海洋产业遭受重大损失。曾有报道称，此次溢油量高达1500余吨，污染430平方公里海域，其中有12平方公里海域为重度污染。7月23日，国家安监总局和公安部公布了此次事故原因的初步调查结果，称是在"宇宙宝石"号油轮已经完全暂停卸油作业的情况下，祥诚公司和辉盛达公司的工作人员继续向该输油管道中注入大量含有强氧化剂的原油脱硫剂，导致了该输油管道内的化学反应，最终引发了爆炸。2015年6月5日，大连市环保志愿者协会以中海油为被告，就此次溢油事故所导致的海洋环境污染与生态资源损害，向大连海事法院提起环境污染民事公益诉讼。

【诉讼请求】 原告大连市环保志愿者协会提出四项诉讼请求：第一，判令被告中海油赔偿本次溢油事故所造成之海洋环境污染和生态破坏的直接损失4.96亿元人民币；第二，判令被告承担海洋环境修复和生态环境恢复费用1.49亿元人民币；第三，判令被告通过新闻媒体公开向大连市民赔礼道歉；第四，判令被告给付原告为实施本次诉讼所支出的律师费用、咨询费用、鉴定费用、查询费用，并承担本案其他合理诉讼费用。

【审理进程】 2015年6月18日，大连海事法院经审查认为，大连市环保志愿者协会是一家环保组织，并非是负责海洋环境保护的行政主管部门，依《海洋环境保护法》等有关规定不具有提起海洋污染公

---

① 该案曾入选"案例法学研究会2015年中国十大公益诉讼评选推荐案例"。

益诉讼的主体资格。① 从而以"大连市环保志愿者协会没有环境公益诉讼主体资格"为由，裁定不予受理该次起诉。大连市环保志愿者协会不服该项"不予受理"裁定，积极补充证据材料，准备向辽宁省高级人民法院提出上诉。

【处理结果】原告大连市环保志愿者协会积极准备上诉期间，在大连市政府的协调下，大连海事法院、大连市环保局、中海油等部门和企业共同协商，最后中海油同意出资 2 亿元，用于修复大连海洋环境和设立环境保护专项资金，并接受公众监督。随即大连海事法院与大连市环保志愿者协会会商，后者同意接受这一处理结果，并决定不再提起上诉。

案例 17　常州市人民检察院诉许建惠、许玉仙环境污染民事公益诉讼案。②

【案件简介】自 2010 年至 2014 年 9 月期间，家住江苏省常州市武进区遥观镇建农村的村民许建惠、许玉仙，在未申领工商营业执照和危险废物经营许可证的情况下，租用遥观镇东方村委空闲厂房，违法从事废油桶和废树脂桶清洗业务，并对清洗过程中所产生的废水、废渣进行非法排放和处置。2014 年 9 月 1 日，公安机关在现场调查时，查获各种废桶共计 7789 只。经现场称量，两个污水池底部废泥总重达 65.744 吨，四周共计堆放残渣 2600 袋，重量达 48.636 吨，废泥和残渣的总重高达 114.38 吨。经委托有资质检验机构取样检测，所查获残渣、固废样品中检测出多种有毒物质，场地所在区域的地下水遭受严

---

① 《海洋环境保护法》第 89 条："造成海洋环境污染损害的责任者，应当排除危害，并赔偿损失；完全由于第三者的故意或者过失，造成海洋环境污染损害的，由第三者排除危害，并承担赔偿责任。对破坏海洋生态、海洋水产资源、海洋保护区，给国家造成重大损失的，依照本法规定行使海洋环境监督管理权的部门代表国家对责任者提出损害赔偿请求。"

② 该案是全国人大常委会授权检察机关提起公益诉讼试点工作后，检察机关以公益诉讼人身份提起的首例民事公益诉讼案件。曾入选"案例法学研究会 2015 年中国十大公益诉讼评选推荐案例"。

重污染，多种有机物和重金属的含量严重超标。事发后，许建惠、许玉仙因污染环境罪被依法判处相应的刑事责任，但对当地环境和生态损害未能进行有效修复。之后，检察机关在依法履职过程中发现该案线索，并于 2015 年 9 月 18 日启动该案的立案审查程序。经委托常州环境科技有限公司鉴定评估，遭受污染地区的环境修复和生态恢复费用达 356.2 万元。许建惠、许玉仙违法处置有毒废物的行为，导致环境遭受严重污染，已经损害社会公共利益。为依法追究其民事损害赔偿责任，在常州市范围内没有就该案提起民事公益诉讼之适格主体的情况下，常州市检察院以许建惠、许玉仙为被告，于 2015 年 12 月 22 日向常州市中级法院提起环境民事公益诉讼。

【诉讼请求】公益诉讼人常州市人民检察院诉称，2010 年至 2014 年 9 月期间，许建惠、许玉仙在未申领工商营业执照和危险废物经营许可证的情况下，租用遥观镇东方村委空闲厂房，违法从事废油桶和废树脂桶清洗业务，并非法排放和处置有毒废水、废渣，造成周边环境和地下水遭受污染的生态损害，应当赔偿环境修复和生态恢复费用 356.2 万元。

【裁判结果】案件尚在进一步审理过程中。

案例 18　徐州市人民检察院诉徐州市鸿顺造纸有限公司环境污染民事公益诉讼案。[①]

【案件简介】2015 年 2 月 24 日至 25 日期间，徐州市鸿顺造纸有限公司（简称"鸿顺公司"）违法设置直径达 20 厘米的铁质管道，在未经任何处理的情况下，经其所属污水处理厂南侧坑道，将其数量高达 2000 余吨的生产废水直接排入苏北堤河，对苏北堤河的水质和周边环境造成严重污染。2015 年 3 月 12 日，徐州市铜山区环保局对涉案

---

① 该案是全国人大常委会授权检察机关提起公益诉讼试点工作以来，检察机关以公益诉讼人身份提起的第二例民事公益诉讼案件。曾入选"案例法学研究会 2015 年中国十大公益诉讼评选推荐案例"。

人员作出《涉嫌环境违法适用行政拘留处罚移送书》，随后将案件移送公安机关立案侦查。检察机关在依法履职过程中发现本案线索，于2015年8月26日启动本案立案审查程序。经委托专家评估，确定本次污染事件的环境修复和生态恢复费用为207000元。徐州市检察院遂向市内符合民事公益诉讼提起主体之法定资格的三家社会组织（徐州环境科学学会、徐州市环境文化工作协会、徐州市环境保护产业协会）发出《督促起诉意见书》。在收到《督促起诉意见书》后，该三家社会组织分别向检察院作出复函，称目前尚不具备实施民事公益诉讼的能力，无力就本案提起诉讼。2015年12月22日，徐州市人民检察院以徐州市鸿顺造纸有限公司为被告提起环境污染民事公益诉讼，诉至徐州市中级法院。

【诉讼请求】公益诉讼人徐州市人民检察院诉称，2015年2月24日至25日期间，鸿顺公司违法设置直径达20厘米的铁质管道，在未经任何处理的情况下，经其所属污水处理厂南侧坑道，将其数量高达2000余吨的生产废水直接排入苏北堤河，对苏北堤河的水质和周边环境造成严重污染，应当赔偿环境修复费用207000元。

【审理进程】2015年12月31日，徐州市中级人民法院发布公告称："徐州市中级人民法院环境资源审判庭于2015年12月28日受理了公益诉讼人徐州市检察院诉被告徐州市鸿顺造纸有限公司环境侵权责任纠纷案件，……依照《民事诉讼法》第五十五条、《环境民事公益诉讼解释》第十条的规定，为保障其他具有诉讼主体资格的机关和有关组织的诉权，现将案件受理情况进行公告，公告期为三十日（自2015年12月31日至2016年1月29日止）。有权提起诉讼的其他机关和社会组织应在公告期内申请参加诉讼，逾期申请的，不予准许。"①

---

① 徐州市中级人民法院《关于受理徐州市人民检察院诉徐州市鸿顺造纸有限公司环境侵权责任纠纷案件的公告》。

【裁判结果】案件尚在进一步审理过程中。

案例 19 镇江市渔政监督支队诉韩国开发银行投资公司（KDB CAPITAL CO, LTD.）通海水域环境污染民事公益诉讼案。①

【案件简介】2012 年 2 月 2 日晚到 2012 年 2 月 3 日凌晨，韩国开发银行投资公司所属"FCGLORIA"轮于长江镇江段违法排放船载苯酚，致使长江水域环境污染，造成当地生态破坏和渔业资源损失。2015 年 1 月，以韩国开发银行投资公司为被告，镇江市渔政监督支队作为起诉人，向武汉海事法院提起环境污染民事公益诉讼。

【诉讼请求】起诉人镇江市渔政监督支队提出三项诉讼请求：第一，判令被告韩国开发银行投资公司赔偿环境污染和生态资源损失 3 亿元；第二，判令被告无权主张海事赔偿责任限制；第三，判令被告承担本案受理费和其他合理诉讼费用。

【审理进程】2015 年 1 月 15 日，武汉海事法院作出"（2015）武海法立字第 00001 号"裁定书。

【裁判结果】武汉海事法院经审查认为：当事人向人民法院起诉应当具备合法的主体资格。《环境民事公益诉讼解释》第 1 条虽然没有规定提起环境民事公益诉讼的起诉人需要与案件有直接利害关系，但亦应符合《民事诉讼法》第 55 条的规定。因此，法律规定的机关和有关组织才能提起环境民事公益诉讼。目前，我国《海洋环境保护法》和《环境保护法》中对提起环境民事公益诉讼的机关和有关组织有明文规定。根据"《海洋环境保护法》第 90 条"②和《环境保护法》第 58 条的规定，起诉人镇江市渔政监督支队的性质是事业法人单位，虽其业务范围包括为渔业可持续发展提供水生动植物环境保护、渔业资源保护和渔政监管保障，但其既不是法定海洋环境监管部门，也不是法定

---

① 该案曾入选"案例法学研究会 2015 年中国十大公益诉讼评选推荐案例"。
② 2016 年《海洋环境保护法》第二次修正后该条调整为第 89 条，2017 年第三次修正后该条仍为第 89 条。

有关社会组织，没有向法院提起环境民事公益诉讼的法律依据。裁定：对起诉人镇江市渔政监督支队的起诉，不予受理。

（二）消费民事公益诉讼之典型案例

案例 20 罗秋林诉云南白药集团股份有限公司、衡阳市百姓大药房有限公司国仁堂药店侵害消费者知情权民事公益诉讼案。①

【**案件简介**】2012 年初罗秋林因病被推荐使用号称"血中圣药"的云南白药，但也有很多人告诉他云南白药含有毒性药材、不安全，因其说明书里没有药物成分的说明，不能贸然使用。后来有朋友告诉罗秋林国外销售的云南白药有处方，2012 年 5 月他委托朋友从美国得克萨斯州购买并寄回云南白药集团股份有限公司（简称"云南白药公司"）生产的批准文号（"国药准字 Z53020798"）与国内销售的产品完全一致的云南白药一瓶，盒内附有《云南白药说明书》，列明云南白药的成分为：散瘀草、苦良姜、老鹳草、白牛胆、田七、穿山龙、淮山药。2012 年 6 月 26 日，罗秋林以 12 元人民币自衡阳市百姓大药房有限公司国仁堂药店（简称"国仁堂药店"）处购买批准文号同为"国药准字 Z53020798"的由云南白药公司生产的云南白药一瓶，打开包装后发现说明书中没有药物成分与含量说明。2013 年 1 月 17 日，原告罗秋林以云南白药公司和国仁堂药店为被告，向湖南省衡阳市蒸湘区人民法院提起诉讼。

【**诉讼请求**】原告罗秋林提出三项诉讼请求：第一，判令两被告立即停止侵害行为（国仁堂药店立即停止销售批准文号为"国药准字 Z53020798"的云南白药，云南白药公司立即召回批准文号为"国药准字 Z53020798"的云南白药）；第二，判令两被告连带赔偿原告的损失 120 元；第三，本案的诉讼费用由被告承担。

---

① 该案曾入选"案例法学研究会 2013 年中国十大公益诉讼评选推荐案例"。

【审理进程】2013 年 2 月 18 日,湖南省衡阳市蒸湘区人民法院受理该案,并初定于 3 月 15 日开庭审理。蒸湘区法院经审理认为:根据《产品质量法》第 46 条的规定,罗秋林不能举证证明云南白药存在危及消费者人身、财产安全的危险,其仅以"药品说明缺陷"为由认定产品质量存在缺陷的主张与法相悖,故不予采纳①;至于罗秋林其他诉讼请求中所涉及的事项,应属企业内部管理或行政机关之行政管理权限范畴,而不属于人民法院民事诉讼的主管范围,故不做审查。一审判决:驳回原告罗秋林的全部诉讼请求。原告罗秋林遂向衡阳市中级人民法院提起上诉。

【裁判结果】衡阳市中级人民法院终审判决:驳回上诉人上诉请求,维持一审判决。

案例 21 李恩泽诉江西中烟有限责任公司虚假宣传、欺骗和误导消费者民事公益诉讼案。②

【案件简介】江西中烟有限责任公司(简称"中烟公司")"金圣"品牌官方网站对金圣香烟的推广介绍中宣称其产品"高科低焦,超能降焦,减害又降焦,低焦低害";同时,还宣传称中国毒理学会曾对金圣品牌香烟作出过毒理学评价,认为其所添加的"金圣香"能够明显降低卷烟对人体的危害。2013 年 3 月 11 日,在北京兴隆四季超市,李恩泽购买了金圣黑老虎香烟一条(中烟公司生产)。但是买回香烟后听身边的朋友说,所谓"降焦减害"理论已经被国际权威机构否定,金圣品牌香烟的宣传是欺骗消费者。后经咨询专业人士和信息查询,也发现金圣品牌香烟确实从未曾取得过所谓"中国毒理学会"的评价认证。而且,中烟公司生产金圣品牌香烟外包装还违法使用绝对化宣传

---

① 《产品质量法》第 46 条:"本法所称缺陷,是指产品存在危及人身、他人财产安全的不合理的危险;产品有保障人体健康和人身、财产安全的国家标准、行业标准的,是指不符合该标准。"

② 该案一度被称为国内首例起诉烟草公司"低焦油、低危害"欺诈案,并入选"案例法学会 2013 年中国十大公益诉讼评选推荐案例"。

用语，对消费者构成误导和欺诈。2013年3月14日，李恩泽以中烟公司、北京兴隆四季超市经理王秀荣为被告，以"买卖合同纠纷"为由，向北京市海淀区人民法院提起民事诉讼。

【诉讼请求】原告李恩泽认为，中烟公司对其产品金圣黑老虎卷烟的宣传属于虚假宣传，对消费者构成误导和欺诈。提出诉讼请求：请求法院判令王秀荣及中烟公司双倍返还货款250元，并给付其为实施诉讼所支付的公证费3520元。

【审理进程】2013年8月28日，海淀区人民法院一审开庭审理该案，庭审辩论的核心是"低焦油、低危害"的宣传是否构成欺诈。2013年12月3日，海淀区法院作出了一审判决，驳回原告全部诉讼请求。一审法院认为："低焦油不等于低危害"的说法和观点是基于"吸烟有害健康"这一通俗认识而对相关科学研究结论所作出的一种理论性的阐释，而非对烟草生产工艺具有法定约束力的法律规则，亦非评价虚假宣传是否存在的法律标准，不能以此判定存在虚假夸大宣传；在明知吸烟有害人体健康的情况下，原告仍有意购买烟草商品的消费行为不予倡导。原告李恩泽遂向北京市第一中级人民法院提起上诉。2014年2月11日，该案二审在北京市一中院开庭。庭审中，专家证人吴宜群出庭作证，从六个方面论证了"低焦油不等于低危害"。

【裁判结果】北京市一中院终审判决：驳回上诉人上诉请求，维持一审判决。

案例22 消费者诉亚马逊中国单方取消订单损害消费者权益案。[①]

【案件简介】2013年11月26日，时逢感恩节，亚马逊中国网站推出系列促销活动。其中，在"一折秒杀"的促销活动中，型号为"长虹LED32538"的一款32寸LED电视机以"亚马逊自营销售"的方式促销标价161.99元。超低价格的诱惑，抢购下单的消费者数量

---

① 该案曾入选"案例法学研究会2014年中国十大公益诉讼评选推荐案例"。

众多。但仅仅一天后,已经提交订单的消费者纷纷收到亚马逊中国网站发来的"缺货、取消订单"的电子邮件。然而,有消费者发现,该款促销产品却以"长虹专卖店销售"的方式,以1489元的价格在亚马逊中国网站上继续销售。认为遭受歧视甚至是欺诈的消费者迅速成立了QQ维权群(亚马逊长虹诉讼群)。群成员中,169名曾经下单的消费者委托律师向"亚马逊中国"提交了要求其"恢复订单、及时发货,赔礼道歉"的律师函。之后,亚马逊中国未予回应。2014年1月,三位消费者代表以亚马逊中国网站运营商北京世纪卓越信息技术有限公司为被告,向北京市朝阳区人民法院提起诉讼。

【诉讼请求】原告提出两项诉讼请求:第一,请求判令被告北京世纪卓越信息技术有限公司恢复订单,并以161.99元的价格向原告交付"长虹LED32538"32寸LED电视机;第二,请求判令被告北京世纪卓越信息技术有限公司承担原告为此次诉讼所支出的证据保全费、律师费和其他合理诉讼费用。

【审理进程】2014年3月3日,北京市朝阳区人民法院开庭审理了该案,并于2014年4月15日作出判决。判令:第一,被告北京世纪卓越信息技术有限公司于判决生效起十日内,向原告交付"长虹LED32538"32寸LED电视机一台,原告同时向被告给付价款161.99元;第二,被告北京世纪卓越信息技术有限公司于判决生效起十日内,向原告给付证据保全费1000元,律师费4000元。被告"北京世纪卓越信息技术有限公司"不服一审判决,向北京市第三中级人民法院提起上诉。

【裁判结果】2014年10月,北京第三中级法院作出终审判决:驳回上诉,维持原判。

案例23 律师联手起诉金龙鱼等品牌转基因食用油标识不清损害消费者知情权、选择权系列案。①

---

① 该案曾入选"案例法学研究会2014年中国十大公益诉讼"。

【案件简介】目前食品市场中，生产企业的宣传在其食用油产品为"非转基因"原料时非常高调，多家知名品牌的玉米、葵花籽、花生等各类油品等都会在产品标签中部位置用大号字体醒目标示"非转基因"。与之相比，当其原料中包含有转基因成分时，产品标签中"转基因"字体的使用则十分"羞涩"，甚至只在其配料表中用极不引人注意的超小号字体标明。2014年七八月间，一则关于"多名律师代理消费者就转基因食用油标识不清问题向全国多个法院提起诉讼"的消息引发公众关注。2014年9月，云南同润律师事务所专职律师许思龙接受《经济参考报》记者采访称：该活动响应者共计87人，其中包括全国各地的71名执业律师，已有部分律师在全国各地的多家法院尝试提起民事诉讼，其中9件已经立案，涉及金龙鱼、金满园、天天五谷、金菜花等多个食用油品牌。以许思龙代理的张力诉家乐福公司、益海嘉里公司、林丹、谢杏芳产品责任纠纷一案为例：2014年8月19日，市民张力在云南昆明家乐福公司所属的一家超市购买了一桶金龙鱼牌食用调和油（1.8升装），回家后才偶然发现，在其标签左上角配料表的下面以很小的字体标明为转基因原料。张力认为，我国法律、法规、规章明确规定食品应于醒目位置作出明显的转基因标识，但为追求销量，金龙鱼牌食用调和油却故意在产品包装的边角位置用极小的字体进行标注，从而意图隐匿其产品原料为转基因菜籽、大豆的真相，误导消费者进行选购，其行为侵犯消费者依法享有的知情权和选择权。其产品代言人林丹、谢杏芳的代言行为，也构成对消费者的虚假宣传和推荐，违反消费者权益保护法的规定，侵害消费者的合法权益。遂委托律师许思龙，以家乐福公司、益海嘉里公司、林丹和谢杏芳为被告，向云南省昆明市五华区人民法院提起诉讼。

【审理进程】以许思龙代理的张力诉家乐福公司、益海嘉里公司、林丹、谢杏芳产品责任纠纷一案为例：云南省昆明市五华区人民法院受理起诉后，于2014年12月19日向张力送达了"举证通知书"和

"开庭传票"（案号：2014 五法北民初字第 435 号），定于 2015 年 1 月 22 日开庭审理此案。

【裁判结果】关于该系列案件的进一步审理进程和裁判结果，未见相关信息报道。

案例 24 浙江省消费者权益保护委员会诉上海铁路局强制实名购票遗失乘客另行购票侵害消费者权益民事公益诉讼案。①

【案件简介】2011 年 6 月 1 日起，全国所有动车组列车实行实名制购票，旅客乘车需同时验证车票和身份证。因此，旅客持票或身份证上车，即表明铁路运输企业确认其已购买车票，出站后应予放行。出站时即便车票遗失，铁路运输企业也可根据旅客的身份证件验证旅客购票情况。然而，购票实名制实施后，因遗失车票而被强行要求补票出站的事件屡有发生，见诸报端。2014 年 5 月至 7 月间，浙江省消费者权益保护委员会（简称"浙江省消保委"）又屡次接到消费者遗失车票被要求全额补票才出站放行的投诉。浙江省消保委受理投诉后分别以书面、电话等方式就消费者投诉事实及其要求消费者补票的依据向上海铁路局调查核实。上海铁路局亦分别以书面回函、电话等方式答复：其依据为《铁路旅客运输规程》（铁运〔1997〕101 号）第 43 条的规定，对遗失车票的旅客各铁路客运站点均按此规定执行，杭州站和温州南站工作人员要求消费者补票的做法亦符合该规定。②2014 年 12 月 30 日，浙江省消保委以上海铁路局为被告向上海铁路运输（基层）人民法院提起消费维权民事公益诉讼。2015 年 1 月 9 日，专职新闻发言人代表中国消费者协会郑重表示，中消协对浙江省消保委依法

---

① 该案曾入选"案例法学研究会 2015 年中国十大公益诉讼"。
② 《铁路旅客运输规程》（铁运〔1997〕101 号）第 43 条规定：旅客丢失车票时应该另行购票，在列车上补票应自丢失站起（如果不能判断就从列车始发站起）收取补票价款，并按标准核收手续费。在补票后旅客又找到原票的，应由列车长编制客运记录并交由旅客，作为其到站后出站前向到站工作人员要求退还补票价款的依据。退票时也要核收退票费。

履行职责就损害众多消费者合法权益行为提起公益诉讼的行为给予全力支持。

【诉讼请求】原告方浙江省消保委认为：我国已经实行实名购票制，购票时消费者已经按规定实名预留了完整的购票身份信息，该信息在铁路局控制的售票信息系统中完全可以简易、快速、准确核查，在乘客遗失车票时，铁路运输部门应该对消费者是否实名购票的事实进行信息核查，不做任何核查即行强制另行购票的行为严重侵害众多消费者的合法权益。并且，根据《铁路旅客运输规程》的规定，另行购票后，只有找到原车票，并且由列车长编制相应客运记录之后，在到站地出站前，才能要求退还后补票价款。因此，对于出站时另行购票的乘客而言，出站后就根本不可能要求退还后补票款。提出诉讼请求：判令被告上海铁路局立即停止"强制实名购票乘车后遗失车票的消费者另行购票"的侵权行为。

【审理进程】浙江省消保委提交起诉材料后，2014年12月30日法院向其送达了《补充材料通知》，原告浙江省消保委亦按其要求于2015年1月6日提供了被告上海铁路局的"工商档案机读材料"原件。之后，法院于2015年1月15日再次向原告送达《材料补充通知》，要求其提供该案符合公益诉讼特征的初步证据材料。而浙江省消保委认为，之前提交的起诉材料中已经包括了该案符合公益诉讼特征的证据材料，不需要进一步补充。遂于1月16日回函上海铁路运输（基层）法院，要求其依法给予明确的处理结果。2015年1月30日，浙江省消保委收到上海铁路运输（基层）人民法院的裁定书。裁定书写明："按照《民事诉讼法》第五十五条的规定，所谓消费民事公益诉讼，其所针对的是侵害众多消费者合法权益，并且已经损害社会公共利益的公益侵权行为。原告方当事人虽然对铁路运输管理部门根据相关管理规定要求车票丢失的旅客另行购票的行为提出了消费民事公益起诉，但其未能依法提供符合法律规定的起诉证明材料，所以本次起诉不符合立法所规定之公益诉讼的起诉条件。依照《民事诉讼法》第五十五条和第一百二十三条的规定,裁定对浙江省消费者权益保护委员会的起诉不予受理。"对此"不予受理裁定",浙江省消保委随即决定提出上诉,上诉至上海铁路运输(中级)法院。

【裁判结果】2015年11月30日,以"上海铁路局已于上诉期间内就相关讼争事项与其达成谅解协议,诉讼已无继续进行之必要"为由,浙江省消保委又向上海铁路运输(中级)法院提出申请,要求撤回上诉。对其撤回上诉的申请进行审查后,上海铁路运输(中级)法院认为:该撤诉申请符合有关法律规定,依法准许浙江消保委撤回上诉。

案例25:上海市消费者权益保护委员会诉天津三星通信技术有限公司、广东欧珀移动通信有限公司预装手机软件侵害消费者知情权、选择权民事公益诉讼案。①

【案件简介】智能手机预装软件在业界是一个普遍现象。但根据比较测试的结果,所预装之不可卸载软件的数量名列前两位的是型号分别为"欧珀X9007"和"三星SM—N9008S"的两款手机。"欧珀X9007"手机预装不可卸载软件数量达71个,"三星SM—N9008S"手机预装不可卸载软件数量则达44个。2015年7月1日,就"欧珀X9007""三星SM—N9008S"手机预装应用软件安装情况不告知、无法卸载等损害消费者权益问题,上海市消费者权益保护委员会(简称"上海消保委")随即向上海市第一中级法院提起消费维权民事公益诉讼,被告分别为天津三星通信技术有限公司(简称"天津三星")和广东欧珀移动通信有限公司(简称"广东欧珀")。2015年7月2日,中国消费者协会郑重声明,对上海消保委依法履职提起消费维权民事公益诉讼的行为给予支持。

---

① 该案曾入选"案例法学研究会2015年中国十大公益诉讼"。

【诉讼请求】在以天津三星为被告的诉讼中,原告上海消保委认为:其型号为"三星 SM—N 9008S"的智能手机,出厂预装的各类应用软件达 44 个,而对这些软件的名称、类型、功能、所占内存等基本信息,以及这些预装软件的卸载途径和方法,在其说明书中均未向消费者进行明确告知,其行为侵害了消费者的知情权和选择权。提出两项诉讼请求:第一,判令被告方当事人天津三星在其所销售的型号为"SM—N 9008S"的智能手机的外包装和说明书中对其所预装的软件类型、名称、所占内存和功能等基本信息进行明确说明;第二,判令被告方当事人天津三星为其所销售的型号为"SM—N 9008S"的智能手机所预装的应用软件提供可直接应用的卸载途径。

在以广东欧珀为被告的诉讼中,原告上海消保委认为:其型号为"欧珀 X 9007"智能手机,出厂预装的各类应用软件达 71 个,而对这些软件的名称、类型、功能、所占内存等基本信息,以及这些预装软件的卸载途径和方法,在其说明书中均未向消费者进行明确告知,其行为侵害了消费者的知情权和选择权。提出两项诉讼请求:第一,判令被告方当事人广东欧珀在其所销售的型号为"X 9007"的智能手机的外包装和说明书中对其所预装的软件类型、名称、所占内存和功能等基本信息进行明确说明;第二,判令被告方当事人广东欧珀为其所销售的型号为"X 9007"的智能手机所预装的应用软件提供可直接应用的卸载途径。

【审理进程】就上海消保委诉天津三星一案,上海市第一中级法院受理起诉后,于 2015 年 9 月 17 日依法对该案进行公开开庭审理。庭审开始后,上海消保委申请对天津三星撤回起诉,双方当事人当庭出示相关证据并发表出庭意见,合议庭亦当庭听取了上海市消保委的撤诉理由。庭审过程中,上海消保委提出:天津三星已向其提交了"革新方案",并已采取有效措施就其产品中预装软件的基本信息向消费者进行明确告知,并提供了便捷可行的卸载途径和方法,也已向广大消费者就该"革新方案"的相关内容进行了充分的说明。因此，天津三星已通过这些措施有效地纠正了自己的侵权行为，实施本次公益诉讼的目的已经完成实现，所以申请撤回对天津三星的起诉。庭审期间，双方当事人分别提交并相互交换了相关证据。天津三星还借助其产品外包装、说明书及二维码等方式，通过其官方网站当庭展示了其就涉案智能手机预装软件的基本信息向消费者进行告知的方式和内容，并当庭演示了相关预装软件的卸载方法。休庭时，上海一中院宣布将依法对撤诉申请是否合法，诉讼目的是否已经完全实现，社会公共利益是否已经得到充分维护进行审查，并择日就是否准许撤诉作出裁定。

就上海消保委诉广东欧珀一案，上海市第一中级人民法院受理起诉后，于2015年9月17日召开审前会议，双方当事人进行了证据交换并发表了质证意见。2015年10月16日，上海消保委申请撤回对广东欧珀的起诉。认为：广东欧珀已向其提交的《关于OPPO手机预装软件优化方案说明》中明确记载——将会采取有效措施告知消费者型号为"X9007"的智能手机中所预装软件的类型、名称、所占内存和功能并提供这些预装应用软件的便捷卸载途径。同时还作出郑重承诺，"愿意积极配合上海消保委的监督指导工作，在落实优化方案的过程中，通过升级产品包装和完善官网信息等方式，更加及时有效地就应用软件的预装信息和卸载途径向消费者进行告知"。因此，广东欧珀已经有效纠正其侵害众多消费者选择权和知情权的公益侵权行为，诉讼程序的目的已经达到，所以才向法院提出申请要求撤回起诉。2015年11月13日，上海一中院公开开庭审理上海消保委诉广东欧珀一案。当庭对上海消保委撤回对广东欧珀起诉的申请是否合法，是否符合社会公共利益进行了审查，并在休庭评议后当庭作出裁判。

【裁判结果】就原告上海消保委2015年9月17日对天津三星的撤诉申请和2015年10月16日对广东欧珀的撤诉申请，上海一中院审理后认为：两起案件在程序属性上均属消费维权民事公益诉讼，也均由上海消保委在依法履行职责的过程中提起，诉讼程序的目的在于制止并纠正智能手机制造商对其手机所预装的应用软件基本信息不向消费者进行有效告知也不提供自主卸载途径的公益侵权行为，以充分保护消费者在购买和使用智能手机的过程中所享有的知情权和选择权。诉讼进程中，两被告所实施的整改行为，已经能够使智能手机消费者迅速、便捷地获取相关的产品信息，并且可以根据个人使用的需求直接对产品所预装的应用软件进行选择性卸载和安装，从而充分保障了消费者对于智能手机预装应用软件所依法享有的知情权和选择权。裁定：撤诉申请符合法律相关规定，不会对社会公共利益造成损害，予以准许。

二、民事公益诉讼之实践规律

基于前文对民事公益诉讼之立法条文和司法解释文本的解读，以及所历数之民事公益诉讼案例，对其司法实践规律可以作出以下之概括和分析。

（一）民事公益诉讼之案件类型趋于集中化

《民事诉讼法》第55条的规定，明确了民事公益诉讼案件的两种基本类型，即："环境污染"和"消费维权"案件。2013年修改后的《消费者权益保护法》第47条则明确了消费维权案件之公益民事诉讼程序的提起主体，即："中国消费者协会"和"省、自治区、直辖市消费者协会"。2015年修订后的《环境保护法》第58条又明确了环境污染案件之公益民事诉讼程序的提起主体，及其所须满足的具体条件：其一，登记于设区市级以上政府之民政部门的社会组织；其二，专门从事环保公益活动达到五年以上；其三，没有违法记录。

以前述之立法设计为导向，司法实践中民事公益诉讼的案件类型也逐步趋于集中化。2013年以后，司法实践中代表性的民事公益诉讼案件集中为两类："环境民事公益诉讼案件"和"消费民事公益诉讼案件"。在两类代表性的民事公益诉讼案件中，占主导地位的又是"环境民事公益诉讼案件"。以"案例法学研究会"和"中国公益诉讼网""民主与法制网""法治周末报社""北京理工大学司法研究所""中央财经大学法律援助中心"等机构自2011年起开始举办的"中国十大公益诉讼专家评选与公益诉讼发展研讨会"所评选出的年度中国十大公益诉讼为例：2013年入选的十个案例中，有六起是行政公益诉讼，另外四起则属民事公益诉讼，其中环境民事公益诉讼有两起（即前文引用之"案例3任坚刚诉超彩钛白（安徽）科技有限公司环境污染民事公益诉讼案"和"案例5中华环保联合会诉海南天工生物工程公司环境污染民事公益诉讼案"），消费民事公益诉讼则有一起（即："刘明诉中国移动长沙公司流量清零霸王条款侵犯消费者权益案"）；2014年入选的十个案例中，有四起是行政公益诉讼，另外六起则为民事公益诉讼，其中环境民事公益诉讼有三起（前文引用之"案例1福建省闽侯县394名村民诉福建省固体废物处置有限公司环境污染损害赔偿案""案例6中华环保联合会诉谭某、方某环境污染民事公益诉讼案"和"案例9泰州市环保联合会诉江苏常隆农化有限公司等六公司环境污染民事公益诉讼案"），消费民事公益诉讼则有一起（前文引用之"案例23律师联手起诉金龙鱼等品牌转基因食用油标识不清损害消费者知情权、选择权系列案"）；2015年入选的十个案例中，有三起是行政公益诉讼，另外七起则为民事公益诉讼，其中环境民事公益诉讼有五起（前文引用之"案例10重庆绿色志愿者联合会诉湖北省恩施州建始县磺厂坪矿业有限责任公司环境污染民事公益诉讼案""案例11北京市朝阳区自然之友环境研究所、福建省绿家园环境友好中心诉谢知锦等四人破坏林地民事公益诉讼案""案例12中华环保联合会诉德州晶华集团振华有限公司大气污染民事公益诉讼案""案例13中国生物多样性保护与绿色发展基金会诉美国康菲石油（中国）有限公司、中国海洋石油总公司渤海生态环境污染民事公益诉讼案"和"案例 14 中国生物多样性保护与绿色发展基金会诉宁夏华御化工有限公司等八家公司腾格里沙漠环境污染民事公益诉讼案"），消费民事公益诉讼则有两起（前文引用之"案例 24 浙江省消费者权益保护委员会诉上海铁路局强制实名购票遗失乘客另行购票侵害消费者权益民事公益诉讼案"和"案例 25 上海市消费者权益保护委员会诉天津三星通信技术有限公司、广东欧珀移动通信有限公司预装手机软件侵害消费者知情权、选择权民事公益诉讼案"）。

（二）民事公益诉讼之受案范围保持开放性

尽管，随着《民事诉讼法》《环境保护法》和《消费者权益保护法》的修改，以其立法设计为导向，司法实践中民事公益诉讼的案件类型逐步趋于集中化。但是，民事公益诉讼的受案范围却并未因此走向封闭，而是保持了一种开放性姿态。即使在 2013 年以后，除"环境民事公益诉讼案件"和"消费民事公益诉讼案件"两类代表性民事公益诉讼案件之外，司法实践中也不乏其他类型的民事公益诉讼案件。如入选案例法学会 2013 年中国十大公益诉讼的"南京'天下公'文化公司诉苏州莫泰酒店有限公司因维稳导致违约案"① 以及入选案例法学会 2013 年中国十大公益诉讼推荐案例的"业主诉武汉蓝焰房地产开

---

① 2012 年 4 月 16 日，为筹备 4 月 29 日至 5 月 1 日期间的"公益律师交流会"，南京公益组织"天下公"预订了苏州莫泰酒店管理有限公司（简称"苏州莫泰"）"苏州平齐路店"一间会议室和 25 间客房，预期使用三天。双方签订合同，"天下公"支付定金人民币 5000 元。4 月 25 日左右，酒店接到警方紧急通知，通知称：将在该酒店召开会议有"严重问题"，出于维稳需要，要求苏州莫泰立即停止对"天下公"的接待。4 月 27 日，苏州莫泰单方终止合同。11 月中旬，"天下公"以苏州莫泰为被告向江苏省苏州姑苏区法院提起诉讼，要求判定苏州莫泰赔偿违约金 21750 元，双倍返还订金，并连续 3 天登报道歉。2013 年 3 月 25 日，法院作出一审判决：判决被告苏州莫泰赔偿违约金 21750 元，并返还定金 5000 元。此后，双方当事人均未上诉，判决生效。

发有限公司架空层侵权案"。①又如入选案例法学会2014年中国十大公益诉讼推荐案例的"南天一花园业委会诉深圳城建公司等房屋侵权纠纷案"②。再如入选案例法学会2015年中国十大公益诉讼推荐案例的"北京黄某诉浙江天猫公司网购产品质量纠纷案"③。

  民事公益诉讼的受案范围能够保持这种开放性姿态,这是符合民事诉讼立法之初衷的。因为,《民事诉讼法》第55条表述为"对污染环境、侵害众多消费者合法权益等损害社会公共利益的行为,……"其中,一个"等"字,明确提出了民事公益诉讼受案范围的开放性立场。而且,在2012年第二次修正后的《民事诉讼法》施行之前,一些实体性单行立法已经在不经意间开始借鉴德国之团体诉讼制度方案,依据法定诉讼担当之程序原理,于诉之利益归属主体不可能或不适于

---

① 由武汉市蓝焰房地产开发有限公司简称"蓝焰公司"开发的"汉口时尚公寓"在交房运行三年后出现种种问题,为维持小区管理公共开支而通过出租架空层获得资金。2009年2月底,业主委员会与物业公司签订"架空层委托租赁合同",约定"所得收益归小区业主所有,用于维持小区各项开支"。2009年6月,蓝焰公司强行将架空层储藏室使用权出售,约定使用年限与主体建筑相同。2011年,业主委员委托律师李循向江汉区人民法院提起诉讼。2013年,江汉区法院认定:蓝焰公司与业主委员会提供的合同不符,且不符合《物权法》的规定,"汉口时尚公寓"架空层不属特定业主专有,也不属于市政公用设施或他人所有,应属小区全体业主共同共有。蓝焰公司未经业主同意销售架空层储藏室,侵犯全体业主共有权。判令:蓝焰公司将架空层交还"汉口时尚公寓"业主委员会管理使用。之后,案件上诉至武汉市中级人民法院,二审作出终审判决,维持原判。

② 广东省深圳市福田区"南天一花园"业主委员会以深圳市城市建设开发(集团)公司(简称"深圳城建公司")、深圳市城建监理有限公司(简称"深圳城建监理公司")、深圳市城建物业管理有限公司(简称"深圳城建物业公司")为被告向深圳市中级人民法院提起诉讼,以非法侵占为由请求法院:第一,判定被告在小区所建两栋配套小楼为全体业主共同共有;第二,判令被告向全体业主返还该两栋配套小楼,并赔偿损失。深圳中院一审判决原告败诉。原告向广东省高级人民法院提起上诉,二审判决:撤销深圳中院一审判决,改判深圳城建公司和深圳城建物业公司赔偿145万元,并驳回其他诉讼请求。上诉人业主委员会仍不服,向最高人民法院申请再审。2014年2月21日,最高人民法院作出再审判决:撤销原审判决,驳回南天一花园业主委员会全部诉讼请求。

③ 北京市海淀区黄某在天猫商城某网店购买的商品出现了质量问题,遂以该网店及天猫公司为被告向海淀区人民法院提起诉讼。天猫公司以《淘宝服务协议》中约定"消费者与天猫公司产生纠纷时第一审法院应在天猫公司所在地浙江省杭州市余杭区"为由,提出管辖权异议。2015年2月18日,北京市海淀区人民法院作出裁定,以天猫公司作为格式条款的提供方,未履行合理提示义务,并且该管辖权条款加重了对方责任,可能排除消费者合法权利为由,认定该管辖协议无效。

实施诉讼时，赋予对该利益负有监管、保护职责的主体以担当性公益诉权，其中有不少情形本质上类似于德国实体单行立法中赋予团体诉权的规定。如，海洋环境保护行政机关在海洋环境保护诉讼中的担当性公益诉权。根据我国《海洋环境保护法》[①]第89条的规定：对破坏海洋生态、海洋水产资源、海洋保护区等给国家造成重大损失的行为，负责海洋环境监督管理的行政主管部门有权代表国家向责任主体提出损害赔偿的请求。所谓"代表国家对责任者提出损害赔偿请求"，当然应该包括通过诉讼程序"提出损害赔偿请求"。因此，该条规定当然应该包含这样的含义：对破坏海洋生态、海洋水产资源、海洋保护区等损害社会公共利益的行为，依照《海洋环境保护法》规定行使海洋环境监督管理权的行政机关可以向法院提起公益诉讼。又如，工会在集体合同争议中的担当性公益诉权。根据《工会法》[②]第20条的规定，工会有责任帮助和指导职工与企业以及实行企业化管理的其他事业单位签订劳动合同，有权代表职工与用人单位进行平等协商并签订集体合同，集体合同的草案必须提交职工代表大会或者全体职工讨论才能通过，上级工会应当对集体合同的签订给予支持和帮助，对企业违反集体合同、侵犯职工劳动权益的行为工会可依法追究企业的法律责任，就集体合同争议工会有权向劳动争议仲裁机构提出仲裁申请，也有权向人民法院提起民事诉讼。《劳动合同法》第56条也进一步规定：对用人单位违反集体合同、侵犯职工合法劳动权益的行为，工会有权依法追究用人单位的法律责任，并有权提出仲裁申请、提起民事诉讼。

---

① 根据第九届全国人民代表大会常务委员会第十三次会议于1999年12月25日修订，自2000年4月1日起施行；根据2013年12月28日第十二届全国人民代表大会常务委员会第六次会议《关于修改〈中华人民共和国海洋环境保护法〉等七部法律的决定》第一次修正；根据2016年11月7日第十二届全国人民代表大会常务委员会第二十四次会议《关于修改〈中华人民共和国海洋环境保护法〉的决定》第二次修正；根据2017年11月4日第十二届全国人民代表大会常务委员会第三十次会议《关于修改〈中华人民共和国会计法〉等十一部法律的决定》第三次修正。

② 1992年4月3日第七届全国人民代表大会第五次会议通过，2001年10月27日修正。

再如，业主委员会维护业主共同利益的担当性公益诉权。根据《物业管理条例》①第15条的规定，业主委员会负责执行业主大会的决议事项，其职责范围包括：第一，业主大会会议的召集和物业管理实施情况的报告；第二，物业服务企业的选聘和物业服务合同的签订；第三，业主、物业使用人建议的征集与对物业服务企业履行物业服务合同的协助与监督；第四，业主规约实施情况的管理与监督；第五，业主大会会议赋予的其他职责。因此，作为业主大会的执行机构，就损害业主共同利益的事项（如：物业公司违反物业管理合同约定、业主大会依法决定解除物业服务合同而物业公司拒绝退场、物业服务合同终止时物业公司拒绝依规定移交《物业管理条例》第29条第1款规定的资料和物业管理用房等），"基于业主大会的授权"，业主委员会可以作为全体业主的诉讼担当人，启动、实施民事诉讼。②但要说明的是，我国《物权法》（2007年3月16日第十届全国人民代表大会第五次会议通过）第83条并未明确规定业主委员会针对物业公司的以全体业主为被担当人的担当诉讼主体资格，只是规定了业主委员会针对业主的以全体业主为被担当人的诉讼主体资格。③而伴随2012年第二次修正后的《民事诉讼法》第55条的出台，基于团体诉讼制度理念的担当性公益诉权在中国的适用范围又被进一步扩大到"消费维权"和"环境保护"领域，针对"环境污染"和"侵害众多消费者合法权益"等类型

---

① 2003年6月8日中华人民共和国国务院令第379号发布，根据2007年8月26日《国务院关于修改〈物业管理条例〉的决定》第一次修正；根据2016年2月6日《国务院关于修改部分行政法规的决定》第二次修正；根据2018年3月19日《国务院关于修改和废止部分行政法规的决定》第三次修正。

② 根据《物业管理条例》第11条第7项和第15条第5项的规定，只要业主大会决定将"有关共有和共同管理权利的其他重大事项"授权业主委员会管理，则就损害业主共同利益的事项，即可由业主委员会作为全体业主的诉讼担当人，启动、实施民事诉讼。

③ 《物权法》第83条："业主应当遵守法律、法规以及管理规约。业主大会和业主委员会，对任意弃置垃圾、排放污染物或者噪声、违反规定饲养动物、违章搭建、侵占通道、拒付物业费等损害他人合法权益的行为，有权依照法律、法规以及管理规约，要求行为人停止侵害、消除危险、排除妨害、赔偿损失。业主对侵害自己合法权益的行为，可以依法向人民法院提起诉讼。"

的公益侵害行为,"法律规定的机关和有关组织"亦可基于立法赋予之担当性公益诉权取代具体之利益关系主体启动、实施诉讼程序。可见,基于团体诉讼之制度理念而扩大担当性公益诉权之适用范围的制度发展趋势已然形成,民事公益诉讼受案范围的开放性立场必将得到进一步的延续。

(三)民事公益诉讼之起诉主体趋于多元化

起诉主体问题是我国民事公益诉讼制度建立进程中的起始性问题,也是需要在立法层面首先予以明确的一个问题。根据《民事诉讼法》第55条的规定,民事公益诉讼的提起主体为"法律规定的机关和有关组织"。但是,所谓"法律规定",其具体内涵需要通过援引相关之单行立法方能明确。这一点在后来的《〈民诉法〉解释》中也再次被强调,其第284条进一步将公益诉讼程序的提起主体规定为"环境保护法、消费者权益保护法等法律规定的机关和有关组织"。因此,2012年第二次修正后的《民事诉讼法》施行后,《环境保护法》和《消费者权益保护法》也跟进性地进行了修改。根据修改后的《消费者权益保护法》第37、47条的规定,消费维权案件之民事公益诉讼程序的提起主体为"中国消费者协会"和"省、自治区、直辖市消费者协会"。而根据修订后《环境保护法》第58条的规定,环境污染案件之公益民事诉讼程序的提起主体则为"依法在设区的市级以上人民政府民政部门登记,专门从事环境保护公益活动连续五年以上且无违法记录的社会组织"。对此,《环境民事公益诉讼解释》第1—5条又作出了四个方面的解释性规定。

在明确环境污染民事公益诉讼和消费维权民事公益诉讼之起诉主体的进程中,立法也尝试逐步推进民事公益诉讼之起诉主体的多元化发展。2015年7月1日,第十二届全国人民代表大会常务委员会第十五次会议审议通过《检察院公益诉讼试点决定》,提出:为加强对国家利益和社会公共利益的保护,授权最高检在生态资源环境保护、国有土地使用权出让、国有资产保护、食药安全等领域开展公益诉讼试点工作。7月2日,最高检公布《试点方案》,从四个方面勾勒了检察院公益诉讼试点工作的初步框架,并从两个方面明确了试点工作的主要内容,即:"提起行政公益诉讼"和"提起民事公益诉讼"。就"提起民事公益诉讼"的试点工作,又明确了五个方面的试点工作具体事项。为贯彻实施《检察院公益诉讼试点决定》,依法有序地推进检察院公益诉讼试点工作,最高人民检察院和最高人民法院又分别审议通过了《检察院公益诉讼试点实施办法》(2015年12月16日)和《法院审理检察院公益诉讼实施办法》(法发〔2016〕6号)就检察机关提起民事公益诉讼和人民法院审理工作中的若干程序事项作出了规定。以《检察院公益诉讼试点决定》为基础,2017年6月27日,《修改决定》又于第1条规定:"一、对《中华人民共和国民事诉讼法》作出修改。第五十五条增加一款,作为第二款:……"从而将人民检察院明确纳入第一款之"法律规定的机关和有关组织"的范畴之内。随后,2018年修订后的新《人民检察院组织法》于第20条规定:"人民检察院行使下列职权:……(四)依照法律规定提起公益诉讼;……",从而与2017年《民事诉讼法》修正时第55条增加之第二款对应,为检察机关提起公益诉讼奠定职权基础。通过这一系列的努力,检察机关已经正式成为民事公益诉讼的起诉主体类型之一。

而且,这种逐步推进民事公益诉讼之起诉主体多元化的尝试也开始影响到后来的司法解释。2016年4月24日,最高人民法院公布了《消费民事公益诉讼解释》。以《消费者权益保护法》第47条的规定为基础[①],其第1条又作出拓展性规定,将消费民事公益诉讼的提起主体扩充为两种类型:其一,"中国消费者协会"和"省、自治区、直辖市

---

① 消费民事公益诉讼的提起主体为"中国消费者协会"和"省、自治区、直辖市消费者协会"。

消费者协会";其二,"法律规定或者全国人大及其常委会授权的机关和社会组织"。之所以作出这种拓展性规定,其最为直接的原因就是前文论及的"检察机关公益诉讼试点工作"。

民事公益诉讼之起诉主体的多元化趋势,在司法实践层面通过实证案例表现得更为突出。

首先,尽管在立法层面民事公益诉讼的起诉主体被限定为"法律规定的机关和有关组织",但仍有为数不少的公民个人尝试提起民事公益诉讼。有公民个人尝试提起环境污染民事公益诉讼,如前文引用之"案例1福建省闽侯县394名村民诉福建省固体废物处置有限公司环境污染损害赔偿案""案例3任坚刚诉超彩钛白(安徽)科技有限公司环境污染民事公益诉讼案"以及"案例7兰州市民温军、刘庆元、王玮、火东兵、徐子琦诉兰州威立雅水务集团有限公司环境污染民事公益诉讼案"等。也有公民个人尝试提起消费维权民事公益诉讼,如前文引用之"案例20罗秋林诉云南白药集团股份有限公司、衡阳市百姓大药房有限公司国仁堂药店侵害消费者知情权民事公益诉讼案""案例21李恩泽诉江西中烟有限责任公司虚假宣传、欺骗和误导消费者民事公益诉讼案""案例22消费者诉亚马逊中国单方取消订单损害消费者权益案"以及"案例23律师联手起诉金龙鱼等品牌转基因食用油标识不清损害消费者知情权、选择权系列案"等。此类民事公益诉讼,尽管多因立法将民事公益诉讼的起诉主体限定为"法律规定的机关和有关组织"而被法院裁定不予受理或驳回起诉,但其客观存在也无可辩驳地印证了民事公益诉讼之起诉主体的多元化趋势。

其次,依据《环境保护法》第58条,根据《环境民事公益诉讼解释》第1—5条的解释,提起环境污染民事公益诉讼的公益性社会组织正趋于多样化。2013年后,尽管也有些公益性社会组织在提起环境污染民事公益诉讼时被法院裁定不予受理或驳回起诉:如前文引用之"案例2邯郸冬泳协会诉山西天脊煤化工集团环境污染民事公益诉讼案"中,邯郸市中级人民法院对邯郸冬泳协会的起诉未予受理;又如"案例4 东平镇经济社会事务服务中心诉李某佑环境污染民事公益诉讼案"中,在双方当事人通过立案调解达成协议之后,原告东平镇经济社会事务服务中心选择了撤回起诉;再如"案例16 大连市环保志愿者协会诉中国海洋石油总公司环境污染民事公益诉讼案"中,大连海事法院经审查认为大连市环保志愿者协会是一家环保组织而非负责海洋环境保护的行政主管部门,依《海洋环境保护法》等有关法律的规定不具备提起"海洋污染公益诉讼"的原告方主体资格,裁定不予受理其起诉。但在更多的环境污染民事公益诉讼案件中,多种公益性社会组织的民事公益诉讼主体资格开始获得司法实践的认可。如前文引用之"案例5 中华环保联合会诉海南天工生物工程公司环境污染民事公益诉讼案""案例6 中华环保联合会诉谭某、方某环境污染民事公益诉讼案"和"案例12 中华环保联合会诉德州晶华集团振华有限公司大气污染民事公益诉讼案"中的中华环保联合会。又如"案例13 中国生物多样性保护与绿色发展基金会诉美国康菲石油(中国)有限公司、中国海洋石油总公司渤海生态环境污染民事公益诉讼案"和"案例14 中国生物多样性保护与绿色发展基金会诉宁夏华御化工有限公司等八家公司腾格里沙漠环境污染民事公益诉讼案"中的中国生物多样性保护与绿色发展基金会。再如"案例8 常州市环境公益协会诉储卫清、常州博世尔物资再生利用有限公司等土壤污染民事公益诉讼案"中的常州市环境公益协会,"案例9 泰州市环保联合会诉江苏常隆农化有限公司等六公司环境污染民事公益诉讼案"中的泰州市环保联合会,"案例10 重庆绿色志愿者联合会诉湖北省恩施州建始县磺厂坪矿业有限责任公司环境污染民事公益诉讼案"中的重庆绿色志愿者联合会,"案例11 北京市朝阳区自然之友环境研究所、福建省绿家园环境友好中心诉谢知锦等四人破坏林地民事公益诉讼案"中的北京市朝阳区自然之友环境研究所和福建省绿家园环境友好中心,以及"案例15 大连市环保志愿者协会诉大连日牵电机有限公司环境污染民事公益诉讼案"中的大连市环保志愿者协会等。

再次,在检察机关公益诉讼试点工作启动后,人民检察院提起民事公益诉讼的案件数量开始迅速增长。在《检察院公益诉讼试点决定》审议通过后,根据最高人民检察院《试点方案》和《检察院公益诉讼试点实施办法》,检察院公益诉讼试点工作的主要内容包含两个方面:"提起民事公益诉讼"和"提起行政公益诉讼"。尽管各地检察机关的主要精力似乎是放在行政公益诉讼领域,由检察院提起的行政公益诉讼案件开始大量出现,并尤为引人注目,如入选2015年中国十大公益诉讼的"山东省庆云县检察院诉庆云县环保局不履行职责案"①和"贵州省锦屏县人民检察院诉锦屏县环保局怠于履行职责案"②等。但是,由人民检察院提起民事公益诉讼的案件数量也在迅速增长,如前文引用之"案例17 常州市人民检察院诉许建惠、许玉仙环境污染民事公益诉讼案"和"案例18 徐州市人民检察院诉徐州市鸿顺造纸有限公司环境

---

① 山东省庆云县人民检察院在审查某公司污水处理厂厂长涉嫌污染环境罪案件时,发现该公司在未通过环保设施竣工验收的情况下长期违法生产,排放大量污水造成环境污染。经调查发现,庆云县环保局虽对该公司多次作出行政处罚,但在监管过程中存在违法行为,遂根据有关规定,向庆云县环保局发出检察建议。但庆云县环保局仍未依法正确履行监管职责,致使国家和社会公共利益持续处于受侵害状态。2015年12月16日,庆云县检察院以庆云县环保局为被告,以不履行职责为由,向庆云县人民法院提起行政公益诉讼。

② 2014年8月,贵州锦屏县环保局现场执法时发现,雄军石材、鸿发石材等7家公司违反建设项目环保"三同时"的要求,在根本没有建设配套性环保设施的情况下直接投入石材生产,并将生产过程产生的废水直接排入当地河流"清水江",造成该江段水体遭受污染。据此,锦屏县环保局曾先后分别向涉事公司送达《环境违法限期改正通知书》,责令其立即停产并建设环保设施。但是,涉事公司没有按"限期改正通知书"要求进行整改,也没有建设配套环保设施,并擅自开工恢复生产。锦屏县检察院在履职过程中发现上述案件线索后,曾先后两次向锦屏县环保局发出《检察建议书》,建议其核实情况,加强督促和检查,以促使其积极履行环境保护监管职责。对于两次《检察建议书》,锦屏县环保局未作任何回复,也未对涉事公司的违法行为进行有效的制止和处罚。2015年底,锦屏检察院作为公益诉讼人,以锦屏县环境保护局为被告,向当地基层法院提起行政公益诉讼。提出诉讼请求:第一,确认锦屏县环保局怠于履行环境保护监管职责的行为违法;第二,判令锦屏县环保局依法履行环境保护监管职责。受案法院于2016年1月13日作出一审判决:确认锦屏县环境保护局怠于履行环境保护监管职责的行为违法。

污染民事公益诉讼案"等。

复次,依据《消费者权益保护法》第47条,根据《消费民事公益诉讼解释》第1条的解释,由"中国消费者协会"和"省、自治区、直辖市消费者协会"提起的消费民事公益诉讼案件开始在司法实践中呈现。如前文引用之"案例24浙江省消费者权益保护委员会诉上海铁路局强制实名购票遗失乘客另行购票侵害消费者权益民事公益诉讼案"和"案例25上海市消费者权益保护委员会诉天津三星通信技术有限公司、广东欧珀移动通信有限公司预装手机软件侵害消费者知情权、选择权民事公益诉讼案"等。

最后,承载公益维护职能之行政机关或事业单位开始尝试提起民事公益诉讼。如前文引用之"案例19镇江市渔政监督支队诉韩国开发银行投资公司(KDB CAPITAL CO, LTD.)通海水域环境污染民事公益诉讼案"中,尽管武汉海事法院经审查认定,作为起诉人的镇江市渔政监督支队,虽其工作业务范围包括"水生动植物环境保护、渔业资源保护和渔政监管保障",但其在性质上属于事业单位法人,而不属于法律规定的有行使环境保护监督职权的主管部门,也不是法律规定可以提起公益诉讼的社会组织,因而不具备向提起环境民事公益诉讼的原告方当事人资格。并以之为由裁定不予受理其起诉。然而,该案件的出现也不可辩驳地印证了一个现象:承载公益维护职能之行政机关或事业单位仍在坚持尝试提起民事公益诉讼。而且,武汉海事法院就该案所作之"不予受理"裁定书(2015武海法立字第00001号)中,对"法律规定的海洋环境保护监管职能部门"作为原告提起海洋环境污染民事公益诉讼明确持肯定立场。同样的现象还出现在前文引用之"案例16大连市环保志愿者协会诉中国海洋石油总公司环境污染民事公益诉讼案"中。该案中,受案的大连海事法院也认为,大连市环保志愿者协会是一家环保组织,而非"负责海洋环境保护的行政主管部门",依《海洋环境保护法》等有关法律的规定不具备提起"海洋污染公益诉讼"的原告方当事人资格，从而裁定不予受理其起诉。其"不予受理"裁定书中，同样对"法律规定的海洋环境保护监管职能部门"作为原告提起海洋环境污染民事公益诉讼明确持肯定立场。

（四）民事公益诉讼之制度功能趋于专门化

《民事诉讼法》第55条确定了民事公益诉讼案件的两种基本类型："环境污染"案件和"消费维权"案件；同时也初步规定了提起民事公益诉讼的原告主体类型："法律规定的机关和有关组织"。但是，所谓"法律规定"，其具体内涵需要通过援引相关之单行立法方能明确。为此，修改后的《消费者权益保护法》第37条和第47条明确了消费维权案件之民事公益诉讼程序的提起主体，即"中国消费者协会"和"省、自治区、直辖市消费者协会"。修订后的《环境保护法》第58条则明确了环境污染案件之民事公益诉讼程序的提起主体，及其所须满足的具体条件：其一，登记于设区市级以上政府之民政部门的社会组织；其二，专门从事环保公益活动达到五年以上；其三，没有违法记录。可见，在我国民事公益诉讼制度确立的初期，立法层面仅仅是初步规定了民事公益诉讼的案件类型和起诉主体，而并未就其诉请、审理、裁判的事项范围及其与私益损害赔偿诉讼的逻辑关系作出明确的规定。其所反映出的根本性问题则是"立法未能就民事公益诉讼的制度模式、程序属性、功能定位和立法方案作出理性的判断与取舍"。此等立法方案的形成，在相当程度上源于对公益诉讼这一概念的泛化理解，以及对诉讼之公益价值目标的高度期待。正是源于此种理念，我国诉讼法学界，才产生了通过制定新法或修改旧法确立新的诉讼模式和程序方案以期承载诉讼之公益价值目标的主张，并迅速就这种新诉讼模式的名称达成共识，称其为"公益诉讼"。而源于"公益诉讼"这一概念的广泛社会基础，及在消费维权、环境污染两类案件中通过司法诉讼维护公共利益的社会呼声，才最终缔造了上述之立法方案。然而，这种立法演进逻辑忽略了一个重要的前置性逻辑命题，即民事公益诉讼之制度模式、程序属性、功能定位和立法方案的理性判断与取舍。而且，这种立法方案也必将酝酿一个严重的制度风险，即民事公益诉讼之制度功能的非理性放大。并且，这一点在民事公益诉讼的司法实践中已经得到印证。

在民事公益诉讼确立初期的司法实践中，众多民事公益诉讼案例于诉讼请求和裁判结论方面表现出两大共性。第一，原告方当事人的诉讼请求基本上可以区分为两类：其一，基于"纯粹性公益"的价值目标而要求禁止对方当事人实施其可能实施的侵害行为，判令其立即停止正在实施的侵害行为或采取消除危险、排除妨碍、恢复原状的积极措施；其二，基于"集合性公益"的价值目标而要求获得个体（共同）性民事损害赔偿。第二，法院之裁判结论则表现出两大核心特征：其一，裁判结论之核心内容基本表现为判令（责令）被告方当事人立即停止其正在实施的侵害行为或立即采取消除危险、排除妨碍、恢复原状的积极措施；第二，大量裁判结论中根本未涉及对因公益侵害行为而遭受利益损失之民事主体的具体民事赔偿事项。这也是在现行立法方案之下，民事公益诉讼之制度功能被人为非理性放大的真实写照。

为此，我们也开始尝试在司法解释层面作出努力，力求避免民事公益诉讼之制度功能被人为非理性放大的严峻风险，力争令其步入专门化的发展轨道。

首先，最高人民法院于2015年1月6日公布，自2015年1月7日起施行的《环境民事公益诉讼解释》。其第9、17—24条，就"环境民事公益诉讼之诉请与裁判范围"的四个问题作出了具体规定：其一，诉讼请求的项目。在环境民事公益诉讼中，就环境污染、生态破坏等对社会公共利益已经造成损害或致其有受损之重大风险的行为，原告可以向被告提出"恢复原状、消除危险、排除妨碍、停止侵害、赔偿损失、赔礼道歉"等诉讼请求项目。①其二,"恢复原状"请求的裁判。对于"恢复原状"的诉讼请求项目,法院可依法判令被告修复生态环境至原有状态和功能,亦可在修复无法完成时判令其采取替代性修复方式,还可在判令修复环境、恢复生态的同时判定其不能履行修复义务时所应承担的修复费用,甚至直接判令其承担一定金额之生态环境修复费用。②其三,基于释明的诉讼请求变更。在环境民事公益诉讼中,如果法院经过审查认为原告已经提出的诉讼请求项目尚不足以充分维护社会公共利益,可依职权向其释明,要求其变更诉讼请求或增加诉讼请求项目。其四,反诉的禁止。环境民事公益诉讼中,被告以反诉方式提出诉讼请求的,法院不予受理。《环境民事公益诉讼解释》第10、29—31条,则就"环境民事公益诉讼与私益损害赔偿诉讼的关系"从四个方面作出了规定:其一,环境民事公益诉讼和私益损害赔偿诉讼在诉之属性上相互独立。法定机关和社会组织依法提起环境民事公益诉讼程序,并不影响因同一公益侵权行为而遭受人身、财产损害的公民、法人和其他组织依法提起私益损害赔偿诉讼。其二,环境民事公益诉讼和私益损害赔偿诉讼在审理程序上相互独立。鉴于诉之属性上的差异,且合并审理不仅不能提高效率还会导致诉讼拖延。

---

① 具体而言:为防止生态环境损害的发生和扩大,可以提出"停止侵害、排除妨碍、消除危险"的诉讼请求;为修复环境、恢复生态,可以提出"恢复原状"的诉讼请求;就生态环境受到损害至其恢复原状期间的服务功能损失,可提出"赔偿损失"的请求;原告为停止侵害、排除妨碍、消除危险采取合理预防、处置措施而支出的费用,可以提出"赔偿损失"的请求;原告为实施诉讼所支出的检验、鉴定费用,合理的律师费,以及其他合理费用,可以提出"赔偿损失"的请求。

② 修复费用包括制定、实施修复方案和监测、监管修复进程等费用;修复费用难以确定或鉴定费用明显过高的,法院可以结合环境污染和生态破坏的程度和范围、环境资源的稀缺程度、生态恢复的难易程度、防治设备的运行成本、被告因侵害行为所获得的利益、及其过错程度等因素,参考环境保护监管部门和相关专家的意见,予以合理确定;生态环境修复费用和生态环境受到损害至恢复原状期间的服务功能损失赔偿款项,应当用于修复生态环境,但其他环境民事公益诉讼中败诉原告所需承担的调查取证、专家咨询、检验、鉴定等必要费用,可酌情从上述款项中支付。

因此，私益损害赔偿诉讼和环境民事公益诉讼的审理程序不能合并。其他民事主体就其人身、财产所遭受之私益性损害，只能另行向法院提起私益损害赔偿民事诉讼，而不能申请参加环境民事公益诉讼程序。其三，环境民事公益诉讼裁判的事实认定对于后续的私益损害赔偿诉讼有预决效力。基于私益损害赔偿诉讼与环境民事公益诉讼在法律规则适用和争议事实认定等方面的共通性，鉴于私益损害赔偿诉讼中原告方当事人举证能力的欠缺，《环境民事公益诉讼解释》第30条特别强调了这种预决效力，并将其区分成两种情形："法院依职权援引的预决效力"①和"依当事人申请而援引的预决效力"②。其四，私益损害赔偿诉讼之原告方当事人的受偿顺位优先于公益诉讼。当被告方因污染环境、破坏生态等侵权行为，在环境民事公益诉讼和私益损害赔偿诉讼程序中均被法院判令承担民事损害赔偿责任，而其所有财产不足以全面履行两次诉讼的所有判决义务时，私益损害赔偿诉讼之生效判决应该先予履行，除非法律另有规定。③

其次，最高人民法院于2015年1月30日公布，自2015年2月4日起施行的《〈民诉法〉解释》。就"民事公益诉讼与私益损害赔偿诉讼的关系"这一问题，于其第288条规定：法院受理公益诉讼起诉，不影响其他受害主体就同一侵权行为依据民事诉讼法第119条之规定另行提起私益损害赔偿诉讼。这意味着：一者，私益损害赔偿诉讼与

---

① 法院依职权援引的预决效力：已为环境民事公益诉讼生效裁判认定的事实，在因同一污染环境、破坏生态行为而提起的私益损害赔偿诉讼中，当事人无须举证明，但原告对其异议并有相反证据足以推翻的除外。

② 依当事人申请而援引的预决效力：对于环境民事公益诉讼生效裁判就被告是否存在免责或减责情形、行为与损害之间是否存在因果关系、被告承担责任的范围等争议事实所作的认定，在因同一污染环境、破坏生态行为而提起的私益损害赔偿诉讼中，原告主张适用的，法院应予支持，但被告有相反证据足以推翻的除外。被告主张直接适用对其有利的认定，法院不予支持，其仍需举证证明。

③ 如对于船舶油污损害赔偿纠纷案件，《1992年国际油污损害民事责任公约》，以及《最高人民法院关于审理船舶油污损害赔偿纠纷案件若干问题的规定》，就规定采取按比例受偿的原则。

民事公益诉讼在诉之属性上相互独立，民事公益诉讼程序的提起不影响因同一公益侵权行为而遭受财产或人身损害的其他民事主体依法提起私益损害赔偿诉讼；二者，私益损害赔偿诉讼与民事公益诉讼在审理程序上相互独立。鉴于诉之属性上的差异，基于诉讼效率价值的考量，私益损害赔偿诉讼和民事公益诉讼的审理程序不能合并进行，其他民事主体就其财产或人身所遭受之私益损害只能另行向法院提起私益损害赔偿诉讼，而不能以之为由申请参加民事公益诉讼程序。可见，就"民事公益诉讼与私益损害赔偿诉讼的关系"问题，《〈民诉法〉解释》与之前的《环境民事公益诉讼解释》立场一致，认为基于同一公益侵权行为而提起的私益损害赔偿诉讼与民事公益诉讼，二者在诉讼程序目的、诉讼请求项目和制度功能定位上存在本质区别。

再次，最高人民法院于2016年4月24日公布，自2016年5月1日起施行的《消费民事公益诉讼解释》。其第5、11、13、17—18条就"消费民事公益诉讼之诉请与裁判范围"的三个问题作出了具体规定：其一，诉讼请求的项目。在消费民事公益诉讼中，对经营者侵害众多不特定消费者合法权益或者具有危及消费者人身、财产安全危险的公益侵权行为，原告可以提出"停止侵害、消除危险、排除妨碍、赔偿损失、赔礼道歉、格式约定无效"的诉讼请求。具体而言，针对《消费民事公益诉讼解释》第2条规定之前三项行为，原告可以请求"停止侵害、排除妨碍、消除危险、赔礼道歉"；就《消费民事公益诉讼解释》第2条规定之第四项行为，原告可以请求判定格式约定无效；就《消费民事公益诉讼解释》第17、18条规定之"原告为消除危险、排除妨碍、停止侵害采取合理处置和预防措施所支出的费用"和"原告及其诉讼代理人对侵权行为进行调查、取证的合理费用，鉴定费用，合理的律师代理费用"，原告可以请求赔偿损失。其二，基于释明的诉讼请求变更。消费民事公益诉讼中，如果法院经过审查认为原告方当事人已经提出的诉讼请求项目尚不足以充分维护社会公共利益，可依职权向其释明并要求其变更或增加诉讼请求项目。其三，反诉的禁止。消费民事公益诉讼中，被告以反诉方式提出诉讼请求的，法院不予受理。其第9—10、16条则就"消费民事公益诉讼与私益损害赔偿诉讼的关系"从三个方面作出了规定：其一，私益损害赔偿诉讼与消费民事公益诉讼在诉的属性上相互独立。消费民事公益诉讼程序的提起，并不影响遭受人身、财产损害的公民、法人和其他组织就同一侵权行为依法另行提起私益损害赔偿诉讼。其二，消费民事公益诉讼和私益损害赔偿诉讼在审理程序上相互独立，不能合并审理。其他民事主体就其人身、财产所遭受之损害只能另行提起私益损害赔偿诉讼，而不能以之为由申请参加消费民事公益诉讼程序。但是，在消费民事公益诉讼案件受理后，因同一侵权行为受到损害的消费者请求对其私益损害赔偿诉讼中止审理的，人民法院可以准许。其三，消费民事公益诉讼裁判的事实认定对于后续的私益损害赔偿诉讼有预决效力。基于私益损害赔偿诉讼与消费民事公益诉讼在争议事实认定和法律规则适用等方面所表现出来的共通性，鉴于私益损害赔偿诉讼之原告方当事人在收集和提供证据等方面的能力缺陷，《消费民事公益诉讼解释》第16条特别强调了这种预决效力，并将其分为两种情形，即："法院依职权援引的预决效力"和"依当事人申请而援引的预决效力"。这与《环境民事公益诉讼解释》第30条的规定在制度逻辑上保持了高度的一致。

另外，《检察院公益诉讼试点实施办法》第15、16、18条和《法院审理检察院公益诉讼实施办法》第3、4、6条也作出了类似的规定。即：其一，人民检察院提起民事公益诉讼的诉讼参加人身份为"公益诉讼人"，享有、承担民事诉讼法所规定之原告的诉讼权利、义务，可以提出停止侵害、恢复原状、消除危险、排除妨碍、赔偿损失、赔礼道歉等诉讼请求；其二，人民检察院提起民事公益诉讼以实施损害社会公共利益行为的公民、法人或其他组织为被告，被告提出反诉请求的，法院不予受理。

在这一系列的司法解释出台之后，民事公益诉讼的制度功能也正在司法实践层面形成专门化的发展趋势。表现在环境和消费民事公益诉讼的实际案例中：第一，在由法律规定的机关和组织提起的环境和消费民事公益诉讼中，原告方当事人的诉讼请求开始集中于要求禁止对方当事人实施其可能实施的侵害行为、判令其立即停止正在实施的侵害行为或采取消除危险、排除妨碍、恢复原状的积极措施。第二，法院之裁判结论则开始纯化为判令（责令）被告方当事人立即停止其正在实施的侵害行为，或立即采取消除危险、排除妨碍、恢复原状的积极措施。如在前文引用之"案例 9 泰州市环保联合会诉江苏常隆农化有限公司等六公司环境污染民事公益诉讼案"中，原告泰州市环保联合会提出三项诉讼请求：第一，请求判令六被告赔偿按"虚拟治理成本"4.5 倍计算后的污染修复费用合计 164792898 元，用于环境治理和受损生态的修复；第二，请求判令六被告承担本案的鉴定评估费用 10 万元；第三，请求判令六被告承担本案的全部诉讼费用。法院最后判决：第一，六被告于判决生效后九个月内赔偿合计 160666745.11 元的环境修复费用，专门用于修复泰兴地区的水生态环境；第二，在判决生效后十日内六被告向泰州市环保联合会给付其为实施本次诉讼已经支付的鉴定评估费用 10 万元；第三，六被告于判决生效之日起 30 日内将第一项所列款项支付至泰州市环保公益金专用账户，也可向法院提出申请并提供有效担保，从而要求将上述款项之 40% 的支付期限延长至本判决生效之日的一年内；第四，如果六被告为增强对副产酸的循环利用能力而实施有效的技术改造，并使其环评风险显著降低，且自判决生效起的一年期限内不因环境违法而遭受任何行政或刑事处罚，也可提出申请要求在延期支付的 40% 额度内抵扣其已经支付的技术改造费用；第五，案件受理费由六被告承担。又如"案例 14 中国生物多样性保护与绿色发展基金会诉宁夏华御化工有限公司等八家公司腾格里沙漠环境污染民事公益诉讼案"中,原告绿发会提出六个方面的诉讼请求:第一,判令华御化工等八被告立即停止污染沙漠环境的侵权行为;第二,判令华御化工等八被告消除沙漠环境遭受进一步污染的危险;第三,判令华御化工等八被告修复沙漠环境、恢复沙漠生态,成立专项修复基金,并委托第三方进行修复;第四,判令华御化工等八被告赔偿环境修复前的生态服务功能损失费用;第五,判令华御化工等八被告赔礼道歉;第六,判令华御化工等八被告承担本案的律师费用、鉴定费用和其他合理诉讼费用。再如"案例10 重庆绿色志愿者联合会诉湖北省恩施州建始县磺厂坪矿业有限责任公司环境污染民事公益诉讼案"中,原告重庆绿色志愿者联合会提出四项诉讼请求:第一,判令被告方当事人恩施矿业公司立即采取有效措施,停止对巫山县千丈岩水库饮用水源的侵害行为;第二,判令被告修复被污染环境、恢复污染区域生态,或赔偿一定金额的修复费用;第三,判令被告在新闻媒体上公开赔礼道歉;第四,判令被告承担实施本次诉讼所支付的律师费、鉴定费和其他合理费用。最终法院判决:第一,被告立即采取有效措施,停止对巫山县千丈岩水库饮用水源的侵害行为,在重新进行环境影响评价并获得批复、获准环保设施验收前,不得恢复生产;第二,在判决生效后180日内,被告对土壤环境遭受污染的区域制定环境修复方案进行生态修复,逾期不履行或修复不合格的,由被告方当事人承担修复费用99.1万元;第三,被告在国家级新闻媒体上公开赔礼道歉;第四,被告给付原告为实施本次诉讼所支付的律师费、鉴定费和其他合理费用32万余元。而且,这种发展趋势也开始体现在消费维权民事公益诉讼的实际案例中。如在前文引用之"案例24 浙江省消费者权益保护委员会诉上海铁路局强制实名购票遗失乘客另行购票侵害消费者权益民事公益诉讼案"中,原告浙江省消保委提出的诉讼请求为:判令被告停止"强制实名购票乘车后遗失车票的消费者必须另行购票"的侵权行为。又如"案例25 上海市消费者权益保护委员会诉天津三星通信技术有限公司、广东欧珀移动通信有限公司预装手机软件侵害消费者知情权、选择权民事公益诉讼案"中，原告上海消保委提出两项诉讼请求：第一，判令被告天津三星、广东欧珀在其所销售"SM—N9008S""X9007"智能手机外包装或说明书中明示手机内预装软件的名称、类型、功能、所占内存等基本信息；第二，判令被告天津三星、广东欧珀为其所销售"SM—N9008S""X9007"智能手机内预装应用软件提供可直接卸载的途径。这些实际案例，均是在一系列司法解释出台之后民事公益诉讼之制度功能逐步趋于专门化的真实写照。

（五）民事公益诉讼之程序规则趋于分散化

前文论及，为将民事公益诉讼之程序规则推向具体化、系统化的层面，并实现其与传统之民事诉讼制度体系的内在融合，我国正在立法和司法解释两个层面上作出积极的努力。从立法层面看，以《民事诉讼法》第55条的规定为基础，通过对《环境保护法》和《消费者权益保护法》的修改，初步明确了环境污染和消费维权两类民事公益诉讼案件的原告主体资格。从司法解释层面看，则试图通过三种类型的司法解释文本，为民事公益诉讼程序的实践运行提供技术性的规则体系。首先，作为具有明确案件类型指向的两部司法解释文本：其一，《环境民事公益诉讼解释》对环境民事公益诉讼中涉及的诉讼客体和提起条件，提起主体，管辖，诉请与裁判范围，支持起诉、立案通告与诉讼参加，证据与证明，调解、撤诉与再诉，与私益损害赔偿诉讼的关系，裁判的执行等九个方面的程序事项作出了系统的规定，以期为环境污染这一具体案件类型提供系统的民事公益诉讼程序规则体系；其二，《消费民事公益诉讼解释》对消费民事公益诉讼中涉及的诉讼客体、提起主体、提起条件与起诉材料、管辖、诉请与裁判范围、立案通告与诉讼参加、证明、与私益损害赔偿诉讼的关系、重诉的禁止，及裁判的执行等十个方面的程序事项作出了系统规定,以期为消费维权这一具体案件类型提供系统的民事公益诉讼程序规则体系。其次,作为具有明确的部门法价值取向的一部司法解释文本,《〈民诉法〉解释》对民事公益诉讼所涉及的诉讼客体和提起条件、提起主体、管辖、立案通告与诉讼参加、与私益损害赔偿诉讼的关系、和解与调解、撤诉、重诉的禁止等八个方面的宏观程序事项作出针对性规定,以期为民事公益诉讼程序确定一些基本的程序规则要素。最后,为落实《检察院公益诉讼试点决定》,进而践行2017年第三次修正后《民事诉讼法》第55条所增加之第二款规定,最高检制定的《检察院公益诉讼试点实施办法》和最高法制定的《法院审理检察公益诉讼实施办法》,又分别就检察机关提起公益诉讼和法院审理的若干程序事项作出具体规定,以期为检察机关公益诉讼提起工作的顺利推进提供具体的程序规则体系。然而,这样的一种立法演进逻辑,忽略了一个重要的前置性逻辑命题,即民事公益诉讼之制度模式、程序属性、功能定位和立法方案的理性判断与取舍。而且,以我们所践行之立法演进逻辑和所选择之立法方案为背景,通过司法解释为民事公益诉讼提供程序规则体系虽然有其必要性,但也并非长久之计,并且存在将民事公益诉讼制度推向碎片化发展路径的重大风险。

而从当前民事公益诉讼的司法实践来看,这种风险正在成为现实,民事公益诉讼的程序规则也正在司法实践层面趋于分散化。在司法实践不可避免之功利主义价值取向下,区分案件类型制定司法解释文本[1],或区分起诉主体类型制定司法解释文本[2],从而为民事公益诉讼的制度运行建立程序规则体系,这样的司法解释文本起草策略固然具有一定的必然性,但其也正在造成不同类型案件或起诉主体之民事公

---

[1] 如《环境民事公益诉讼解释》和《消费民事公益诉讼解释》。
[2] 如《检察院公益诉讼试点实施办法》和《法院审理检察院公益诉讼实施办法》。

益诉讼程序规则体系的人为割裂。从微观层面讲，这种割裂将会造成程序规则资源的浪费，导致多头司法解释文本在规则设计和条文书写上的重复和矛盾。从宏观层面讲，这种割裂则会冲击民事公益诉讼之程序规则体系的内在统一性，甚至危及整个民事公益诉讼制度框架的稳定性。就此，可以《检察院公益诉讼试点实施办法》和《法院审理检察院公益诉讼实施办法》《环境民事公益诉讼解释》《消费民事公益诉讼解释》和《〈民诉法〉解释》举例予以说明。如，《检察院公益诉讼试点实施办法》在第1、2条已经就"检察机关提起民事公益诉讼的案件类型范围"和"检察机关提起民事公益诉讼的管辖规则"两个方面的程序事项作出了明确规定，而随后出台的《法院审理检察院公益诉讼实施办法》却再次于第1、2条就"人民检察院提起民事公益诉讼案件的管辖"和"检察院提起民事公益诉讼的客体和条件"两个问题作出几乎完全相同的规定，不可不谓之为程序规则资源的浪费。又如，依据《〈民诉法〉解释》《环境民事公益诉讼解释》和《消费民事公益诉讼解释》的规定，法律规定的社会公益组织提起环境和消费污染民事公益诉讼时，其诉讼参加人身份为"原告"，而依据《检察院公益诉讼试点实施办法》和《法院审理检察院公益诉讼实施办法》，检察机关提起民事公益诉讼时，其诉讼参加人身份却是"公益诉讼人"，又不可不谓之为民事公益诉讼之程序规则体系和制度构架的内部逻辑冲突。

作为部门法属性的司法解释文本，《〈民诉法〉解释》或许可以阶段性地缓解这种割裂的巨大危害，但却无力彻底解决这一问题。因其不过就是司法解释而已。而且可以预见，将来还会有更多针对具体案件类型或起诉主体类型确立公益诉讼程序规则的司法解释文本产生，民事公益诉讼之程序规则的分散化趋势也将会被进一步放大。因此，为避免未来民事公益诉讼之程序规则体系的统一性和制度框架的稳定性遭受实质性冲击，我们必须认识到：

第一，在现实之立法演进逻辑和当前之立法方案背景下，通过司法解释为民事公益诉讼提供程序规则体系有其历史必要性。

第二,以司法解释为民事公益诉讼提供程序规则支撑是一个迫不得已的选择,是一个阶段性的举措,而非长久之计,并存在将民事公益诉讼制度推向碎片化发展路径的重大风险,且民事公益诉讼的程序规则也正在司法实践层面形成分散化的发展趋势。

第三,问题的根源在于我们确立民事公益诉讼制度的立法演进逻辑和立法方案取舍忽视了一个重要的前置性命题——民事公益诉讼之制度模式、程序属性、功能定位和立法方案的理性判断与取舍。

第四,民事公益诉讼制度的完善进程中,我们必须重新审视这一前置性逻辑命题,完成对民事公益的内涵界定、外延勾画和类型界分,理清民事公益诉讼与民事私益诉讼在法理属性和制度功能上的逻辑区分与内在关联,区分不同类型之民事公益的程序路径与制度原理,谋划民事公益诉讼制度体系的系统框架。

第二章　民事公益之基本类型与程序路径

第一节　民事公益之基本类型

《民事诉讼法》第 55 条的施行，正式于基本立法层面确立了"民事公益诉讼程序"。民事公益诉讼程序，其概念范畴体系以"公益"二字为核心。但是，"公共利益"这一概念具有突出的不确定性。这种不确定性主要表现在利益主体范围和利益内涵构成两个逻辑层面。以至于，德国公法学家莱斯纳明确将其纳入"不确定法律概念"的范畴。[①] 并指出，基于现代社会的复杂多样性，公益与私益并非水火不容，反应并行不悖、相辅相成。公益并不绝对地排斥私益，私益亦可升格为公益。私益升格为公益有三种情况：其一，私益因其享有主体的多数性和不确定性而升格为公益；其二，私益因其对于社会秩序稳定的突出意义而升格为公益；其三，私益基于民主的原则通过政治乃至立法的途径升格为公益。[②] 正是基于公益与私益间的密切联系，有学者主张：民事诉讼尽管在本质上属于私益诉讼，奉行不告不理、辩论主义、处分主义等私益诉讼原理，但就其解决民事纠纷进而维护社会法律秩序的功能而言，也应该拥有维护公共利益的制度价值。因为，任何社

---

① 陈新民：《德国公法学基础理论》，山东人民出版社 2010 年版，第 212 页。
② 陈新民：《德国公法学基础理论》，山东人民出版社 2010 年版，第 200 页。

会矛盾和法律冲突的发生,都在本质上包含着社会关系受损或断裂的因素。故而民事诉讼不仅通过解决纠纷修复法律关系,而且可以证实、推进法律之实效,并避免潜在违法行为的发生。所以,公共政策得到执行的最佳方式就是通过私人提起民事诉讼。① 从这个意义上讲,传统之私益属性的民事诉讼程序本身就具备维护社会公共利益的天然属性,私益民事诉讼与公益民事诉讼之二元分类逻辑归根结底就是一种错觉。但是,笔者认为:单纯地认为"私益诉讼在保护私权的同时,客观上也维护了公共利益",对于民事公益程序及其诉讼制度的健康发展会造成巨大的伤害。② 因为,作为与私人利益相对应的范畴,公共利益并非私人利益的线形叠加。③ 所以,有必要对民事诉讼制度之"公益"价值目标进行系统分析。

民事诉讼制度所要承载之"公益"价值目标可一分为二:其一,"集合性公益";其二,"纯粹性公益"。

一、集合性公益

所谓"集合性公益",其源于社会个体性利益的集约性整合,是"群体性私益"的一种表达方式,所以该公益目标的实现必须通过对"集合性公益"的"个体化配置"将其还原为"私益",从而向社会个体实施具体的利益分配。集合性公益以"同类型个体性利益"(homo geneous individual interest)为基础,并以"集合型共同性利益"(collective interest)为表现形态。

所谓"同类型个体性利益",是指可确定数量之多数社会个体基于

---

① 史蒂文·苏本、玛格瑞特(绮剑)·伍:《美国民事诉讼的真谛》,蔡彦敏等译,法律出版社 2002 年版,第 226 页。
② 肖建国:《民事公益诉讼的类型化分析》,《西南政法大学学报》2007 年第 1 期。
③ 张千帆:《公共利益的构成》,《比较法研究》2005 年第 5 期。

同种或类似且有关联之私法行为置身于同种或类似且有关联之私法权利义务关系中，从而享有的同种或类似且可分的个体性利益。本质上，"同类型个体性利益"属于私益的范畴，在以私益救济为本质目标的传统民事诉讼制度体系中，与之对应的诉讼模式为普通共同诉讼。因此，在普通共同诉讼中，共同诉讼人往往基于同种或类似之争议事项而提出同种或类似之利益诉求，以获取各自之私法利益。诉讼之所以共同进行，仅仅是因为其私益主张间的同种或类似性，及作为其基础的私法权利义务关系间的关联性，目的则为提高诉讼程序之效率。因此，本质上讲，普通共同诉讼仍属私益诉讼的范畴，其目的是对同种或类似之私益纠纷于诉讼程序层面实现一体化处理，其程序运作仍须所有利益主体对诉讼的直接参与，其裁判结论亦须实现对多数社会个体所享有之"同类型个体性利益"的具体分配，其纠纷解决和利益救济之法律效果亦以直接参与诉讼的利益主体为限，不具有对外扩张的功能。

而当享有此同种或类似之个体性利益的多数社会个体基于某种法律上的原因而结合成为一种法律意义上的利益共同体，并且其利益效果呈现出一种扩张性的趋势时，此前由其分别享有的多项同种或类似之个体性私益，则因其间相对稳定之利益联络关系的建立，及其利益效果之扩张性趋势的呈现，而集约化为一种"集合型共同性利益"，并在某种意义上进入公益的范畴。① 因此，"集合型共同性利益"往往是由某种类型之利益共同体的内部成员所共同享有的，尽管在最终意义上其利益效果是可以实现具体分配的，但源于其利益主体间的这种相对稳定的内部成员关系及该利益共同体的潜在扩张趋势，其利益效果又具备了一定意义上的不可分性和扩张性，一旦有侵害发生，对于所有利益成员而言，其侵害效果亦呈现共通性和不可分性，而对于潜在

---

① 亦有学者称"集合型共同性利益"为"集合性利益"。参见张伟和：《巴西的集团诉讼制度》，载《人民法院报》2005年4月29日。

利益成员而言,其侵害效果则呈现出扩张性。比如,公司拒绝按章程向股东进行年终分红、学校向学生违规收费等。类似案件中,作为一方当事人的公司股东或学生数量众多,基于相应的法律规范而结为某种类型之利益共同体,其间维持相对稳定的内部成员关系,并孕育着成员状态发生变化的可能。因此,就其享有的要求分红或拒绝违规收费的利益而言,即属"集合型共同性利益"。其利益效果明显在最终意义上可以实现具体分配,但其利益效果的不可分性和扩张性亦不容否定,一旦遭遇公司拒绝分红或学校违规收费的侵害,侵害效果将及于所有股东或学生,甚至对于那些潜在的新股东或新学生而言,该侵害效果亦无法幸免。

在以私益救济为本质目标的传统民事诉讼制度体系中,为满足对"集合型共同性利益"进行救济的需求,又以共同诉讼为基础形成了对应的诉讼模式,如代表人诉讼、选定当事人诉讼、集团诉讼、示范性诉讼、团体诉讼等。与严格遵守私益诉讼之基本原理的普通共同诉讼不同,这些诉讼模式开始超越传统民事诉讼模式之私益属性,并承载一定意义之公益属性特征。[①]

二、纯粹性公益

所谓"纯粹性公益",学界亦称其为"扩散性利益"(diffuse interest),即由不特定之多数主体所共同享有的一种超越个体属性、不

[①] 意大利著名比较法学家莫诺·卡佩莱蒂指出:随着现代社会的复杂化,单单一个行动就致使许多人或许得到利益或许蒙受不利的事件频繁发生,其结果使得传统的把一个诉讼案仅放在两个当事人之间进行考虑的框架越发显得不甚完备。就是这些大量的受害者的可能性成为当今这个时代的一大特征。参见 Mauro Cappelletti, "Vindicating the Public Interest Through the Courts: A Comparativist's Contribution," in *Access to Justice: Emerging Issues and Perspectives* (Vol III of Florence Access-to-Justice Project Series), edited by M. Cappelletti and B. Garth, Milan: Alphen aan den Rijn, 1979, p. 513。

可具体分配的利益。①其相关之利益主体事先未以任何法律上的原因而在任何意义上结合成为利益共同体，仅仅是因为特定之原因事实的共同性或关联性其相互间才产生此种类型之利益关联。②比如城市居民所拥有的呼吸洁净空气的利益、农村居民所拥有的享用洁净地下水的利益、消费者所拥有的安全食用食品的利益等。诸如此类利益，均属由每一个社会主体所享有，而非专属于特定的自然人个体或组织机构，其在实质意义上包含了社会公益的属性。相对于个体性私益而言，纯粹性公益并不属于特定的个体或组织机构，故具有整体性的特征，它亦非私人利益的线形叠加，而是由不特定之多数主体所共享的一种抽象利益状态，其源于抽象社会共同利益，而非私益的集约性整合。所以，该公益目标的实现取决于面临危险之抽象社会共同利益状态的维护和已经受损之抽象社会共同利益状态的修复，而无须（亦不可能）将其还原为私益并实施"个体性分配"。

因"纯粹性公益"纷争导致的诉讼，日本学界惯称之为"现代型诉讼"③，并就其归纳出以下典型特征：第一，其当事人数量多，乃至呈现集团性；第二，其原告方当事人（已进入诉讼程序或潜在当事人）多为因纯粹性公益临危或受损而面临或已经遭受具体损害的普通市民，并且数量众多；第三，其被告方当事人多为在现代社会秩序体系中居于强势地位，并以其经营性或非经营性行为致纯粹性公益临危或受损

---

① 肖建国：《民事公益诉讼的基本模式研究——以中、美、德三国为中心的比较法考察》，《中国法学》2007年第5期。

② 张伟和：《巴西的集团诉讼制度》，《人民法院报》2005年4月29日。

③ 在日本诉讼法学界，"现代型诉讼"这一术语非常流行，日本学者及国内研习日本诉讼法学理论的学者通常将其与消费者诉讼、环境权诉讼、公害诉讼、公民权诉讼、公共福利关系诉讼等具体诉讼类型联系起来理解，但并未对其进行传统注释法学意义上之概念界定。因此，"现代型诉讼"这一概念的内涵尚不明确，外延尚不清晰。参见新堂幸司：《现代型诉讼及其作用》，载新堂幸司主编：《基本法学（七）》，岩波书房1983年版，第308页；小岛武司：《现代型诉讼的意义和特质》，载陈刚主编：《自律型社会与正义的综合体系——小岛武司先生七十华诞纪念文集》，陈刚等译，中国法制出版社2006年版，第139页。

的政府部门、公共机构、社会团体或集团公司等;第四,原告针对被告之赔偿性诉讼请求及最终之裁判金额往往开始突破传统私法理论关于民事赔偿应以直接损害范围为限的基本定位,导致制裁性赔偿(惩罚性赔偿)规则、律师费用赔偿规则的司法运用;第五,原告针对被告之诉讼请求往往并不局限于传统意义上之私益诉讼所追求的民事损害赔偿,还包括(甚至更关注于)就被告之不法行为寻求具司法强制力之禁令,甚至在司法救济途径上出现了由损害赔偿转向禁令措施的口号。

就"现代型诉讼"之内在特征,德国汉堡大学法学教授海茵·盖茨(Hein Kötz)先生就曾指出:在此种诉讼中原告不仅会就自己的利益(多数场合下会是较小的利益)提出主张,而且也会尝试通过诉讼排除对与其处于同一利益立场的主体所拥有的类似利益的扩散性或片断性侵害,这就是此类诉讼的核心性特征;换言之,这种诉讼程序的客体不是以私人权益为中心的私益纠纷,而更像是针对某种相关公共政策现状的不满。[①]可见,现代型诉讼的制度功能定位已经开始超越以私益纠纷的解决和私人利益的维护为出发点的传统民事诉讼,并对传统之私益诉讼的制度逻辑和程序原理提出了挑战。就此,日本诉讼法学家新堂幸司亦有共识。他认为,当事人间的个体性权利义务关系是传统民事诉讼之争执焦点所在,如果认为它完全属于私益,那作为现代型诉讼之争执焦点的利益关系就会与之有实质性差异,后者在制度层面和程序进程中将会表现出显著的社会化特征,公共利益和私人利益因素也将会在现代型诉讼中相互交织,诉讼程序的功能定位则会因此种利益目标的双重性而面临博弈:过于重视诉讼之公益维护功能,则会突破传统私益诉讼之基本制度理念,以至于降低其对私益的救济

---

① 海茵·盖茨:《公共利益诉讼的比较法鸟瞰》,载莫诺·卡佩莱蒂编:《福利国家与接近正义》,刘俊祥译,法律出版社 2000 年版,第 66 页。

功能；过于重视诉讼之私益救济功能，则会固守于传统私益诉讼之制度理念，降低诉讼之公益维护功能，以至错过诉讼之制度理念更新的契机。①

基于"纯粹性公益"与"集合性公益"间的本质差异，民事诉讼承载二者的制度逻辑和程序原理必须有所区别。

在以私益救济为本质目标的传统民事诉讼制度体系中，为满足对"集合性公益"之救济的需求，又以共同诉讼为基础形成了对应的诉讼模式，如代表人诉讼、选定当事人诉讼、集团诉讼、示范性诉讼（实验性诉讼）②、团体诉讼等。此等诉讼模式，因其以当事人（或利害关系主体）数量众多为共同特征，故学界又习惯性地统称为"群体性诉讼"。与严格遵守私益诉讼之基本原理的普通共同诉讼不同，这些诉讼模式开始超越传统民事诉讼模式之私益属性，并承载一定意义之公益属性特征。但必须明确指出，其所承载的公益价值目标属"集合性公益"，源自于具体的社会个体性利益的集约性整合，并且也必须向社会个体实施具体的利益分配。即"集合性公益"是以"群体性私益"的一种表达方式而存在的，但该公益目标的实现却又必须通过对"集合性公益"的"个体化分配"将其还原为"私益"。基于此，传统之"群体性诉讼"制度方案与程序规则已被纳入常规意义上之诉讼程序类型的范畴，并以系统的"诉讼信托"或"诉讼担当"程序原理为依托，彻底融入了传统之民事诉讼法学理论体系内部。③因此，其制度原理基础是坚实的，其程序规则体系是系统、完备的，其制度功能是有技术保障的。

---

① 新堂幸司：《现代型诉讼及其作用》，载新堂幸司主编：《基本法学（七）》，岩波书房1983年版，第320页。

② 以传统之"群体性诉讼"制度方案为基础，现代民事诉讼制度又开发出示范性诉讼（实验性诉讼）制度方案。因此，不妨称其为"群体性诉讼"之"异种"。

③ "诉讼担当"与"诉讼信托"是相互交织的两个概念，如对前者作广义界定，则其应包含后者。

但这些诉讼模式所显现之公益化的程度是有区别的。具体而言：代表人诉讼与选定当事人诉讼仍然在基本理念层面坚守传统民事诉讼之私益属性原理，只是通过一些技术性的程序规则间接实现其纠纷解决和利益救济之法律效果的公益性扩张；集团诉讼和示范性诉讼（实验性诉讼），为实现其纠纷解决和利益救济之法律效果的公益性扩张，所采用的技术性程序规则较代表人诉讼更为激进，尽管就其制度本身而言，仍然于基本理念层面坚守传统民事诉讼之私益属性原理，但其相对激进的技术性规则和与之配套的拓展性救济途径，已经在酝酿突破传统民事诉讼之私益属性原理的可能；而团体诉讼，为直接实现其纠纷解决和利益救济之法律效果的公益性扩张，不仅对传统之诉讼程序规则进行了技术性的调整，甚至在一定程度上开始突破传统民事诉讼之私益属性原理，其不以个体性私益的救济为出发点，也不关注通过对"集合性公益"的"个体化配置"将其还原为"私益"并向相关利益主体实施具体的利益分配，其制度功能聚焦于群体性案件中所蕴含之"集合性公益"的不可分性和扩张性，并通过"停止侵害之诉"或"撤销之诉"的诉请，直接实现诉讼之纠纷解决和利益救济之法律效果的公益性扩张，故而并不关注对团体成员之个体性利益损害的具体赔偿。所以，从广义上讲，团体诉讼属于公益侵害阻断程序的范畴，甚至可以说，团体诉讼在一定程度上承载了"纯粹性公益"的价值目标，其制度功能处于"集合性公益"与"纯粹性公益"的临界点上。

第二节　承载集合性公益之群体性诉讼

一、代表人诉讼

我国《民事诉讼法》第53条确立了代表人诉讼制度。由此条规定可见，从立法原理层面看，我国之代表人诉讼以传统意义上之共同诉讼为其制度前提，以"诉讼担当"之程序原理为其制度理念，其制度功能则定位于通过技术性的程序规则改变人数众多之共同诉讼人的诉讼程序参与模式，从而实现对人数众多之共同诉讼程序运作的技术性简化。因此，代表人诉讼仍然在基本理念层面坚守着传统民事诉讼之私益属性原理。同时，《民事诉讼法》第 54 条又在起诉时人数不确定的代表人诉讼中，确立了裁判效力扩张的制度方案，以令其裁判效力扩及未能参加该次诉讼程序的案外主体。① 立法之所以采用这一制度方案，恰恰是因为如同代表人诉讼中的多数当事人一样，这些案外主体也将于诉讼中面对同样的事实问题和法律问题，从而会提出同种或类似的诉讼请求项目。而为了避免裁判主体就相同或类似问题在不同的诉讼程序中作出相互矛盾的判断结论，才有必要在制度层面认可前诉裁判之效力扩张及于案外主体。具体而言：首先，人数不确定之代表人诉讼的判决理由中之事实判断对后诉程序于事实认定层面产生预决效力。所谓判决理由中之事实判断的预决效力，亦称"已确定事实的预决力"②，或"已决事实的预决效力"③，也有学者称其为"民事既判事实之预决效力"④。即先期确定判决已就某主要事实争点于判决理由中作出判断，当其在后续诉讼或其他程序中再次形成争议时，当事人可不再举证，而由裁判主体根据当事人的主张对其作出一致的判断。⑤ 其次，人数不确定之代表人诉讼的判决理由中之法律判断对后诉程序于法律适用层面产生先决效力。所谓判决理由中之"法律判断"⑥的先决效力，

---

① 诉讼法学界将此种制度方案惯称为"裁判效力之主体性扩张"。
② 江伟、常廷彬：《论已确认事实的预决力》，《中国法学》2008 年第 3 期。
③ 翁晓斌：《论已决事实的预决效力》，《中国法学》2006 年第 4 期。
④ 胡军辉：《论民事既判事实之预决效力》，《湘潭大学学报》2010 年第 4 期。
⑤ 丁宝同：《论争点效之比较法源流与本土归化》，《比较法研究》2016 年第 3 期。
⑥ 此处的"法律判断"，包括但不限于"先决性法律关系判断""抗辩权判断"和"甄别抽象法律规范的判断"。

即先期确定判决已就某主要法律争点于判决理由中作出判断，当该法律争点在后续诉讼或其他程序中再次形成争议时，后续程序之裁判主体应将其作为判断法律关系状态、确定权利义务内容的先决性依据，并对系争法律关系作出与之一致的判断。[①] 由此，亦使代表人诉讼制度在一定程度上承载了民事公益维护功能。

但是，代表人诉讼所能承载之民事公益属"集合性公益"，而非"纯粹性公益"。诚如前文所述，"集合性公益"源于社会个体性利益的集约性整合，是"群体性私益"的一种表达方式，以"同类型个体性利益"为基础，并以"集合型共同性利益"为表现形态。其公益目标的实现必须通过对"集合性公益"的"个体化配置"将其还原为"私益"，从而向社会个体实施具体的利益分配。而在代表人诉讼中，人数众多的一方及基于共同的事实和法律问题提出同种或类似诉讼请求项目的案外主体，恰恰是基于同种或类似且有关联之私法行为而置身于同种或类似且有关联之私法权利义务关系中，并享有同种或类似且可分的个体性利益，即"同类型个体性利益"。而基于代表人诉讼及案外主体之后诉程序的启动，代表人诉讼中之人数众多的一方与提起后诉的案外主体结合成为一种法律意义上的利益共同体，此前由其分别享有的多项同种或类似之个体性私益，因其间相对稳定之利益联络关系的建立，及其利益效果之扩张性趋势的呈现，而集约化为一种"集合型共同性利益"，从而进入"集合性公益"的范畴。由于"集合性公益"之利益效果在最终意义上可以实现具体分配，所以代表人诉讼之裁判亦须分别对相关利益主体之诉讼请求项目分别为判断结论，从而通过对"集合性公益"的"个体化配置"将其还原为"私益"，并向相关利益主体实施具体的利益分配。而由于"集合性公益"之利益效果所具备的不可分性和扩张性，立法方允许其裁判之效力扩张及于潜在

[①] 丁宝同：《论争点效之比较法源流与本土归化》，《比较法研究》2016年第3期。

的利益主体,即提起后诉之案外主体。

但需说明的是,代表人诉讼之裁判效力对案外相关利益主体的扩张并非"当然之法定效果"。①而须以相应的程序要件为必要前提,即:一者,相关利益主体于法定期间内启动后诉程序;二者,法院依当事人请求于裁判时援引前诉代表人诉讼裁判。

综上可见,代表人诉讼仍然于基本理念层面坚守传统民事诉讼之私益属性原理,只是通过一些初级的技术性程序规则实现其纠纷解决和利益救济之法律效果的公益性扩张,借以承载"集合性公益"之价值目标。

但是,近年来,代表人诉讼在我国司法实践中呈现被弱化乃至搁置的趋势,就群体性纠纷,法院反而喜欢拆分为多次共同诉讼甚至是多起个别案件的方式实施诉讼程序。其原因是多方面的,如司法独立性的缺失、指标管理机制下的功利性取舍、立案程序环节中的超职权主义等。这些因素导致,在国家权力体系中,法院是被弱化的一极,法院体系内部的评价和管理机制呈现出高度行政化的姿态,迫使法院(官)在具体案件的审理进程中对其综合性社会效果给予过度的关照。诉讼被赋予了内涵丰富但不明确的维稳职能,审判要负责缝合现行法律规则与社会秩序现状之间的裂痕,如果可能引发剧烈的社会震动,即使是合法的诉讼程序操作,司法实践也宁愿放弃。从而最终导致在我国法院系统内部形成了一种对于代表人诉讼制度的意愿外排斥。

二、选定当事人诉讼

就选定当事人诉讼制度而言,以日本民事诉讼立法的规定最具典

---

① 但是,这种扩张裁判效力以使诉讼承载公益性之价值目标的制度理念在后来的"示范性诉讼"(实验性诉讼)中被进一步强化,以至接近于"当然之法定效果"。

型意义。尽管日本的民事诉讼法最早基本是以德国的立法为蓝本制定的，但其中的选定当事人诉讼制度却是其立法在 1926 年修订时受英美之诉讼信托的程序理念而创设的一项具有日本特色的诉讼制度方案。[1]《日本民事诉讼法》第 30 条[2] 对选定当事人诉讼作出以下规定：（第一款）具有共同利益的多数人，在不符合"前条"[3] 规定的情况下，可以选定其中的一人或数人担任诉讼原告或被告，为全体成员实施诉讼；（第二款）根据前款规定，诉讼系属后担任原告或被告的人选一旦选定，其他未被选定的当事人就当然性地退出诉讼程序；（第三款）与已经系属于法院的诉讼之原告或被告有共同的利益，但尚未系属于法院之案件中的当事人，可以再次选定前款规定之人选担任自己的当事人实施诉讼；（第四款）据第一、三款产生的被选定当事人，可由选定人撤销或更换；（第五款）被选定当事人死亡或因其他事由丧失诉讼行为能力，可重新选定当事人实施诉讼。

我国台湾地区的民事诉讼立法，则于其"第二章 当事人"之"第一节 当事人能力及诉讼能力"中的第 40、41、42、43、44、44—1、44—2 条对选定当事人诉讼作出了规定。其中第 40—44 条，是对于选定当事人诉讼的一般性规定，就其内容而言与日本之选定当事人诉讼制度方案基本类似。其第 40 条（当事人能力）规定：有权利能力者，有当事人能力；胎儿，关于其可享受之利益，有当事人能力；非法人之团体，设有代表人或管理人者，有当事人能力；中央或地方机关，有当事人能力。第 41 条（选定当事人之要件及效力）规定：有共同利益的多数一方当事人，在不符合前条第三项规定情形的前提下，可以选定其中的一人或数人，为选定人及被选定人的全体利益起诉、应

---

[1] 中村英郎：《新民事诉讼法讲义》，陈刚等译，法律出版社 2001 年版，第 84 页。
[2] 日本旧《民事诉讼法》关于选定当事人诉讼的规定则为其第 47、48 条。
[3] 所谓"前条"，即：《日本民事诉讼法》第 29 条：非法人的社团或财团，有一定的代表人或管理人的，可以以其名义起诉或被起诉。

诉并实施诉讼程序；诉讼系属以后，前项规定之诉讼当事人一旦选定，其他未被选定的当事人即行脱离诉讼；前两项所规定之被选定当事人可以更换或增减，但必须通知其他当事人才能产生效力。第42条（选定当事人之程序）规定：前条诉讼当事人之选定及其更换、增减，应以文书证之。第43条（选定当事人丧失其资格之救济）规定：第41条之被选定当事人中，如有因死亡或其他法定事由而丧失当事人资格的，其他被选定当事人可以为全体当事人实施诉讼。第44条（选定当事人为诉讼行为之限制）规定：被选定人享有为选定人实施一切诉讼行为的权利，但选定人可以限制其实施认诺、舍弃、撤回或和解的诉讼行为；选定人中之一人所为限制，其效力不及于他选定人；第一项之限制，应于第42条之文书内表明，或以书状提出于法院。

但是，相比于日本的选定当事人诉讼，我国台湾地区的立法也有其特色之处，主要表现在第44—1、44—2条。① 其第44—1条（选定法人之要件）规定：（第一款）有共同利益之多数一方当事人均为同一公益社团法人的社员时，在其章程所规定的宗旨范围内，可以选定该法人作为被选定人提起诉讼；（第二款）该公益社团法人依据前项规定为其社员提起金钱损害赔偿诉讼时，如果全体选定人以书面形式表明愿由法院直接判定被告应给付全体选定人之损害赔偿总额，并且已经就所给付之赔偿总额的分配比例和方案达成协议的，法院可以不再对被告应给付各具体选定人之赔偿数额进行分别认定，而仅须就被告应给付全体选定人之损害赔偿总额作出裁判结论；（第三款）第一项情形准用第42条及第44条之规定。该条规定是我国台湾地区在2003年修正民事诉讼法典的时候新增加的规定，其背景是台湾地区群体性纠纷的大量增长，其目的是充分落实选定当事人制度，并强化其纠纷解决

---

① 本书就这一问题的论述是以我国台湾地区2009年修正之后的民事诉讼法典文本为基础的，并参照了陈荣宗、林庆苗：《民事诉讼法》（修订四版），三民书局2005年版，第215页。

功能，以更加有效地应对更多的群体性纠纷案件。依该条规定，在选定当事人诉讼中，被选定人不再局限于第 41 条规定之享有共同利益的个体性成员，而是将选定人所隶属之"公益社团法人"也纳入选定范围之内，从而扩大了被选定人的选定范围，丰富了选定当事人诉讼的实施方案。但是，有三点要特别说明：其一，"公益社团法人"担任被选定当事人，仅限由作为其社团成员的当事人选定，不能由非社团成员当事人予以选定；其二，其担任被选定当事人后，代为实施诉讼的范围以其章程所规定的目的事项为限；其三，该规定适用于拥有多数具体社团成员的"公益社团法人"，不适用于没有具体社团成员的"财团法人"。其第 44—2 条（公告晓示）则规定：（第一款）因公害、交通事故、商品瑕疵或其他类型的同一原因事实而享有共同利益的多数主体，依第 41 条之规定选定其中的一人或数人就同种类之多项法律关系提起诉讼的，由原被选定人提出申请或法院征得其同意，或在法院认为必要时，可以公告晓示其他潜在的共同利益主体，允许其于一定期间内以书面形式陈明其原因事实、证据及诉之声明，请求合并审理。提出此种请求的人，视为已经依据第 41 条的规定选定了当事人；（第二款）其他潜在的共同利益主体，也可以向法院声请要求依前项规定作出公告晓示，其提出之并案请求的书状，应当以缮本或复印件的形式送达于各方当事人；（第三款）第一项规定的公告期间不得少于二十日，公告文件应粘贴于法院公告处，并登载于公报、报纸或其他媒体，费用由国库垫支；（第四款）第一项规定之原被选定人不同意的，法院可依职权公告晓示其他共同利益主体另行提起诉讼，再由法院决定是否并案审理。该条规定也是我国台湾地区在 2003 年修正民事诉讼法典的时候新增加的规定，其背景是伴随社会发展，因同一公害、交通事故、商品瑕疵等同一原因事实而导致的群体性纠纷事件，其中有共同利益之主体数量往往十分巨大，如按传统之选定当事人诉讼制度方案，待所有共同利益主体分别起诉后，再共同选定当事人实施诉讼，法院的受案压力会十分巨大，诉讼程序的推进会步履维艰。因此，为充分落实选定当事人制度，并强化其纠纷解决功能，以更加有效地应对成员数量巨大的群体性纠纷案件，才增加了这一条文。依该条规定，无须等到所有潜在的共同利益主体分别起诉后再由其共同选定当事人然后实施诉讼，而可在部分共同利益主体之起诉系属于法院之后，立即选定当事人以启动后续程序操作。而且，在选定当事人诉讼程序启动之后又系属于法院之基于同一共同性利益的案件，其当事人可选择与该选定当事人诉讼并案处理。其具体程序方案有两种：第一种，在征得原被选定人的同意后，由法院直接将后诉共同利益主体的请求与前诉合并审理，并由原被选定人直接担任其当事人；第二种，原被选定人以书面形式提出申请，再由法院审查认可，然后公告晓示其他潜在共同利益主体，由其于一定期间内以书面形式表明其原因事实、证据及诉之声明，从而由原被选定人担任其当事人进行合并审理。但是，这种并案处理以使后诉共同利益人利用原选定当事人诉讼的程序处理，必须以原被选定人的同意为前提，如其不同意，则法院只能对后诉共同利益案件另行系属。当然，如果另行系属之共同利益案件有多宗，法院亦可另外采取并案处理的程序操作，甚至启动新一轮的选定当事人诉讼。就此，尽管《日本民事诉讼法》第30条第三款也作出了一般性的规定：已经系属于法院的诉讼之原告或被告有共同的利益，但尚未系属于法院之案件中的当事人，可以再次选定前款规定之人选担任自己的当事人实施诉讼。但是，与之相比，我国台湾地区立法中的这一制度方案，显然更为具体、明确，可操作性更为突出。

综合日本和我国台湾地区的立法，选定当事人诉讼的制度构成要素基本可以概括为：第一，以群体性纠纷的集合性诉讼处理为目的；第二，以主张共同性利益的多数当事人的出现为条件；第三，以团体性诉讼担当的不能适用为前提，如果符合团体性诉讼担当的条件，则应由相应之非法人社团或财团的代表人或管理人担当诉讼，而不能适用选定当事人诉讼程序;第四,当事人的选定须依法定程序由选定人对被选定人完成法律规定的特别授权,并于被选定人与选定人之间产生任意性诉讼担当的程序法律关系(而非诉讼代理的关系),被选定人将于诉讼程序中取得"特设性法律地位"[①];第五,选定人在选定被选定当事人后当然性地退出诉讼;第六,选定当事人诉讼的判决,其效力仅及于选定人和被选定人范围内的共同利益关系主体,不能扩及于之外的共同利益关系主体。

因此,就本处之论题而言,恰如我国之代表人诉讼,选定当事人诉讼仍然于基本理念层面坚守传统民事诉讼之私益属性原理,只是通过一些初级的技术性程序规则实现其纠纷解决和利益救济之法律效果的公益性扩张,借以承载"集合性公益"之价值目标,但其间在程序技术逻辑上也是有区别的。

就代表人诉讼而言,其程序技术逻辑可概括为"释放之后的内敛"。其程序运行中,在产生代表人选以后,被代表人并不完全退出诉讼,依然是诉讼之当事人,只是可以不直接实施诉讼,所以依民事诉讼之私益属性原理,法院的裁判将直接对其产生效力。以此为基础,代表人诉讼所做的技术性调整是将裁判效力扩及于案外相关利益主体,可以称为其诉讼效果的"释放"。但其裁判效力向案外相关利益主体的这种扩张并非"当然之法定效果",而须以相应的程序要件为必要前提(一者,相关利益主体于法定期间内启动后诉程序;二者,法院依当事人请求于裁判时援引前诉代表人诉讼裁判),此即"释放之后的内敛"。

就选定当事人诉讼而言,其程序技术逻辑则可概括为"内敛之后的释放"。与代表人诉讼不同,在其程序运作中,首先所做的技术性调整是规定在产生被选定人选以后,选定人当然地完全退出诉讼,不

---

① 中村英郎:《新民事诉讼法讲义》,陈刚等译,法律出版社 2001 年版,第 84 页。

再是诉讼之当事人,更不直接实施诉讼,从而简化了诉讼的程序操作,此即其诉讼效果的"内敛"。既然选定人已经完全退出了诉讼,那么依民事诉讼之私益属性原理,法院的裁判本不能直接对其产生效力。基于此,选定当事人诉讼又做了进一步的技术性调整,即将其裁判的效力扩及于已经完全退出诉讼程序的选定人,此即"内敛之后的释放"。

三、集团诉讼

就集团诉讼(classaction)而言,以美国之立法例最具典型意义。其以"不声明退出集团即视为参加诉讼"(optout)作为制度基石,强令诉讼中基于共同的事实和法律问题提出同种或类似诉讼请求项目之人数众多的一方当事人结合成为一种法律意义上的利益共同体,此前由其分别享有的多项同种或类似之个体性私益,因其间相对稳定之利益联络关系的建立,及其利益效果之扩张性趋势的呈现,而集约化为一种"集合型共同性利益",从而进入"集合性公益"的范畴。由于"集合性公益"之利益效果在最终意义上可以实现具体分配,所以集团诉讼之裁判亦须分别对相关利益主体之诉讼请求项目分别为判断结论,从而通过对"集合性公益"的"个体化配置"将其还原为"私益",并向相关利益主体实施具体的利益分配。而其"不声明退出集团即视为参加诉讼"的制度原理,也强烈体现着"集合性公益"之利益效果所具备的不可分性和扩张性。甚至,基于这一制度原理,其不再需要像代表人诉讼那样,通过确立裁判效力扩张的制度方案避免裁判主体就相同或类似问题为矛盾判断,并实现纠纷解决和利益救济之法律效果的公益性扩张,借以承载"集合性公益"之价值目标。

为强化其承载"集合性公益"的功能,美国的集团诉讼还通过惩罚性高额赔偿,并运用强制降价、政府征缴、消费者信托基金、主张者分配等拓展性救济途径以迫使被告方当事人交出更多的非法收入,以实现对集团方当事人中之所有个体的充分救济,并力求将这种救济效果拓展及于那些没有依程序提出申请的利益关系主体。这些制度方案的确立,源自于英美法传统之"违法者不得基于违法行为而获利"的衡平法理念。① 通过这一系列措施,即使不考虑具体之利益关系主体因集团诉讼而获得的直接性利益补偿,整个社会也会因此受益。因为,这样的诉讼机制会剥夺相关经营或非经营主体通过对众多主体造成微小损害的方式获取违法利益的可能性,从而令其失去实施相关侵害行为的利益动因。从这个层面上讲,美国之集团诉讼具有预防违法的制度功能。而且,在代议制之政治制度背景下,集团诉讼所展示之"集合性公益"诉求通常会被相关政党背后之利益集团纳入考虑范围,并作为其决定施政策略的重要参数,从而成为社会之整体性决策的重要考量因素,最终对整体性社会秩序的走向发挥作用。

因此,与中国之代表人诉讼不同,美国之集团诉讼对"集合性公益"之价值目标的承载,不再是通过那种初级的技术性程序规则实现其纠纷解决和利益救济之法律效果的公益性扩张,其所采用的技术性程序规则更为激进。尽管就其制度本身而言,仍然于基本理念层面坚守传统民事诉讼之私益属性原理,但其相对激进的技术性规则和与之配套的拓展性救济途径,已经在酝酿突破传统民事诉讼之私益属性原理的可能。

在我国,美国之集团诉讼制度模式也广受关注,但最终立法并未采用这一制度方案。究其原因,即源于其"不声明退出集团即视为参加诉讼"的制度原理。这一制度原理决定了,美国之集团诉讼程序的良性运作必须以稳定而强有力的集团成员信息沟通机制作为前提性程序保障。因为,如果某一利益主体在未及时获得有效的程序通知的情

---

① 参见 Kerry Barnett, "Equitable Trusts: An Effective Remedy in Consumer Class Actions," *Yale Law Journal* 96, 1987。

况下，基于"不声明退出集团即视为参加诉讼"的程序原理而被强行拖入诉讼，而丧失脱离集团诉讼的程序选择机会时，集团诉讼的整体性和法院裁判效力的扩张性将于不经意间对这一利益主体产生约束效果，这种程序效果将与民事诉讼之正当程序原理之间发生严重的逻辑冲突。尽管根据《美国联邦民事诉讼规则》第 23e 条的规定，借助承审法官的裁量，集团成员有机会第二次获得程序退出选择权，从而在一定程度上弥补这一缺陷。但就我国而言，诉讼中之程序保障的力度远不及于美国，当事人之程序参与和控制能力尚处较低水平，因此以"不声明退出集团即视为参加诉讼"为基本程序原理的集团诉讼制度方案并非妥当选择。与之相反，法国之"代表人诉讼"和英国之"集团诉讼"（group litigation）却采用"不声明参加诉讼即视为退出集团"（optin）的制度原理。这一制度原理降低了诉讼对于集团成员信息沟通机制和当事人之程序参与、控制能力的要求，与中国之诉讼实践现状更相匹配。所以，中国最终选择以这一制度原理为基石，建立了现行的代表人诉讼制度。并通过确立将其裁判的效力扩张及于未能参加该次诉讼之案外主体的制度方案，实现其纠纷解决和利益救济之法律效果的公益性扩张，借以承载"集合性公益"之价值目标。

四、示范性诉讼

示范性诉讼（model action），亦称实验性诉讼（test action），据《布莱克法律词典》和《元照英美法律词典》的解释，其有两种含义：其一，指在双方当事人对案件事实无争议的情况下，为确立某项重要的法律原则或权利而提起的诉讼，故又称"合意诉讼"；其二，指就以共同或类似的事实和法律问题为基础的群体性纠纷，经当事人同意或依法院职权，于其已经受理的以共同或类似的事实和法律问题为基础的多宗个案中依程序选择一宗或数宗案件进行审理、作出判决，并令此判决拘束该群体性纠纷中的其他个案和所有当事人，故此类判决又称"示范性判决"。① 两种类型之实验性诉讼的核心区别在于：前者以判例法理念为程序原理基础，以一般性法律原则或权利类型的创设为核心功能，为奉行判例法传统的国家和地区所采用；后者以"示范性判决"之效力的公益性扩张为程序原理基础，以群体性纠纷的示范性、集约化解决为核心功能，以群体性纠纷中所蕴含之"同类型个体性利益"的救济为直接价值目标，并以"集合型共同性利益"的扩张性维护为潜在价值追求。

就本书主题而言，须重点关注第二种类型之示范性诉讼，相关论述也将以其为基本分析对象加以展开。它有两种程序运作模式，即"职权择定型示范性诉讼"和"合意确定型示范性诉讼"。"职权择定型示范性诉讼"，即由法院依职权择定据以实施示范性审理和裁判的实验性个案，并基于法律之裁判效力规则强制性扩张示范性判决的效力以拘束该群体性纠纷中的其他个案和当事人。"合意确定型示范性诉讼"，则是根据当事人间之"示范诉讼契约"来确定据以实施示范性审理和裁判的实验性个案，并基于示范诉讼契约扩张示范性判决的效力以拘束该群体性纠纷中的其他个案和当事人。而所谓"示范诉讼契约"，是指群体性纠纷中若干纠纷主体间关于据以实施示范性审理和裁判的实验性个案的明示或默示的约定，其协议主体可以是群体性纠纷中的一方或双方，协议可以选择协议主体内部或他人之个别纠纷作为据以实施示范性审理和裁判的实验性个案，并可明确约定在示范性诉讼之实验性审理作出的示范性判决确定之前，协议主体中尚未起诉的当事人暂不起诉，已经起诉的案件审理程序中止，并待示范性判决确定后，遵守其拘束力，据之解决群体性纠纷中其他同类型个案。②

---

① 参见 Bryan A. Garner, *Black's Law Dictionary*, Eagan: Thomson West, 2014, p.228。
② 沈冠伶：《示范诉讼契约之研究》，《台大法学论丛》2004 年第 6 期。

由此可见：第一，此种示范性诉讼制度的确立是以群体性纠纷的示范性、集约化解决为核心功能的，故而必定以群体性纠纷中所蕴含之"同类型个体性利益"的程序救济为其直接价值目标，也必须于具体审理和裁判中解决个体性利益损害赔偿的诉请事项；第二，为实现对群体性纠纷的示范性、集约化解决，基于"判决效力扩张"或"示范诉讼契约"的程序原理，此种示范性诉讼将依程序确定之实验性个案的示范性判决的效力扩及于群体性纠纷中的其他个案和当事人，以实现"示范性判决"之效力的公益性扩张，并于潜在意义上实现对群体性纠纷中以"同类型个体性利益"为基础的"集合型共同性利益"的扩张性维护，据以承载"集合性公益"之价值目标。

因此，如同之前的代表人诉讼，示范性诉讼仍然于基本理念层面坚守传统民事诉讼之私益属性原理，只是通过一些技术性的程序规则实现其纠纷解决和利益救济之法律效果的公益性扩张，借以承载"集合性公益"之价值目标。但不同的是，恰如美国之集团诉讼，示范性诉讼为实现对"集合性公益"之价值目标的承载，其所采用的技术性程序规则更为激进。在代表人诉讼中，其裁判效力对案外相关利益主体的扩张并非"当然之法定效果"，而须以相应的程序要件为必要前提，即：一者，相关利益主体于法定期间内启动后诉程序；二者，法院依当事人请求于裁判时援引前诉代表人诉讼裁判。而在示范性诉讼中，这种扩张裁判效力以使诉讼承载集合性公益性的制度理念被进一步强化了，基于"判决效力扩张"或"示范诉讼契约"的程序原理，示范性判决之效力扩张的程序要件被弱化了，以致使这种扩张接近于"当然之法定效果"。

这种示范性诉讼在英美法系传统和大陆法系传统的国家和地区均已形成制度性实例，或者是基于成文法的规定，或者是基于判例法的原理。

《美国联邦民事诉讼规则》23b（3）规定：法院在确认集团诉讼程

序之前，必须作出集团诉讼相比其他替代性制度方案更能有效解决群体性纠纷的评估结论，否则就应采用替代性的制度方案实施诉讼。这些替代性的制度方案包括：单独诉讼、强制或任意的当事人合并（相当于大陆法传统下的共同诉讼）、第43a规定的参加式合并（相当于大陆法传统下的第三人诉讼）、跨州的合并、由另外的法院或行政机构解决以及前导性的示范性诉讼。①可见，就美国而言，实验性诉讼是作为集团诉讼的一种前导性制度方案加以规定的，具有阻止法院确认集团诉讼的程序功能。当就某群体性纠纷，集团诉讼的制度方案无法高效解决时，立法要求法院考虑采用前导性的示范性诉讼解决问题。有学者指出，在美国的集团诉讼制度背景下，示范性诉讼程序的启动须满足两个条件：其一，申请确认集团诉讼的当事人同意法院推迟确认集团诉讼的程序；其二，等待确认之集团诉讼的被告方当事人同意在示范性诉讼中的具名集团成员获得胜诉判决后，直接受其拘束，并据以解决所有集团成员之个体性利益争端。但是，据美国立法，当示范性诉讼中之具名集团成员败诉时，示范性判决并不直接拘束其他集团成员，仅对其产生判例法意义的"遵循先例"的效果。②因此，示范性诉讼的直接效果是延迟法院对集团诉讼的确认，其实质性效果是于示范性诉讼中之具名集团成员胜诉时，通过扩张该示范性判决的效力范围，解决群体性纠纷，并最终放弃对集团诉讼的确认。但是，示范性诉讼对集团诉讼的这种取代功能并不彻底。因为集团诉讼遵循"不声明退出集团即视为参加诉讼"的制度原理，故其判决将直接拘束所有未依程序声明退出集团的所有成员，而示范性判决的效力仅能扩及于在集团诉讼确认程序或同期程序中已于法院具名的集团成员，从而减轻了

---

① 参见 Robert H. Klonoff, *Class Action and Other Multi-Party Litigation in a Nutshell*, Eagan: West Academic, 2012, pp.93-94。

② 参见 John Romberg, "Half a Loaf Is Predominant and Superior to None: Class Certification of Particular Issues Under Rule 23(c)(4)(a)," *Utah Law Review* 249, 2002。

被告方当事人的诉讼压力。因此，就选择示范性诉讼替代集团诉讼的利益动机而言，集团诉讼中的被告方会更加积极。

在美国的立法中，示范性诉讼之当事人的选定方案丰富而具特色。具体选定方案有以下几种：第一，集团成员方当事人单方选定；第二，双方当事人共同选定，或分别选定等额的示范性当事人；第三，法院依程序随机抽选示范性当事人。每一种方案既可采取概括选定的方案，也可采用分类选定的方案。所谓分类选定，即首先对集团成员或集团内之个体性案件按代表能力和请求状态进行分类，再于每一类别之集团成员中选定一定数量的示范性当事人。

在英国，示范性诉讼则被作为集团诉讼的一种替代性审理方案加以规定，在一定程度上具备替代集团诉讼审理程序的功能。《英国民事诉讼规则》19.13 规定：受案法院可以作出指令，从获准登记的集团性案件中选择一宗或多宗进行示范性诉讼、实施示范性审理，并且可以为被选定之示范性案件的原告或被告指定一名或多名首席律师（lead solicitor）。19.15 则规定：示范性诉讼也可以达成和解。如法院已选定进行示范性诉讼的案件达成和解，受案法院须重新选定示范性诉讼案件，法院在之前的示范性审理中所作出的任何裁判性结论，对更换案件之后的示范性审理程序具有拘束力。①

就德国而言，确立示范性诉讼制度的重要目的在于弥补其团体诉讼制度的缺陷。其团体诉讼不以个体性私益的救济为出发点，也不关注通过对"集合性公益"的"个体化配置"将其还原为"私益"并向相关利益主体实施具体的利益分配。其制度功能聚焦于群体性案件中所蕴含之"集合性公益"的不可分性和扩张性，为直接实现诉讼之纠纷解决和利益救济之法律效果的公益性扩张，其诉请形态主要表现为"停止侵害之诉"或"撤销之诉"，而非"侵权损害赔偿之诉"。因

---

① 徐昕译：《英国民事诉讼规则》，中国法制出版社 2001 年版，第 93 页。

此，团体诉讼在一定程度上突破了传统民事诉讼之私益属性原理，其以预防、制止违法行为对"集合性公益"的危害为核心目标，而不以团体成员之个体性利益损害的赔偿性救济为程序目的。故而，团体诉讼并不关注对团体成员之个体性利益损害的具体赔偿，而是对由其所承载之"集合性公益"与团体成员之个体性利益明确区分，并认为二者之诉权既不相互排斥亦不完全重叠，团体诉权的赋予并不侵蚀团体成员就其个体性利益寻求损害赔偿的诉权，其完全可于团体诉讼之外就其私益损害赔偿事宜另行诉讼。所以，担当诉讼之团体并不全面取代被担当人的诉讼地位，而被担当人欲就其个体性利益获取损害赔偿，就必须另行诉讼。但是，"集合性公益"源于社会个体性利益的集约性整合，是"群体性私益"的一种表达方式，其以"同类型个体性利益"为基础，并以"集合型共同性利益"为表现形态，所以其公益目标的最终实现必须通过对"集合性公益"的"个体化配置"将其还原为"私益"，从而向社会个体实施具体的利益分配。从这个层面上讲，德国的团体诉讼只能在部分意义上解决群体性纠纷，其对"集合性公益"的承载仅完成了部分任务，实现了对于"集合型共同性利益"状态的概括性维护，但无力实现对"集合性公益"的"私益性还原"和"个体化分配"。因此，在一定意义上，德国民事诉讼之承载"集合性公益"的任务，是由其团体诉讼和示范性诉讼共同承担的。

德国确立示范诉讼制度始于行政诉讼领域，其《行政诉讼法》第93—1条第一项规定：就同一行政措施之合法性的争议，如有二十件以上的诉讼系属于法院，法院可裁定选择其中一件或数件适当的案件，进行示范性的审理，并中止其他案件的审理程序。对于法院作出的进行示范性审理的裁定，当事人不能提出异议，但在启动示范性审理之前，就其具体操作方案，法院须听取当事人的意见。其于民事诉讼领域引入示范性诉讼，源于证券诉讼领域之群体性纠纷的巨大压力，始于2005年11月1日施行的《投资人示范诉讼法》。

在 2005 年之前，受传统之民事诉讼制度理念的限制，及团体诉讼制度之内在缺陷的制约，旨在寻求个体性损害赔偿的证券类群体性纠纷，在德国通常被迫采取分案处理的诉讼方案，而高昂的诉讼成本往往迫使分散的小额投资主体不得不放弃自己的权利。而 20 世纪末 21 世纪初，德国发生的一系列与证券类群体性纠纷有关的公司丑闻事件，导致中小股东投资信心的剧烈动荡和德国国内投资规模的急剧下跌。其中，最为著名的是"德国电信案"：2003 年 10 月，总计约有 14447 名中小股东，以在德国电信市场占有率最高的"德国电信"公司为被告，基于该家公司在其股票发行过程中所实施的虚假陈述行为，分别向法兰克福的多家地方法院提起了诉讼，要求判决该公司赔偿因其虚假陈述行为而给股东所造成的投资损失。法院在受理这些案件的起诉后，尽管发现它们在诉讼请求项目、争议事实认定和法律规则适用等诸多方面存在突出的类似性乃至是同一性。但基于传统诉讼法理和制度体系，每个案件的具体当事人均有获得听审的诉讼权利，团体诉讼又只能阻止事态的进一步发展却不能为中小投资者挽回投资损失，而且法院对其中一宗或多宗个案进行审理后所作出的实体判决不能直接拘束其他即将提起诉讼或已经系属于法院的同类案件。因此，法院不得不再一次面对大规模分案处理的巨大压力，这不仅增加了法院的工作负担和司法资源的破费，使受损害之中小股东无法获得及时的救济，也增加了矛盾裁判的可能，危及德国司法的权威形象。与之类似的一系列证券类群体性纠纷，促使立法层面开始考虑对证券交易领域开始普遍呈现的大规模群体性诉讼案件在制度层面作出回应。[1] 为恢复中小投资主体的信心，扭转资本市场的颓势，德国开始考虑为解决旨在寻

---

[1]　最终，"德国电信"案是以示范性诉讼的方式进行审理的。而在美国，与"德国电信"案类似的群体性纠纷将以集团诉讼的方式审理，并多以和解的方式结案。参见 Smith Heather, "Shareholders Unite Class Actions Are Verboten in Germany, but the Rules May Soon Relax," *American Lawyer* 1, 2005。

求个体性损害赔偿的证券类群体性纠纷提供新的诉讼方案（即示范性诉讼），从而促成了 2005 年 11 月 1 日《投资人示范诉讼法》的颁行。该法以德国《行政诉讼法》之示范性诉讼制度方案为蓝本，以民事诉讼实践为基础，就民事诉讼领域的示范性诉讼制度方案作出了较为系统的规定。

依据《投资人示范诉讼法》，如果基于陈述的错误、误导或不完全性，导致多数投资主体提出投资损害赔偿的诉讼请求，或依据《证券收购和接管法》（SATA）提出履行合同义务的诉讼请求，并且多个案件在争议事实认定或法律规则适用方面具有同一或类似性，当事人即可选择适用示范性诉讼程序来解决共同面对的事实或法律问题。因此，依据该法，示范性诉讼可以适用于证券发行主体、其他投资要约主体、资本托管机构及其高级管理人、《证券收购和接管法》规定的收购和接管主体，以及其他对证券市场负有信息披露责任主体。

就其具体程序运作而言，在一审程序中，受损害之投资者仍须分别起诉。① 在当事人提出示范诉讼申请后，地区法院在联邦公报的网站上发出电子公告，相关利益主体可以通过电子途径申请示范诉讼登记。当事人提出申请时须就诉讼之共同性事实和法律问题进行全面陈述，以证明实施示范性诉讼的必要性。申请期为 4 个月，此期间内所有相关案件的诉讼程序都将中止。② 申请期届满，获准示范性诉讼申请登记的当事人数量超过 10 个，即将案件移送地区高等法院，由其依职权选定示范性案件和示范性当事人、确定示范诉讼的具体程序事项等，并

---

① 但是依据《投资人示范诉讼法》，在示范性诉讼的适用范围内，对于所有以同一个主体（如证券发行主体）为被告的案件，法院享有绝对性管辖权，从而能够实现示范性诉讼个案之管辖权的统一。

② 这种中止诉讼的裁定不允许上诉，其诉讼中止的效果将维持到示范性判决确定之时。

进行审理，作出示范性判决。① 待示范性判决确定后，再将其他案件移送地区法院，由其进行审理并依据示范性判决作出裁判。可见，就共同面对的事实或法律问题而言，示范性判决将对所有已经获准示范性诉讼申请登记的案件产生拘束力。② 就示范性诉讼之费用负担问题，《投资人示范性诉讼法》作出了特别规定，以减轻示范性当事人的负担：首先，规定示范性诉讼的初审费用由所有获准登记的当事人共同负担，续审费用则由所有续审程序启动人共同负担；其次，取消鉴定费用的预缴制度。这样减少了原告的诉讼负担。

综上，尽管受制于《投资人示范性诉讼法》的属性，示范性诉讼仅局限于证券诉讼领域，尚未成为德国民事诉讼法典中的一般性程序规则，但是该法极大程度上便利了中小投资者旨在挽回小额投资损失的诉讼，也能避免因分案审理给法院造成的工作负担，并有利于案件的快速审理和裁判。因此，德国很可能在恰当的时机扩大示范性诉讼的适用范围，甚至将其纳入民事诉讼法典，确立为一般性的诉讼程序规则。

在日本，民事诉讼立法并未就示范性诉讼作出明确的规定。但是，理论界有学者经调查后认为：在日本的公益诉讼领域，为了最终获得上诉审理程序尤其是最高法院的胜诉判决，当事人有意采取示范性诉讼之程序策略的实例并不罕见。基于已经实施的示范性诉讼程序，最高法院的判决最终也往往是以各方当事人已经在示范性审理中充分实施的对抗和辩论为基础的，以于裁判理由层面获得更加强劲的说服力，而由于是最高法院的裁判，其所采纳的判决理由又不可避免地成为后

---

① 示范性诉讼的审理程序基本依民事诉讼法典的规定进行，但第91a、278、306、348—350、379条除外，而且只有经全体利害关系人同意，方可达成示范性和解协议。其间，地区高等法院依职权选定示范性案件和示范性当事人，当事人不得异议，其他当事人可以利害关系人的身份参与审理程序，并在不对示范性审理构成障碍的前提下享有广泛的程序性权利。

② 参见 Stefano M. Grace, "Strengthening Investor Confidence in Europe: U.S.-Style Securities Class Actions and the Acquis Communautaire," *Journal of Transnational Law & Policy* 15, 2006。

续类似案件之裁判的指示性判断标准。因此，在这样的公益诉讼领域，一旦原告方当事人成功将示范性案件提交至最高法院，被告方若认为败诉已成定局，且其判断出对方当事人根本不可能接受其提出的诉讼和解或同意撤诉，就经常会基于诉讼策略的考虑而最终选择放弃实质抗辩或直接承认对方请求，以免最高法院在经过充分之实质性审理后作出以示范性判决理由为基础的实质性判决，并基于其对后续类似案件之裁判的指示性效果而引起波及性后果。① 对于公害性群体索赔纠纷案件，法院有时也会主动就其中的部分案件先行推进示范性审理程序，并相应地顺延其他案件的审理日期，在对示范性案件的审理程序完成证据调查后，再就全部案件进行合并审理、一并裁判。当然，这种程序处理必须以当事人的合意为前提，并经法院同意，以免损害当事人之正当程序权利。有学者甚至认为，只要当事人间达成实施示范性诉讼的合意，即使仅有部分案件系属于法院，基于示范性诉讼契约的效果，示范性判决一旦确定，其效力也将扩及于其他基于同一共同性利益但于示范性诉讼启动时尚未系属于法院的案件。②

就我国而言，现行的立法还没有就示范性诉讼作出规定，但在民事诉讼的司法实践中，却出现了为数不少的针对以群体性纠纷为基础的"系列案件"进行"拆案处理""分批审判"的程序操作。③ 如，曾经一度轰动全国的"中小股东诉大庆联谊虚假陈述民事赔偿案"。2002年10月，哈尔滨市中级法院先期对以其中三名股东为原告的民事损害赔偿案进行了开庭审理，之后又将包括456名股东的第二批次的原告划分为若干个小组，分别于2003—2004年的两年内先后进行了多次

---

① 小岛武司：《现代型诉讼的意义和特质》，载陈刚主编：《自律型社会与正义的综合体系——小岛武司先生七十华诞纪念文集》，陈刚等译，中国法制出版社2006年版，第143页。
② 小岛武司：《民事诉讼法理基础》，东京有斐阁1988年版，第191页。
③ 范愉：《团诉讼问题研究》，北京大学出版社2005年版，第45页。

开庭审理，并最终就所有案件于 2004 年 8 月作出了一审判决。[①] 当然，"拆案处理"不等同于示范性诉讼。但就示范性诉讼为避免完全的分案审理而先就群体性纠纷中的部分选定案件进行示范性审理，并为后续案件的审理提供具有先决性拘束力的示范性裁判的制度理念而言，其间却不免有不谋而合之处。因此，这种"拆案处理"的实务策略中蕴含着制度创新的契机。

在程序原理的层面，示范性诉讼与代表人诉讼可以并存，并能相互弥补，恰如美国之示范性诉讼与集团诉讼、德国之示范性诉讼与团体诉讼的关系。更何况，近年来，代表人诉讼在我国司法实践中呈现被弱化乃至被搁置的趋势，就群体性纠纷，法院反而喜欢以拆分为多次共同诉讼甚至是个别案件的方式，分别实施审理。其原因是多方面的，如：司法独立性的缺失、指标管理机制下的功利性取舍、立案程序环节中的超职权主义等。这些因素，导致在国家权力体系中，法院是被弱化的一极，法院体系内部的管理和评价机制呈现高度行政化的姿态，迫使法院（官）在审理具体案件时过分顾虑其综合性的社会效果。诉讼被赋予了内涵丰富但不明确的维稳职能，审判要负责缝合法律规则与社会秩序之间的裂痕，诉讼程序操作尽管合法，但如果会引起剧烈的社会震动，司法实践也宁愿放弃，最终导致了法院系统内部对于代表人诉讼这一制度方案的意愿外排斥。在这一宏观背景下，尝试于制度层面确立示范性诉讼，以弥补代表人诉讼的实践缺位所留下的制度空档，意义尤为突出。

但是必须强调，示范性诉讼并不足以完全取代代表人诉讼制度，恰如在德国示范性诉讼不能取代团体诉讼，在美国示范性诉讼不能取代集团诉讼一样。首先，二者之制度功能定位是有差异的。示范性诉讼的核心功能在于，通过选定个案的示范性审理，为其他个案的后续

[①] 郭锋：《大庆联谊股东诉讼案与中国证券民事赔偿制度的构建》，《法学杂志》2006 年第 1 期。

诉讼提供有拘束力的示范性判决，使个案的诉讼效果制度性地扩及于其他同类个案的诉讼，从而简化后续诉讼的程序操作，减轻当事人和法院的程序负担。而代表人诉讼的核心功能在于，通过选定代表人简化诉讼之程序操作，从而实现群体性纠纷之多数个案的合并性审理和裁判，集约化地实现群体纠纷的一次性解决，并以相应的程序要件为必要前提，将其裁判的效力扩及于代表人诉讼成员之外的利益关系主体。其次，就其纠纷解决和利益维护的效果而言，二者亦各有优劣。就代表人诉讼而言，其裁判效力对案外相关利益主体的扩张并非"当然之法定效果"，而须以相应的程序要件为必要前提：一者，相关利益主体于法定期间内启动后诉程序；二者，法院依当事人请求于裁判时援引前诉代表人诉讼裁判。而在示范性诉讼中，这种扩张裁判效力以使诉讼承载集合性公益性的制度理念被进一步强化了，基于"判决效力扩张"或"示范诉讼契约"的程序原理，示范性判决之效力扩张的程序要件被弱化了，以致使这种扩张接近于"当然之法定效果"。所以，尽管就其制度本身而言，示范性诉讼仍然于基本理念层面坚守传统民事诉讼之私益属性原理，但其相对激进的技术性规则已经在酝酿突破传统民事诉讼之私益属性原理的可能。

示范性判决之效力的当然性扩张，往往很容易引人入胜，以至于有学者颇有意味地称其为"投石问路性公益诉讼"，认为：从当事人的角度看，示范性诉讼具有节约诉讼费用、提高胜诉机率的优势；从司法机关的角度看，示范性诉讼则会产生"蝴蝶效应"，导致连锁反应并间接影响甚至是直接决定一系列相关案件的诉讼结果。[①] 从诉讼法学的角度，我们必须意识到，示范性判决之效力的当然性扩张，这一制度方案是需要面对制度性障碍的。因为，依据诉讼之正当程序理念，司法裁判不应去约束未能获得正当程序保障的主体，而示范性判决的效

---

① 季卫东：《"牙防组"事件公益私诉启示》，《财经》2007年第11期。

力却要当然性地扩及于示范性当事人之外的其他利益主体。

因此，我国如果要引进示范性诉讼这一制度方案，并确立一种可持续的全新诉讼方案，就必须对示范性判决之效力的当然性扩张从理论上给出正当的阐释，并于规则上提供正当性基础。就此，域外的示范性诉讼制度实例已经基本达成共识，即在其制度方案中，示范性诉讼的基础程序操作均在一定程度上以全体当事人的意愿为前提。如，在美国的示范性诉讼中，法院推迟确认集团诉讼的程序须经申请确认集团诉讼的当事人同意；示范性判决对等待确认之集团诉讼的被告方当事人的拘束效果须事先征得其同意。又如在德国的示范性诉讼中，相关利益主体须通过电子途径申请示范诉讼登记，获准登记的主体方为示范性判决之效力所扩及；而且其他当事人可以利害关系人的身份参与审理程序，并在不对示范性审理构成障碍的前提下享有广泛的程序性权利，甚至只有经全体利害关系人同意，方可达成示范性和解协议。为此，德国的示范性诉讼甚至在审理进程中允许其他利害关系人通过诉请电子登记册和互联网平台向法院提出事实主张和提供证据材料。

第三节　临界状态之团体诉讼

一、德国之团体诉讼

就团体诉讼（Verbandsklage）而言，以德国之立法例最具典型意义。该制度方案，基于"诉讼信托"的程序原理，依据相应的实体性部门法，赋予某些非经营性的组织机构以团体诉权，令其于相应类型之群体性纠纷中获得诉讼之正当当事人资格，从而取代团体成员以启动、实施诉讼，并于诉讼程序中独立享有和承担程序性权利和义务，且可实施相应的实体性处分。所以，从程序法理属性的层面讲，团体诉讼在一定程度上突破了传统民事诉讼之私益属性原理，在广义上属于公益侵害阻断程序的范畴；而从制度功能定位的层面讲，团体诉讼虽以"集合性公益"为出发点，但其在一定程度上也可以承载"纯粹性公益"的价值目标，其制度功能处于"集合性公益"与"纯粹性公益"的临界点上。团体诉讼制度之作用范围和作用形态在极大程度上取决于相应之实体性部门立法的范围和强度。从其发展脉络上看，团体诉讼制度在德国的确立也恰恰源于赋予团体诉权的实体性部门立法的出现，而伴随着类似部门立法之范围的扩大和力度的强化，团体诉讼制度在德国诉讼实践中的作用范围和形态也呈现扩大和强化的趋势。

1896年德国《反不正当竞争法》第1条第一款规定：同种或类似产品的制造者，同种或类似服务的提供者，以及"以促进营业利益为目的的团体"，就虚假宣传行为可以依法提起诉讼。① 该规定开启了德国"团体诉讼"制度的先河。其针对"虚假宣传"之不正当竞争行为，以单行部门立法的方式，赋予"以促进营业利益为目的的团体"以团体诉权。1909年的德国《反不正当竞争法》第13条规定：就第1、3、6、6a、6b、8、10、11、12条规定情形，同种或类似产品的制造者、同种或类似服务的提供者和"以促进营业利益为目的的团体"在提起团体诉讼时，可以提出撤销或停止侵害的请求。该规定将"以促进营业利益为目的的团体"所享有的团体诉权扩张于"虚假宣传"之外的其他类型的不正当竞争行为，并明确规定团体诉讼可以采用"撤销之诉"和"停止侵害之诉"的诉请形态，从而对团体诉讼的作用范围进行了扩充，也丰富了团体诉讼的作用形态。再后，1965年德国《反不正当竞争法》第13条第一款a项规定：就第1、3、6、6a、6b条规定情形，凡是其章程规定"以咨询与启发等方式保护消费者利益为目的"

---

① Gesetz zur Bekämpfung des unlauteren Wettbewerbes vom 27.5, 1896, RGB 1, S.145.

的团体，可以提起团体诉讼，并可提出撤销或停止侵害的请求。该规定正式赋予"以咨询与启发方式保护消费者利益为目的的团体"以就消费侵权行为提起诉讼的团体诉权，从而使得其团体诉讼制度的作用领域扩及于消费者群体性纠纷领域，并再一次强调团体诉讼可以采用"停止侵害之诉"和"撤销之诉"的请求形态。2000年6月，德国根据欧盟1998年5月1日《有关为保护消费者的停止侵害的诉讼的指令》（27号令），对其《反不正当竞争法》进行了修改，并进一步扩大了团体诉讼在消费者利益维护领域中的作用范围。

而伴随《一般交易条件法》（Gesetz zur Regelung des Rechts der allgemeinen Geschäftsbedingungen）、《降价法》（Gesetz des Rabattgesetz）、《反对限制竞争法》（Gesetz gegen Wettbewerbsbeschränkungen）、《手工业法》（Gesetz des Handwerksordnung）、《自然环境保护法》（Gesetz über Naturschutz und Landschaftspflege）等单行部门立法关于赋予相应非经营性组织机构以团体诉权之规定的确立，团体诉讼制度在德国诉讼实践中的作用范围扩及于更为广泛的领域。[①]

如据德国1976年《一般交易条件法》第13条规定，依第9、11条之规定而无效的格式合同条款，以下主体有权针对其使用或推荐主体提起诉讼，并提出"停止使用"或"撤销"的诉讼请求：第一，其章程规定以启发与咨询方式保护消费者利益为目的的团体；第二，以促进营业利益为目的的团体；第三，工商业协会或手工业协会。该规定确立了合同法领域内的团体诉讼。

又如德国《自然环境保护法》在1976年制定时虽未规定团体诉讼，但自1984年起，社会民主党、绿党等政治派别多次就《自然环境保护法》提出引入团体诉讼的修正（草）案。尽管由于执政党的反对，联邦立法尚未确立团体诉讼，但在一些州的单行立法中，已经确立了

---

① 范愉：《集团诉讼问题研究》，北京大学出版社2005年版，第231页。

针对自然环境保护的团体诉讼制度，甚至萨克森等几个州基于其特有的政治背景和环境保护需求，将环保组织之团体诉讼上升至州宪法的高度加以保护。因此，可以预见，各州关于环境保护团体诉讼的立法与司法实践必将最终影响到德国联邦的相关立法，于联邦立法层面确立环境保护团体诉讼是大势所趋。

之后，德国诉讼法学界对团体诉讼之制度构成要素逐步达成了基本共识：其一，团体诉讼中之集合性利益团体必须符合实体单行立法之法定构成要件方能成立；其二，必须严格限定团体诉讼的适用范围，团体诉权的取得亦须以实体单行立法之明确规定为前提；其三，团体诉讼之诉请形态主要表现为"撤销之诉"和"停止侵害之诉"，而不是"侵权损害赔偿之诉"，其制度功能的核心聚焦于群体性案件中所蕴含之"集合性公益"的不可分性和扩张性，并通过"停止侵害之诉"或"撤销之诉"的诉请，直接实现诉讼之纠纷解决和利益救济之法律效果的公益性扩张，以预防、制止违法行为对"集合性公益"或"纯粹性公益"的危害，而不以团体成员之个体性利益损害的赔偿性救济为程序目的；其四，由团体诉讼所承载之"集合性公益"或"纯粹性公益"必须与团体成员之个体性利益明确区分，二者之诉权既不相互排斥亦不完全重叠，因此团体诉权的赋予并不侵蚀团体成员就其个体性利益寻求损害赔偿的诉权，其完全可于团体诉讼之外就其私益损害赔偿事宜另行诉讼。

然而，在德国诉讼法学界就团体诉讼之程序原理基础的阐释却形成了多种理论学说，纷争不止。如"诉讼担当说""不作为请求权说""义务性起诉权说"和"民众诉讼说"等。"诉讼担当说"认为，诉讼保护的是直接利益关系主体，当事人本应为相应之不作为诉权的直接享有者，而团体并非直接利益关系主体，之所以通过立法赋予其以团体诉权，是令其以诉讼担当者的身份取代直接利益关系主体实施诉讼。但这一学说的致命缺陷在于：诉讼担当强调担当人对被担当人之诉讼地位的全面取代,而团体诉讼的作用形态仅限于停止侵害与撤销之法律效果,无法实现对团体成员之个体性利益损害的具体赔偿,因此担当诉讼之团体仅在部分意义上取代了被担当人的诉讼地位。"不作为请求权说"和"义务性起诉权说"则是以实体法学理念为出发点来解决问题的,只是落脚点不同:前者以实体权利概念为落脚点,认为团体诉权是实体性单行立法赋予非经营性团体机构的个别性不作为请求权,正是基于该请求权,团体机构方能启动、实施团体诉讼;后者则以程序权利概念为落脚点,认为实体性单行立法虽然确立了相关主体的不作为义务,但并未将不作为请求权赋予这些非经营性团体机构,而仅赋予其以纯粹的程序法的团体诉权。"民众诉讼说"则认为,团体诉讼与作为原告之团体成员的个体性利益完全无关,其以客观法律秩序的调整和保障为目的,作用对象为对于整体性社会秩序结构极为重要的公平竞争、公共安全、环境安全等秩序领域,属于集合性公共利益。尽管该理论并未能妥当地解释团体诉讼导致的双重起诉、既判力扩张等问题,但笔者认为它极为准确地指出了德国之团体诉讼的本质,即:既不以个体性私益的救济为出发点,也不关注通过对"集合性公益"的"个体化配置"将其还原为"私益"并向相关利益主体实施具体的利益分配,其制度功能聚焦于群体性案件中所蕴含之"集合性公益"的不可分性和扩张性,乃至于可能内含其中的"纯粹性公益",并通过"停止侵害之诉"或"撤销之诉"的诉请,直接实现诉讼之纠纷解决和利益救济之法律效果的公益性扩张,其不仅对传统之诉讼程序规则进行了技术性的调整,甚至在一定程度上开始突破传统民事诉讼之私益属性原理。恰如日本学者谷口安平所指出的,德国的立法在直接涉及社会公共利益的事项上,既没有像美式集团诉讼制度那样采取借助公民个人行动实现社会公共目的的制度策略,也没有无条件地接受单纯通过强化行政职权来予以应对的制度策略,其团体诉讼在制度逻辑上更像是一种居于二者之间的制度策略。①

就此系列理论纷争，笔者认为，"民众诉讼说"与"诉讼担当说"间并不存在本质矛盾，反而可以相辅相成、取长补短。因此，不妨将二者加以整合，以共同为团体诉讼于程序原理层面提供坚实的支撑：一者，团体组织之所以能够取得团体诉权并启动、实施团体诉讼，就是基于诉讼担当的原理令其以担当者的身份取代直接利益关系主体实施诉讼；二者，团体诉讼不以个体性私益的救济为出发点，也不关注通过对"集合性公益"的"个体化配置"将其还原为"私益"并向相关利益主体实施具体的利益分配，其制度功能聚焦于群体性案件中所蕴含之"集合性公益"的不可分性和扩张性，乃至于可能内含其中的"纯粹性公益"，并通过"停止侵害之诉"或"撤销之诉"的诉请，直接实现诉讼之纠纷解决和利益救济之法律效果的公益性扩张，其在一定程度上突破了传统民事诉讼之私益属性原理，故而并不关注对团体成员之个体性利益损害的具体赔偿，因此担当诉讼之团体无须全面取代被担当人的诉讼地位，而被担当人亦完全可以就其私益损害赔偿事宜另行诉讼。

二、对法国、日本和我国台湾地区的影响

后来，德国之团体诉讼制度方案影响到了法国、日本和我国台湾地区的立法。

《法国民事诉讼法典》第 31 条规定：对某项请求的诉讼结果具有正当利益期待的人均享有诉权，除非法律在某种情形下将某项诉权特定性地赋予经其认定有资格保护某种利益或有资格提出、攻击某

---

① 谷口安平：《程序的正义与诉讼》，王亚新、刘荣军译，中国政法大学出版社 1996 年版，第 198 页。

项诉讼请求的人。其所谓"有资格保护某种利益或有资格提出、攻击某项诉讼请求的人",则包括了"维权协会（捍卫集权权益的协会）"（associations de défense）、"少数股东维权协会"（associations de défense d'actionnaires minoritaires）、"反酗酒行为协会"等团体及雇主工会。这些团体因此而被赋予"为保护集体利益而提起诉讼的资格",可于其宗旨范围内,以集体利益的名义提起诉讼。[①] 其所谓"集体利益",即本书之"集合型共同性利益",属"集合性公益"范畴。因此,法国民事诉讼立法中的此类诉讼方案,就其制度效果而言,基本相当于德国之团体诉讼。

《日本民事诉讼法》第 29 条则规定：非法人的社团或财团,有一定的代表人或管理人的,可以以其名义起诉或被起诉。该条规定了非法人社会团体取代成员获得当事人主体资格的情形。而且,据日本《民事诉讼法》第 30 条对选定当事人诉讼规定：（第一款）具有共同利益的多数人,在不符合前条（第 29 条）规定的情况下,可以选定其中的一人或数人担任诉讼原告或被告,为全体成员实施诉讼。可见,在日本民事诉讼制度体系中,群体性纠纷的基本诉讼方案是选定当事人诉讼,但是选定当事人诉讼的适用,又以不能适用第 29 条所规定之团体性诉讼担当方案为前提条件。因此,就其制度理念和规则体系而言,《日本民事诉讼法》第 29 条的规定所确立的团体性诉讼担当,类似于德国立法中的团体诉讼制度。在日本民事诉讼制度体系中,其与占据主导地位的选定当事人诉讼共同应对群体性纠纷的诉讼问题。

我国台湾地区的民事诉讼有关规定,则于其"第二章 当事人"之"第一节 当事人能力及诉讼能力"中之第 44—3 条（提起不作为诉讼之权）规定：凡以公益维护为宗旨的社团法人或财团法人,在其章程所规定之目的范围内,经其所属之行政主管机关的许可,可以就侵害

---

① 参见罗结珍译：《法国新民事诉讼法典》,法律出版社 2008 年版,第 71、78—80、355 页。

多数人利益的行为对行为人提起不作为之诉；其具体许可程序及监督办法，由台湾司法主管部门和行政主管部门共同确定。该规定与德国之团体诉讼在制度理念层面不谋而合，在制度构成要素层面则如出一辙。具体而言：其一，德国立法认为团体诉讼中之集合性利益团体必须符合实体单行立法之法定构成要件方能成立；该条则规定提起诉讼的主体限于"社团法人或财团法人"。其二，德国立法认为必须严格限定团体诉讼的适用范围，团体诉权的取得亦须以实体单行立法之明确规定为前提；该条则规定社团法人或财团法人提起该条诉讼以其"章程所定目的范围"为限，且须"经其目的事业主管机关许可"，并规定此种"许可程序及监督办法，由台湾司法主管部门和行政主管部门共同确定"。其三，德国立法认为团体诉讼之诉请形态主要表现为"停止侵害之诉"或"撤销之诉"，而非"侵权损害赔偿之诉"，其核心制度功能聚焦于群体性案件中所蕴含之"集合性公益"的不可分性和扩张性，并通过"停止侵害之诉"或"撤销之诉"的诉请，直接实现诉讼之纠纷解决和利益救济之法律效果的公益性扩张，以预防、制止违法行为对"集合性公益"的危害，而不以团体成员之个体性利益损害的赔偿性救济为程序目的；该条则规定"以公益为目的……对侵害多数人利益之行为人，提起不作为之诉"。因此，在我国台湾地区的民事诉讼制度体系中，群体性纠纷的基本诉讼方案是选定当事人诉讼，但其适用亦须以团体性诉讼担当方案的无法适用为前提，其群体性纠纷的诉讼问题也是由其选定当事人诉讼、团体性诉讼担当和团体诉讼共同应对的。具体而言：团体诉讼不以个体性私益的救济为出发点，也不关注通过对"集合性公益"的"个体化配置"将其还原为"私益"并向相关利益主体实施具体的利益分配，其制度功能聚焦于群体性纠纷中所蕴含之"集合性公益"的不可分性和扩张性，乃至可能内含其中的"纯粹性公益"，并通过"停止侵害之诉"或"撤销之诉"的诉请，直接实现诉讼之纠纷解决和利益救济之法律效果的公益性扩张，以预防、制止违法行为对"集合性公益"或"纯粹性公益"的危害，其在一定程度上突破了传统民事诉讼之私益属性原理，故而并不关注对团体成员之个体性利益损害的具体赔偿；选定当事人诉讼，则恰恰是要完成团体诉讼所未完成的任务，其以个体性私益的救济为出发点，其制度功能聚焦于群体性纠纷中所蕴含之"集合性公益"的"私益性还原"和"个体化配置"，并通过"损害赔偿之诉"的诉请形态，实现对群体成员之个体性利益损害的具体赔偿性救济。

第四节　承载纯粹性公益之侵害阻断程序

一、公益侵害阻断程序之命题提出

德国之团体诉讼制度方案也影响到了我国大陆地区，就2012年第二次修正后的《民事诉讼法》第55条的规定，学界普遍认为其于基本立法层面确立了"民事公益诉讼程序"。但究其本质，实为对德国之团体诉讼制度理念的借鉴。所谓"法律规定的机关和有关组织可以向人民法院提起诉讼"，也就意味着：相应之非经营性机构、团体，必须基于实体性单行立法之明确规定，方能针对"污染环境、侵害众多消费者合法权益"等公益侵权行为取得团体性诉权，并基于诉讼担当之程序原理，取代具体之利益关系主体，启动、实施诉讼程序。因此，就我国大陆地区而言，以《民事诉讼法》第55条为源头，未来之中式团体诉讼亦将于广义上归属于公益侵害阻断程序的范畴，其将在一定程度上承载"纯粹性公益"的价值目标。

遗憾的是，如此单薄的一个条文是不足以在我国正式建立团体诉讼制度的：第一，团体诉讼中之集合性利益团体必须符合实体单行立法之法定构成要件方能成立，该条虽规定"法律规定的机关和有关组织"作为民事公益诉讼的提起主体,但所谓"法律规定"(即相关之实体性单行立法)是有待明确和完善的。第二,德国团体诉讼之诉请形态主要表现为"停止侵害之诉"或"撤销之诉",而非"侵权损害赔偿之诉",其核心制度功能聚焦于群体性案件中所蕴含之"集合性公益"的不可分性和扩张性,乃至可能内含其中的"纯粹性公益",并通过"停止侵害之诉"或"撤销之诉"的诉请,直接实现诉讼之纠纷解决和利益救济之法律效果的公益性扩张,以预防、制止违法行为对"集合性公益"的危害,而不以团体成员之个体性利益损害的赔偿性救济为程序目的。而在该条文中,对体现团体诉讼之本质的这一制度要素未加以明确。第三,该条亦未能对由团体诉讼所承载之"集合性公益"或"纯粹性公益"与团体成员之个体性利益加以明确区分,因此就该条之立法方案而言,二者之诉权间的关系是不明确的。而依团体诉讼之制度原理,二者之诉权既不相互排斥亦不完全重叠,因此团体诉权的赋予并不侵蚀团体成员就其个体性利益寻求损害赔偿的诉权,其完全可于团体诉讼之外就其私益损害赔偿事宜另行诉讼。

但令人欣慰的是,在 2012 年第二次修正后的《民事诉讼法》施行之前,一些实体性单行立法已经在不经意间开始借鉴以德国为代表的团体诉讼制度方案,根据法定诉讼担当或诉讼信托的程序原理,于诉之利益归属主体不可能或不适于实施诉讼时,赋予对该利益负有监管、保护职责的主体以担当性公益诉权,其中有不少情形本质上类似于德国实体单行立法中赋予团体诉权的规定。如:

第一,海洋环境保护行政机关在海洋环境保护诉讼中的担当诉权。根据我国《海洋环境保护法》第 89 条的规定:负责海洋环境监督管理的行政主管部门,对破坏海洋生态、海洋水产资源、海洋保护区等给国家造成重大损失的行为,有权代表国家向责任主体提出损害赔偿请求。所谓"代表国家对责任者提出损害赔偿请求",当然应该包括通过诉讼程序"提出损害赔偿请求"。因此,该条规定当然应该包含这样的含义,即:对污染海洋环境、破坏海洋生态等损害社会公共利益的行为,依照《海洋环境保护法》规定行使海洋环境监督管理权的行政机关可以向法院提起公益诉讼。

第二,工会在集体合同争议诉讼中的担当诉权。根据《工会法》第 20 条的规定,工会有责任帮助和指导职工与企业和其他实行企业化管理的事业单位签订劳动合同,有权代表职工与用人单位进行平等协商并签订集体合同,集体合同的草案必须提交职工代表大会或者全体职工讨论才能通过,上级工会应当对集体合同的签订给予支持和帮助,工会有权对企业违反集体合同、侵犯职工劳动权益的行为依法追究法律责任,并有权就集体合同争议向劳动争议仲裁机构申请仲裁,也有权向人民法院提起民事诉讼。《劳动合同法》第 56 条也进一步规定:"对用人单位违反集体合同、侵犯职工合法劳动权益的行为,工会有权依法追究用人单位的法律责任,并有权提出仲裁申请、提起民事诉讼。"

第三,业主委员会维护业主共同利益的担当诉权。根据《物业管理条例》第 15 条,业主大会的决议事项由业主委员会负责执行,业主委员会的具体职责包括:(1)召集业主大会会议和报告物业管理实施情况;(2)物业服务企业的选聘和物业服务合同的签订;(3)业主、物业使用人建议的征集和对物业公司履行物业管理合同的协助、监督;(4)业主规约实施情况的管理和监督;(5)业主大会会议赋予的其他职责。因此,作为业主大会的执行机构,"基于业主大会的授权",就损害业主共同利益的事项[①],业主委员会可以作为全体业主的诉讼担当人,启动、实施民事诉讼。一些地方性物业管理法规对业主委员会之担当诉权的规定更为明确。如,2002 年施行的《重庆市物业管理条

---

① 如:物业公司违反合同约定损害业主公共权益、业主大会依法决定解除物业服务合同而物业公司拒绝退场、物业服务合同终止时物业公司拒绝依规定移交《物业管理条例》第 29 条第一款规定的资料和物业管理用房等。

例》第22条第十项规定：根据业主大会的决定，业主委员会代表全体业主参加因物业管理活动发生的诉讼。又如，2004年《武汉市住宅区物业管理条例》第4条规定：业主委员会代表全体业主，依照本条例规定选任物业管理企业，对住宅区物业和业主的共同事务进行管理、提供服务；物业管理权由业主大会交业主委员会行使，因侵害管理权而产生的纠纷，业主委员会是当然的诉讼当事人。此外，最高人民法院发布的一些司法解释性批复也充分肯定了业主委员会的担当诉权。[①]但要说明的是，我国《物权法》第83条并未明确规定业主委员会以全体业主为被担当人针对物业公司提起诉讼的担当性诉权，只是赋予了业主委员会以担当全体业主对个体业主提起诉讼的担当性诉权。

而伴随《民事诉讼法》第55条的出台，基于团体诉讼制度理念的担当性公益诉权在中国的适用范围又被进一步扩大到"消费维权"和"环境保护"领域，"法律规定的机关和有关组织"亦可就"污染环境、侵害众多消费者合法权益"的公益侵害行为，基于立法赋予之担当诉权，取代具体之利益关系主体，启动、实施诉讼程序。可见，基于团体诉讼之制度理念而扩大担当性公益诉权之适用范围的制度发展趋势已经形成。而在民事诉讼立法层面，我们就不能再局限于对团体诉讼之制度理念的借鉴，而应及时、系统地构建以团体诉讼制度为模本的"公益侵害阻断程序"。

就"公益侵害阻断程序"这一制度范畴的创设而言，首先要明确其程序法理属性，并对其制度功能进行定位。

[①] 如最高人民法院2003年8月20日《关于金湖新村业主委员会是否具备民事诉讼主体资格请示一案的复函》（[2002]民立他字第46号）："金湖新村业主委员会符合'其他组织'条件，对房地产开发单位未向业主委员会移交住宅区规划图等资料、未提供配套公用设施、公用设施专项费、公共部位维护费及物业管理用房、商业用房的，可以自己名义提起诉讼。"

二、公益侵害阻断程序之法理属性

"公益侵害阻断程序"以"侵害阻断程序"为上位概念。所谓"侵害阻断程序",是指为避免遭受难以弥补的损失或为避免造成难以挽回的后果,经由法律规定的主体向有管辖权的法院提起,由法院经过审理后对可能实施或正在实施侵害行为的主体作出禁止其实施可能实施的侵害行为,要求其立即停止正在实施的侵害行为或实施消除危险、排除妨碍、恢复原状之积极措施的裁判的程序。而所谓"公益侵害阻断程序",是指为避免社会之"纯粹性公益"遭受难以弥补的损失或难以挽回的后果,经由法律规定的主体向有管辖权的法院提起,由法院经过审理后对可能实施或正在实施侵害行为的主体作出禁止其实施可能实施的侵害行为,要求其立即停止正在实施的侵害行为或实施消除危险、排除妨碍、恢复原状之积极措施的裁判的程序。恰如"侵害阻断程序","公益侵害阻断程序"尚未进入常规意义上之诉讼程序类型的范畴,尚未彻底融入传统之民事诉讼法学理论体系。因此,该制度范畴的创设须首先明确其程序法理属性。

尽管有学者将特别程序与通常程序作为民事诉讼程序最基本的分类模式,并肯定二者间之互补关系。① 但是"民事诉讼程序最基本也是最重要的分类是诉讼程序与非讼程序,而非我们传统上理解的通常程序与特别程序"②。顾名思义,非讼程序"不须依一般诉讼程序起诉、公开辩论,然后判决,而仅须简易、迅速处理或裁定非讼事件"③。非讼事件中不包含私人实体争议,非讼程序也不以解决私人民事权益纠纷为

---

① 王强义、宋军:《民事诉讼特别程序研究》,中国政法大学出版社1993年版,第1页。
② 章武生:《非讼程序的反思与重构》,《中国法学》2011年第3期。
③ 姚瑞光:《民事诉讼法》,中国政法大学出版社2011年版,第3页。

目的。① 因此，我国虽未制定单独的非讼法典，但诸如立法规定之特别程序、督促程序、公示催告程序等，其在本质属性上为非讼程序。② 然而，在这种相对封闭的二元化程序分类模式之下，"公益侵害阻断程序"却是一个特例，其兼具传统之"非讼程序"与"诉讼程序"的双重属性。

首先，"公益侵害阻断程序"具有"非讼程序"的属性。

前文论及，民事诉讼制度所要承载之"公益"价值目标可一分为二：其一，为"集合性公益"；其二，为"纯粹性公益"。所谓"集合性公益"，其以"同类型个体性利益"为基础，并以"集合型共同性利益"为表现形态。"同类型个体性利益"是指可确定数量之多数社会个体基于同种或类似且有关联之私法行为置身于同种或类似且有关联之私法权利义务关系中，从而享有的同种或类似且可分的个体性利益。而当享有此同种或类似之个体性利益的多数社会个体基于某种法律上的原因而结合成为一种法律意义上的利益共同体，并且其利益效果呈现出一种扩张性的趋势时，此前由其分别享有的多项同种或类似之个体性私益，则因其间相对稳定之利益联络关系的建立，及其利益效果之扩张性趋势的呈现，而集约化为一种"集合型共同性利益"，并在某种意义上进入公益的范畴。因此，"集合型共同性利益"往往是由某种类型之利益共同体的内部成员所共同享有的，尽管在最终意义上其利益效果是可以实现具体分配的，但源于其利益主体间的这种相对稳定的内部成员关系及该利益共同体的潜在扩张趋势，其利益效果又具备了一定意义上的不可分性和扩张性，一旦有侵害发生，对于所有利益成员而言，其侵害效果亦呈现共通性和不可分性，而对于潜在利益成员而言，其侵害效果则呈现出扩张性。可见，"集合性公益"源于社

---

① 葛义才：《非讼事件法论》，台湾三民书局2005年版，第13页。
② 刘海渤：《民事非讼审判程序初探》，《中国法学》2004年第3期。

会个体性利益的集约性整合，是"群体性私益"的一种表达方式，其公益目标的实现必须通过对"集合性公益"的"个体化配置"将其还原为"私益"，从而向社会个体实施具体的利益分配。为此，在以私益救济为本质目标的传统民事诉讼制度体系中，为满足对"集合型共同性利益"之救济的需求，又以共同诉讼为基础形成了对应的诉讼模式，如代表人诉讼、选定当事人诉讼、集团诉讼、示范性诉讼、团体诉讼等。与严格遵守私益诉讼之基本原理的普通共同诉讼不同，这些诉讼模式开始超越传统民事诉讼模式之私益属性，并承载一定意义之公益属性特征。而"公益侵害阻断程序"以承载"纯粹性公益"之价值目标为本质特征。所谓"纯粹性公益"，学界亦称其为"扩散性利益"，即由不特定之多数主体所共同享有的一种超越个体属性、不可具体分配的利益，其利益主体事先未以任何法律上的原因而在任何意义上结合成为利益共同体，而仅仅是基于特定之原因事实的发生，相互间才产生此种利益性关联。[①] 与"集合性公益"不同，"纯粹性公益"源自于抽象的社会共同利益且不能向社会个体实施具体的利益分配，因此也就无法通过诉讼程序实现其向"私益"的还原。

所以，在民事诉讼法学之程序原理上，"公益侵害阻断程序"具有"非讼程序"的属性。其理由有四：其一，"公益侵害阻断程序"以承载"纯粹性公益"之价值目标为本质特征，意在为避免社会之"纯粹性公益"遭受难以弥补的损失或难以挽回的后果，由法院经过审理后对可能实施或正在实施侵害行为的主体作出禁止其实施可能实施的侵害行为，要求其立即停止正在实施的侵害行为或实施消除危险、排除妨碍、恢复原状之积极措施的裁判。其二，"公益侵害阻断程序"不应处理私人间的实质性纠纷对抗，也不能裁判私人间的实质性法律争议，故其程序客体类似于非讼事件。其三，"公益侵害阻断程序"的审

---

① 张伟和：《巴西的集团诉讼制度》，《人民法院报》2005年4月29日。

理过程和裁判结果,均体现国家公权对私法关系的强烈干预,并在一定程度上突破民法上的"意思自治原则"和民事诉讼法上的"处分主义""辩论主义",故其程序基础理念更接近于非讼程序。其四,"公益侵害阻断程序"追求紧凑、快速,审理进程采用"职权推进主义"理念,证据调查和事实认定采用"职权探知主义"理念,故其程序进程理念更接近于非讼程序。[1]而基于"公益侵害阻断程序"之"非讼程序"属性,源于"非讼程序"与传统之"诉讼程序"在"制度原理"和"技术逻辑"上的深层差异,以"诉讼程序"为基础依托的传统民事诉讼法学理论体系、制度原理和程序技术,往往无法对应性地就"公益侵害阻断程序"中之相关程序事项和制度问题给出正当答案。如,源自于传统意义上之诉讼程序范畴的当事人适格理论,就很难对"公益侵害阻断程序"中当事人之正当资格问题作出恰当的解释,亦无法有效应对"公益侵害阻断程序"之立法设计和司法运作中的相应问题。又如,源于传统私益民事诉讼法学理论体系的诉讼请求和裁判范围理论,也无法对"公益侵害阻断程序"中的诉讼请求规则、裁判范围规则,及其与私益损害赔偿诉讼的逻辑关系等问题,作出正当性的解释。

其次,"公益侵害阻断程序"具有"诉讼程序"的属性。

尽管,"公益侵害阻断程序"具有"非讼程序"的属性,但是,不能因此而绝对化地将其定性为非讼程序,因其在具有"非讼程序"属性的同时也具有"诉讼程序"的属性。

传统诉讼法学理论认为,非讼程序"不须依一般诉讼程序起诉、公开辩论,然后判决,而仅须简易、迅速处理或裁定非讼事件"[2]。因此,学界也通常将非讼程序理解为一种"略式审判程序"。这意味着:其一,在非讼程序中,为通常之诉讼程序而确立的诉讼要件(或起诉

---

[1] 参见赵蕾:《非讼程序论》,中国政法大学出版社2013年版,第150页。
[2] 姚瑞光:《民事诉讼法》,中国政法大学出版社2011年版,第3页。

条件)规则会被抛弃。因非讼事件中不包含私人权利义务争议,非讼程序也不裁判私人间的实质性法律争议,故而立法会为非讼程序设定更加宽松的程序启动条件,而无须满足立法为通常之诉讼程序而确立的诉讼要件。其二,在非讼程序中,为通常之诉讼程序而确立的公开审判制度将会受到排斥。因非讼事件中不包含私人权利义务争议,非讼程序也不裁判私人间的实质性法律争议,其程序又追求简易、快速、高效,故而立法会允许其采用不公开审理的制度立场。其三,在非讼程序中,为通常之诉讼程序而确立的审级制度将会受到压缩。为实现非讼事件的简易、快速审理,立法会禁止对非讼裁判的上诉(包括控诉和上告),从而强制性剥夺非讼事件之上诉审程序利益。其四,在非讼程序中,为通常之诉讼程序而确立的实体判决效力制度将会受到压缩。因非讼事件中不包含私人权利义务争议,非讼程序也不裁判私人间的实质性法律争议,故而立法会否定非讼裁判的既判力、形成力和执行力,而仅赋予其拘束力。其五,在非讼程序中,为通常之诉讼程序而确立的再审程序将会受到排斥。基于简易、快速、高效的程序进程理念,立法会禁止对非讼裁判启动再审程序。

但"公益侵害阻断程序"与之不同,尽管其具有一定程度之"非讼程序"属性,但其脱胎于比较法意义上的"团体诉讼"制度。而在拥有"团体诉讼"制度的国家和地区(如德国、法国、日本和我国台湾地区),其民事诉讼立法对该项制度的设计均是以通常之诉讼程序规则体系为外在模本和前提框架的。因此,当我们选择以"团体诉讼"制度为模本构建"公益侵害阻断程序"时,也必须接受其与生俱来的"诉讼程序"属性。所以,"公益侵害阻断程序"绝非非讼程序意义上之"略式审判程序",而应是传统诉讼程序意义上之"完整审判程序"。这意味着:其一,在"公益侵害阻断程序"中,为通常之诉讼程序而确立的诉讼要件(或起诉条件)规则不能被完全抛弃,而只能基于公益案件及其程序理念的特殊性在程序启动规则层面加以改造。其二,在"公益侵害阻断程序"中,为通常之诉讼程序而确立的公开审判制度不但不应被排斥,反而应该在程序规则层面更加强调审判公开,因其以承载"纯粹性公益"之价值目标为本质特征。其三,在"公益侵害阻断程序"中,为通常之诉讼程序而确立的审级制度应该被全面的援用,以充分保障公益案件之上诉审程序利益,以充分实现其"纯粹性公益"之价值目标。其四,在"公益侵害阻断程序"中,为通常之诉讼程序而确立的实体判决效力制度应该被全面地援用,立法在肯定公益判决之拘束力的同时,也应赋予其以既判力、形成力和执行力。其五,在"公益侵害阻断程序"中,为通常之诉讼程序而确立的再审程序应该被全面地援用,以为公益裁判提供充分的再审救济。

三、公益侵害阻断程序之功能定位

就"公益侵害阻断程序"之制度功能定位而言,由于其以承载"纯粹性公益"之价值目标为本质特征,而"纯粹性公益"不同于"集合性公益",其源自于抽象的社会共同利益且不能向社会个体实施具体的利益分配,因此也就无法通过诉讼程序实现其向"私益"的还原。所以,作为一种兼具非讼和诉讼属性的程序,不同于传统诉讼程序的功能定位。"公益侵害阻断程序"并不以对个体性民事损害的具体赔偿为本质目的,其功能定位于:为避免社会之"纯粹性公益"遭受难以弥补的损失或难以挽回的后果,禁止相应主体实施其可能实施的侵害行为,要求其立即停止正在实施的侵害行为或立即采取消除危险、排除妨碍、恢复原状的积极措施。

就这一制度功能定位而言,与团体诉讼制度具有高度的类似性。以德国立法为代表的"团体诉讼",基于"诉讼信托"的程序原理,依据相应的实体性部门法,赋予某些非经营性的组织机构以团体诉权,令其于相应类型之群体性纠纷的诉讼程序中取得正当当事人资格,以取代团体成员而启动、实施诉讼程序操作，其于诉讼程序中被赋予独立之诉讼地位，并享有和承担相应之程序性权利和义务，且可实施相应的实体性处分。因此，团体诉讼中之集合性利益团体必须符合实体单行立法之法定构成要件方能成立，其团体诉权的取得亦须以实体单行立法之明确规定为前提。团体诉讼之诉请形态则主要表现为"停止侵害之诉"或"撤销之诉"（而非"侵权损害赔偿之诉"），以直接实现其纠纷解决和利益救济之法律效果的公益性扩张。可见，团体诉讼不以个体性私益的救济为出发点，也不关注通过对"集合性公益"的"个体化配置"将其还原为"私益"并向相关利益主体实施具体的利益分配，其制度功能聚焦于群体性案件中所蕴含之"集合性公益"的不可分性和扩张性，定位于预防、制止违法行为对"集合性公益"的可能或现实性危害，而不以团体成员之个体性利益损害的赔偿性救济为程序目的。而且，团体诉讼对由其承载之"集合性公益"与团体成员之个体性利益明确区分，认为二者之诉权既不相互排斥亦不完全重叠，团体诉权的赋予并不侵蚀团体成员就其个体性利益寻求损害赔偿的诉权，因此其完全可于团体诉讼之外就其私益损害赔偿事宜另行诉讼。

第三章　民事公益程序之中国方向

第一节　民事公益程序之制度谱系蓝本

如前文所述，民事诉讼制度所要承载之"公益"价值目标可分为"集合性公益"和"纯粹性公益"。集合性公益目标的实现必须通过对"集合性公益"的"个体化配置"将其还原为"私益"，从而向社会个体实施具体的利益分配。纯粹性公益目标的实现取决于面临危险之抽象社会共同利益状态的维护和已经受损之抽象社会共同利益状态的修复，而无须（亦不可能）将其还原为私益并实施"个体性分配"。

基于"纯粹性公益"与"集合性公益"间的本质差异，民事诉讼承载二者的制度逻辑和程序原理必须有所区别。在以私益救济为本质目标的传统民事诉讼制度体系中，为满足对"集合性公益"的救济需求，又以共同诉讼为基础形成了对应的诉讼模式，如代表人诉讼、选定当事人诉讼、集团诉讼、示范性诉讼（实验性诉讼）、团体诉讼等。此等诉讼模式，因其以当事人（或利害关系主体）数量众多为共同特征，故学界又习惯性地统称为"群体性诉讼"。与严格遵守私益诉讼之基本原理的普通共同诉讼不同，这些诉讼模式开始超越传统民事诉讼模式之私益属性，并承载一定意义之公益属性特征。但必须明确指出，其所承载的公益价值目标属"集合性公益"，源自具体的社会个体性利益的集约性整合，并且也必须向社会个体实施具体的利益分配。基于此，传统之"群体性诉讼"制度方案与程序规则已被纳入常规意义上之诉讼程序类型的范畴，并以系统的"诉讼信托"或"诉讼担当"程序原理为依托，彻底融入了传统之民事诉讼法学理论体系内部，其制度原理基础是坚实的，其程序规则体系是系统、完备的，其制度功能是有技术保障的。但是，这些诉讼模式所显现之公益化的程度是有区别的。具体而言：代表人诉讼与选定当事人诉讼仍然在基本理念层面坚守传统民事诉讼之私益属性原理，只是通过一些技术性的程序规则间接实现其纠纷解决和利益救济之法律效果的公益性扩张；集团诉讼和示范性诉讼（实验性诉讼），为实现其纠纷解决和利益救济之法律效果的公益性扩张，所采用的技术性程序规则较代表人诉讼更为激进，尽管就其制度本身而言，仍然于基本理念层面坚守传统民事诉讼之私益属性原理，但其相对激进的技术性规则和与之配套的拓展性救济途径，已经在酝酿突破传统民事诉讼之私益属性原理的可能；而团体诉讼，为直接实现其纠纷解决和利益救济之法律效果的公益性扩张，不仅对传统之诉讼程序规则进行了技术性的调整，甚至在一定程度上开始突破传统民事诉讼之私益属性原理，其不以个体性私益的救济为出发点，也不关注通过对"集合性公益"的"个体化配置"将其还原为"私益"并向相关利益主体实施具体的利益分配，其制度功能聚焦于群体性案件中所蕴含之"集合性公益"的不可分性和扩张性，并通过"停止侵害之诉"或"撤销之诉"的诉请，直接实现诉讼之纠纷解决和利益救济之法律效果的公益性扩张，故而并不关注对团体成员之个体性利益损害的具体赔偿。所以，从广义上讲，团体诉讼属于公益侵害阻断程序的范畴，甚至可以说，团体诉讼在一定程度上承载了"纯粹性公益"的价值目标，其制度功能处于"集合性公益"与"纯粹性公益"的临界点上。

受德国之团体诉讼制度方案的影响，我国 2012 年第二次修正后的《民事诉讼法》增加了第 55 条的规定。学界普遍认为，其于基本立法层面确立了"民事公益诉讼程序"。但究其本质，实为对德国之团体诉讼制度理念的借鉴。所谓"法律规定的机关和有关组织可以向人民法院提起诉讼"，也就意味着：相应之非经营性机构、团体，必须基于实体性单行立法之明文规定，方可针对"环境污染"和"消费侵害"等公益侵权行为取得团体性诉权，并基于诉讼担当之程序原理，取代具体之利益关系主体，启动、实施诉讼程序。因此，就我国大陆地区而言，以《民事诉讼法》第55条为源头，未来之中式团体诉讼亦将于广义上归属于公益侵害阻断程序的范畴，其将在一定程度上承载"纯粹性公益"的价值目标。而且，在2012年第二次修正后的《民事诉讼法》施行之前，一些实体性单行立法已经在不经意间开始借鉴德国之团体诉讼制度方案，依据法定诉讼担当之程序原理，于诉之利益归属主体不可能或不适于实施诉讼时，赋予对该利益负有监管、保护职责的主体以担当性公益诉权，其中有不少情形本质上类似于德国实体单行立法中赋予团体诉权的规定。如，依据我国《海洋环境保护法》第5、89条的规定，海洋环境保护行政机关在海洋环境保护诉讼中享有担当诉权。又如，依据《工会法》第20条和《劳动合同法》第56条，工会在集体合同争议诉讼中享有担当诉权。再如，依据《物业管理条例》第15条和《物权法》第83条，业主委员会在维护业主共同利益的诉讼中享有担当诉权。而伴随《民事诉讼法》第55条的出台，基于团体诉讼制度理念的担当性公益诉权在中国的适用范围又被进一步扩大到"消费维权"和"环境保护"领域。可见，基于团体诉讼之制度理念而扩大担当性公益诉权之适用范围的制度发展趋势已经形成。而在民事诉讼立法层面，我们就不能再局限于对团体诉讼之制度理念的借鉴，而应及时、系统地构建以团体诉讼制度为模本的"公益侵害阻断程序"。

就"公益侵害阻断程序"这一制度范畴的创设而言，首先要明确其程序法理属性，并对其制度功能进行定位。所谓"公益侵害阻断程序",是指为避免社会之"纯粹性公益"遭受难以弥补的损失或难以挽回的后果,经由法律规定的主体向有管辖权的法院提起,由法院经过审理后对可能实施或正在实施侵害行为的主体作出禁止其实施可能实施的侵害行为,要求其立即停止正在实施的侵害行为或实施消除危险、排除妨碍、恢复原状之积极措施的裁判的程序。在民事诉讼法学之程序原理上,"公益侵害阻断程序"兼具非讼与诉讼之双重属性。就"公益侵害阻断程序"之制度功能定位而言,由于其以承载"纯粹性公益"之价值目标为本质特征,而"纯粹性公益"不同于"集合性公益",其源自抽象的社会共同利益且不能向社会个体实施具体的利益分配,因此也就无法通过诉讼程序实现其向"私益"的还原。所以,作为一种兼具非讼和诉讼属性的程序,不同于传统诉讼程序的功能定位。"公益侵害阻断程序"并不以对个体性民事损害的具体赔偿为本质目的,其功能定位于:为避免社会之"纯粹性公益"遭受难以弥补的损失或难以挽回的后果,禁止相应主体实施其可能实施的侵害行为,要求其立即停止正在实施的侵害行为或立即采取消除危险、排除妨碍、恢复原状的积极措施。

综上,就我国民事公益程序的未来发展,可提出以下之制度"谱系"[①]蓝本(图1):

这意味着,我国未来的民事公益程序应该包含两个基本的组成部分:

---

① 所谓"谱系",即对某一认识客体的系统分类。"系统分类"不同于"常规分类"。常规分类是就某一认识客体选择单一、明确、特定的标准,实现形式逻辑上的完美分类,所划分的类别相互间不存在交叉且能概括认识客体的全部。而系统分类是就某一认识客体进行立体的种类划分,形成系统的类别网络,其分类标准需要明确但不必单一。相比于常规分类,系统分类的优势恰恰在于:基于不同的因素,通过多种分类标准之间的有机转换,对认识客体进行立体的种类划分,形成立体的谱系框架,从而实现对于认识客体的系统认知。而就其谱系框架的搭建,首先要解决的问题就是明确其系统分类的标准体系,并认知各项分类标准间的转换(对应)关系。丁宝同:《执行异议之诉:比较法视野下的谱系解读》,《比较法研究》2015年第4期。

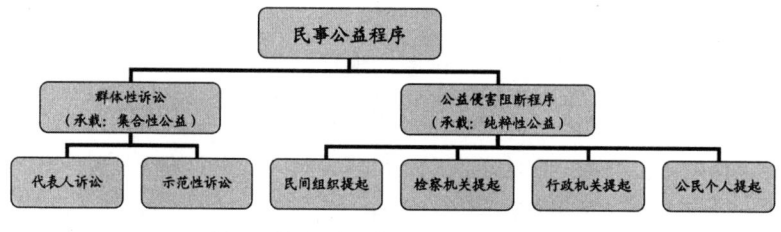

```
                    民事公益程序
                   /            \
        群体性诉讼              公益侵害阻断程序
      (承载：集合性公益)          (承载：纯粹性公益)
       /        \              /     |      |      \
   代表人诉讼  示范性诉讼   民间组织  检察机关  行政机关  公民个人
                           提起      提起     提起     提起
```

图1 我国民事公益程序之制度谱系蓝本

第一，承载集合性公益之群体性诉讼程序。我国未来之群体性诉讼程序，应该采用"代表人诉讼+示范性诉讼"之二元共存模式。具体而言：一者，要完善现行之代表人诉讼程序并强化其司法实践运用；二者，要引入示范性诉讼作为代表人诉讼的前导、替代性程序方案。

第二，承载纯粹性公益之公益侵害阻断程序。"公益侵害阻断程序"的构建应该采用一种"四位一体"的制度模式，其应包含四个基本的制度模块，即：民间组织提起之公益侵害阻断程序、检察机关提起之公益侵害阻断程序、行政机关提起之公益侵害阻断程序和公民个人提起之公益侵害阻断程序。

第二节 代表人诉讼制度的完善

一、代表人诉讼之公益属性

我国《民事诉讼法》第53条的规定，确立了代表人诉讼。由此规定可见，从立法原理层面看，我国之代表人诉讼以传统意义上之共同诉讼为制度前提，以"诉讼担当"之程序原理为制度理念，其制度功能则定位于通过技术性的程序规则改变人数众多之共同诉讼人的诉讼程序参与模式，从而实现对人数众多之共同诉讼程序运作的技术性简化。因此，代表人诉讼仍然在基本理念层面坚守着传统民事诉讼之私益属性原理。

同时,《民事诉讼法》第 54 条的规定,又在起诉人数不确定的代表人诉讼中,确立了将其裁判的效力扩张及于未能参加该次诉讼之案外主体的制度方案。立法之所以采用这一制度方案,恰恰是因为此种案外主体与代表人诉讼中的多数当事人面对共同的事实和法律问题,从而提出了同种或类似的诉讼请求项目,为避免裁判主体就相同或类似问题为矛盾判断,才于制度层面认可前诉裁判之效力扩张及于案外主体。具体而言:首先,人数不确定之代表人诉讼的判决理由中之事实判断对后诉程序于事实认定层面产生预决效力。所谓判决理由中之事实判断的预决效力,亦称"已确定事实的预决力"①,或"已决事实的预决效力"②,也有学者称其为"民事既判事实之预决效力"③。即:先期确定判决已就某主要事实争点于判决理由中作出判断,当其在后续诉讼或其他程序中再次形成争议时,当事人可不再举证,而由裁判主体根据当事人的主张对其作出一致的判断。④ 其次,人数不确定之代表人诉讼的判决理由中之法律判断对后诉程序于法律适用层面产生先决效力。所谓判决理由中之"法律判断"的先决效力,即:先期确定判决已就某主要法律争点于判决理由中作出判断,当该法律争点在后续诉讼或其他程序中再次形成争议时,后续程序之裁判主体应将其作为判断法律关系状态、确定权利义务内容的先决性依据,并对系争法律关系作出与之一致的判断。⑤ 由此,亦使代表人诉讼制度在一定程度上承载了民事公益维护的功能。

但是,代表人诉讼所能承载之民事公益属"集合性公益",而非

---

① 江伟、常廷彬:《论已确认事实的预决力》,《中国法学》2008 年第 3 期。
② 翁晓斌:《论已决事实的预决效力》,《中国法学》2006 年第 4 期。
③ 胡军辉:《论民事既判事实之预决效力》,《湘潭大学学报》2010 年第 4 期。
④ 丁宝同:《论争点效之比较法源流与本土归化》,《比较法研究》2016 年第 3 期。
⑤ 丁宝同:《论争点效之比较法源流与本土归化》,《比较法研究》2016 年第 3 期。

"纯粹性公益"。诚如前文所述,"集合性公益"源于社会个体性利益的集约性整合,是"群体性私益"的一种表达方式,以"同类型个体性利益"为基础,并以"集合型共同性利益"为表现形态。其公益目标的实现必须通过对"集合性公益"的"个体化配置"将其还原为"私益",从而向社会个体实施具体的利益分配。而在代表人诉讼中,人数众多的一方及基于共同的事实和法律问题提出同种或类似诉讼请求项目的案外主体,恰恰是基于同种或类似且有关联之私法行为而置身于同种或类似且有关联之私法权利义务关系中,并享有同种或类似且可分的个体性利益,即"同类型个体性利益"。而基于代表人诉讼及案外主体之后诉程序的启动,代表人诉讼中之人数众多的一方与提起后诉的案外主体结合成为一种法律意义上的利益共同体,此前由其分别享有的多项同种或类似之个体性私益,因其间相对稳定之利益联络关系的建立,及其利益效果之扩张性趋势的呈现,而集约化为一种"集合型共同性利益",从而进入"集合性公益"的范畴。由于"集合性公益"之利益效果在最终意义上可以实现具体分配,所以代表人诉讼之裁判亦须分别对相关利益主体之诉讼请求项目为分别之判断结论,从而通过对"集合性公益"的"个体化配置"将其还原为"私益",并向相关利益主体实施具体的利益分配。而由于"集合性公益"之利益效果所具备的不可分性和扩张性,立法方允许其裁判之效力扩张及于潜在的利益主体,即提起后诉之案外主体。

但需要说明的是,代表人诉讼之裁判效力对案外相关利益主体的扩张并非"当然之法定效果",而须以相应的程序要件为必要前提,即:一者,相关利益主体于法定期间内启动后诉程序;二者,法院依当事人请求于裁判时援引前诉代表人诉讼裁判。

综上可见,代表人诉讼仍然于基本理念层面坚守传统民事诉讼之私益属性原理,只是通过一些初级的技术性程序规则实现其纠纷解决和利益救济之法律效果的公益性扩张,借以承载"集合性公益"之价值目标。

二、代表人诉讼之实践境遇与逻辑出路

近年来，代表人诉讼在我国司法实践中呈现被弱化乃至被搁置的趋势，就群体性纠纷，法院反而喜欢以拆分为多次共同诉讼甚至是多起个别案件的方式实施诉讼。其原因是多方面的，有司法独立性的缺失、指标管理机制下的功利性取舍、立案程序环节中的超职权主义等。这些因素导致在国家权力体系中，法院是被弱化的一极，法院体系内部的管理和评价机制呈现高度行政化的姿态，迫使法院（官）在审理具体案件时过分顾虑其综合性的社会效果。诉讼被赋予了内涵丰富但不明确的维稳职能，审判要负责缝合法律与社会之间的裂痕，合法的诉讼程序操作如果会引起剧烈的社会震动，司法实践宁愿放弃，最终导致了法院系统内部对于代表人诉讼这一制度方案的意愿外排斥。

面对如此司法实践境遇，我国代表人诉讼制度的发展方向在逻辑上有两种可能：一者，完善代表人诉讼制度并强化其司法实践运用；二者，建立其他类似的群体性诉讼制度方案以取而代之。但笔者认为，这两种逻辑性的出路并不存在绝对性冲突。因此主张：首先，必须从其程序规则体系内部寻找现行代表人诉讼制度的内在缺陷，推进其制度体系的内在完善，并通过配套性的改革措施强化其司法实践运用；其次，可在条件允许的情况下引入一些替代性的群体性纠纷诉讼机制，以缓解代表人诉讼所面对的群体性纠纷压力，为其制度改进和实践强化提供更加充分的司法空间。

但是，需要强调的是，引入某种替代性的群体性纠纷诉讼制度方案，其目的并非取代现行的代表人诉讼制度。因为，从比较法学的角度来讲，我国的代表人诉讼与域外其他类型之群体性纠纷诉讼

制度方案，其制度功能均定位于群体性纠纷的妥当性诉讼解决和集合性公益的恰当性诉讼承载，相互之间并不存在绝对意义上的优劣之分。不同国家的立法之所以选择了不同的制度方案，往往也并不是单纯地认为其优于他种制度方案，而是因为该制度方案更适合于其整体性的诉讼制度和理论体系背景。不同国家和地区就群体性纠纷之诉讼制度方案所作出的不同选择，应当解读为基于历史性综合因素的实然性结果，而非基于比较法之制度理性衡量的应然性取舍。所以，笔者认为：就现行之代表人诉讼制度而言，不允许，也不可能用其他类似的群体性纠纷诉讼制度方案彻底取代，而应该积极推进其制度体系的内在完善，并通过配套性的改革措施强化其司法实践运用，且在条件允许时引入一些替代性的群体性纠纷诉讼机制，以缓解代表人诉讼所面对的群体性纠纷压力，为其制度改进和实践强化提供更加充分的司法空间。

三、代表人诉讼之不可取代

为应对群体性民事纠纷，我国1991年民事诉讼立法确立了代表人诉讼制度。但其既没有经历英美法系传统下集团诉讼制度所经历之漫长的判例积累和衡平塑型历程，也没有经历大陆法传统下之选定当事人诉讼所经历之复杂的理论论争和逻辑论证历程，而是立法机构在相对单纯的一个价值衡量体系下，基于社会的现实需求，着眼于民事司法的定位，以对国内司法实践的经验总结为基础，以对国外类似制度方案的研究和模拟为蓝本设计形成的。

1982年，我国颁行了《民事诉讼法（试行）》，受制于当时之社会背景，实践中并无群体性民事纠纷的现实压力，因此该部立法中并未就群体性诉讼之制度方案作出相应之规定。但在此后，随着经济的发展和社会的转型，群体性民事纠纷开始在实践中频繁出现，司法实践也不得不在群体性诉讼制度缺位的情况下，依据民事诉讼之基本原则的价值目标，大胆地探索实践应对方案。早在1983年，在审理"四川安岳元坝乡、努力乡1569户稻种经营户诉安岳县种子公司水稻稻种购销合同纠纷"一案时，四川省安岳县法院就已经尝试在诉讼进程中采用与后来1991年民诉立法规定的代表人诉讼制度极为类似的程序操作，从而在我国大陆地区就代表人诉讼制度的实践探索开创了司法先例。之后，全国各地法院，又陆续采用类似的程序方案，审理了一系列的群体性纠纷案件。促使1991年《民事诉讼法》在吸收借鉴日本的选定当事人制度和美国集团诉讼之立法经验的基础上，确立了我国民诉立法上的群体诉讼制度，即代表人诉讼。[1]可见，我国的代表人诉讼，是以英美法系之集团诉讼制度与大陆法系之选定当事人诉讼制度为模本而建立的，在当时的社会背景下，这一制度方案的确立，尤其是人数不确定的代表人诉讼制度，是具有一定程度之超前性的。[2]尤其是对英美法系传统之集团诉讼制度的借鉴。有学者就明确指出：当日本等其他国家还在就是否引进集团诉讼制度而犹豫不决的时候，中国就已经异常果断地借鉴了这种制度方案，对此，一些专门研究集团诉讼制度的诉讼法学者甚至有些许惊诧。[3]

就代表人诉讼制度，基于其制度原理的这种超前性，及其在司法实践层面所遭遇的困境，学界形成了针锋相对的两种观点。

一种观点认为，从立法设计和制度原理的多个层面上讲，我国立法所确立的代表人诉讼制度是一项较为完善的制度方案，是在结合国情需求的基础上实现两大法系相应制度方案之有机融合的一次难得的成功范例。其较为成功地引进了英美的集团诉讼的制度理念和日本的

---

[1] 江伟主编：《民事诉讼法学原理》，中国人民大学出版社1999年版，第443页。
[2] 范愉：《集团诉讼问题研究》，北京大学出版社2005年版，第275—276页。
[3] 张卫平：《诉讼架构与程式——民事诉讼的法理分析》，清华大学出版社2000年版，第362—363页。

选定当事人诉讼,并对其制度方案进行了改造,以适应于中国之国情需求。其确立了两种类型的代表人诉讼,因此优于日本之选定当事人诉讼;其规定了权利登记程序,以实现人数不确定之状态向人数确定之状态的技术性程序转换,从而使之与英美法系传统之集团诉讼制度明确区分。因此,我国之代表人诉讼制度兼收并蓄了英美集团诉讼和大陆选定当事人诉讼的优点,同时在规则体系上有所创新,能有效避免前述之两种制度方案的缺陷,从而形成了一种极具中国特色的群体性诉讼制度方案。① 因此,无论是在我国之传统法系背景下评价其对域外制度之优点和缺陷的汲取和剔除方案的理论兼容能力,还是从我国民事诉讼当事人素质现状和平衡各方当事人程序利益的角度评价其制度可行性,代表人诉讼制度都近乎无可挑剔。②

另一种观点则针锋相对地认为,从司法实践层面看,代表人诉讼制度很少被实际援用,以至有立法资源被无端浪费的嫌疑,即使排除诸多外在的客观因素,其制度方案和规则体系的设计方案本身也值得我们深入反思。③ 并主张,"在立法和实践中有必要以试验性诉讼、共同诉讼和诉讼外方式替代现行的代表人诉讼制度"。甚至以美式"集团诉讼"、日式"选定当事人诉讼"的制度方案取代现行的代表人诉讼。④

就此,笔者认为,上诉观点完全没有必要,也根本没有可能用其他类似之群体性诉讼制度方案彻底取代现行的代表人诉讼制度。因为,从比较法学的角度来讲,我国的代表人诉讼与域外其他类型之群体性诉讼制度方案,其制度功能均定位于群体性纠纷的妥当性诉讼解决和

---

① 江伟、肖建国:《关于代表人诉讼的几个问题》,《法学家》1994 年第 3 期。
② 范愉:《集团诉讼问题研究》,北京大学出版社 2005 年版,第 410 页。
③ 王忠山、伍红:《我国代表人诉讼制度面临的困境及其改革对策》,载曹建明主编:《程序公正与诉讼制度改革》,人民法院出版社 2002 年版,第 99 页。
④ 王福华:《代表人诉讼之替代改革》,《上海交通大学学报(哲学社会科学版)》2006 年第 5 期。

集合性公益的恰当性诉讼承载，相互之间并不存在绝对意义上的优劣之分。不同国家的立法之所以选择了不同的制度方案，往往也并不是单纯地认为其优于他种制度方案，而是因为该制度方案更适合于其整体性的诉讼制度和理论体系背景。不同国家和地区就群体性纠纷之诉讼制度方案所作出的不同选择，更应当解读为基于历史性综合因素的实然性结果，而非基于比较法之制度理性衡量的应然性取舍。所以，就我国现行之代表人诉讼制度而言，不允许，也不可能用其他类似的群体性诉讼制度方案彻底取代。

首先，不能用选定当事人诉讼取代代表人诉讼。

综合日本和我国台湾地区的立法，选定当事人诉讼的制度构成要素基本可以概括为：第一，以群体性纠纷的集合性诉讼处理为目的；第二，以主张共同性利益的多数当事人的出现为条件；第三，以团体性诉讼担当的不能适用为前提，如果符合团体性诉讼担当的条件，则应由相应之非法人社团或财团的代表人或管理人担当诉讼，而不能适用选定当事人诉讼程序；第四，当事人的选定须依法定程序由选定人对被选定人完成法律规定的特别授权，并于被选定人与选定人之间产生任意性诉讼担当的程序法律关系（而非诉讼代理的关系），被选定人将于诉讼程序中取得"特设性法律地位"[①]；第五，选定人在选定被选定当事人后当然性地退出诉讼；第六，选定当事人诉讼的判决，其效力仅及于选定人或被选定人范围内的共同利益关系主体，不能扩及于之外的共同利益关系主体。

因此，就本处之论题而言，恰如我国之代表人诉讼，选定当事人诉讼仍然于基本理念层面坚守传统民事诉讼之私益属性原理，只是通过一些初级的技术性程序规则实现其纠纷解决和利益救济之法律效果的公益性扩张，借以承载"集合性公益"之价值目标。因此，

---

① 中村英郎：《新民事诉讼法讲义》，陈刚等译，法律出版社2001年版，第84页。

两种制度方案的差异仅仅局限于程序技术逻辑层面。就代表人诉讼而言,其程序技术逻辑可概括为"释放之后的内敛"。其程序运作在产生代表人选以后,被代表人并不完全退出诉讼,依然是诉讼之当事人,只是可以不直接实施诉讼。所以依民事诉讼之私益属性原理,法院的裁判将直接对其产生效力。以此为基础,代表人诉讼所作的技术性调整是将裁判效力扩及于案外相关利益主体,可以称之为其诉讼效果的"释放"。但其裁判效力向案外相关利益主体的这种扩张并非"当然之法定效果",而须以相应的程序要件为必要前提(一者,相关利益主体于法定期间内启动后诉程序;二者,法院依当事人请求于裁判时援引前诉代表人诉讼裁判),此即"释放之后的内敛"。就选定当事人诉讼而言,其程序技术逻辑则可概括为"内敛之后的释放"。与代表人诉讼不同,在其程序运作中,首先所作的技术性调整是规定在产生被选定人选以后,选定人当然地完全退出诉讼,不再是诉讼之当事人,更不直接实施诉讼,从而简化了诉讼的程序操作,此即其诉讼效果的"内敛"。既然选定人已经完全退出了诉讼,那么依民事诉讼之私益属性原理,法院的裁判本不能直接对其产生效力。基于此,选定当事人诉讼又作了进一步的技术性调整,即将其裁判的效力扩及于已经完全退出诉讼程序的选定人,此即"内敛之后的释放"。

综上,单纯的依据程序技术逻辑层面的差异,不足以认定制度方案间的优劣关系,也不足以就类似制度方案作出有说服力的取舍。因此,退一步假设,即使引入选定当事人诉讼取代代表人诉讼,在程序技术逻辑上以"内敛之后的释放"取代"释放之后的内敛",也不可能实质性地扭转局面。导致当前代表人诉讼在我国司法实践中被弱化乃至被搁置的因素,同样会令选定当事人诉讼陷入相同的困境。

其次,不能用集团诉讼取代代表人诉讼。

就集团诉讼而言,美国之立法例最具典型意义。其以"不声明退出集团即视为参加诉讼"作为制度基石,强令诉讼中基于共同的事实和法律问题提出同种或类似诉讼请求项目人数众多的一方当事人结合成为一种法律意义上的利益共同体,此前由其分别享有的多项同种或类似之个体性私益,因其间相对稳定之利益联络关系的建立,及其利益效果之扩张性趋势的呈现,而集约化为一种"集合型共同性利益",从而进入"集合性公益"的范畴。由于"集合性公益"之利益效果在最终意义上可以实现具体分配,所以集团诉讼之裁判亦须分别对相关利益主体之诉讼请求项目做分别之判断结论,从而通过对"集合性公益"的"个体化配置"将其还原为"私益",并向相关利益主体实施具体的利益分配。而其"不声明退出集团即视为参加诉讼"的制度原理,也强烈体现着"集合性公益"之利益效果所具备的不可分性和扩张性。甚至,基于这一制度原理,其不再需要像代表人诉讼那样,通过确立裁判效力扩张的制度方案避免裁判主体就相同或类似问题为矛盾判断,并实现纠纷解决和利益救济之法律效果的公益性扩张,借以承载"集合性公益"之价值目标。为强化其承载"集合性公益"的功能,美国的集团诉讼还通过高额惩罚性赔偿,并运用政府收缴、强制降价、主张者分配、消费者信托基金等拓展性救济途径迫使被告方当事人交出更多的非法收入,以实现对集团方当事人中之所有个体的充分救济,并力求将这种救济效果拓展及于那些没有依程序提出申请的利益关系主体。因此,与中国之代表人诉讼不同,美国之集团诉讼对"集合性公益"之价值目标的承载,不再是通过那种初级的技术性程序规则实现其纠纷解决和利益救济之法律效果的公益性扩张,其所采用的技术性程序规则更为激进。尽管就其制度本身而言,仍然于基本理念层面坚守传统民事诉讼之私益属性原理,但其相对激进的技术性规则和与之配套的拓展性救济途径,已经在酝酿突破传统民事诉讼之私益属性原理的可能。

就美式集团诉讼能否在美国法制传统之外的其他国家和地区被

移植或复制的争论是一个具有普遍性意义的世界性话题，两种观点针锋相对。一种认为，美式集团诉讼制度对于维护弱势群体的利益有重要意义，值得其他国家和地区借鉴。[①]另一种则认为，美式的集团诉讼的国际性推广，尤其是在具有大陆法系传统的国家或地区引进美国式集团诉讼，必须持谨慎态度。[②]并指出，即使在具有英美法系传统的国家和地区，对美式集团诉讼制度在实践中易被滥用的担忧也普遍存在，并导致其放弃美式集团诉讼的制度方案，转而采用某种相对保守的集团诉讼程序规则（如英国），或弱化美式集团诉讼制度的公益性扩张功能（如加拿大、澳大利亚）。在具有大陆法系传统的国家或地区引进美式集团诉讼制度将面临三重障碍：其一，在具有大陆法系传统的国家或地区，普遍性的行政规制通常足以应对群体性纠纷事件，因此引进美式集团诉讼制度的必要性是存在疑问的。其二，美式集团诉讼制度的实践运行依赖于其衡平法之正义理念，以对法院之裁量权的高度依赖为基础，并以基于法官裁量而创设之判例解决具体程序运作问题，而在大陆法系传统之其他国家或地区，根本不曾形成过衡平法的传统，司法独立在一定程度上受到制约，不足以为美式集团诉讼制度的运行提供坚实的法官裁量基础。其三，特别国家和地区（如欧盟一些国家和地区）曾选择性地适用美式集团诉讼规则，但实践证明，其无力有效防止当事人（及其律师）在跨国性集团诉讼程序中非正常地实施"选择法院"的程序操

---

① 其代表人物是佛罗伦萨和斯坦福大学的比较法学家莫罗·卡佩莱蒂以及格瑞特·豪厄尔等学者，其对美国式集团诉讼的国际性推广持乐观态度。参见 Geraint Howells, Rhoda James, "Litigation in the Consumer Interest," *Ilsa Journal of International and Comparative Law* 1, 2002。

② 美国法学家理查德·欧·福尔克（Richard O. Faulk）系统地论证了这个问题。参见 Richard O. Faulk, "Armageddon through Aggregation: The Use and Abuse of Class Actions in International Dispute Resolution," in *International Perspectives on Consumers' Access to Justice*, edited by Charles E. F. Rickett and Thomas G. W. Telfer, Cambridge: Cambridge University Press, 2003, p.330。

作。① 但是，在大陆法系传统的国家或地区，关于美式集团诉讼制度的学界倡议和立法尝试一直存在，就亚洲而言，以日本和韩国最为典型。日本的法制处于英美法传统与大陆法传统的夹缝中，学界也有着渊远流长的英美法学意识形态，自 20 世纪 60 年代以来，其诉讼法学界中具有英美法学研究背景的学者就大力呼吁引进美式集团诉讼制度，民间团体机构甚至还草拟了集团诉讼法案，如公明党的《集体代表诉讼法案》、东京第一律师协会公害对策委员会的《集团代表诉讼法案》等。② 韩国则自 20 世纪 90 年代始，学术界和实务界就对美式集团诉讼制度的引进问题展开过大规模的研究和讨论，反对的观点曾一度占据上风。但后来，基于时任总统卢武铉的鼎力支持，立法机构才坚定了引进美式集团诉讼制度的信心。③ 最终，韩国国会于 2003 年 12 月 22 日通过了《证券集团诉讼法》，并自 2005 年 1 月 1 日起分步施行。但在韩国之司法实践中，证券集团诉讼案件的数量微乎其微，因此学界有观点主张于实践层面适用股东代表诉讼以取代证券集团诉讼。④ 所以，笔者认为，在其他国家和地区，尤其是在具有大陆法系传统的国家或地区，就引进美式集团诉讼制度的问题必须持高度谨慎的态度，并充分考虑以下因素：其一，美式集团诉讼制度的运作所需的立法和司法传统是否具备；其二，美式集团诉讼制度的引进是否符合既有的法制文化传统；其三，引进美式集团诉讼制度后是否有能力防止其被滥用；其四，美式集团诉讼制度的引入是否与既有的群体性诉讼制度方案产生制度性功能冲突。

在中国，美式集团诉讼制度模式也广受关注，但最终立法并未

---

① 钟瑞华：《美国消费者集体诉讼初探》，《环球法律评论》2005 年第 3 期。
② 张卫平：《诉讼架构与程式——民事诉讼的法理分析》，清华大学出版社 2000 年版，第 388 页。
③ 汤欣：《私人诉讼与证券执法》，《清华法学》2007 年第 3 期。
④ 汤欣：《私人诉讼与证券执法》，《清华法学》2007 年第 3 期。

采用这一制度方案。究其原因，即源于其"不声明退出集团即视为参加诉讼"的制度原理。这一制度原理决定了美式集团诉讼的程序运作必须以强有力的集团成员信息沟通机制作为程序保障。因为，如果某一利益主体在未及时获得有效的程序通知的情况下，基于"不声明退出集团即视为参加诉讼"的程序原理被强行拖入诉讼，而丧失脱离集团诉讼的程序选择机会时，集团诉讼的系属和法院裁判的效力将于不经意间约束这一利益主体，这种程序效果将与民事诉讼之正当程序原理间发生根本性的逻辑冲突。尽管依据《美国联邦民事诉讼规则》第23（e）条的规定，通过法官的裁量，集团成员可以获得第二次退出选择权，从而在一定程度上弥补这一缺陷。但就我国而言，诉讼中之程序保障的力度远不及美国，当事人之程序参与和控制能力尚处较低水平，因此以"不声明退出集团即视为参加诉讼"为基本程序原理的集团诉讼制度方案并非妥当选择。与之相反，英国之集团诉讼和法国之"代表人诉讼"却采用"不声明参加诉讼即视为退出集团"的制度原理。这一制度原理降低了诉讼对于集团成员信息沟通机制和当事人之程序参与、控制能力的要求，与我国之诉讼实践现状更相匹配。所以，我国最终选择以这一制度原理为基石，建立了现行的代表人诉讼制度，并通过确立将其裁判的效力扩张及于未能参加该次诉讼之案外主体的制度方案，实现其纠纷解决和利益救济之法律效果的公益性扩张，借以承载"集合性公益"之价值目标。因此，就我国代表人诉讼的这一制度选择结果而言，它再一次印证了：不同国家和地区就群体性纠纷之诉讼制度方案所作出的不同选择，应当解读为基于历史性综合因素的实然性结果，而非基于比较法之制度理性衡量的应然性取舍。之所以选择代表人诉讼，并非因为其在制度功能预期上优于集团诉讼，而是因为其制度方案与中国的诉讼制度体系和司法实践状态更加匹配；之所以不选择美式集团诉讼，也并非因为其在制度功能上劣于代表人诉讼，而是因为时下我国之诉讼制度体系和司法实践状态不足以为其良性运作提供有力支撑。而这种制度方案的选择一旦转化为历史性的实然结果，基于法律制度体系所蕴含的路径依赖特性，就根本不可能再依靠比较法之制度理性衡量的力量予以扭转。

综上，在中国，以美式集团诉讼取代现行代表人诉讼，既无制度理性之必要，亦无现实感性之可能。

四、代表人诉讼之困境根源

既然不能用其他类似制度方案予以取代，那么就必须从其程序规则体系内部寻找现行代表人诉讼制度的内在缺陷，推进其制度体系的内在完善，通过配套性的改革措施强化其司法实践运用，并在条件允许的情况下引入一些替代性的群体性纠纷诉讼机制，以缓解代表人诉讼所面对的群体性纠纷压力，为其制度改进和实践强化提供更加充分的司法空间。为此，我们必须首先探寻现行之代表人诉讼制度的困境根源。

（一）代表人诉讼之立法缺陷

第一，我国代表人诉讼制度的立法方案对共同诉讼的制度原理过度依赖，从而限制其适用范围。

我国的代表人诉讼，在制度体系逻辑上是以共同诉讼为基础的。从立法体例看，《民事诉讼法》"第五章 诉讼参加人"之"第一节 当事人"，于其第52条规定了"共同诉讼"[①]，后方于第53、54条规定了代

[①] 《民事诉讼法》第52条（共同诉讼）："（第一款）当事人一方或者双方为二人以上，其诉讼标的是共同的，或者诉讼标的是同一种类、人民法院认为可以合并审理并经当事人同意的，为共同诉讼。（第二款）共同诉讼的一方当事人对诉讼标的有共同权利义务的，其中一人的诉讼行为经其他共同诉讼人承认，对其他共同诉讼人发生效力；对诉讼标的没有共同权利义务的，其中一人的诉讼行为对其他共同诉讼人不发生效力。"

表人诉讼。① 从条文表述看,第52条对"共同诉讼"制度的规定以"诉讼标的是共同的"和"诉讼标的是同一种类"的立法表述作为区分两类共同诉讼的基础标准,而在代表人诉讼制度的立法条文中,第53条一上来就使用了"当事人一方人数众多的共同诉讼"的立法表述,第54条则使用了"诉讼标的是同一种类"的立法表述。可见,在我国的民事诉讼制度体系中,由第53、54条确立的代表人诉讼,是以第52条确立的共同诉讼为基础和前提的,是在共同诉讼面临"当事人人数众多"这一技术性程序障碍时,作出的一种技术性的规则调整,以代表人选定的技术方案突破"当事人人数众多"这一技术性程序障碍,最终实现对群体性案件的现实性程序操控。

1991年立法确立这一方案后,立即在理论界引发了关于"代表人诉讼是否均属于群体诉讼制度范畴"的争论,代表性的观点有三种。第一种观点认为,根据《民事诉讼法》第53条和第54条,代表人诉讼被区分为两种类型:"群体诉讼中的代表人诉讼"和"共同诉讼中的代表人诉讼"②;第二种观点认为,《民事诉讼法》之代表人诉讼可分为"人数确定"和"人数不确定"两种类型③;第三种观点,则将《民事诉讼法》之代表人诉讼分为"选定代表人"和"集团诉讼"两种④。显

---

① 《民事诉讼法》第53条(人数确定的代表人诉讼):"(第一款)当事人一方人数众多的共同诉讼,可以由当事人推选代表人进行诉讼。(第二款)代表人的诉讼行为对其所代表的当事人发生效力,但代表人变更、放弃诉讼请求或者承认对方当事人的诉讼请求,进行和解,必须经被代表的当事人同意。"第54条(人数不确定的代表人诉讼):"(第一款)诉讼标的是同一种类、当事人一方人数众多在起诉时人数尚未确定的,人民法院可以发出公告,说明案件情况和诉讼请求,通知权利人在一定期间向人民法院登记。(第二款)向人民法院登记的权利人可以推选代表人进行诉讼;推选不出代表人的,人民法院可以与参加登记的权利人商定代表人。(第三款)代表人的诉讼行为对其所代表的当事人发生效力,但代表人变更、放弃诉讼请求或者承认对方当事人的诉讼请求,进行和解,必须经被代表的当事人同意。人民法院作出的判决、裁定,对参加登记的全体权利人发生效力。(第四款)未参加登记的权利人在诉讼时效期间提起诉讼的,适用该判决、裁定。"
② 马原:《民事诉讼法的修改与适用》,人民法院出版社1991年版,第52页。
③ 柴发邦主编:《民事诉讼法学新编》,法律出版社1992年版,第134页。
④ 金俊银:《中华人民共和国民事诉讼法释论》,中国政法大学出版社1991年版,第80页。

然，在第一种观点看来，第 53 条所规定之代表人诉讼本质上就是共同诉讼，第 54 条规定之情形才属于群体性诉讼。第二种观点则是严循注释法学之传统理念，以立法之技术指标作为分类标准，将代表人诉讼分为"人数确定"和"人数不确定"两种类型，其在一定程度上回避对代表人诉讼制度的正面定性，因此成为后来民事诉讼法学界的通说。而第三种观点，则体现了比较法研究的范式，以我国代表人诉讼制度所模拟的域外制度蓝本作为其类型划分的影像参照，将其分为"选定代表人"和"集团诉讼"，由于其直接援引域外制度名称，因此极易导致法学概念术语体系的混乱，故在后来基本已被抛弃。

理论上的定性争议暂且搁置，单纯地从注释法学的层面出发，立法的这种制度安排也就决定，代表人诉讼制度的适用必须以共同诉讼制度的可适用性为前提。即：案件首先要符合共同诉讼的要件，要么多数当事人共同面对同一诉讼标的，要么多数当事人分别面对同一类的多项诉讼标的。如此，便会对代表人诉讼制度形成一种程序原理层面的限制，将其适用范围压缩在相对有限的空间内。在因同一基础性事实而导致众多当事人受损害的群体性纠纷中，基于民法中存在的竞合性权利规范，不同当事人完全可能选择不同的实体规范依据，提出不同的实体权利请求，主张不同的实体法律关系，如此便无法符合"共同诉讼"所要求的"诉讼标的是同一种类"的条件，从而无法适用代表人诉讼的制度方案。如在侵权债权规范与违约债权规范发生竞合的群体性纠纷中，依我国之代表人诉讼制度方案，除非所有利害关系主体均不约而同地选择侵权债权（或违约债权）的实体权利主张，否则其权利义务关系就不能构成"同一种类"的多项诉讼标的，不符合代表人诉讼的要件。就此，有学者曾明确指出，我国代表人诉讼制度根本没有脱离共同诉讼的预设理论框架，只是被人为地设定为共同诉讼在人数众多时的一种程序处理方案，这种设计方案限制了代表人诉讼制度的实践适用。①

第二，我国代表人诉讼制度的立法方案将其程序的启动完全委诸法院职权，没有赋予当事人以选择代表人诉讼的程序权利，从而限制其适用范围。

从我们现行《民事诉讼法》第53、54条看，无论是"人数确定"还是"人数不确定"，代表人诉讼程序的启动完全依赖于法院的职权性判断和取舍，没有赋予当事人以任何意义上的程序选择权。这也就意味着，代表人诉讼的适用范围将完全取决于法院的职权。而在时下之中国，法院的职权极易受到司法政策性因素的制约。司法独立性的缺失、指标管理机制下的功利性取舍、立案程序环节中的超职权主义等因素，均可能导致法院（官）在审理具体案件时过分顾虑其综合性的社会效果。诉讼被赋予了内涵丰富但不明确的维稳职能，审判要负责缝合法律与社会之间的裂痕，合法的诉讼程序操作如果会引起剧烈的社会震动，司法实践宁愿放弃。如此，便会导致法院失去选用代表人诉讼制度的动力，乃至于在法院系统内部形成对于代表人诉讼这一制度方案的意愿外排斥，并最终限制代表人诉讼的适用范围。近年来，代表人诉讼在我国司法实践中也确实呈现被弱化乃至被搁置的趋势，就群体性纠纷，法院反而喜欢以拆分为多次共同诉讼甚至是多起个别案件的方式实施诉讼。究其原因，与立法将代表人诉讼程序的启动完全委诸法院职权的制度方案不无关系。

第三，我国代表人诉讼制度的权利登记程序僵化，限制其制度功能的发挥。

在人数不确定的代表人诉讼中，《民事诉讼法》第54条前两款所规定之权利登记制度方案，可以实现代表人诉讼中"人数不确定"的状态向"人数确定"状态的程序转换，从而明确诉讼的审理和裁判范围，使

---

① 李云：《我国代表人诉讼制度的局限性及其完善的构想》，《理论探索》2004年第2期。

诉讼能够回归传统之民事诉讼程序原理的怀抱，以"当事人对程序的参与"为案件的审理和裁判奠定正当性基础。然而，第 54 条的规定是不明确的，从而导致其在实践运作中的僵化，以致限制了代表人诉讼的制度功能。首先，法院的公告方式和内容是不明确的，无法确保相关利害关系主体能够充分地获得案件信息。其次，权利人申请登记的具体程序是不明确的，依诉讼程序之基本原理，只能类推适用"起诉"的相关程序规则，如此便会给相关利害关系主体造成过重的程序负担，令其对登记申请望而却步。①再次，大量的群体性纠纷呈现"小额多数"的状态，就某一特定利害关系主体而言，其参加诉讼的预期收益额度很小，因此如果申请权利登记的程序负担偏重，其更有可能放弃申请权利登记。最后，《民事诉讼法》第 54 条第四款还规定"未参加登记的权利人在诉讼时效期间提起诉讼的，适用该判决、裁定"。这就意味着，不申请权利登记并未彻底失去机会，还可予代表人诉讼获得胜诉裁判后的法定期间内另行诉讼，借助代表人诉讼之裁判效力的扩张效果，以一种俗称"搭便车"的低成本方案实现其预期中的诉讼收益。

第四，我国代表人诉讼制度的代表人选任规则僵化，制约其制度功能的发挥。

依据我国《民事诉讼法》第 53、54 条及 2015 年最高人民法院《〈民诉法〉解释》第 77 条的规定②，代表人的选定程序主要是以代表

---

① 这一点在最高人民法院《〈民诉法〉解释》（法释〔2015〕5 号）第 80 条中得到了印证。该条规定："根据民事诉讼法第五十四条规定向人民法院登记的权利人，应当证明其与对方当事人的法律关系和所受到的损害。证明不了的，不予登记，权利人可以另行起诉。人民法院的裁判在登记的范围内执行。未参加登记的权利人提起诉讼，人民法院认定其请求成立的，裁定适用人民法院已作出的判决、裁定。"该条规定与之前已经废止的《最高人民法院关于适用〈中华人民共和国民事诉讼法〉若干问题的意见》（法发〔1992〕22 号）第 64 条完全一样。

② 《〈民诉法〉解释》第 77 条："根据民事诉讼法第五十四条规定，当事人一方人数众多在起诉时不确定的，由当事人推选代表人。当事人推选不出的，可以由人民法院提出人选与当事人协商；协商不成的，也可以由人民法院在起诉的当事人中指定代表人。"该条规定与之前已经废止的《最高人民法院关于适用〈中华人民共和国民事诉讼法〉若干问题的意见》（法发〔1992〕22 号）第 61 条完全一样。

人诉讼中"当事人人数确定与否"和"诉讼标的是'共同'还是'同一种类'"为标准加以区分的。对其可做如下图示（图2）：

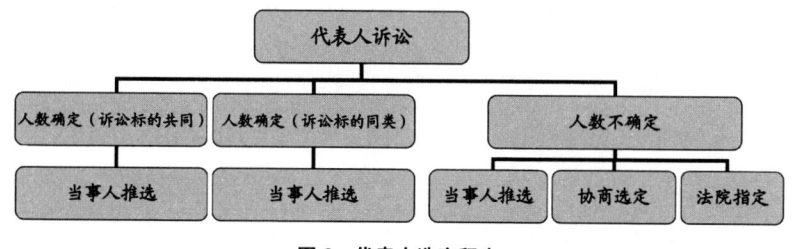

图2　代表人选定程序

这种代表人选任程序方案在立法层面存在逻辑性的缺陷：

首先，其以代表人诉讼之人数确定与否，形成了两种代表人选定程序，即在人数确定的代表人诉讼中仅可由"当事人推选"代表人，而在人数不确定的代表人诉讼中，却可由"当事人推选""法院与当事人协商选定"或"法院指定"代表人选。但是，依《民事诉讼法》第54条之规定，在人数不确定的代表人诉讼中，要先发出公告，陈明案件基本情况和当事人已经提出的诉讼请求，并通知权利人在公告确定的期间内向人民法院申请登记，待登记期届满，即人数确定后，再由已经向人民法院提出申请并获准登记的权利人推选代表人。可见，其代表人选定程序的启动，是在人数确定之后。因此，简单地以"人数确定与否"为标准界分两种代表人选定程序方案，在立法逻辑上是有问题的。

其次，就"当事人推选""法院与当事人协商选定"和"法院指定"三种代表人选定方案，立法规定了强制性的顺位关系。然而，在程序技术逻辑上讲，三种方案相互间并不存在绝对的技术差异，甚至在技术上是可以兼容的。比如，先由法院初步圈定代表人选范围，再由当事人于圈定范围内推选具体人选，就既可理解为"当事人推选"，也可界定为"法院与当事人协商选定"。再如，先由当事人推选代表人选，在人选数量过多时，再由法院于人选范围内指定具体人选，又既可理解为"当事人推选"，也可界定为"法院与当事人协商选定"，甚至不能完全排除"法院指定"的因素。所以，强制性规定三者间的顺位关系，在立法逻辑上是难以成立的。

再次，依第53、54条之规定，只能推定立法之本意非常强调代表人人选方案的"整体性"和"一致性"，即要求所有当事人"共同"选定代表人选。这一立法理念也会加大代表人选定程序的难度，不利于司法实践中的灵活应对。就此，笔者认为，只要能产生恰当的代表人选，人选方案的"整体性"或"一致性"是完全可以放弃的，采用分组选定、分级选定的代表人选定方案，在程序技术逻辑上是没有任何障碍的。

最后，立法所规定的代表人选定程序，在形式逻辑上是不周延的。因为，从逻辑上讲，任何一种选定程序模式都有可能遭遇那种"终极性的意外"，即最后一个当事人成员无法选定自己满意的代表人选。而在现行立法中，对这种极端情形，没有明确规定相应处理方案。从立法逻辑上讲，就这种极端情形，有两种处理方案，即"自行参与诉讼"和"另行诉讼"（仅限"诉讼标的是同一种类的情形"）。

表现在司法实践层面，这种代表人选定程序则极易陷入僵化的困境。当全体当事人无法共同推选出代表人选时，通常已经形成了较大的争议，此时再机械地求助于"法院与当事人协商选定"往往也难以奏效。此时，虽然在逻辑上还可寻求"法院指定"，但受制于我国之司法权威与公信力的现状，法院强行指定代表人选的方案往往也难以奏效。由其指定的代表人选，很难获得当事人的信任，导致其在授权环节对代表人的权限加以限制，从而对代表人诉讼程序的高效推进构成障碍。

第五，我国代表人诉讼制度的代表人授权规则僵化，制约其制度功能的发挥。

依据《民事诉讼法》第53、54条的规定，代表人的诉讼行为对其所代表的当事人具有法律效力，但代表人实施变更诉讼请求、放弃诉讼请求、承认对方诉讼请求或进行和解等诉讼行为时，必须获得被代表当事人的特别授权。可见，在我国的代表人诉讼中，代表人产生后，被代表人并不当然退出诉讼程序，其仍为诉讼之当事人，代表人基于选定程序仅能获取程序性的诉讼实施权，不能直接取得实体性的诉讼处分权。究其立法本意，大概源于两方面的考虑：一者，令代表人基于选定程序直接获取程序性的诉讼实施权，可以加快程序推进，降低程序成本，提高诉讼效率；二者，实体性的诉讼处分权关乎全体当事人之切身实体利益，为制约代表人，防止其滥用代表权限，禁止其基于选定程序直接获取。

这在立法逻辑上是可以成立的，但在司法实践层面，却大大制约了代表人诉讼的制度功能。作为一种群体性纠纷解决机制，代表人诉讼以当事人人数众多为显著特点，也正是基于众多当事人难以直接参与诉讼这一障碍，立法才确立了代表人诉讼制度。所以，在代表人诉讼中，部分当事人无法直接参与诉讼是不争的事实。而如果将代表人的所有处分性的诉讼行为均维系于被代表人的特别授权，将会对代表人实施诉讼程序操作构成障碍，不利于程序的高效推进，甚至会对民事诉讼的一些基本制度方案的实施构成实质性的障碍。如我国立法非常强调的"诉讼调解"制度，其程序推进以当事人的处分权利为基本前提。故在代表人诉讼中，当由代表人实施诉讼时，如欲顺利推进调解程序，则必须代表人享有实体性的诉讼处分权。但依代表人诉讼之程序规则，代表人并不能基于选定程序直接获得处分的权利，其所有处分性的诉讼行为均维系于被代表人的特别授权。而要在调解程序中及时就相关处分事项由被代表人向代表人完成特别授权，显然并非易事。

第六，我国代表人诉讼的裁判效力扩张制度缺乏具体程序规则的支撑，制约其制度功能的发挥。

《民事诉讼法》第54条的规定，在起诉时人数不确定的代表人诉讼中，确立了将其裁判的效力扩张及于未能参加该次诉讼之案外主体的制度方案。立法之所以采用这一制度方案，恰恰是因为此种案外主体与代表人诉讼中的多数当事人面对共同的事实和法律问题，从而提出了同种或类似的诉讼请求项目，为避免裁判主体就相同或类似问题为矛盾判断，才于制度层面认可前诉裁判之效力扩张及于案外主体。具体而言：首先，人数不确定之代表人诉讼的判决理由中之事实判断对后诉程序于事实认定层面产生预决效力。所谓判决理由中之事实判断的预决效力，亦称"已确定事实的预决力"①，或"已决事实的预决效力"②，也有学者称其为"民事既判事实之预决效力"③。即：先期确定判决已就某主要事实争点于判决理由中作出判断，当其在后续诉讼或其他程序中再次形成争议时，当事人可不再举证，而由裁判主体根据当事人的主张对其作出一致的判断。④其次，人数不确定之代表人诉讼的判决理由中之法律判断对后诉程序于法律适用层面产生先决效力。所谓判决理由中之"法律判断"的先决效力，即：先期确定判决已就某主要法律争点于判决理由中作出判断，当该法律争点在后续诉讼或其他程序中再次形成争议时，后续程序之裁判主体应将其作为判断法律关系状态、确定权利义务内容的先决性依据，并对系争法律关系作出与之一致的判断。⑤由此，亦使代表人诉讼在一定程度上承载着维护民事公益的制度功能。但是，代表人诉讼之裁判效力对案外相关利益主体的扩张并非"当然之法定效果"，而须以相应的程序要件为必要前提，即：一者，相关利益主体于法定期间内启动后诉程序；二者，法院依当事人请求于裁判时援引前诉代表人诉讼裁判。所以，代表人诉

---

① 江伟、常廷彬：《论已确认事实的预决力》，《中国法学》2008年第3期。
② 翁晓斌：《论已决事实的预决效力》，《中国法学》2006年第4期。
③ 胡军辉：《论民事既判事实之预决效力》，《湘潭大学学报》2010年第4期。
④ 丁宝同：《论争点效之比较法源流与本土归化》，《比较法研究》2016年第3期。
⑤ 丁宝同：《论争点效之比较法源流与本土归化》，《比较法研究》2016年第3期。

讼仍然于基本理念层面坚守传统民事诉讼之私益属性原理，只是通过一些初级的技术性程序规则实现其纠纷解决和利益救济之法律效果的公益性扩张，借以承载"集合性公益"之价值目标。

然而，单从《民事诉讼法》第54条的规定看，在后诉中法院基于当事人请求而于裁判时援引前诉代表人诉讼裁判的程序规则是不明确的。尽管1992年最高人民法院《关于适用〈中华人民共和国民事诉讼法〉若干问题的意见》（法发〔1992〕22号，已经废止）第64条就曾规定：未参加登记的权利人如果在诉讼时效期间之内向法院提起诉讼，法院经审理认定其请求成立的，应该裁定适用之前已经作出的代表人诉讼判决、裁定。而且，2015年2月4日起施行的《〈民诉法〉的解释》第80条也延续了这一规定。但也只是明确了后诉援引前诉代表人诉讼裁判的裁判文书类型，相关程序操作仍不明确，如：当事人如何提出援引请求，是否可以援引前诉裁判理由部分的判断结论，是否可以援引前诉裁判主文部分的判断结论等。

这种过于粗线条的立法方案会带来两个方面的弊端：其一，导致代表人诉讼之裁判效力扩张制度功能无法充分释放。因为，缺乏具体程序规则的支撑，当事人就不知道如何通过启动后诉程序以援引前诉代表人诉讼之裁判的扩张性效力，法院也难以就其实现规范的程序操作。其二，诱发"搭便车"的想法使更多利害关系主体放弃申请权利登记。因为，这种规定似乎意味着，不申请权利登记并未彻底失去机会，还可予代表人诉讼获得胜诉裁判后的法定期间内另行诉讼，借助代表人诉讼之裁判效力的扩张效果，以一种成本更低的方案实现其预期中诉讼收益。

（二）代表人诉讼之动力失源

选择代表人诉讼的动力主要来自两个方面，即法院与当事人（及其律师）。它们在根本意义上决定了我国代表人诉讼的制度效果，现有的制度方案难以满足各方的利益诉求,从而令其丧失对代表人诉讼作出程序选择的动力,这也是导致我国代表人诉讼制度进入"休眠"状态的根本原因。① 主要表现在两个方面:其一,当事人(及其律师)缺乏选择代表人诉讼程序的动力;其二,法院缺乏选用代表人诉讼制度的动力。

第一,代表人诉讼之当事人的程序选择动力缺失。

对代表人诉讼之动力机制中的当事人这一维度,我们可以将其拆分为三项技术指标:当事人选择代表人诉讼程序的动力、代表人实施诉讼程序的动力和律师推进代表人诉讼程序的动力。

当事人选择代表人诉讼的动力通常会受到三个方面因素的影响:

其一,基于诉讼成本的利益衡量。"在民事诉讼中忘却了诉讼目的与诉讼成本间的平衡杠杆,法院的作用便难以挂齿。"② 就代表人诉讼而言,其聚合了众多当事人的单一诉权,塑造为单一的诉讼程序方案,以实现诉讼程序的集约化纠纷解决,其节省诉讼成本的制度优势不言而喻。因此,在这一维度,当事人本应有着充分的程序选择动力。

其二,诉权行使的便捷程度。就我国之代表人诉讼而言,其程序启动初期通常仍表现为个案化的单独或共同起诉,立案机构也只能逐一审查立案,之后形成共同诉讼,再于人数众多时启动代表人诉讼程序。其后,当事人诉权的行使还将面对权利登记、代表人选定和授权等程序环节。众多的程序环节,似乎对代表人诉讼中当事人诉权的行使构成了障碍。但笔者认为,这仅仅是站在宏观立场上观摩代表人诉讼中全体当事人诉权行使的过程,作为一种集约化的纠纷解决方案,程序规则的复杂化是不可避免的。而如果站在单个当事人的单一诉权的立场,其相关程序规则并未复杂化。因为,就单个当事人而言,其

---

① 王福华:《代表人诉讼中的利益诉求》,《法学》2006 年第 6 期。
② 小岛武司:《诉讼制度改革的法理与实证》,陈刚等译,法律出版社 2001 年版,第 56 页。

单一诉权的行使不过就是经历了"起诉或申请权利登记"和"选定代表人并授权"这两个程序环节。相比于通常的个案诉讼,"选定代表人并授权"是一个额外的程序环节,但其换来了由代表人代为实施诉讼的便利。因此,在这一维度,至少不会对当事人选择代表人诉讼的动力构成实质性的障碍。

其三,利益共同体形成的难易程度。众多当事人能否顺利启动代表人诉讼程序,最后还要取决于其间能否顺利地结成利益共同体,这是所有类似群体性诉讼制度方案能否顺利启动的重要制约因素,也是对当事人选择代表人诉讼的动力构成实质性障碍的因素。就此,我国代表人诉讼制度所面对的情况就较为复杂了。群体性纠纷大量存在在我国已是不争的事实,然而众多的利害关系主体却缺乏形成利益共同体所必要的聚合形式。域外群体性诉讼制度发展进程中的实践经验表明,就群体性纠纷而言,受害者利益共同体的塑造对于群体性诉讼制度的运用至关重要,而利益共同体的塑造往往需要众多利害关系主体间的沟通和策划于诉讼程序启动前早已实质性地展开。[①] 而在我国,维护社会稳定依然是首要任务,自治性社会群体的生存土壤还十分贫瘠,群体性纠纷在通往诉讼的路途上往往缺乏这种有效的预先沟通和策划,无法顺利形成利益共同体,也就难以顺利启动代表人诉讼程序。因此,在立法层面开放、在实践层面培育以公益维护为宗旨的民间自治性团体、组织,为群体性纠纷的预先沟通和策划提供可能,促使利益共同体顺利形成,是增强当事人选择代表人诉讼之动力的关键。

代表人实施代表人诉讼的动力基本取决于对代表行为之收益的预

---

① 例如日本横田基地飞机噪音诉讼案就是由当事人自愿组成的"消除横田基地噪音会"拉开序幕的,他们的前奏性的工作包括及时向日本政府的防卫厅和美军横田基地的领导陈述情况等。再如,英美的集团诉讼中的原告们一般在开始诉讼之前就以某种方式进行了组织,即使没有明白的组织形式,但至少也可以在某种意义上看出他们为了一定的共同利益而采取了共同的行动。参见谷口安平:《程序的正义与诉讼》,中国政法大学出版社2002年版,第250页。

期。在代表人诉讼程序进程中，被代表的当事人通常并不直接参与程序操作，诉讼由代表人代为实施。这意味着，代表人需投入更多的时间、精力，乃至金钱，客观上就需要相应的利益补偿和激励机制。此种机制如果缺失，必然导致代表人失去代为实施诉讼的动力。而在我国民事诉讼立法中，对此内容恰恰未做任何规定。所以，在代表人诉讼实践中，出现多数成员拒绝担任代表人，甚至全体成员无人担任代表人的现象，也就不难理解了。因此，确立代表人报酬制度，从而充实代表人之诉讼实施动力机制，对于代表人诉讼制度能否摆脱现实困境有重大意义。①

通常而言，律师对诉讼的驾驭动力首先源自讼争标的价值金额的大小，而讼争标的价值金额的提高往往源于两方面的因素："单一法律关系的内容"和"类似法律关系的规模"。因此，就代表人诉讼而言，其所面对的群体性纠纷，往往隐含着巨大的讼争金额，从而在三个方面提升律师的参与动力：首先，在某些类型的群体性纠纷（如证券类群体纠纷）中，相关利益主体往往基于强烈的诉讼期待，而愿意承受高昂的律师代理费用；其次，在群体性纠纷的诉讼代理中，律师如果采用风险代理的协议方案，可进一步推高代理费用；最后，群体性纠纷所带来的广泛社会影响和媒体关注度，可能会为其代理律师赢得更好的社会声誉，从而为其赢得潜在的市场份额。律师的参与，对于代表人诉讼程序的正常运转意义重大。首先，利益共同体的塑造对于群体性诉讼制度的运用至关重要，而律师的积极参与可以促使相关的利害关系主体到律师执业机构进行免费的委托预约登记，从而为其间的

---

① 江伟教授生前主持编写的《〈中华人民共和国民事诉讼法〉修改建议稿（第三稿）及立法理由》第71条之立法说明中就提到："实践中代表人参与诉讼维护利害关系人的积极性并不高，为了鼓励代表人积极履行代表职责，维护被代表人的权益，本法特规定代表人有权获得一定的报酬。"江伟：《〈中华人民共和国民事诉讼法〉修改建议稿（第三稿）及立法理由》，人民法院出版社2005年版，第134页。

诉前沟通和策划提供信息交流平台，加速推进利益共同体的尽快形成。其次，律师参与代表人诉讼，可以替法院完成一些相关的程序操作，如代表人的推选、被代表人的授权等，从而减轻受诉法院的负担。再次，律师参与代表人诉讼，有利于缓和群体性纠纷中广泛存在的过度对抗情绪，促使群体成员诉讼行为和期待趋于理性化，使诉讼程序的推进趋于流畅，并增大和解、调解的概率。但当前在我国，律师驾驭代表人诉讼的动力会受制于以下因素：首先，尽管隐含着巨大的商业利益，但群体性纠纷的诉讼程序操作往往也极为复杂，代理工作也会极为繁重，而在当前的律师执业机构体系状态下，很多律师甚至事务所都无力驾驭。其次，群体的规模推高了讼争的金额，同时也加大了代理费用收取的难度，而当前的律师执业法律规范体系对此缺乏有力的保障。再次，风险代理的协议方案，尽管可进一步推高代理费用，提高律师的积极性，但其收益是与诉讼结果挂钩的，包含了突出的不确定性，而在我国当前的律师执业法律规范体系中，对群体性案件的风险代理是被禁止的。[1] 最后，尽管代表人诉讼可能为律师赢得更好的社会声誉和潜在的市场份额，但在我国当下的制度背景中，也隐含着严重的政治风险。如在企业改制、房屋拆迁、土地征用等特别领域所产生的群体性诉讼案件中，纠纷的根源往往深植于新旧体制的转换夹缝中，律师在诉讼进程中的程序处置稍有不慎，就有可能导致群体性社会事件的发生。此时，律师所本应拥有之为维护当事人之合法权益而竭力理争的专业精神势必会被阉割，作为一种为私人权利维护而形成的特殊职业，似乎也将从根本意义上失去存在的价值。[2]

---

[1] 2006年12月1日施行的，由国家发改委、司法部于2006年4月13日联合发布的《律师服务收费管理办法》（发改价格〔2006〕611号）第12条规定："禁止刑事诉讼案件、行政诉讼案件、国家赔偿案件以及群体性诉讼案件实行风险代理收费。"

[2] 李学尧：《法律职业主义——兼论律师职业在社会转型期的定位》，《法学研究》2005年第6期。

第二，代表人诉讼之法院制度选用动力缺失。

法院缺乏选用代表人诉讼制度的动力，其原因是多方面的。如：司法独立性的缺失、指标管理机制下的功利性取舍、立案程序环节中的超职权主义等。这些因素导致在国家权力体系中，法院是被弱化的一极，法院体系内部的管理和评价机制呈现高度行政化的姿态，迫使法院（官）在审理具体案件时过分顾虑其综合性的社会效果。诉讼被赋予了内涵丰富但不明确的维稳职能，审判要负责缝合法律与社会之间的裂痕，合法的诉讼程序操作如果会引起剧烈的社会震动，司法实践宁愿放弃，最终导致了法院系统内部对于代表人诉讼这一制度方案的意愿外排斥。但究其根源，在于"政策实施型"的司法体制背景。

"政策实施型"司法与"纠纷解决型"司法对应，这是由美国学者达玛什卡所倡导的"司法程序类型化分析"研究路径中的一种二元分类方案。在"政策实施型"司法理念中，重实体轻程序倾向非常明显，法院对当事人的程序选择空间进行多重限制，而法院在诉讼程序中变得更加积极、主动，甚至力图为实施国家政策而改变审判的轨迹，律师的作用则受到多重因素制约，且判决所应当拥有之既判力也根本得不到重视。而在"纠纷解决型"司法理念中，纠纷解决程序本身的正当性更为引人重视，完全由当事人主导诉讼程序的启动、推进和结束，诉讼中的法院中立且消极，律师的作用全面而活跃，并特别强调判决效力的稳定性。① 依此定性，我国的司法显然属于"政策实施型"。在"政策实施型"的司法体制背景下，我国代表人诉讼之动力机制中的法院一源，在相当大程度上受制于司法政策的导向。

首先，在"政策实施型"司法体制背景下，"法院体系内部的一致性"取代"群体性纠纷的妥当性诉讼解决"成为首要的价值取向。由

---

① 米尔伊安·R.达玛什卡：《司法和国家权力的多种面孔》，郑戈译，中国政法大学出版社2015年版，第35页。

于助行政化的层级体系，在我国法院体系内部，上级法院的政策导向对下级法院的司法举措具有实质性的决定意义。尤其是最高人民法院，由其发布的各种类型司法解释文本，向地方法院下达的书面批复，甚至是一些非正式的口头答复都能对地方各级法院的司法行为产生决定性的影响。这种现象在群体性诉讼领域表现得尤为突出。如2005年12月30日最高人民法院发布的《关于人民法院受理共同诉讼案件问题的通知》规定：一方或双方当事人人数众多的共同诉讼，应由基层法院受理，认为案件不宜作为共同诉讼受理的，也可以分别受理，在高级法院辖区有重大影响的，由中级法院受理，确需高级法院受理前述之一审案件的，应当报请最高法院批准。该规定虽言必称"共同诉讼"，但显然"醉翁之意不在酒"，其实指向群体性纠纷，指向代表人诉讼。其基本政策导向可归结为两点：一者，压低群体性纠纷的审级，将更多的群体性案件消化于基层法院；二者，为此目的，宁愿对本应进行代表人诉讼的群体性纠纷进行拆案处理。有最高院一纸令下，"立审分立"的制度方案立即被"改装"为拆分群体性案件的过滤器，各级法院通过分别立案、合并开庭、再分别判决的技术流程，就地将本应启动代表人诉讼程序的群体性案件拆解为俗称的"系列案件"。就群体性纠纷的妥当性诉讼解决而言，代表人诉讼立即消失得无影无踪。

其次，我国法院的"惰性司法"极度缺乏能动性，其庭审指挥和裁判权威严重不足，无法满足代表人诉讼程序的要求，从而加剧了下级法院对于上级法院之司法政策导向的依赖性，令各级法院丧失选用代表人诉讼制度的动力。多起个案显示，为维持法庭秩序，在群体性诉讼庭审进程中，法院宁愿采用分案审理的方式。在群体性诉讼的裁判环节，法院被赋予的"维稳"职责也明显压倒了对"公正裁判"的追求，一切均须让位于社会的稳定，裁判的效力和程序的安定均可忽略不计，判决确定后因众多当事人涉诉上访，法院不堪压力而再审改判的实例屡见不鲜。

最后，我国法院的错案追责和业绩考核制度机械且行政化，从而进一步加剧了下级法院对于上级法院之司法政策导向的依赖性，令各级法院丧失选用代表人诉讼制度的动力。代表人诉讼，其程序复杂，驾驭难度大，出错的概率自然就高，基于错案追责的考虑，法院自然会极为谨慎。业绩考核的指标体系中根本未对代表人诉讼做适当的技术处理，机械化的办案数量和结案率考核指标足以击溃法官心中对于代表人诉讼的最后一丝期待，成为压垮代表人诉讼制度的最后一根稻草。

五、代表人诉讼之内在完善

（一）代表人诉讼之立法完善

第一，以群体性纠纷的诉讼解决为目的定位代表人诉讼，摆脱对共同诉讼制度原理的过度依赖，扩张其适用范围。

我国的代表人诉讼，在制度体系逻辑上是以共同诉讼为基础的。因此，学界也基本达成共识，认为代表人诉讼是共同诉讼制度的延伸和发展。但是，不能将这种认识推向极端，否则代表人诉讼程序就将沦为共同诉讼制度的权宜性技术规则，失去其独立性价值取向。[①] 虽然以共同诉讼为源头，但在代表人诉讼制度确立之后，其并不绝对地受制于共同诉讼的制度理念和程序原理，也完全可以基于自己特有的价值目标取向就相关之制度方案和程序规则作出适合自己的修正。因此，笔者认为：首先，代表人诉讼源于共同诉讼，是其延伸和发展，这是不争的事实，所以代表人诉讼程序也必然以共同诉讼制度为基础。其次，源于共同诉讼的代表人诉讼，其价值目标取向须区别于共同诉讼，共同诉讼以遵循传统民事诉讼程序原理之诉的合并为最终价值取向，

---

① 高静、杨会新：《代表人诉讼制度的反思与重构》，《国家检察官学院学报》2002 年第 6 期。

而代表人诉讼则应以群体性纠纷的妥当性诉讼解决为最终价值目标。最后，为实现群体性纠纷的妥当性诉讼解决，立法应允许代表人诉讼在必要时突破共同诉讼的制度理念和程序原理，从而弱化"诉讼标的是同一种类"这一程序启动要件，并规定：基于同一基础性事实导致的群体性纠纷，即使因当事人对实体性权利规范的选择而导致诉讼无法在严格意义上满足"诉讼标的类似"这一程序要件，也允许当事人要求启动代表人诉讼程序，法官亦可于诉讼程序中对不属"同一种类"但以"同一事实"为基础的多项诉讼标的实施类别化合并处理。

第二，赋予当事人以选择代表人诉讼的程序权利，扩张其适用范围。

就代表人诉讼程序的启动，立法应赋予当事人以程序选择的权利，从而为扩张其适用范围提供另一种可能。并以当事人对代表人诉讼的程序选择制约法院的程序选用职权，以消除实践层面因考量司法政策性因素而在法院体系内部所形成的对于代表人诉讼的集体排斥情绪，并最终扭转代表人诉讼在我国司法实践中被弱化乃至被搁置的趋势。因当事人的程序选择而启动代表人诉讼，其程序运作将获得更加坚实的正当性基础，也有理由期待其程序运作更加流畅、高效。正如张卫平教授所言，当事人对程序拥有选择权意味着诉讼的结果对其具有程序上的正当性。[1] 因此，代表人诉讼制度应当充分地尊重当事人的诉权，立法则应当务实地赋予当事人要求启动代表人诉讼的程序选择权利。为此，应规定：共同诉讼中人数众多的一方当事人可向法院提出请求推选代表人实施诉讼。

第三，完善代表人诉讼的权利登记程序规则，为其制度功能的充分发挥奠定程序规则基础。

就代表人诉讼之权利登记程序规则的完善，当下有一种主张声势

---

[1] 张卫平：《论民事诉讼的契约化——完善我国民事诉讼法的基本作业》，《中国法学》2004年第3期。

浩大，认为应以美式集团诉讼之"不声明退出集团即视为参加诉讼"的程序原理取代我国代表人诉讼所采用的"不声明参加诉讼即视为退出集团"的程序原理，即以"申请退出制"取代"登记进入制"。[①] 其重要理由就是，美国 1938 年《联邦民事诉讼规则》曾就"集团诉讼"采用"登记进入制"的程序原理。即在法院裁定适用集团诉讼程序后，法院作出公告，相关利害关系主体只有在公告期间内申请加入该集团诉讼，才在该集团诉讼案件中成为集团成员。但是，1966 年制定的《美国联邦民事诉讼规则》却以"申请退出制"的程序原理取而代之。调查显示：在 1938 年实施之"登记进入制"的方案背景下，约有 15% 的被害人会选择加入集团诉讼，只能解决 15% 的损害情况；而 1966 年采用"申请退出制"后，则是约 15% 的被害人申请退出，即大概可以解决 85% 的纷争。[②] 可见，"申请退出制"与"登记进入制"导致美国集团诉讼在纠纷解决功能上的巨大差异，而实践证明"申请退出制"将在更大程度上扩张集团诉讼的纠纷解决功能，因此应当成为发展的方向。而"登记进入制"之所以饱受诟病，原因主要有两方面：其一，公告、申请和权利登记程序增加诉讼程序负担，削弱了代表人诉讼的程序功能；其二，"登记进入制"下，总是会有一部分利害关系主体因为信息不畅、利益衡量、对搭便车的期待，甚至是一时疏忽而不能登记进入诉讼，甚至最终选择放弃诉讼，这样就会使得违法主体被判令赔偿的金额远远低于其违法获益，也不能实现对受害者的最大程度救济，反而在间接意义上产生纵容违法行为的效果。[③]

就此观点，笔者却不敢苟同。在中国，美式集团诉讼制度模式确实广受关注，但 1991 年民事诉讼立法最终并未采用这一制度方案。究

---

① 江伟：《〈中华人民共和国民事诉讼法〉修改建议稿（第三稿）及立法理由》，人民法院出版社 2005 年版，第 135 页。
② 张茂：《美国民事诉讼法导论》，中国政法大学出版社 1998 年版，第 166-168 页。
③ 肖建华：《民事诉讼当事人研究》，中国政法大学出版社 2002 年版，第 388-389 页。

其原因,即源于其"不声明退出集团即视为参加诉讼"的制度原理。这一制度原理决定了美国模式之集团诉讼制度的程序运作,必须以充分、有效的集团成员内部信息沟通机制作为其程序保障。因为,如果某一利益主体在未及时获得有效的程序通知的情况下,基于"不声明退出集团即视为参加诉讼"的程序原理而被强行拖入诉讼,而丧失选择退出集团诉讼的程序权利时,集团诉讼的程序效果和法院裁判的强制效力将于不经意间对这一利益主体构成约束,这种程序效果将与民事诉讼之正当程序原理发生逻辑上的严重冲突。尽管依据《美国联邦民事诉讼规则》第23e条的规定,借助法官的裁量,集团成员有机会第二次获取退出集团诉讼程序的选择权,从而在一定程度上弥补这一缺陷。但就我国而言,诉讼中之程序保障的力度远不及美国,当事人之程序参与和控制能力尚处较低水平,因此以"不声明退出集团即视为参加诉讼"为基本程序原理的集团诉讼制度方案并非妥当选择。与之相反,法国之"代表人诉讼"和英国之集团诉讼却采用"不声明参加即视为退出集团诉讼"的制度原理。这一制度原理降低了诉讼对于集团成员信息沟通机制和当事人之程序参与、控制能力的要求,与我国之诉讼实践现状更相匹配。所以,我国最终选择以这一制度原理为基石,建立了现行的代表人诉讼制度。并通过确立将其裁判的效力扩张及于未能参加该次诉讼之案外主体的制度方案,实现其纠纷解决和利益救济之法律效果的公益性扩张,借以承载"集合性公益"之价值目标。

所以,笔者认为,在其他国家和地区,尤其是在具有大陆法系传统的国家或地区,就引进美式集团诉讼之"申请退出制"的问题必须持高度谨慎的态度,并充分考虑以下因素:其一,"申请退出制"的良性运作所需的立法和司法传统是否具备;其二,"申请退出制"的引进是否符合既有的法制文化传统;其三,引进"申请退出制"后是否有能力防止其被滥用;其四,"申请退出制"的引入是否与既有的群体性诉讼制度方案产生制度性功能冲突。而就我国代表人诉讼的"登记进入制"这一制度选择结果而言，它再一次印证了：不同国家和地区就群体性纠纷之诉讼制度方案所作出的不同选择，更应当解读为基于历史性综合因素的实然性结果，而非基于比较法之制度理性衡量的应然性取舍。就此，也有学者指出："群体诉讼成员的确定涉及谁将受到判决的约束，对群体纠纷的解决至关重要。从本质层面上讲，这是一个关于个人权利是否应该在不经其本人同意的情况下被强制性确定的政策选择问题。"① 之所以选择"登记进入制"，并非因为其在制度功能预期上优于"申请退出制"，而是因为其制度方案与我国的诉讼制度体系和司法实践状态更加匹配；之所以不选择"申请退出制"，也并非因为其在制度功能上劣于"登记进入制"，而是因为时下中国之诉讼制度体系和司法实践状态不足以为其良性运作提供有力支撑。而这种制度方案的选择一旦转化为历史性的实然结果，基于法律制度体系所蕴含的路径依赖特性，就根本不可能再依靠比较法之制度理性衡量的力量予以扭转。所以，在中国的代表人制度中，以美式集团诉讼之"申请退出制"取代英式集团诉讼之"登记进入制"程序原理，既无制度理性之必要，亦无现实感性之可能。

综上，笔者认为，我国代表人诉讼之权利登记程序规则，应坚持"登记进入制"的程序原理定位，但也应予以具体化、明确化，增强其可操作性，避免其在实践运作中僵化，控制其负面效应，从而为代表人诉讼之制度功能的充分发挥奠定程序规则基础。具体而言：首先，应当明确规定要求法院根据当事人的意愿选择恰当的公告方式和相对准确的公告内容，以确保相关利害关系主体能够更为充分地获得案件信息，使其获得申请登记机会。其次，应当明确规定并简化权利人申请登记的程序环节，不能类推适用"起诉"的相关程序规则，以减轻

---

① 章武生等：《中国群体诉讼理论与案例评析》，法律出版社 2009 年版，第 142 页。

相关利害关系主体的程序负担,为其提供申请登记的动力。最后,应为《民事诉讼法》第 54 条第四款规定的裁判效力扩张制度提供具体的程序规则,明文规定后诉中援引先前代表人诉讼裁判的相关程序要件,以使通过后诉借用代表人诉讼裁判之扩张性效力的"便车成本"与通过权利申报程序进入代表人诉讼程序的诉讼成本相匹配,以削减相关利害关系主体之"搭便车"的动力。

第四,完善代表人诉讼制度的代表人选任程序规则,为其制度功能的充分发挥提供程序性支持。

就我国之代表人选任程序规则的完善,笔者认为,应当本着避免僵化的目标,消除现行代表人选任程序规则在立法层面所存在的逻辑性缺陷,使其能够灵活应对代表人诉讼实践的现实需求。

首先,不应以代表人诉讼之人数确定与否为标准而区别对待,形成两种代表人选定程序,而应将"当事人推选""法院与当事人协商选定"和"法院指定"代表人选的方案通用于所有的代表人诉讼。从而形成下图(图 3)之代表人选定程序:

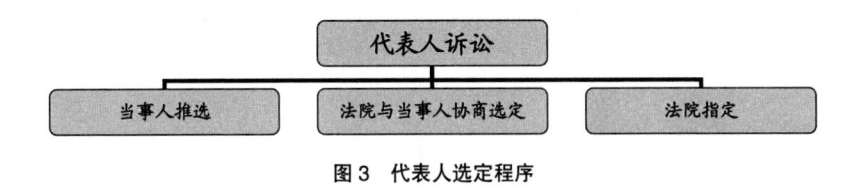

图 3 代表人选定程序

其次,就"当事人推选""法院与当事人协商选定"和"法院指定"三种代表人选定方案,立法应抛弃强制性关系顺位,并要求法院基于当事人的意愿灵活运用。比如,先由法院初步圈定代表人选范围,再由当事人于圈定范围内推选具体人选。又如,先由当事人推选代表人选,在人选数量过多时,再由法院于人选范围内指定具体人选。

再次,立法不应将代表人人选方案的"整体性"和"一致性"作为硬性价值指标，不应强求所有当事人"共同"选定代表人选，而应为分组选定、分级选定、明示选定、默示选定等代表人选定方案提供充分的制度空间。

最后，立法应为无法选定自己满意的代表人选的当事人成员提供程序性出路，即在"诉讼标的共同"的情况下允许其"自行参与诉讼"，在"诉讼标的同一种类"并能满足其他相关程序要件的情形下允许其"自行参与诉讼"，或令其"另行诉讼"。

第五，完善代表人诉讼制度的代表人授权程序规则，为其制度功能的充分发挥提供程序性支持。

就我国代表人诉讼之代表人授权程序规则的完善，当下有两种代表性的主张。第一种认为，应当借鉴"选定当事人"制度的基本理念。规定：代表人的选定程序本身就已经完成了被代表人对代表人的特别授权，即代表人基于选定程序直接获得实体性的诉讼处分权，并与被代表人之间产生任意性诉讼担当的程序法律关系（而非诉讼代理的关系），代表人将于诉讼程序中取得"特设性法律地位"[①]，而被代表人在选定代表人后应当然性地退出诉讼。另一种认为，可以借鉴美式"集团诉讼"中，以"不声明退出集团即视为参加诉讼"之程序原理为源头的默示授权程序技术[②]。规定：代表人诉讼中代表人的选定程序推定产生特别授权的法律效果，即除非在选定程序中被代表人明确"收回"特别授权事项，否则代表人将基于选定程序直接获得实体性的诉讼处分权。

就第一种方案，其在本质上无异于用"选定当事人"制度取代"代表人诉讼"。因为，两种制度方案的差异本就局限于程序技术逻辑层面：就代表人诉讼而言，其程序技术逻辑可概括为"释放之后的内

---

① 中村英郎：《新民事诉讼法讲义》，陈刚等译，法律出版社2001年版，第84页。
② 不声明退出集团不但视为参加诉讼，而且视为向集团诉讼的发起主体实施特别授权。

敛"。其程序运作在产生代表人选以后,被代表人并不完全退出诉讼,依然是诉讼之当事人,只是可以不直接实施诉讼,所以依民事诉讼之私益属性原理,法院的裁判将直接对其产生效力。以此为基础,代表人诉讼所做的技术性调整是将裁判效力扩及于案外相关利益主体,可以称为其诉讼效果的"释放"。但其裁判效力向案外相关利益主体的这种扩张并非"当然之法定效果",而须以相应的程序要件为必要前提(一者,相关利益主体于法定期间内启动后诉程序;二者,法院依当事人请求于裁判时援引前诉代表人诉讼裁判),此即"释放之后的内敛"。就选定当事人诉讼而言,其程序技术逻辑则可概括为"内敛之后的释放"。与代表人诉讼不同,在其程序运作中,首先所做的技术性调整是规定在产生被选定人选以后,选定人当然地完全退出诉讼,不再是诉讼之当事人,更不直接实施诉讼,从而简化了诉讼的程序操作,此即其诉讼效果的"内敛"。既然选定人已经完全退出了诉讼,那么依民事诉讼之私益属性原理,法院的裁判本不能直接对其产生效力。基于此,选定当事人诉讼又做了进一步的技术性调整,即将其裁判的效力扩及于已经完全退出诉讼程序的选定人,此即"内敛之后的释放"。所以,一旦规定"被代表人在选定代表人后当然性地退出诉讼",代表人诉讼与选定当事人制度间的最基本的程序技术逻辑差异就将归于消灭。就该方案,笔者认为:单纯地依据程序技术逻辑层面的差异,不足以认定制度方案间的优劣关系,也不足以就类似制度方案作出有说服力的取舍。因此,退一步假设,即使引入选定当事人诉讼取代代表人诉讼,在程序技术逻辑上以"内敛之后的释放"取代"释放之后的内敛",也不可能实质性地扭转局面,导致当前代表人诉讼在我国司法实践中被弱化乃至被搁置的因素,同样会令选定当事人诉讼陷入相同的困境。

因此,笔者更倾向于第二种方案。与前一种方案不同,规定"代表人诉讼中代表人的选定程序推定产生特别授权的法律效果",仅仅是在程序规则设计中借鉴了美式"集团诉讼"中以"不声明退出集团即视为参加诉讼"之程序原理为源头的默示授权程序技术，从而对我国之代表人授权程序规则进行技术性的调整，并不会在根本上颠覆代表人诉讼的制度逻辑。因为：一者，被代表人仍可在代表人选定程序中明示"收回"特别授权事项；二者，尽管推定代表人基于选定程序直接获得实体性的诉讼处分权，但被代表人并不因此而当然性地退出诉讼。

第六，完善代表人诉讼之裁判效力扩张程序规则，为其制度功能的充分释放提供程序性的保障。

应为《民事诉讼法》第 54 条第四款规定的裁判效力扩张制度提供具体的程序规则，明文规定后诉中援引先前代表人诉讼裁判的相关程序要件。目的有二：一者，为代表人诉讼之裁判效力扩张制度功能的充分释放提供程序性的保障。二者，使通过后诉借用代表人诉讼裁判之扩张性效力的"便车成本"与通过权利申报程序进入代表人诉讼程序的诉讼成本相匹配，削减相关利害关系主体之"搭便车"的动力。

具体而言，相关程序规则应明确以下事项：其一，当事人后诉中提出援引请求必须有充分的证据证明其与对方当事人间的实体法律关系和基础性法律事实与之前代表人诉讼的一致性；其二，当事人必须通过正式的书面性诉讼文件向法院提出援引请求；其三，当事人请求援引代表人诉讼判决理由部分的判断结论仅限于后诉中的同一基础性事实争议或法律争议事项；其四，当事人请求援引代表人诉讼判决主文部分仅限于其就诉讼请求所为之"定性判断"。

（二）代表人诉讼之动力机制构建

从立法的目标出发，只有当法律规则体系中的每一项都清楚明确地指向它所要推动的目标，并且该目标所必须之基本根据已经明确时，这个法律规则体系才称得上是"合理和开化"的。① 因此，以我国群体性纠纷案件的实践现状为背景，代表人诉讼制度之"合理与开化"的程度同样在根本意义上取决于其立法预设目标——群体性纠纷的妥当性诉讼解决。就此，只有通过满足各方的利益诉求，为法院与当事人（及其律师）选择代表人诉讼提供动力机制，我国代表人诉讼制度才可能摆脱"休眠"之困境。② 所以，要完成的任务有两项：其一，为当事人（及其律师）选择代表人诉讼和代表人实施诉讼提供动力机制；其二，为法院选用代表人诉讼制度提供动力机制。

第一，为当事人（及其律师）选择代表人诉讼和代表人实施诉讼提供动力机制。

代表人诉讼之动力机制中的当事人一源又可拆分为三项技术指标，即：当事人选择代表人诉讼的动力、代表人实施代表人诉讼的动力和律师驾驭代表人诉讼的动力。

当事人选择代表人诉讼的动力通常会受到三个方面因素的影响，即基于诉讼成本的利益衡量、诉权行使的便捷程度和利益共同体形成的难易程度。众多当事人能否顺利启动代表人诉讼程序，最后还是要取决于其间能否顺利地结成利益共同体，这是所有类似群体性诉讼制度方案能否顺利启动的重要制约因素，也是当前在我国对当事人选择代表人诉讼的动力构成实质性障碍的因素。维护社会稳定依然是我国当前的首要任务，自治性社会群体的生存土壤还十分贫瘠，群体性纠纷在通往诉讼的路途上往往缺乏这种有效的预先沟通和策划，无法顺利形成利益共同体，也就难以顺利启动代表人诉讼程序。因此，在立法层面开放，在实践层面培育以公益维护为宗旨的民间自治性团体、组织，为群体性纠纷的预先沟通和策划提供可能，促使利益共同体顺

---

① 斯蒂文·J.伯顿：《法律的道路及其影响》，张之梅等译，北京大学出版社2005年版，第6页。
② 王福华：《代表人诉讼中的利益诉求》，《法学》2006年第6期。

利形成，是增强当事人选择代表人诉讼之动力的关键。

代表人实施代表人诉讼的动力基本取决于对其实施之代表行为的收益预期。因此，为代表人实施诉讼提供动力机制，首先要建立代表人报酬制度，这对于代表人诉讼制度摆脱困境意义重大。江伟教授生前主持编写的《〈中华人民共和国民事诉讼法〉修改建议稿（第三稿）及立法理由》第71条所陈明之立法理由中就提到：司法实践中，代表人实施诉讼的积极性很低，为鼓励代表人更加积极地履行程序职责，维护被代表人的合法权益，本条规定代表人拥有获得一定报酬的权利。①

在我国当前，增强律师驾驭代表人诉讼的动力，应着力于以下几个方面：首先，完善律师执业机构法律规范体系，改善律师执业机构体系状态，促使产生更多经营规模大的律师执业机构，以为律师驾驭代表人诉讼提供坚实的执业机构保障。其次，完善律师执业法律规范体系，为律师代理费用的收取提供更充分的制度保障，为律师驾驭代表人诉讼保驾护航。再次，废除禁止律师对群体性诉讼案件实施风险代理的规定，以释放风险代理对于律师驾驭代表人诉讼之动力的拉动效果。最后，完善相关规定，并严格落实律师在诉讼代理中的司法豁免原则，消除律师驾驭代表人诉讼的后顾之忧。

第二，为法院选用代表人诉讼制度提供动力机制。

在"政策实施型"司法体制背景下，我国代表人诉讼之动力机制中的法院一源，在相当大程度上受制于司法政策的导向。为摆脱困境，增强法院选用代表人诉讼制度的动力，从长远讲，应着力于以下几个方面：

首先，应逐步削弱，并最终取消法院体系内部行政化的层级体系

---

① 江伟：《〈中华人民共和国民事诉讼法〉修改建议稿（第三稿）及立法理由》，人民法院出版社2005年版，第134页。

和领导机制,以使"群体性纠纷的妥当性诉讼解决"重新成为群体性诉讼制度方案的首要价值目标,从而逐步削弱,并最终消除司法政策导向对法院选用代表人诉讼制度的动力制约。

其次,应当逐步增强我国法院的司法能动性,改变当前"惰性司法"的工作模式,增强法院的庭审指挥和裁判权威,以满足代表人诉讼程序运作的内在要求,从而削弱下级法院对于上级法院之司法政策导向的依赖性,增强各级法院选用代表人诉讼制度的动力。

最后,应完善我国法院体系内部的错案追责和业绩考核制度,使其摆脱行政化、机械化的困境,从而削弱下级法院对于上级法院之司法政策导向的依赖性,增强各级法院选用代表人诉讼制度的动力。具体而言,比如可以改变代表人诉讼案件在法官业绩考核的指标体系中的计数方式,或增加代表人诉讼案件在法官业绩考核的指标体系中的权重系数等。

第三节 示范性诉讼制度的引进

一、引进示范性诉讼之法理可行性

在英美法系传统和大陆法系传统的国家和地区,基于成文法的规定或判例法的原理,示范性诉讼已经形成了制度性实例。

在美国,示范性诉讼是作为集团诉讼的一种前导性制度方案加以规定的,具有阻止法院确认集团诉讼的程序功能,《美国联邦民事诉讼规则》23b(3)规定:法院在确认集团诉讼程序之前,必须作出集团诉讼相比其他替代性制度方案更能有效解决群体性纠纷的评估结论,否则就应采用替代性的制度方案实施诉讼。这些替代性的制度方案包括:单独诉讼、强制或任意的当事人合并、第43a规定的参加式合并、跨州的合并、由另外的法院或行政机构解决以及前导性的示范性诉讼。

在英国，示范性诉讼则被作为集团诉讼的一种替代性审理方案加以规定，在一定程度上具备替代集团诉讼审理程序的功能。《英国民事诉讼规则》第 19.13 条就规定：受理案件的法院可依职权作出指令，从已经获准登记的集团性案件中选择多宗或一宗案件，实施示范性审理，并可为原告或被告指定一名或多名首席律师（lead solicitor）。第 19.15 条则规定：试验性诉讼也可以达成和解。如法院已选定进行示范性诉讼的案件达成和解，受案法院须重新选定示范性诉讼案件，法院在之前的示范性审理中所作出的任何裁判性结论，对更换案件之后的示范性审理程序具有拘束力。①

在德国，确立示范性诉讼制度的重要目的在于弥补其团体诉讼制度的缺陷。其团体诉讼的制度功能聚焦于群体性案件中所蕴含之"集合性公益"的不可分性和扩张性，以预防、制止违法行为对"集合性公益"的危害为核心目标，而不以团体成员之个体性利益损害的赔偿性救济为程序目的，其诉请形态主要表现为"停止侵害之诉"或"撤销之诉"，而非"侵权损害赔偿之诉"，团体诉权的赋予并不侵蚀团体成员就其个体性利益寻求损害赔偿的诉权，其完全可于团体诉讼之外就其私益损害赔偿事宜另行诉讼。因此，在一定程度上，德国民事诉讼之承载"集合性公益"的功能，是由其团体诉讼和示范性诉讼共同实现的。德国的示范性诉讼始于行政诉讼领域，其《行政诉讼法》第 93—1 条第一项规定：就同一行政措施之合法性的争议，如有二十件以上的诉讼系属于法院，法院可裁定选择其中一件或数件适当的案件，进行示范性的审理，并中止其他案件的审理程序。对于法院作出的进行示范性审理的裁定，当事人不能提出异议，但在启动示范性审理之前，就其具体操作方案，法院须听取当事人的意见。其于民事诉讼领

---

① 徐昕译：《英国民事诉讼规则》，中国法制出版社 2001 年版，第 93 页。

域引入示范性诉讼，源于证券诉讼领域之群体性纠纷的巨大压力，始于 2005 年 11 月 1 日施行的《投资人示范诉讼法》。该法规定，如多数投资主体基于不完全陈述、错误陈述或误导性陈述而向公司提出投资损害赔偿请求，或依据《证券收购和接管法》的规定向公司提出履行合同义务的请求，并且多个案件在事实或法律方面具有同一或类似性，当事人即可选择适用示范性诉讼程序来解决共同面对的事实或法律问题。尽管受制于《投资人示范诉讼法》的属性，示范性诉讼仅局限于证券诉讼领域。但有趋势表明，德国很可能在恰当的时机将其纳入民事诉讼法典确立为一般性的诉讼程序规则。

在日本，尽管其民事诉讼立法并未就示范性诉讼作出明确的规定。但是，有学者经调查后认为：在日本的公益诉讼领域，为了最终获得上诉审程序尤其是最高法院的胜诉判决，当事人有意采取示范性诉讼之程序策略的实例并不罕见。[1]对于公害性群体索赔纠纷案件，以当事人的合意为前提，法院有时也会主动将其中部分案件付诸示范性的审理程序，将其他案件的审理日期向后推延，并在为示范性审理而实施的证据调查程序结束后，再对全部案件进行合并审理、裁判。甚至有观点认为，只要当事人间达成实施示范性诉讼的合意，即使仅有部分案件系属法院，基于示范性诉讼契约的效果，示范性判决一旦确定，其效力也将扩及于其他基于同一共同性利益但于示范性诉讼启动时尚未系属法院的案件。[2]

在我国，尽管现行立法并未规定示范性诉讼，但在民事诉讼的司法实践中，却出现了为数不少的针对以群体性纠纷为基础的"系列案件"进行"拆案处理""分批审判"的程序操作。[3]如，曾经一度

---

[1] 小岛武司：《现代型诉讼的意义和特质》，载陈刚主编：《自律型社会与正义的综合体系——小岛武司先生七十华诞纪念文集》，陈刚等译，中国法制出版社 2006 年版，第 143 页。

[2] 小岛武司：《民事诉讼法理基础》，有斐阁 1988 年版，第 191 页。

[3] 范愉：《集团诉讼问题研究》，北京大学出版社 2005 年版，第 45 页。

轰动全国的"中小股东诉大庆联谊虚假陈述民事赔偿案"。该案诉讼中，2002年10月哈尔滨市中级法院先期对其中三名股东为原告的民事损害赔偿案进行了开庭审理，之后又将第二批次的456名股东原告分为若干个小组分别于2003年至2004年期间先后多次进行了开庭审理，并最终于2004年8月就案件作出了一审判决。[①]另外，在《民事诉讼法》第55条正式确立民事公益诉讼的制度背景下，在民事公益诉讼的司法实践中，为获取有利于公益维护的实体裁判，也开始出现当事人主动选择示范性诉讼之程序策略的实际案例。如前文所引之"案例20 罗秋林诉云南白药集团股份有限公司、衡阳市百姓大药房有限公司国仁堂药店侵害消费者知情权民事公益诉讼案"和"案例21 李恩泽诉江西中烟有限责任公司虚假宣传、欺骗和误导消费者民事公益诉讼案"中，原告罗秋林和李恩泽均是在明知自己并不符合《民事诉讼法》第55条规定之起诉主体资格要求的情况下尝试采取示范性诉讼之程序策略，意图通过个体损害赔偿诉讼的途径获取有利于公益维护之示范性裁判。又如前文所引之"案例22 消费者诉亚马逊中国单方取消订单损害消费者权益案"中，案件初期总计有169名消费者委托律师向亚马逊中国递交律师函，要求其"恢复订单、及时发货，并赔礼道歉"，但后来以亚马逊中国网站运营商北京世纪卓越信息技术有限公司为被告向北京市朝阳区人民法院提起诉讼的原告是其中的三位消费者代表，这也是非常典型的示范性诉讼之程序策略，一旦三位原告获得胜诉裁判，其他消费者的权益维护就指日可待。再如前文所引之"案例23 律师联手起诉金龙鱼等品牌转基因食用油标识不清损害消费者知情权、选择权系列案"，该案并非单一案件，而是在律师界的共同努力下针对"金龙鱼等品牌转基因食用油标识不清损害消费者知情权、选择权"问题提起的一系列诉讼，从其程序运作来看，与《民事诉讼法》第55条

[①] 郭锋：《大庆联谊股东诉讼案与中国证券民事赔偿制度的构建》，《法学杂志》2006年第1期。

所规定之民事公益诉讼大相径庭，其之所以能成功入选"案例法学研究会2014年中国十大公益诉讼"，恰恰是因为在此系列案件中原告方所采取的示范性诉讼之程序策略。尽管"分案处理"和"示范性诉讼之程序策略"不能等同于"示范性诉讼"，但就示范性诉讼为避免完全的分案审理而先就群体性纠纷中的部分选定案件进行示范性审理，并为后续案件的审理提供具有先决性拘束力的示范性裁判的制度理念而言，其间却不免有不谋而合之处。因此，这种"拆案处理"和"示范性诉讼之程序策略"的实务运用中蕴含着制度创新的契机。更何况，近年来，代表人诉讼在我国司法实践中呈现被弱化乃至被搁置的趋势，就群体性纠纷而言，法院反而喜欢拆分为个别案件或多次共同诉讼的方式实施诉讼。其原因是多方面的，如：司法独立性的缺失、指标管理机制下的功利性取舍、立案程序环节中的超职权主义等。这些因素导致在国家权力体系中，法院是被弱化的一极，法院体系内部的管理和评价机制呈现高度行政化的姿态，迫使法院（官）在审理具体案件时过分顾虑其综合性的社会效果。诉讼被赋予了内涵丰富但不明确的维稳职能，审判要负责缝合法律与社会之间的裂痕，合法的诉讼程序操作如果会引起剧烈的社会震动，司法实践宁愿放弃，最终导致了法院系统内部对于代表人诉讼这一制度方案的意愿外排斥。在这一宏观背景下，尝试于制度层面确立示范性诉讼，以弥补代表人诉讼缺位所留下的制度空档，意义尤为突出。曾有学者明确指出，尽管我国至今还没有相关的立法文本或司法解释对示范诉讼作出规定，但在群体纠纷的诉讼实践中法院已经摸索出了一套与国外的示范诉讼相类似的做法，并在劳动纠纷、物业管理纠纷、股权纠纷等领域的群体性诉讼中广泛运用。因此，为了更加有效地应对正在类型和数量上不断增加的群体性纠纷，有必要在总结我国司法实践经验的基础上，对国外的示范诉讼制度进行借鉴，并推进相关立法工作，以规范和统一实践中的相关诉讼程序操作。①

但是必须强调，在我国，不能以示范性诉讼取代代表人诉讼，恰如在美国示范性诉讼不能取代集团诉讼、在德国示范诉讼不能取代团体诉讼一样。首先，二者之制度功能定位是有差异的。示范性诉讼的核心功能在于，通过选定个案的示范性审理，为其他个案的后续诉讼提供有拘束力的示范性判决，使个案的诉讼效果制度性地扩及于其他同类个案的诉讼，从而简化后续诉讼的程序操作，减轻当事人和法院的程序负担。而代表人诉讼的核心功能在于，通过选定代表人简化诉讼之程序操作，从而实现群体性纠纷之多数个案的合并性审理和裁判，集约化地实现群体纠纷的一次性解决，并以相应的程序要件为必要前提，将其裁判的效力扩及于代表人诉讼成员之外的利益关系主体。其次，就其纠纷解决和利益维护的效果而言，二者亦各有优劣。就代表人诉讼而言，其裁判效力对案外相关利益主体的扩张并非"当然之法定效果"，而须以相应的程序要件为必要前提，即：一者，相关利益主体于法定期间内启动后诉程序；二者，法院依当事人请求于裁判时援引前诉代表人诉讼裁判。而在示范性诉讼中，这种扩张裁判效力以使诉讼承载集合性公益性的制度理念被进一步强化了，基于"判决效力扩张"或"示范诉讼契约"的程序原理，示范性判决之效力扩张的程序要件被弱化了，以致这种扩张接近于"当然之法定效果"。所以，尽管就其制度本身而言，示范性诉讼仍然于基本理念层面坚守传统民事诉讼之私益属性原理，其相对激进的技术性规则已经在酝酿突破传统民事诉讼之私益属性原理的可能。

综上，笔者认为，当前背景下，我国可以考虑引入示范性诉讼，以之作为代表人诉讼的前导（替代）性程序方案，以缓解代表人诉讼所面对的群体性纠纷压力，为其制度改进和实践强化提供更加充分的

---

① 杨严炎：《示范诉讼的分析与借鉴》，《法学》2007年第3期。

司法空间,并由"示范性诉讼"与"代表人诉讼"共同承载我国民事诉讼之"集合性公益"的价值目标。

二、示范性判决之效力扩张的程序保障

示范性诉讼有两种程序运作模式,即"职权择定型示范性诉讼"和"合意确定型示范性诉讼"。所谓"职权择定型示范性诉讼",即由法院依职权择定据以实施示范性审理和裁判的实验性个案,并基于法律之裁判效力规则强制性扩张示范性判决的效力以拘束该群体性纠纷中的其他个案和当事人。所谓"合意确定型示范性诉讼",则是根据当事人间之"示范诉讼契约"来确定据以实施示范性审理和裁判的实验性个案,并基于示范诉讼契约扩张示范性判决的效力以拘束该群体性纠纷中的其他个案和当事人。而所谓"示范诉讼契约",是指群体性纠纷中若干纠纷主体间关于据以实施示范性审理和裁判的实验性个案的明示或默示的约定,其协议主体可以是群体性纠纷中的一方或双方,协议可以选择协议主体内部或他人之个别纠纷作为据以实施示范性审理和裁判的实验性个案,并可明确约定在示范性诉讼之实验性审理作出的示范性判决确定之前,协议主体中尚未起诉的当事人暂不起诉,已经起诉之案件的审理程序中止,并待示范性判决确定后,遵守其拘束力,据之解决群体性纠纷中其他同类型个案。① 可见:一者,示范性诉讼制度的确立以群体性纠纷的示范性、集约化解决为核心功能;二者,为实现群体性纠纷的示范性、集约化解决,基于"示范诉讼契约"或"判决效力扩张"的程序原理,示范性判决的效力扩及于群体性纠纷中的其他个案和当事人,以实现其效力之公益性扩张。因此,恰如我国之代表人诉讼,示范性诉讼依然于基本理念层面坚守传统民事诉

---

① 沈冠伶:《示范诉讼契约之研究》,《台大法学论丛》2004 年第 6 期。

讼之私益属性原理，只是通过一些技术性的程序规则实现其程序功能的公益性扩张，借以承载"集合性公益"的价值目标。但与代表人诉讼不同的是，其所采用的技术性程序规则更为激进。在人数不确定的代表人诉讼中，其裁判效力对案外相关利益主体的扩张并非"当然之法定效果"，而须以相应的程序要件为必要前提。① 而在示范性诉讼中，这种扩张裁判效力以承载集合性公益性的制度理念被进一步强化，基于"判决效力扩张"或"示范诉讼契约"的程序原理，示范性判决之效力扩张的程序要件被弱化了，以至近似于"当然之法定效果"。

示范性判决之效力的当然性扩张，往往极易引人注目，以至有学者将其称为"投石问路性质的公益诉讼"，认为其在当事人看来可以节约诉讼费用，提高胜算；在司法机关看来，会引起连锁反应并决定一系列相关诉讼的结果，产生"多米诺"效应。② 但从诉讼法学的角度讲，示范性判决之效力的当然性扩张需要突破正当程序之理念和制度障碍。因为，依据诉讼之正当程序理念，司法裁判不应去约束未获充分程序保障的主体。因此，我国引进示范性诉讼这一制度方案时，为确保这一全新诉讼方案的可持续性发展，必须对示范性判决之效力的当然性扩张从程序法理上作出正当的阐释，并在程序运行上提供充分的保障，以夯实其正当性基础。

这意味着，我国在建立示范性诉讼制度时，必须充分运用"判决效力扩张"和"示范诉讼契约"的程序原理，在示范性诉讼之程序规则体系中为当事人的程序选择权提供充分的程序保障，从而以当事人在示范性诉讼中对程序选择权的充分运用来削减示范性判决之效力扩张与正当程序理念之间的逻辑冲突。就此，在域外之示范性诉讼制度实例中也有基本之共识。综观美国、英国、德国，其示范性诉讼之制

---

① 第一，相关利益主体于法定期间内启动后诉程序；第二，法院依当事人请求于裁判时援引前诉代表人诉讼裁判。

② 季卫东：《"牙防组"事件公益私诉启示》，《财经》2007年第11期。

度方案，其程序规则的设计均非常强调对全体当事人之程序意愿的充分重视，并将当事人对示范性诉讼的程序选择作为其程序推进的基本程序前提。如，美国的示范性诉讼制度中，法院推迟确认集团诉讼的程序操作须以申请确认集团诉讼的当事人同意为必要前提，示范性判决对待确认集团诉讼被告方当事人之拘束效力的赋予亦须以当事人同意为必要前提。又如，在德国的示范性诉讼制度中，相关利益主体必须通过电子途径提出申请以获准示范诉讼登记，然后才能被纳入示范性判决之效力的扩及范围之内，而且其他当事人可以利害关系人身份参与示范性案件的审理程序，并在不对示范性审理构成障碍的前提下享有广泛的诉讼参与权利，甚至允许其通过诉请电子登记册和互联网平台向法院提出事实主张和提供证据材料，并强制性规定示范性和解协议的达成必须经全体利害关系人同意。因此，我国在建立示范性诉讼制度时，必须充分贯彻"判决效力扩张"和"示范诉讼契约"的程序原理，在示范性诉讼之程序运行中为当事人就示范性案件的选定、示范性审理程序的参与、示范性和解协议的达成和示范性判决效力的扩张提供充分的实质性程序保障。从而以当事人对程序选择权的充分运用来削减示范性判决之效力扩张与正当程序理念之间的逻辑冲突，进而为示范性判决之效力的当然性扩张提供坚实的程序法理基础。如此，方能确保示范性诉讼这一制度方案的可持续性发展。

三、示范性诉讼之基本程序要素

示范性诉讼有两种程序运作模式，即"职权择定型示范性诉讼"和"合意确定型示范性诉讼"。我国之示范性诉讼制度的构建，应该在充分贯彻"判决效力扩张"和"示范诉讼契约"之程序原理的基础上，于两种模式间寻求一种妥协和均衡：一者，要基于"职权择定型示范性诉讼"的理念，强调法院之诉讼指挥权在示范性诉讼中的主导地位；

二者，要基于"合意确定型示范性诉讼"的理念，为当事人选定示范性案件、参与示范性审理、达成示范性和解协议和受示范性判决约束提供充分的实质性程序保障。

示范性诉讼之程序构建，涉及以下基本要素：

（一）示范性诉讼的适用前提

恰如前文所述，在美国，示范性诉讼是作为集团诉讼的一种前导性制度方案加以规定的，具有阻止法院确认集团诉讼的程序功能；在英国，示范性诉讼则被作为集团诉讼的一种替代性审理方案加以规定，在一定程度上具备替代集团诉讼审理程序的功能；在德国，确立示范性诉讼制度的重要目的在于弥补其团体诉讼制度的缺陷，以由其与团体诉讼共同承载"集合性公益"的诉讼功能。因此，在我国引入示范性诉讼，其目的非但不是以之取代代表人诉讼，而恰恰是将其作为代表人诉讼的前导（替代）性程序方案，以缓解代表人诉讼所面对的群体性纠纷压力，为其制度改进和实践强化提供更加充分的司法空间，并由二者共同承载我国民事诉讼之"集合性公益"的价值目标。所以，在我国，示范性诉讼制度的适用必须以代表人诉讼制度的适用为基本前提。根据《民事诉讼法》第53、54条的规定，我国的代表人诉讼被人为区分为"人数不确定的代表人诉讼"和"人数确定的代表人诉讼"。而示范性诉讼既可以以"人数确定的代表人诉讼"为前提，也可以以"人数不确定的代表人诉讼"为前提。即不论人数是否确定，在代表人诉讼中，法院可以依职权或根据当事人的意愿选定示范性案件，进行示范性审理，推进示范性和解，作出示范性判决。

就此，我国民诉法学界已经近乎达成共识。如学者肖建国就曾提出，可以将示范性诉讼区分为契约型、职权型和混合型三种基本类型，就目前我国代表人诉讼制度因各种原因而在司法实践层面进入"冷藏"状态的现状，应该在对契约型示范诉讼给予充分认可的同时，赋予法院以选择性适用示范诉讼程序的程序职权,以弥补契约型示范诉讼的先天性缺陷。[1] 又如学者杨严炎指出:在具有重要制度性价值的同时,示范性诉讼也有其逻辑局限,绝对不能用以完全取代现行的代表人诉讼;在群体纠纷解决机制中,代表人诉讼仍然具有重要的制度地位和程序功能,对以共同的法律事实和立法规则为基础的群体诉讼,究竟采用什么样的程序途径解决,应该在更大程度上取决于案件的具体情况和各方当事人的程序选择。我们有必要充分研究两种制度方案的有机结合路径,以便更加充分地发挥示范性诉讼的制度功能。[2] 再如学者洪冬英指出,"我国群体诉讼快速增长,但1991年设立的代表人诉讼制度却未能充分发挥作用,其制度运行障碍主要来自法院与当事人,示范诉讼尤其是职权型诉讼因其契合能动司法的精神,而且可以节约诉讼资源、提高诉讼效率,适合作为代表人诉讼制度的补充"[3]。另外,学者杨瑞也指出,为了实现群体性纠纷的妥当性程序应对,我国民事诉讼立法在未来的发展过程中,应当在积极完善代表人诉讼制度的同时,选择恰当的时机引进示范性诉讼制度,明确规定在涉及众多当事人的同类型纠纷中,由法院依职权选定或由当事人各方通过协议选定其中的一宗或几宗代表性案件进行示范性审理,并将示范性裁判作为其他同类型纠纷的裁判依据。[4] 而且,该领域的研究已经开始尝试为示范性诉讼制度提出具体的程序规则方案,如学者刘毅、张谷就曾尝试就示范性诉讼制度的具体程序操作设计规则条文,并建议由最高法制定司法解释以对我国目前司法实践中与示范性诉讼制度类似的程序操

---

[1] 肖建国、谢俊:《示范性诉讼及其类型化研究——以美国、英国、德国为对象的比较法考察》,《法学杂志》2008年第1期。
[2] 杨严炎:《多元化群体诉讼制度研究》,《东方法学》2008年第1期。
[3] 洪冬英:《代表人诉讼制度的完善——以职权型示范诉讼为补充》,《华东政法大学学报》2011年第3期。
[4] 杨瑞:《示范诉讼制度探析——兼论我国代表人诉讼制度之完善》,《现代法学》2007年第4期。

作进行规范。①

（二）示范性案件的选定程序

示范性诉讼程序的首要环节就是要恰当地选定示范性案件，其将决定示范性审理程序能否顺利推进，也将决定示范性裁判的质量。因此，示范性案件选定程序是示范性诉讼制度的基础性程序环节。这源自群体性纠纷中之个案间的"非均质化"样态。"纯粹法社会学"理论指出，作为一种社会秩序控制机制，游离于法律规则体系之外的众多层面的社会因素都将会对诉讼程序的运行过程和裁判结果潜移默化地产生影响。每个进入诉讼程序的案件，除在法律意义上具有相应之技术性特征外，也有其独特的社会化属性，案件所具有的这种社会化结构是由具体参与诉讼进程的各方当事人主体的社会属性所决定的。对于群体性诉讼案件来说，由于案件中的各方当事人分别处于不同的社会结构层面，故而导致案件中所蕴含的争议事实、诉求内容和法律规则等要素形态各异，案件自身的社会化结构也将因此而呈现"非均质化"的几何阵列形态。对于法律规则体系的运行逻辑和追求稳定可预期的审判模式，也将在极大程度上构成实质性干扰，以致严格意义上的"同案同判"在逻辑上成为不可能。② 同样，受制于群体性纠纷中之个案相互间之社会结构"非均质化"形态的影响，也不能简单粗暴地将示范性裁判的约束效力直接扩及于其他群体成员。倘若忽略这一关键因素而强行寻求示范性裁判的效力扩张，就可能激化群体性纠纷已经蕴含的矛盾和争议，导致其他群体成员对示范性审理和裁判的严重排斥与抵制，甚至可能彻底摧毁示范性诉讼程序的基本逻辑前提。因此，必须对其程序规则体系作出更加合理的设计，以有效消弭个案

---

① 刘毅、张谷：《示范诉讼及其在我国审判实践中的运用》，《人民司法》2009年第11期。
② 唐纳德·布莱克：《社会学视野中的司法》，郭星华等译，法律出版社2002年版，第5页。

间所存在的这种"非均质化"差异,才有可能在我国最终破解示范性诉讼制度正在面临的张力困局。① 而在示范性诉讼的整个程序进程中,承载这一程序功能的恰恰是示范性案件选定程序环节。因此,示范性案件的选定应力求有效消弭个案间之"非均质化"差异,方能确保示范性审理程序的顺利推进,以及示范性裁判效力的正当扩张。

诉讼法学界,就示范性案件之选定程序的设计,存在三种模式。第一种模式,基于"合意确定型示范性诉讼"的理念,应由当事人根据自己的意愿通过"示范诉讼契约"行使程序选择权选定示范性案件,而法院对于当事人选定之示范案件的合理性、恰当性及其选定过程的正当性不做任何审查。第二种模式,基于"职权择定型示范性诉讼"的理念,由法院依职权选定示范性案件,即由法院直接指定示范性案件。第三种模式,兼顾"职权择定型示范性诉讼"和"合意确定型示范性诉讼"的理念,由法院职权和当事人程序选择权共同推进示范性案件选定程序,可以先由当事人协商确定示范性案件,协商不成的再由法院指定示范性案件,也可以先由当事人协商确定示范性案件的遴选范围,再由法院于其确定之案件范围内指定示范性案件。② 就此,国内学界普遍认为,在第一种模式下,"示范性诉讼契约"达成需要原、被告当事人双方的共同意愿,而在司法实践中,被告方当事人通常会缺乏与原告方当事人达成这种程序协议的意愿。因此,国内多数诉讼法学者均彻底否定第一种模式,而主张采取第三种模式,即基于"职权择定型示范性诉讼"的理念,应由法院依职权选定示范性案件,但亦应兼顾"合意确定型示范性诉讼"的制度理念,并对当事人的程序选择权给予充分尊重,由当事人程序选择权和法院职权二者共同决定示范性案件选定程序的进程。如,肖建国提出,契约型示范诉讼的不

---

① 于是:《"示范诉讼"张力困局辨析及程序性破解——以司法公开为建构路径》,《上海政法学院学报》2013年第4期。

② 胡军辉:《对我国建立民事示范诉讼制度的思考》,《中国青年政治学院学报》2010年第1期。

足，可以通过由法院主导的职权择定型示范诉讼予以弥补。① 又如，刘毅、张谷也曾指出，基于我国公众的法律素养和诉讼能力相对较低的实践现状，在允许当事人通过示范诉讼契约作出程序选择的同时，应由法院依职权主导示范性案件的选定程序。② 再如，杨严炎、杨瑞等学者也持类似观点。③ 也有学者提出相对中性的观点，认为，与"契约型示范诉讼"相比，"职权型示范诉讼"有其优势，但其所面临的问题也远远超出传统的"契约型示范诉讼"。④

对此，笔者认为，我国建立示范性诉讼制度时就其示范性案件的选定程序应该采取第三种模式，即应在充分贯彻"判决效力扩张"和"示范诉讼契约"之程序原理的基础上，于"职权择定型示范性诉讼"和"合意确定型示范性诉讼"两种模式间寻求一种妥协和均衡，在充分尊重当事人意愿并保障其程序选择权的前提下，由法院主导示范性案件选定程序。具体而言：一者，允许当事人协商确定示范性案件；二者，赋予法院指定示范性案件的职权；三者，通常先由当事人协商确定示范性案件，再由法院职权认可；四者，也可先由当事人协商确定示范性案件的遴选范围，再由法院于其确定之案件范围内指定示范性案件。

示范性案件的选择，应以案件的"示范性功能"为核心标准，而案件的"示范性功能"主要取决于三个方面的因素。⑤ 其一，案件的典型性。示范性诉讼程序的适用以代表人诉讼的适用为必要前提，而

---

① 肖建国、谢俊：《示范性诉讼及其类型化研究——以美国、英国、德国为对象的比较法考察》，《法学杂志》2008 年第 1 期。
② 刘毅、张谷：《示范诉讼及其我国审判实践中的运用》，《人民司法》2009 年第 11 期。
③ 参见杨严炎：《示范诉讼的分析与借鉴》，《法学》2007 年第 3 期；杨瑞：《示范诉讼制度探析——兼论我国代表人诉讼制度之完善》，《现代法学》2007 年第 4 期。
④ 吴泽勇：《建构中国的群体诉讼程序：评论与展望》，《当代法学》2012 年第 3 期。
⑤ 洪冬英：《代表人诉讼制度的完善——以职权型示范诉讼为补充》，《华东政法大学学报》2011 年第 3 期。

在此类之群体性纠纷中，为推进示范性审理和示范性裁判，所选择的示范性案件首先要具有典型性。这种典型性又表现在两个方面，即法律适用上的典型性和事实认定上的典型性。其二，证明的充分性。为充分发挥示范性审理和示范性裁判的功能，就需要确保其审理的规范性和裁判的质量，因此所选择之示范性案件中的证据材料应力求充分，其证明规则应力求明晰，其事实认定应力求准确。其三，审理时机的成熟性。为确保示范性审理和裁判的规范性和准确性，应该将审理时机已经成熟的案件选定为示范性案件，一者案件本身的程序要件已经充分明确，二者示范性审理程序能够快速、高效推进，不致造成诉讼程序迟延。

至于所选定之示范性案件的数量，需要根据不同样态之群体性纠纷灵活处置。数量过多将与其制度初衷相悖，数量过少又可能因其示范功能的欠缺影响示范性审理和裁判的质量。因此，立法层面不宜做统一规定，而应在充分尊重当事人之意愿和程序选择权的基础上，交由管辖法院根据案件需要依职权裁量。

（三）示范性案件的审理程序

如前文所述，就示范性判决之效力的当然性扩张，需要从程序法理上作出正当的阐释，并在程序运行上提供充分的保障，以夯实其正当性基础。而且，综观美国、英国、德国，其示范性诉讼之制度方案中，程序规则的设计均非常强调对全体当事人之程序意愿的充分重视，并将当事人对示范性诉讼的程序选择作为其程序推进的基本前提。因此，我国在建立示范性诉讼制度时，也必须充分运用"判决效力扩张"和"示范诉讼契约"的程序原理，在示范性诉讼之程序规则体系中为当事人的程序选择权提供充分的程序保障，从而以当事人在示范性诉讼中对程序选择权的充分运用来削减示范性判决之效力扩张与正当程序理念之间的逻辑冲突。这一基本理念不仅体现于前文论及之示范性案件选定程序中，也将体现于示范性案件的审理过程中。

因此，示范性案件之审理程序的规则设计必须特别突出以下基本要素：其一，要确保示范性案件之双方当事人对审理程序的充分参与，及其间之程序攻防、对抗的实质性，为其诉讼权利的行使提供充分的程序保障，以确保示范性审理和裁判的规范性和准确性。其二，要建立完整、规范、可行的示范诉讼公告、申请、登记程序，为群体性纠纷之潜在利益主体提出示范诉讼申请和获准示范诉讼登记提供充分的程序保障，以此为示范性审理程序的开放性奠定基础，并及时建立电子化的示范诉讼申请、登记程序。其三，要建立利害关系人诉讼参与程序，以确保示范性审理程序的开放性，在不对示范审理构成程序障碍的前提下，赋予提出示范诉讼申请并获准登记但未被选定为示范性案件的利害关系人以参与示范性审理程序的充分诉讼权利，甚至在电子化条件具备的前提下，还应允许其通过电子化诉讼平台向法院提出法律主张、事实主张和提供证据材料。其四，要建立更具职权化倾向的示范诉讼调解程序，我国的法院调解程序以"自愿"为基本逻辑起点，但在示范性审理程序中，法院主持调解程序时，应适度弱化"自愿"原则的地位，并适度强化法院对当事人协商和和解协议达成过程的职权性干预，以确保示范性审理程序和调解结果的规范性和正当性。

（四）示范性判决的效力扩张

诚如前文所述，示范性诉讼制度的确立以群体性纠纷的示范性、集约化解决为核心功能，而为实现群体性纠纷的示范性、集约化解决，基于"示范诉讼契约"或"判决效力扩张"的程序原理，示范性判决的效力扩及于群体性纠纷中的其他个案和当事人，以实现其效力之公益性扩张。而且，相比于我国之代表人诉讼，其所采用的技术性程序规则更为激进。在人数不确定的代表人诉讼中，其裁判效力对案外相关利益主体的扩张并非"当然之法定效果"，而须以相应的程序要件为必要前提。而在示范性诉讼中，这种扩张裁判效力以承载集合性公益性的制度理念被进一步强化，基于"判决效力扩张"或"示范诉讼契约"的程序原理，示范性判决之效力扩张的程序要件被弱化了，以致近似于"当然之法定效果"。示范性判决之效力的当然性扩张，往往极易引人注目，但从诉讼法学的角度讲，示范性判决之效力的当然性扩张需要突破正当程序之理念和制度障碍。为此，前文也曾指出，为给示范性判决之效力的当然性扩张奠定程序法理基础，需要在示范性案件选定程序和审理程序中提供充分的程序保障。具体而言：在示范性案件选定程序中，尽管要由法院主导示范性案件的选定，但也要充分尊重当事人意愿，并保障其程序选择权，允许其协商确定示范性案件；在示范性案件审理程序中，在确保示范性案件之双方当事人对审理程序的充分参与的前提下，还要建立完整、规范、可行的示范诉讼公告、申请、登记程序，并建立利害关系人诉讼参与程序以确保示范性审理程序的开放性，且建立更具职权化倾向的示范诉讼调解程序以确保示范性调解结果的正当性。

但就示范性裁判之效力扩张问题，仍有以下两个问题需要说明：

第一，示范性判决之效力扩张并非其既判力之主观范围的扩张，而是其判决理由中之判断结论对其他案件之诉讼程序的预决效力和先决效力。

国内诉讼法学界，大多数学者都将示范性裁判之效力扩张简单粗暴地归结为其既判力之主张范围的扩张。如学者洪冬英认为：在示范性诉讼制度中，"既判力扩张问题"是一个难点，同时也是其制度功能能否有效发挥的关键，如果不将示范裁判的既判力扩张及于其他案件，那么其他案件就仍然要另外进行审理程序，示范性诉讼制度就会因此而失去其应有的制度价值，更无法确保群体性纠纷诉讼裁判的统一性；确定判决之既判力，原则上其主观范围以判决当事人为限，其客观范围以诉讼标的为限，从而维持其制度逻辑层面的相对性，但示范性诉讼制度却突破这种相对性"将示范诉讼案件的既判力扩张至其他具有相同事实或法律问题的案件"①。又如，学者胡军辉也提出：已经作出的示范性判决，不仅对已经参加示范性审理程序的判决当事人产生拘束力，同时也要拘束那些并未实际参加示范性审理程序的当事人，这种在制度层面扩张判决效力的处理方案在理论层面则被称为"既判力主观范围的扩张"；……首先，从既判力制度的目的层面考虑，以当事人自愿达成之诉讼契约为基础而扩张既判力的主观范围是可行的；……其次，基于当事人达成的诉讼契约而对既判力的主观范围进行扩张，还可以在既判力根据理论层面获得正当性支撑；……最后，国外民诉立法上存在基于当事人达成的诉讼契约而对既判力的主观范围进行扩张的实例，如根据德国《民事诉讼法》第 1055 条规定，仲裁机构作出的仲裁裁决在双方当事人间具有与确定判决同样属性的效力……②但是，既判力的本质是判决主文中的判断结论在双方当事人间所产生的实体性法律效力，其客观范围以判决主文为限并对应诉讼标的进而对应判决标的，其主观范围以充分的程序保障为前提并以本案当事人为限，而其主观范围的扩张必须以实定法为依据，并限定于三种情形：其一，诉讼担当时之被担当人；其二，诉讼系属后之实体法律关系继受主体；其三，单纯为本案当事人之利益而持有系争标的的案外主体。而示范性裁决之效力扩张并不属于上述之任何一种情形，它反而尝试通过在示范性案件选定程序中达成的"示范诉讼契约"或其他利害关系人对示范性审理程序的充分参与而获取充分程序保障之正当性基础。而且，源于选定之示范性案件与群体性纠纷中其他非选定案件在当事人、权利义务关系等方面的差异，其当事人之诉讼请求项目和法院之判决主文项目绝不可能完全相同。因此，示范性裁判

---

① 洪冬英：《代表人诉讼制度的完善——以职权型示范诉讼为补充》，《华东政法大学学报》2011 年第 3 期。

② 胡军辉：《对我国建立民事示范诉讼制度的思考》，《中国青年政治学院学报》2010 年第 1 期。

之效力扩张问题，绝不能简单粗暴地归结为既判力之主观范围的扩张，而应将其界定为：示范性判决之判决理由对其他案件之诉讼程序的预决效力和先决效力。具体而言：首先，示范性判决之判决理由中的事实判断对后诉程序于事实认定层面产生预决效力。所谓判决理由中之事实判断的预决效力，亦称"已确定事实的预决力"①，或"已决事实的预决效力"②，也有学者称其为"民事既判事实之预决效力"③。即先期确定判决已就某主要事实争点于判决理由中作出判断，当其在后续诉讼或其他程序中再次形成争议时，当事人可不再举证，而由裁判主体根据当事人的主张对其作出一致的判断。④ 其次，示范性判决之判决理由中的法律判断对后诉程序于法律适用层面产生先决效力。所谓判决理由中之"法律判断"的先决效力，即先期确定判决已就某主要法律争点于判决理由中作出判断，当该法律争点在后续诉讼或其他程序中再次形成争议时，后续程序之裁判主体应将其作为判断法律关系状态、确定权利义务内容的先决性依据，并对系争法律关系作出与之一致的判断。⑤

第二，示范性判决之效力扩张存在两种程序路径。

如前文所述，在我国引入示范性诉讼，其目的非但不是以之取代代表人诉讼，而恰恰是将其作为代表人诉讼的前导（替代）性程序方案，以缓解代表人诉讼所面对的群体性纠纷压力，为其制度改进和实践强化提供更加充分的司法空间，并由二者共同承载我国民事诉讼之"集合性公益"的价值目标。所以，在我国，示范性诉讼制度的适用必须以代表人诉讼制度的适用为基本前提，即在代表人诉讼中，法院可

---

① 江伟、常廷彬：《论已确认事实的预决力》，《中国法学》2008年第3期。
② 翁晓斌：《论已决事实的预决效力》，《中国法学》2006年第4期。
③ 胡军辉：《论民事既判事实之预决效力》，《湘潭大学学报》2010年第4期。
④ 丁宝同：《论争点效之比较法源流与本土归化》，《比较法研究》2016年第3期。
⑤ 丁宝同：《论争点效之比较法源流与本土归化》，《比较法研究》2016年第3期。

以依职权或根据当事人的意愿选定示范性案件，进行示范性审理，推进示范性和解，作出示范性判决。因此，示范性判决之效力扩张，也就需要面对两类不同的案件和当事人：一者，进入代表人诉讼但未被选定为示范性案件的其他案件和当事人；二者，未进入人数不确定之代表人诉讼的其他案件和当事人。而且，示范性判决对前述之两类案件和当事人的扩张，其程序路径是存在差异的。具体而言：其一，对进入代表人诉讼但未被选定为示范性案件的其他案件和当事人而言，示范性判决的效力扩张是一种当然性的直接扩张。也就是说，在示范性审理结束、示范性判决确定后，法院需要继续推进代表人诉讼程序的审理和裁判，而在后续的代表人诉讼程序中，法院可于审理和裁判时直接援引示范性判决之判决理由的预决效力和先决效力，而无须当事人提出程序主张。其二，对未进入人数不确定之代表人诉讼的其他案件和当事人而言，示范性判决的效力扩张是一种援引性的间接扩张。也就是说，如未进入人数不确定之代表人诉讼的其他案件和当事人于诉讼时效期内另外提起了诉讼程序，在后诉程序的审理和裁判中，法院可根据当事人的请求援引之前示范性判决的预决效力或先决效力，但不可在当事人没有提出援引请求时依职权援引示范性判决的预决效力或先决效力。

第四节　公益侵害阻断程序的确立

就"公益侵害阻断程序"这一制度范畴的创设而言，首先要明确其程序法理属性，并对其制度功能进行定位。对此，前文已经论及，民事诉讼制度所要承载之"公益"价值目标可一分为二：其一，为"集合性公益"；其二，为"纯粹性公益"。"公益侵害阻断程序"以承载"纯粹性公益"之价值目标为本质特征。民事诉讼法学在程序原理上，兼具非讼程序与诉讼程序之双重属性。因此，"公益侵害阻断程序"并不以对个体性民事损害的具体赔偿为本质目的，其功能定位于：为避免社会之"纯粹性公益"遭受难以弥补的损失或难以挽回的后果，禁止相应主体实施其可能实施的侵害行为，要求其立即停止正在实施的侵害行为或立即采取消除危险、排除妨碍、恢复原状的积极措施。此外，公益侵害阻断程序的确立还必须妥当处理以下两个方面的问题。

一、公益侵害阻断程序之先决要素

建立公益侵害阻断程序，当务之急是要对三个先决性程序要素进行准确定位：

第一，公益侵害阻断程序之适用范围。

团体诉讼中之集合性利益团体必须符合实体单行立法之法定构成要件方能成立，《民事诉讼法》第 55 条亦规定"法律规定的机关和有关组织可以向人民法院提起诉讼"，但所谓"法律规定"是有待明确和完善的。就此，应积极寻求相关之实体性单行立法的辅助，以明确公益侵害阻断程序的具体适用范围：一者，要明确"污染环境、侵害众多消费者合法权益"和"其他损害社会公共利益"的具体情形；二者，要明确"法律规定的机关和有关组织"的具体范围。这一点在后来的《〈民诉法〉解释》第 284 条的规定中也再次被强调。

就此，我们已经开始尝试在立法和司法解释层面上作出努力。在 2012 年第二次修正后的《民事诉讼法》施行后，《环境保护法》和《消费者权益保护法》也跟进性地完成了修改。根据修改后《消费者权益保护法》第 37、47 条的规定，侵害众多消费者合法权益案件之民事公益诉讼程序的提起主体为"中国消费者协会"和"省、自治区、直辖市消费者协会"。而根据修订后《环境保护法》第 58 条规定，环境污染案件之民事公益诉讼程序的提起主体为"依法在设区的市级以上人民政府民政部门登记，专门从事环境保护公益活动，连续五年以上，且无违法记录的社会组织"。之后，《环境民事公益诉讼解释》第 1 条的规定又将环境民事公益诉讼的客体界定为已经损害或对社会公共利益构成重大风险的环境污染和生态破坏行为。其第 1—5 条则就环境民事公益诉讼之提起主体问题作出了四个方面的解释性规定。而且，在明确环境污染民事公益诉讼和消费维权民事公益诉讼之起诉主体的进程中，立法也在就民事公益诉讼之起诉主体问题逐步尝试推进多元化的发展趋势。2015 年 7 月 1 日，全国人大常委会审议通过《检察院公益诉讼试点决定》，提出：为加强对国家利益和社会公共利益的保护，授权最高检在生态资源和环境保护、国有土地使用权出让和国有资产保护，及食药安全等领域开展公益诉讼试点工作。7 月 2 日，最高检又公布了《试点方案》，从四个方面对检察院公益诉讼试点工作的基本框架进行了初步的勾画，明确检察院公益诉讼试点工作的主要内容包含两个方面："提起民事公益诉讼"和"提起行政公益诉讼"。就"提起民事公益诉讼"的试点工作，又明确了五个方面的试点工作具体事项。为贯彻实施《检察院公益诉讼试点决定》，依法有序地推进检察院公益诉讼试点工作，最高检和最高法又分别审议通过了《检察院公益诉讼试点实施办法》和《法院审理检察院公益诉讼实施办法》就检察机关提起民事公益诉讼和人民法院审理工作中的若干程序事项作出了规定。以《检察院公益诉讼试点决定》为基础，2017 年 6 月 27 日，《修改决定》又于第 1 条规定："一、对《中华人民共和国民事诉讼法》作出修改。第五十五条增加一款，作为第二款：'人民检察院在履行职责中发现破坏生态环境和资源保护、食品药品安全领域侵害众多消费者合法权益等损害社会公共利益的行为，在没有前款规定的机关和组织或者前款规定的机关和组织不提起诉讼的情况下，可以向人民法院提起诉讼。前款规定的机关或者组织提起诉讼的，人民检察院可以支持起诉。'"从而将"人民检察院"明确纳入第一款之"法律规定的机关和有关组织"的范畴之内。随后，2018年10月26日第十三届全国人民代表大会常务委员会第六次会议完成修订的新《人民检察院组织法》第20条规定："人民检察院行使下列职权：……（四）依照法律规定提起公益诉讼；……"从而与2017年《民事诉讼法》修正时第55条增加之第二款对应，为检察机关提起公益诉讼奠定职权基础。通过这一系列的努力，检察机关已经正式成为民事公益诉讼的起诉主体类型之一。2016年4月24日，最高人民法院又公布了《消费民事公益诉讼解释》。就消费民事公益诉讼的客体，其第1条首先进一步作出有针对性的概括界定，并将其区分为两种宏观类型：其一，"经营者侵害众多不特定消费者合法权益的行为"；其二，"经营者具有危及消费者人身、财产安全危险的行为"。其第2条又进一步作出列举性规定，将经营者提供商品或者服务中的五种情形纳入消费民事公益诉讼之客体范围。① 就消费民事公益诉讼的提起主体，以《消费者权益保护法》第47条的规定为基础，《消费民事公益诉讼解释》第1条又作出拓展性的规定，将消费民事公益诉讼的提起主体扩充为两种类型：其一，"中国消费者协会"和"省、自治区、直辖市消费者协会"；其二，"法律规定或者全国人大及其常委会授权的机关和社会组织"。

第二，公益侵害阻断程序之诉请与裁判范围。

团体诉讼之诉请形态主要表现为"停止侵害之诉"或"撤销之诉"，而非"侵权损害赔偿之诉"，其核心制度功能聚焦于群体性案件

---

① 其一，提供的商品或者服务存在缺陷，侵害众多不特定消费者合法权益的。其二，提供的商品或者服务可能危及消费者人身、财产安全，未作出真实的说明和明确的警示，未标明正确使用商品或者接受服务的方法以及防止危害发生方法的；对提供的商品或者服务质量、性能、用途、有效期限等信息作虚假或引人误解宣传的。其三，宾馆、商场、餐馆、银行、机场、车站、港口、影剧院、景区、娱乐场所等经营场所存有危及消费者人身、财产安全危险的。其四，以格式条款、通知、声明、店堂告示等方式，作出排除或者限制消费者权利、减轻或者免除经营者责任、加重消费者责任等对消费者不公平、不合理规定的。其五，其他侵害众多不特定消费者合法权益或者具有危及消费者人身、财产安全危险等损害社会公共利益的行为。

中所蕴含之"集合性公益"的不可分性和扩张性，乃至于可能内含其中的"纯粹性公益"，并通过"停止侵害之诉"或"撤销之诉"的诉请，直接实现诉讼的纠纷解决和利益救济之法律效果的公益性扩张，以预防、制止违法行为对"集合性公益"或"纯粹性公益"的危害，而不以团体成员之个体性利益损害的赔偿性救济为程序目的。因此，就公益侵害阻断程序的构建，我国民事诉讼立法也应在现第55条规定的基础上，进一步明确规定：在公益侵害阻断程序中，原告方当事人之诉请仅限于停止侵害、排除妨害、恢复原状等类似请求形态，而不能提出旨在个体性利益损害赔偿的请求项目，法院的裁判也应以此为限。

就此，相关之司法解释文本已经开始作出尝试。如，《环境民事公益诉讼解释》，为规范环境民事公益诉讼案件的审理工作，它对九个方面的程序事项作出了规定。其中，就环境民事公益诉讼的诉请与裁判范围问题，《环境民事公益诉讼解释》第9、17—24条从四个方面作出了规定。首先，诉讼请求的项目。在环境民事公益诉讼程序中，对已经损害或给社会公共利益造成重大风险的环境污染和破坏生态行为，原告方当事人可以向被告提出"恢复原状、消除危险、排除妨碍、停止侵害、赔偿损失和赔礼道歉"等诉讼请求项目。其次，"恢复原状"请求的裁判。就"恢复原状"的诉讼请求项目：法院可判令被告修复环境、恢复生态至损害发生前之状态，并判定在修复无法完成时可以采用的替代性修复方案；也可以在判令修复环境、恢复生态的同时，判定被告在无法完成修复责任时所须承担的修复费用，甚至直接判令被告承担一定金额的修复费用；修复费用的范围包括制定修复方案的费用、实施修复方案的费用、监管修复进程的费用和监测修复效果的费用等；修复费用难以确定或通过鉴定确定所需费用过高时，法院可以结合环境污染的范围、生态破坏的程度、损害资源的稀缺性、环境修复和生态恢复的难度、防治设备的建造和运行成本、被告因其公益侵权行为所获得的利益多少，及其过错的性质和程度等因素，在参考环保部门和专家意见的基础上，作出合理的判定；服务功能损失和修复费用的赔偿款项，必须专门用于环境修复和生态恢复工作，但其他环境民事公益诉讼的原告方当事人因败诉而需承担的鉴定、检验、专家咨询和调查取证等必要费用，可酌情从其中予以支付。再次，基于释明的诉讼请求变更。环境民事公益诉讼中，法院认为原告方当事人已经提出的诉讼请求项目尚不足以充分维护社会公共利益的，可依职权向其释明，要求其变更或增加诉讼请求项目。最后，反诉的禁止。环境民事公益诉讼中，被告以反诉方式提出诉讼请求的，法院不予受理。又如，《检察院公益诉讼试点实施办法》，它对检察机关提起民事公益诉讼十一个方面的程序事项作出了规定。其中，就检察机关提起民事公益诉讼的诉讼参加人与诉讼请求问题，根据其第15、16、18条的规定，在检察机关提起的民事公益诉讼中：人民检察院以"公益诉讼人"的身份参加诉讼程序，可以提出恢复原状、消除危险、排除妨碍、停止侵害、赔偿损失、赔礼道歉等诉讼请求项目；被告为实施损害社会公共利益行为的公民、法人或者其他组织，不能提出反诉请求。再如，《法院审理检察院公益诉讼实施办法》，它对人民法院审理人民检察院提起民事公益诉讼案件相关的八个方面程序事项作出了规定。其中，就人民检察院提起民事公益诉讼案件的诉讼参加人与诉讼请求问题，综合其第3、4、6条的规定：其一，人民检察院提起民事公益诉讼的诉讼参加人身份为"公益诉讼人"，享有并承担民事诉讼法所规定之原告方当事人的诉讼权利和义务，可以提出恢复原状、排除妨碍、消除危险、停止侵害、赔偿损失、赔礼道歉等诉讼请求项目；其二，人民检察院提起民事公益诉讼以实施损害社会公共利益行为的公民、法人或其他组织为被告，被告提出反诉请求的，法院不予受理。可见，其立场与之前的《检察院公益诉讼试点实施办法》如出一辙。另如，《消费民事公益诉讼解释》，为规范消费民事公益诉讼案件的审理工作，它对十个方面的程序事项作出了规定。其中，就消费民事公益诉讼的诉请与裁判范围问题，《消费民事公益诉讼解释》第5、11、13、17—18条从三个方面作出了规定：首先，诉讼请求的项目。在消费民事公益诉讼中，对经营者侵害众多不特定消费者合法权益或者具有危及消费者人身、财产安全的行为，原告方当事人可以提出"停止侵害、消除危险、排除妨碍、赔偿损失、赔礼道歉，及格式约定无效"的诉讼请求项目。具体而言，针对《消费民事公益诉讼解释》第2条规定之前三项行为，原告可以请求"停止侵害、排除妨碍、消除危险、赔礼道歉"；就《消费民事公益诉讼解释》第2条规定之第四项行为，原告可以请求判定格式约定无效；就《消费民事公益诉讼解释》第17、18条规定之"原告为排除妨碍、消除危险、停止侵害而采取合理的预防和处置性措施时支付的费用"和"原告及其诉讼代理人为实施诉讼而支付的合理律师费用、鉴定费用、调查取证费用"，原告方当事人可以请求赔偿损失。其次，基于释明的诉讼请求变更。消费民事公益诉讼中，法院认为原告方当事人已经提出的诉讼请求项目尚不足以充分维护社会公共利益的，可依职权向其释明，要求变更诉讼请求或增加其他诉讼请求项目。最后，反诉的禁止。消费民事公益诉讼中，被告以反诉方式提出诉讼请求的，法院不予受理。

第三，公益侵害阻断程序与私益损害赔偿诉讼的关系。

依团体诉讼之制度原理，由团体诉讼所承载之"集合性公益"必须与团体成员之个体性利益明确区分，二者之诉权既不相互排斥亦不完全重叠，团体诉权的赋予并不侵蚀团体成员就其个体性利益寻求损害赔偿的诉权，其完全可于团体诉讼之外就其私益损害赔偿事宜另行诉讼。因此，基于其非讼属性，基于其"诉请项目与审理范围"所受之限定，由"公益侵害阻断程序"所承载之"纯粹性公益"亦须与基于同一公益侵权行为而受损害之社会个体私益明确区分，二者之诉权既不相互排斥亦不完全重叠，担当性公益诉权的行使并不侵蚀基于同一公益侵权行为而受损害之社会个体寻求损害赔偿的私益诉权，其完全可于"公益侵害阻断程序"之外就其私益损害赔偿事宜另行诉讼。所以，就公益侵害阻断程序的构建，我国民事诉讼立法也应在现第55条规定的基础上，进一步明确：基于同一公益侵权行为，在此种侵害阻断程序之外，就其间不能提出的旨在个体性利益损害赔偿的请求项目，具体利益关系主体可依立法规定之其他程序方案，另行提起私益损害赔偿诉讼。

就此，相关之司法解释文本也已经开始作出尝试。如《环境民事公益诉讼解释》为规范环境民事公益诉讼案件的审理工作，它对九个方面的程序事项作出了规定。其中，就环境民事公益诉讼与私益损害赔偿诉讼的关系问题，以区分"环境侵权私益诉讼与环境侵害公益诉讼的运行逻辑"为基础[①]，其第10、29—31条从四个方面作出了规定。首先，私益损害赔偿诉讼与环境民事公益诉讼在诉之属性上呈独立状态。环境民事公益诉讼程序的提起，对遭受财产或人身损害的其他民事主体就同一公益侵权行为另行向法院提起私益损害赔偿诉讼不构成障碍。其次，环境民事公益诉讼和私益损害赔偿诉讼在审理程序上相互独立。鉴于诉之属性上的差异，且合并审理不仅不能提高效率还会导致诉讼拖延，因此，环境民事公益诉讼与私益损害赔偿诉讼不能合并审理。再次，环境民事公益诉讼裁判的事实认定对于后续的私益损害赔偿诉讼有预决效力。基于私益损害赔偿诉讼与环境民事公益诉讼在争议事实的认定和法律规则的适用等多个方面的共通性，鉴于私益损害赔偿诉讼程序中原告方当事人举证能力的缺陷，《环境民事公益诉讼解释》第30条特别强调了这种预决效力，并将其区分成为两种情形："法院依职权援引的预决效力"和"依当事人申请而援引的预决效力"。最后，私益损害赔偿诉讼原告的受偿顺位优先。当同一被告因

---

① 张旭东：《环境民事公私益诉讼并行审理的困境与出路》，《中国法学》2018年第5期。

环境污染或生态破坏行为,在私益损害赔偿诉讼和环境民事公益诉讼中均被判决承担损害赔偿责任,而其财产不足以履行全部判决义务时,私益损害赔偿诉讼之生效判决所确定的赔偿义务应当先予履行,除非法律另有规定。又如,《〈民诉法〉解释》,为提升民事公益诉讼之程序规则的具体化和针对性,并且推进其于民事司法层面的实践运行,其用八个条文(第284—291条)对民事公益诉讼的程序事项从八个方面作出了规定。其中,就私益损害赔偿诉讼与民事公益诉讼的关系问题,《〈民诉法〉解释》与之前的《环境民事公益诉讼解释》在立场上保持了一致,认为基于同一公益侵权行为而分别向法院提起的民事公益诉讼和私益损害赔偿诉讼,二者在诉讼程序目的和诉讼请求项目上存在本质区别。因此,其第288条规定:人民法院受理民事公益起诉,不影响其他受害主体就同一侵权行为另行提起私益损害赔偿诉讼。这意味着:首先,私益损害赔偿诉讼与民事公益诉讼在诉的属性上相互独立。法律规定的机关和社会组织提起民事公益诉讼的,不影响因同一公益侵权行为受到人身、财产损害的公民、法人和其他组织依法提起私益损害赔偿诉讼。其次,民事公益诉讼与私益损害赔偿诉讼在审理程序上相互独立。鉴于诉之属性上的差异,基于诉讼效率价值的考量,民事公益诉讼和私益损害赔偿诉讼不能合并审理,公民、法人和其他组织以人身、财产受到损害为由申请参加民事公益诉讼的不应允许,法院应告知其另行提起私益损害赔偿诉讼。再如,《消费民事公益诉讼解释》,为规范消费民事公益诉讼案件的审理工作,它对十个方面的程序事项作出了规定。其中,就消费民事公益诉讼与私益损害赔偿诉讼的关系问题,其第9—10、16条从三个方面作出了规定。首先,消费民事公益诉讼和私益损害赔偿诉讼在诉的属性上相互独立。法律规定的机关和社会组织提起消费民事公益诉讼的,不影响因同一侵害众多消费者合法权益行为受到人身、财产损害的公民、法人和其他组织依法提起私益损害赔偿诉讼。其次,消费民事公益诉讼和私益损害赔偿诉讼在审理程序上相互独立。鉴于诉之属性上的差异，且合并审理不仅不能提高效率还会导致诉讼拖延。因此，消费民事公益诉讼和私益损害赔偿诉讼不能合并审理。如公民、法人和其他组织以人身、财产受到损害为由申请参加消费民事公益诉讼，法院应告知其另行提起私益损害赔偿诉讼。但是，在消费民事公益诉讼案件受理后，因同一侵权行为受到损害的消费者请求对其私益损害赔偿诉讼中止审理的，人民法院可以准许。最后，消费民事公益诉讼裁判的事实认定对于后续的私益损害赔偿诉讼将产生预决效力。基于私益损害赔偿诉讼和消费民事公益诉讼在争议事实认定和法律规则适用等方面存在的共通性，鉴于私益损害赔偿诉讼原告举证能力的不足，《消费民事公益诉讼解释》第 16 条特别强调了这种预决效力，并将其区分成为两种情形：法院依职权援引的预决效力和依当事人申请而援引的预决效力。

二、公益侵害阻断程序之立法体例

"公益侵害阻断程序"之立法体例的选择，须以其程序法理属性和制度功能定位为基础，二者共同决定了"公益侵害阻断程序"立法属性定位和立法体例方案。

就程序法理属性问题而言，由于"公益侵害阻断程序"以承载"纯粹性公益"之价值目标为本质特征，而与"集合性公益"不同，"纯粹性公益"源自于抽象的社会共同利益且不能向社会个体实施具体的利益分配，因此也就无法通过诉讼程序实现其向"私益"的还原。基于此，在民事诉讼法学之程序原理上，"公益侵害阻断程序"兼具非讼程序与诉讼程序的双重属性。而基于"非讼程序"与传统意义上之"诉讼程序"在"制度原理"和"技术逻辑"上的深层差异，以"诉讼程序"为基础依托的传统民事诉讼法学理论体系、制度原理和程序技术，往往无法对应性地就"公益侵害阻断程序"中之相关程序事项和制度问题给出正当性的答案。如，源自传统意义上之诉讼程序范畴的当事人适格理论，就很难对"公益侵害阻断程序"中当事人之正当资格问题作出恰当的解释，亦无法有效应对"公益侵害阻断程序"之立法设计和司法运作中的相应问题。又如源于传统私益民事诉讼法学理论体系的诉讼请求和裁判范围理论，也无法对"公益侵害阻断程序"中的诉讼请求规则、裁判范围规则，及其与私益损害赔偿诉讼的逻辑关系等问题，作出正当性的解释。

就"公益侵害阻断程序"之制度功能定位而言，由于其以承载"纯粹性公益"之价值目标为本质特征，而"纯粹性公益"不同于"集合性公益"，其源自抽象的社会共同利益且不能向社会个体实施具体的利益分配，因此也就无法通过诉讼程序实现其向"私益"的还原。所以，作为一种兼具非讼和诉讼属性的程序，不同于传统诉讼程序的功能定位，"公益侵害阻断程序"并不以对个体性民事损害的具体赔偿为本质目的，而是为避免社会之"纯粹性公益"遭受难以弥补的损失或难以挽回的后果，禁止相应主体实施其可能实施的侵害行为，要求其立即停止正在实施的侵害行为或立即采取消除危险、排除妨碍、恢复原状的积极措施。

基于以上两个方面的考虑，在我国之民事诉讼法典中确立"公益侵害阻断程序"，其于立法层面的定位应介于诉讼程序和非讼程序之间。而由于在我国现行民事诉讼法典中，广义的非讼程序是由其"第二编 审判程序"中的"第十五章 特别程序""第十七章 督促程序"和"第十八章 公示催告程序"及置于民事诉讼法典之外的"破产程序"[①]共同构成的。因此，笔者认为，就"公益侵害阻断程序"的立法体例，应选择置于民事诉讼法典内部，与"第十五章 特别程序""第十七章

---

① 《中华人民共和国企业破产法》，第十届全国人大常委会第二十三次会议通过，自2007年6月1日起施行。

督促程序"和"第十八章 公示催告程序"并列的立法方案。具体而言，可在现行立法之"第十四章 第二审程序"与"第十五章 特别程序"之间增设一章，命名为"第 × 章 公益侵害阻断程序"。

在上述之立法体例方案下，单设之"第 × 章 公益侵害阻断程序"一章的规定应完成两项基本任务：

第一，就"公益侵害阻断程序"之特殊性程序事项于该章作出专门性规定，以完成对其程序启动规则和审理程序规则的基础性设计。该任务的提出源于"公益侵害阻断程序"所具有之非讼属性：其一，"公益侵害阻断程序"以承载"纯粹性公益"之价值目标为本质特征，意在避免社会之"纯粹性公益"遭受难以弥补的损失或难以挽回的后果，由法院经过审理后对可能实施或正在实施侵害行为的主体作出禁止其实施可能实施的侵害行为，要求其立即停止正在实施的侵害行为或实施消除危险、排除妨碍、恢复原状之积极措施的裁判；其二，"公益侵害阻断程序"不应处理私人间的实质性纠纷对抗，也不能裁判私人间的实质性法律争议，故其程序客体类似于非讼事件；其三，"公益侵害阻断程序"的审理过程和裁判结果，均体现国家公权对私法关系的强烈干预，并在一定程度上突破民法上的"意思自治原则"和民事诉讼法上的"处分主义""辩论主义"，故其程序基础理念更接近于非讼程序；其四，"公益侵害阻断程序"追求紧凑、快速，审理进程采用"职权推进主义"理念，证据调查和事实认定采用"职权探知主义"理念，故其程序进程理念更接近于非讼程序。

第二，就"公益侵害阻断程序"之启动、审理的一般性程序事项，及其裁判、阻断错误之救济程序和强制执行程序规则，则应在该章作出一般性规定以援引现行立法"第一编 总则""第二编 审判程序"和"第三编 执行程序"的程序规则。该任务的提出源于"公益侵害阻断程序"之诉讼属性。尽管"公益侵害阻断程序"具有"非讼程序"的属性，但是不能因此而绝对化地将其定性为非讼程序，因其在具有

"非讼程序"属性的同时也具有"诉讼程序"的属性。传统诉讼法学理论认为,非讼程序"不须依一般诉讼程序起诉、公开辩论,然后判决,而仅须简易、迅速处理或裁定非讼事件"①。因此,学界也通常将非讼程序理解为一种"略式审判程序"。但"公益侵害阻断程序"与之不同,尽管其具有一定程度之"非讼程序"属性,但其脱胎于比较法意义上的"团体诉讼"制度。而在拥有"团体诉讼"制度的国家和地区(如德国、法国、日本和我国台湾地区),其民事诉讼立法对该项制度的设计均是以通常之诉讼程序规则体系为外在模本和前提框架的。因此,当我们选择以"团体诉讼"制度为模本构建"公益侵害阻断程序"时,也必须接受其与生俱来的"诉讼程序"属性。所以,"公益侵害阻断程序"绝非非讼程序意义上之"略式审判程序",而应是传统诉讼程序意义上之"完整审判程序"。这意味着:其一,在"公益侵害阻断程序"中,为通常之诉讼程序而确立的诉讼要件(或起诉条件)规则不能被完全抛弃,而只能基于公益案件及其程序理念的特殊性在程序启动规则层面加以改造。其二,在"公益侵害阻断程序"中,为通常之诉讼程序而确立的公开审判制度不但不应被排斥,反而应该在程序规则层面更加强调审判公开,因其以承载"纯粹性公益"之价值目标为本质特征。其三,在"公益侵害阻断程序"中,为通常之诉讼程序而确立的审级制度应该被全面的援用,以充分保障公益案件之上诉审程序利益,以充分实现其"纯粹性公益"之价值目标。其四,在"公益侵害阻断程序"中,为通常之诉讼程序而确立的实体判决效力制度应该被全面地援用,立法在肯定公益判决之拘束力的同时,也应赋予其以既判力、形成力和执行力。其五,在"公益侵害阻断程序"中,为通常之诉讼程序而确立的再审程序应该被全面地援用,以为公益裁判提供充分的再审救济。

---

① 姚瑞光:《民事诉讼法》,中国政法大学出版社 2011 年版,第 3 页。

在对前述之先决性命题作出基本判断，并对其立法体例作出初步选择之后，公益侵害阻断程序的确立还要妥当地解决另外两项实质性问题，即"制度模式的选择"和"规则体系的构建"。对此，将于后文两章详加展开。

第四章　公益侵害阻断程序之制度模式

就"公益侵害阻断程序"之制度模式，笔者认为可根据程序启动主体的类型分为四种方案：公益性民间组织提起之公益侵害阻断程序、检察机关基于其民事公诉职能提起之公益侵害阻断程序、承载公益维护职能的行政机关提起之公益侵害阻断程序和公民个人提起之公益侵害阻断程序。四种方案，各有优势，亦有其不足。就我国而言，不妨兼顾这四种方案，采取一种如下图（图4）所示之"四位一体"的制度模式，建立系统的"公益侵害阻断程序"规则体系。

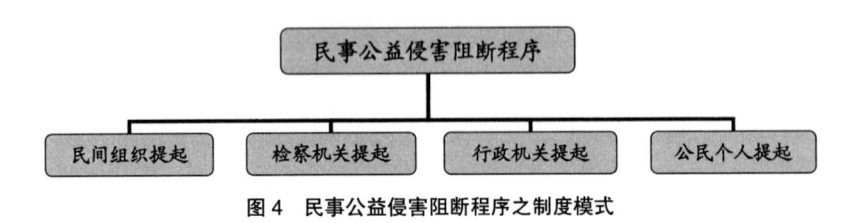

图4　民事公益侵害阻断程序之制度模式

由上图可见，民事公益侵害阻断程序的构建应该包含四个基本的制度模块：民间组织提起之公益侵害阻断程序、检察机关提起之公益侵害阻断程序、行政机关提起之公益侵害阻断程序和公民个人提起之公益侵害阻断程序。

第一节　民间组织提起之公益侵害阻断程序

一、《民事诉讼法》第 55 条之法理本质

对于我国 2012 年第二次修正后的《民事诉讼法》第 55 条的规定，学界普遍认为，其于基本立法层面确立了"民事公益诉讼程序"。但究其本质，实为对德国之团体诉讼制度理念的借鉴。所谓"法律规定的机关和有关组织可以向人民法院提起诉讼"，也就意味着：相应之非经营性机构、团体，必须基于实体性单行立法之明确规定，方能就公益侵权行为取得团体性诉权，并基于诉讼担当之程序原理，取代具体之利益关系主体，启动、实施诉讼程序。因此，就我国大陆地区而言，以《民事诉讼法》第 55 条为源头，未来之中式团体诉讼亦将于广义上归属于公益侵害阻断程序的范畴，其将在一定程度上承载"纯粹性公益"的价值目标。

以德国立法为代表之"团体诉讼"（Verbandsklage）制度，基于"诉讼信托"的程序原理，依据相应的实体性部门法，赋予某些非经营性的组织机构以团体诉权，令其于相应类型之群体性纠纷中取得诉讼当事人资格，以取代团体成员启动、参加诉讼程序，其于诉讼中独立享有和承担程序性权利和义务，并可实施相应的实体性处分。所以，从程序法理属性的层面讲，团体诉讼在一定程度上突破了传统民事诉讼之私益属性原理，在广义上属于公益侵害阻断程序的范畴；而从制度功能定位的层面讲，团体诉讼虽以"集合性公益"为出发点，但其在一定程度上也可以承载"纯粹性公益"的价值目标，其制度功能处于"集合性公益"与"纯粹性公益"的临界点上。团体诉讼制度之作用范围和作用形态在极大程度上取决于相应之实体性部门立法的

范围和强度。从其发展脉络上看，团体诉讼制度在德国的确立也恰恰源于赋予团体诉权的实体性部门立法的出现，而伴随着类似部门立法之范围的扩大和力度的强化，团体诉讼制度在德国诉讼实践中的作用范围和形态也呈现扩大和强化的趋势。1896 年德国《反不正当竞争法》第 1 条第一款的规定赋予"以促进营业利益为目的的团体"以针对"虚假宣传"之不正当竞争行为提起诉讼的团体诉权，从而开启了德国"团体诉讼"制度的先河。1909 年德国《反不正当竞争法》第 13 条的规定将"以促进营业利益为目的的团体"所享有的团体诉权扩张于"虚假宣传"之外的其他类型的不正当竞争行为，并明确规定团体诉讼可以采用"停止侵害之诉"和"撤销之诉"的诉讼形态，从而扩大了团体诉讼的作用范围，也丰富了团体诉讼的作用形态。1965 年德国《反不正当竞争法》第 13 条的规定正式赋予"以启发与咨询方式保护消费者利益为目的的团体"就侵害消费者权益的行为提起诉讼的团体诉权，从而令团体诉讼制度的作用范围扩大于消费者群体性纠纷领域。2000 年 6 月，根据欧盟 1998 年 5 月 1 日《有关为保护消费者的停止侵害的诉讼的指令》，德国对其《反不正当竞争法》进行了修改，并进一步扩大了团体诉讼在消费者利益维护领域中的作用范围。而伴随《一般交易条件法》(Gesetz zur Regelung des Rechts der allgemeinen Geschäftsbedingungen)、《降价法》(Gesetz des Rabattgesetz)、《反对限制竞争法》(Gesetz gegen Wettbewerbsbeschränkungen)、《手工业法》(Gesetz des Handwerksordnung)、《自然环境保护法》(Gesetz über Naturschutz und Landschaftspflege) 等单行部门立法中赋予相应非经营性组织机构以团体诉权之规定的确立，团体诉讼制度在德国民事诉讼实践中的作用范围扩及于更为广泛的领域。[①]

在我国，以《民事诉讼法》第 55 条为基本立法依据的民事公益

---

① 范愉：《集团诉讼问题研究》，北京大学出版社 2005 年版，第 231 页。

诉讼，也正在经历着与团体诉讼极为相似的一种发展路径。在该条规定施行之前，一些实体性单行立法已经开始借鉴德国之团体诉讼制度方案，依据法定诉讼担当之程序原理，于诉之利益归属主体不可能或不适于实施诉讼时，赋予对该利益负有监管、保护职责的主体以担当性公益诉权，其中有不少情形在本质上类似于德国实体单行立法中赋予团体诉权的规定。如《海洋环境保护法》第89条的规定，对破坏海洋环境和海洋水产资源及海洋保护区等损害社会公共利益的行为，赋予海洋环境保护机关以海洋环境保护诉讼之担当诉权。又如《工会法》第20条和《劳动合同法》第56条的规定，赋予工会组织以集体合同争议诉讼之担当诉权。再如，《物业管理条例》第15条和我国《物权法》第83条的规定，赋予业主委员会以维护业主共同利益诉讼之担当诉权。而伴随《民事诉讼法》第55条的出台，基于团体诉讼制度理念之担当性公益诉权的适用范围又被进一步扩大到"消费维权"和"环境保护"领域，"法律规定的机关和有关组织"亦可就"污染环境"和"消费侵权"的公益侵害行为，基于立法赋予之担当诉权，取代具体之利益关系主体，启动、实施诉讼程序。

二、由民间组织提起是公益侵害阻断程序的基础形态

由前文论述可见，在我国，基于团体诉讼之制度理念而扩大担当性公益诉权之适用范围的制度发展趋势已经形成。在民事诉讼立法层面，我们就不能再局限于对团体诉讼之制度理念的借鉴，而应及时、系统地构建以团体诉讼制度为模本的"公益侵害阻断程序"。而在团体诉讼制度的发展进程中，由民间组织作为程序启动主体是其基础性制度模式。甚至可以说，以德国立法为代表之"团体诉讼"制度的本质就是：基于"诉讼信托"的程序原理，依据相应的实体性部门法，赋予某些非经营性的组织机构以团体诉权，令其于相应类型之群体性纠

纷中取得诉讼当事人资格，以取代团体成员启动、参加诉讼程序，其于诉讼中独立享有和承担程序性权利和义务，并实施相应的实体性处分。这一点，无论是在德国之团体诉讼制度的发展进程中，还是在我国确立民事公益诉讼制度的进程中，均已于立法和司法实践层面得到了充分的验证。因此，我国构建以团体诉讼制度为模本的公益侵害阻断程序时，也必须将民间组织提起之公益侵害阻断程序作为其最基础的程序形态。

对此，我国《民事诉讼法》第55条也已经作出了正确的选择。该条规定已经正式于程序立法层面，将"法律规定的有关组织"确定为提起公益侵害阻断程序的基本主体类型。然而，单凭《民事诉讼法》第55条的规定，尚不足以在中国正式建立民间组织提起之公益侵害阻断程序。因为，团体诉讼中之集合性利益团体必须符合实体单行立法之法定构成要件方能成立，该条虽规定"法律规定的机关和有关组织"可以就公益侵权行为向人民法院提起公益诉讼，但所谓"法律规定"（即相关之实体性单行立法）是有待明确和完善的。就此，应积极寻求相关之实体单行立法的辅助，以明确提起公益侵害阻断程序之"法律规定的有关组织"的具体范围。这一点在后来的《〈民诉法〉解释》第284条的规定中也再次被予以强调。而且，我们也已经开始尝试在立法和司法解释两层面上作出努力。在2012年第二次修正后的《民事诉讼法》施行后，《环境保护法》和《消费者权益保护法》也跟进性地完成了修改。根据修改后《消费者权益保护法》第37、47条的规定，侵害众多消费者合法权益案件之民事公益诉讼程序的提起主体为"中国消费者协会"和"省、自治区、直辖市消费者协会"。而根据修订后《环境保护法》第58条规定，就环境污染案件提起民事公益诉讼程序的主体则为"依法在设区的市级以上人民政府民政部门登记，专门从事环境保护公益活动连续五年以上且无违法记录的社会组织"。对此，《环境民事公益诉讼解释》第1—5条又作出了四个方面的解释性规定。

而且，在我国的民事司法实践层面，由民间公益组织依据《民事诉讼法》第55条规定提起的民事公益侵害阻断程序，也正在成为民事公益案件的主体性组成部分。对此，可据"案例法学研究会"和"中国公益诉讼网""民主与法制网""法治周末报社""北京理工大学司法研究所""中央财经大学法律援助中心"等机构自2011年起开始举办的"中国十大公益诉讼专家评选与公益诉讼发展研讨会"所评选出的年度中国十大公益诉讼予以说明。

2013年入选的十个案例中，有六起是行政公益诉讼，另外四起则为民事公益诉讼，其中环境民事公益诉讼有两起（前文引用之"案例3 任坚刚诉超彩钛白（安徽）科技有限公司环境污染民事公益诉讼案"和"案例5 中华环保联合会诉海南天工生物工程公司等环境污染民事公益诉讼案"），消费民事公益诉讼则有一起（"刘明诉中国移动长沙公司流量清零霸王条款侵犯消费者权益案"）。三起民事公益诉讼案件中，有一件是由民间公益组织提起的。即前文引用之"案例5 中华环保联合会诉海南天工生物工程公司等环境污染民事公益诉讼案"。在该案中，中华环保联合会于2013年6月以罗牛山公司和天工生物为被告向海口市中级法院提起环境污染民事公益诉讼，并提出两项诉讼请求：第一，判令罗牛山公司支付污染赔偿款1399万元；第二，天工生物支付污染赔偿款233万元。2013年6月21日，海口中院环保庭正式立案，其立案决定认为"经审查，起诉符合法定条件"。这也使该案成为2013年中华环保联合会先后八次尝试提起的环境污染民事公益诉讼中唯一获得法院立案的一起案件。然而，2013年8月，海口中院又作出裁定，驳回了中华环保联合会的起诉。

2014年入选的十个案例中，有四起属于行政公益诉讼，另外六起则属于民事公益诉讼，其中环境民事公益诉讼有三起（前文引用之"案例1 福建省闽侯县394名村民诉福建省固体废物处置有限公司环境污染损害赔偿案""案例6 中华环保联合会诉谭某、方某环境污染民事公益诉讼案"和"案例 9 泰州市环保联合会诉江苏常隆农化有限公司等六公司环境污染民事公益诉讼案"），消费民事公益诉讼则有一起（前文引用之"案例 23 律师联手起诉金龙鱼等品牌转基因食用油标识不清损害消费者知情权、选择权系列案"）。在四起环境污染或消费维权民事公益案件中，有两件是由民间公益组织提起的，即案例 6 和案例 9。

2015 年入选的十个案例中，有三起是行政公益诉讼，另外七起则属于民事公益诉讼，其中环境民事公益诉讼有五起（前文引用之"案例 10 重庆绿色志愿者联合会诉湖北省恩施州建始县磺厂坪矿业有限责任公司环境污染民事公益诉讼案""案例 11 北京市朝阳区自然之友环境研究所、福建省绿家园环境友好中心诉谢知锦等四人破坏林地民事公益诉讼案""案例 12 中华环保联合会诉德州晶华集团振华有限公司大气污染民事公益诉讼案"、"案例 13 中国生物多样性保护与绿色发展基金会诉美国康菲石油（中国）有限公司、中国海洋石油总公司渤海生态环境污染民事公益诉讼案"和"案例 14 中国生物多样性保护与绿色发展基金会诉宁夏华御化工有限公司等八家公司腾格里沙漠环境污染民事公益诉讼案"），消费民事公益诉讼则有两起（前文引用之"案例 24 浙江省消费者权益保护委员会诉上海铁路局强制实名购票遗失乘客另行购票侵害消费者权益民事公益诉讼案"和"案例 25 上海市消费者权益保护委员会诉天津三星通信技术有限公司、广东欧珀移动通信有限公司预装手机软件侵害消费者知情权、选择权民事公益诉讼案"）。七起民事公益诉讼案件，全部都是由民间公益组织提起的。

通过之前的实证论述，我们不仅会发现"由民间公益组织提起的民事公益侵害阻断程序正在成为民事公益案件的主流"，也应该看到"提起民事公益侵害阻断程序的民间公益组织类型正在趋于多样化"，尤其是在环境污染民事公益诉讼领域。并且，在《环境保护法》第 58 条和《环境民事公益诉讼解释》第 1—5 条相继施行后，在环境污染民事公益诉讼领域,"提起民事公益侵害阻断程序之民间公益组织的多样化"趋势表现的愈发强烈。2013年后,尽管也有些公益性社会组织在提起环境污染民事公益诉讼时被法院裁定不予受理或驳回起诉:如前文引用之"案例2 邯郸冬泳协会诉山西天脊煤化工集团环境污染民事公益诉讼案"中,邯郸市中级人民法院对邯郸冬泳协会的起诉未予受理;又如"案例4 东平镇经济社会事务服务中心诉李某佑环境污染民事公益诉讼案"中,在双方当事人通过立案调解达成协议之后,原告东平镇经济社会事务服务中心选择了撤回起诉;再如"案例16 大连市环保志愿者协会诉中国海洋石油总公司环境污染民事公益诉讼案"中,大连海事法院经审查认为大连市环保志愿者协会是一家环保组织而非负责海洋环境保护的"行政主管部门",依《海洋环境保护法》等有关规定不具有提起"海洋污染公益诉讼"的主体资格,裁定不予受理其起诉。但在更多的环境污染民事公益诉讼案件中,多种公益性社会组织的民事公益诉讼主体资格开始获得司法实践的认可。如前文引用之"案例5 中华环保联合会诉海南天工生物工程公司等环境污染民事公益诉讼案""案例6 中华环保联合会诉谭某、方某环境污染民事公益诉讼案"和"案例12 中华环保联合会诉德州晶华集团振华有限公司大气污染民事公益诉讼案"中的中华环保联合会。又如"案例13 中国生物多样性保护与绿色发展基金会诉美国康菲石油(中国)有限公司、中国海洋石油总公司渤海生态环境污染民事公益诉讼案"和"案例14 中国生物多样性保护与绿色发展基金会诉宁夏华御化工有限公司等八家公司腾格里沙漠环境污染民事公益诉讼案"中的中国生物多样性保护与绿色发展基金会。再如"案例8 常州市环境公益协会诉储卫清、常州博世尔物资再生利用有限公司等土壤污染民事公益诉讼案"中的常州市环境公益协会,"案例9 泰州市环保联合会诉江苏常隆农化有限公司等六公司环境污染民事公益诉讼案"中的泰州市环保联合会,"案例10 重庆绿色志愿者联合会诉湖北省恩施州建始县磺厂坪矿业有限责任公司环境污染民事公益诉讼案"中的重庆绿色志愿者联合会,"案例 11 北京市朝阳区自然之友环境研究所、福建省绿家园环境友好中心诉谢知锦等四人破坏林地民事公益诉讼案"中的北京市朝阳区自然之友环境研究所和福建省绿家园环境友好中心,以及"案例 15 大连市环保志愿者协会诉大连日牵电机有限公司环境污染民事公益诉讼案"中的大连市环保志愿者协会,等等。

第二节　检察机关提起之公益侵害阻断程序

一、检察机关提起公益侵害阻断程序之理论基础

近代社会,"无为而治"的理念曾经一度在国家作用形态理论领域占据主导地位。依据这一理念,当因私权被滥用而损害国家与社会之公共利益时,由检察机关通过民事公诉维护公共利益的制度路径缺乏充分的基础性理论支撑。因此,早期相关国家的立法即使对其有所规定,民事公诉的制度方案也被限定在非常狭窄的逻辑空间内。①

而在现代社会,就国家的作用形态我们正在寻求重新定位,并形成了在本质上区别于"无为而治",在程度上有量性差异的两种理念,即"国家积极作用形态理念"和"国家辅助作用形态理念"。所谓"国家积极作用形态理念"源自 20 世纪德国的一种"团体主义"思潮,并以经济颓败、民生凋敝、国民无力自行谋求幸福生活的宏观社会环境为背景。它强调国家应积极、主动地维护公共利益,实现对全体国民之福祉的促进,并对此负有广泛的公法职能,以谋取国民之公共福利并促进社会经济的持续成长和文化的持续繁荣,并为"福利型

---

① 如 1806 年《法国民事诉讼法典》。

国家""服务型国家""照顾型国家"的目标而努力。此种理念,在西方社会一度获得广泛认同。① 所谓"国家辅助作用形态理念",则源自以德国经济复苏、国民收入大幅增长、民生福祉广泛改善之宏观社会环境为背景的"新自由主义"思潮,并以对现代集权型政府的恐惧与排斥为其理念基础。20 世纪 70 年代初,德国著名宪法学家彼德斯首倡"国家辅助作用形态理念",将实现整个社会的公共利益和促进全体国民之公共福祉作为现代国家必须承担之绝对性职责,但是国家为此而实施的行为,必须以国民无力自行谋求公共性利益福祉为前提条件。因此,相对于国民之公益福祉谋取行为,国家的作用处于辅助性的地位,其功能具有补充性的特征。②

与早期"无为而治"的理念明显不同,"国家积极作用形态理念"和"国家辅助作用形态理念"均强调国家应就公共福祉利益的谋取和促进承担公法意义上之绝对性职责。但是,在对国家之公益福祉谋取职责的强调程度上,两种理念存在量性差异。即"国家积极作用形态理念"更加强调行政机关利用相应的行政执法手段制止或防止对国家和社会公共利益的危害行为。为此,国家须设置数量众多、体系庞大的行政机构体系,并力求覆盖所有的国家和社会公共利益领域。某项国家和社会公共利益一旦遭遇危险或遭受损害,即由对该领域负有管理职责的行政机关寻找具体行为主体,对其行政违法行为实施行政制裁,追究其行政违法责任。相比于民事公益诉讼的程序途径,这显然是一种更具效率意义的制度性方案。而"国家辅助作用形态理念"则更强调由相应之公权机构通过提起"禁令之诉"(停止侵害之诉)或"撤销之诉"(宣告之诉)的途径,以制止或防止对国家和社会公共利益的危害行为。由此可见,依据"国家辅助作用形态理念",由承

---

① 海茵·盖茨:《公共利益诉讼的比较法鸟瞰》,载莫诺·卡佩莱蒂编:《福利国家与接近正义》,刘俊祥译,法律出版社 2000 年版,第 69 页。
② 陈新民:《德国公法学基础理论》,山东人民出版社 2010 年版,第 188—189 页。

载公益维护职能的行政机关和检察机关基于其民事公诉职能提起公益侵害阻断程序的制度方案,能够获得更为坚实的国家作用形态理论基础。基于此,在大陆法系传统国家和地区,检察机关(检察长)和政府机关往往被赋予提起民事、行政公益诉讼的诉权。① 以之为基础,代表国家维护社会公共利益之检察机关与行政机关,借助民事公益诉讼的途径为国民谋取公益性福祉就获得了基本面支撑。德国公法学家海茵·盖茨就曾明确指出:为了维护公共利益,在民间公益组织和国民个人提起的公益诉讼外,也应允许一定之公权机构为维护公共利益(如消费者利益、环境权益等)提起"禁令之诉"(停止侵害之诉)或"撤销之诉"(宣告之诉)。②

而在我国,就国家作用形态问题的理论认知,也恰恰处于由"国家积极作用形态理念"向"国家辅助作用形态理念"转换的历史阶段。因此,确立由检察机关提起之公益侵害阻断程序,在国家作用形态之理论层面,尤其是基于"国家辅助作用形态理念",可以获得坚实的理论支撑。

二、我国之传统立场

在我国,宪法赋予检察机关以法律监督机构的地位,并授予其法律监督之宪法性职权——检察权,以保障国家法律制度的正确施行和统一。作为一个宏观性概念范畴,检察权包含了职务犯罪侦查权、非职务犯罪侦查指导及监督权、审判监督权、强制执行监督权以及公诉权等。因此,广义上讲,检察机关实施法律监督的方式分为诉讼和非

---

① 张卫平:《诉讼架构与程式——民事诉讼的法理分析》,清华大学出版社2000年版,第328页。

② 海茵·盖茨:《公共利益诉讼的比较法鸟瞰》,载莫诺·卡佩莱蒂编:《福利国家与接近正义》,刘俊祥译,法律出版社2000年版,第92—93页。

诉讼两种类型,而"诉讼"这种法律监督途径则以其"公诉权"为基础。其中,基于立法的明文授权,为了维护国家利益和社会公共利益,检察机关就某些公益性民事案件向法院提起、实施民事诉讼的职权,则被称为"民事公诉权",并与"行政公诉权"和原初意义上的"刑事公诉权"共同构成检察公诉职权的整体。[①]

就通过"民事公诉"或"行政公诉"的途径维护国家和社会之公共利益并实现监督民法、行政法之正确、统一实施的目的,虽已于学术层面基本达成共识。但就立法实践层面而言,在2017年《民事诉讼法》修正和2018年《人民检察院组织法》修订之前,没有立法条文直接明确规定由检察机关行使"民事、行政公诉权"及其内涵和外延。具体而言:2018年修订之前《人民检察院组织法》中规定的"公诉""公诉权"特指刑事公诉,《刑事诉讼法》则仅赋予检察院以提起刑事附带民事公诉的职权[②];2017年修正前的《民事诉讼法》虽已于第55条确立民事公益诉讼,但并未直接明确规定由检察机关提起,其他相关条文也只是在宪法的基础上重申了检察院的民事诉讼监督权,并就损害国家、集体或私人民事权益的行为赋予人民检察院以支持受损害的单位或个人起诉的职权。[③] 这导致,早期关于民事、行政公诉制度的尝试在检察司法实践中停留在较低层面。自1991《民事诉讼法》正式施行,地方各级检察院依据立法的精神及学界之理论,曾作出过一

[①] 何文燕:《检察机关民事公诉权的法理分析》,载最高人民检察院民事行政检察厅编:《民事行政检察指导与研究》第三集,法律出版社2005年版,第126页。

[②] 《刑事诉讼法》第101条:"(第一款)被害人由于被告人的犯罪行为而遭受物质损失的,在刑事诉讼过程中,有权提起附带民事诉讼。被害人死亡或者丧失行为能力的,被害人的法定代理人、近亲属有权提起附带民事诉讼。(第二款)如果是国家财产、集体财产遭受损失的,人民检察院在提起公诉的时候,可以提起附带民事诉讼。"该条赋予检察院提起附带民事诉讼的公诉权,即当国家财产、集体财产因被告人的犯罪行为而遭受损失时,人民检察院在提起刑事公诉的同时可以提起附带民事公诉。

[③] 《民事诉讼法》第14条:"人民检察院有权对民事诉讼实行法律监督。"第15条则规定:"检察机关、社会团体、企业事业单位对损害国家、集体或者个人民事权益的行为,可以支持受损害的单位或者个人向人民法院起诉。"

些民事、行政公诉的尝试,甚至最高检也曾一度将"民事公诉"确定为全国检察机关民事检查监督的重点任务,鼓励地方各级检察院大胆尝试民事公诉,并塑造了一些典型的个案。但是,这种尝试只能局限于一些特殊领域,如国有资产流失案件、环境污染案件、不正当竞争和垄断案件等。如 1997 年的全国首例民事公诉案即为国有资产流失案件:河南省方城县工商局将某处国有房产违规低价出售给汤某,县检察院于 7 月 1 日以原告身份提起民事诉讼,请求法院判决确认该国有资产买卖合同无效,12 月 3 日该县基层法院判决,确认该买卖合同内容违法、无效。该案一审判决作出后,双方当事人均未上诉,判决在法定上诉期届满后生效,实现了挽回国有资产的预期目的。① 后来,"民事、行政公诉"的尝试也在环境污染案件领域频繁出现。如 2003 年 4 月 22 日,山东省德州市乐陵县检察院针对当地名为"金鑫化工厂"的环境污染行为提起民事诉讼,请求法院判令其停止侵害、排除妨碍、消除危险。②

最早将"民事、行政公诉"作为一个制度性的概念提出的国家性官方文件是《国务院关于落实科学发展观加强环境保护的决定》(国发〔2005〕39 号),其第 19 条首次提出"……研究建立环境民事和行政公诉制度"③。

---

① 该案引起了最高人民检察院的重视,并被评为全国检察系统十年中八大事件之一,也为日后各地检察机关提起民事公诉提供了范例。

② 2003 年 5 月 9 日,乐陵县人民法院作出一审判决,判令金鑫化工厂自行拆除污染设施、停止侵害、消除妨碍、消除危险。

③ 《国务院关于落实科学发展观加强环境保护的决定》第 19 条规定:"(十九)严格执行环境法律法规。要强化依法行政意识,加大环境执法力度,对不执行环境影响评价、违反建设项目环境保护设施'三同时'制度(同时设计、同时施工、同时投产使用)、不正常运转治理设施、超标排污、不遵守排污许可证规定、造成重大环境污染事故、在自然保护区内违法开发建设和开展旅游或者违法采矿造成生态破坏等违法行为,予以重点查处。加大对各类工业开发区的环境监管力度,对达不到环境质量要求的,要限期整改。加强部门协调,完善联合执法机制。规范环境执法行为,实行执法责任追究制,加强对环境执法活动的行政监察。完善对污染受害者的法律援助机制,研究建立环境民事和行政公诉制度。"

但是，之后的一段时期，与国务院对于"环境民事和行政公诉制度"的积极立场相比，最高检和最高法的态度却不约而同地趋于消极。在 2006 年 11 月召开的全国法院审判立案实务座谈会议上，最高人民法院时任副院长苏泽林明确指出：对于近年来出现的由人民检察院以原告方当事人身份提起的民事诉讼，目前人民法院尚无明确法律依据予以受理。① 最高人民检察院也频繁叫停各地各级检察院早期启动的民事检察公诉试点工作。这反映出，我国立法决策层面就检察机关之"民事公诉权"问题存在意见分歧。

这一背景性因素，也最终影响到了我国《民事诉讼法》的修改。2012 年第二次修正后《民事诉讼法》第 55 条的规定，条文表述为"法律规定的机关"，并未直接写明"检察机关"。之后，跟进性修改的《消费者权益保护法》和《环境保护法》也未明确规定检察机关为公益诉讼的提起主体。《消费者权益保护法》第 47 条仅规定侵害众多消费者合法权益案件之民事公益诉讼程序由"中国消费者协会"和"省、自治区、直辖市消费者协会"依法提起。《环境保护法》第 58 条也只是规定环境污染案件由"依法于设区市级以上政府民政部门登记，专门从事环保公益活动，存续五年以上，且无违法记录的社会组织"依法提起民事公益诉讼程序。

三、确立检察机关提起之公益侵害阻断程序的可能性

前文已就《民事诉讼法》第 55 条的法理本质所作之解读，尽管学界普遍认为，其于基本立法层面确立了"民事公益诉讼程序"，但究其本质，实为对德国之团体诉讼制度理念的借鉴。所谓"法律规定的机关和有关组织可以向人民法院提起诉讼"，也就意味着：相应之

---

① 苏泽林：《关于立案审判专业化的若干问题》，《人民法院报》2006 年 11 月 30 日。

非经营性机构、团体，必须基于实体性单行立法之明确规定，方能针对"污染环境、侵害众多消费者合法权益等损害社会公共利益的行为"取得团体性诉权，并基于诉讼担当之程序原理，取代具体之利益关系主体，启动、实施诉讼程序。因此，就我国大陆地区而言，以《民事诉讼法》第55条为源头，未来之中式团体诉讼亦将于广义上归属于公益侵害阻断程序的范畴，其将在一定程度上承载"纯粹性公益"的价值目标。而且以一系列的民事实体单行立法为背景，基于团体诉讼之制度理念而扩大担当性公益诉权之适用范围的制度发展趋势已经在我国渐趋形成。在民事诉讼立法层面，我们也不能再局限于对团体诉讼之制度理念的借鉴，而应及时、系统地构建以团体诉讼制度为模本的公益侵害阻断程序。而在团体诉讼制度的发展进程中，由民间组织作为程序启动主体是其基础性的制度模式。甚至可以说，以德国立法为代表之"团体诉讼"制度的本质就是：基于"诉讼信托"的程序原理，依据相应的实体性部门法，赋予某些非经营性的组织机构以团体诉权，令其于相应类型之群体性纠纷中取得诉讼程序之正当当事人资格，从而得以取代团体成员启动、实施诉讼程序，并于诉讼程序中独立享有和承担相应之程序性权利和义务，以及实施相应之实体性处分。这一点，无论是在德国之团体诉讼制度的发展进程中，还是在我国确立民事公益诉讼制度的进程中，均已于立法和司法实践层面得到了充分的验证。因此，我国构建以团体诉讼制度为模本的公益侵害阻断程序时，也必须将民间组织提起之公益侵害阻断程序作为其最基础的程序形态。

然而，笔者同时认为，《民事诉讼法》第55条之立法方案对团体诉讼制度的借鉴，在某种程度上突破了传统意义之团体诉讼制度的范畴。因为，依据团体诉讼制度的基本理念，团体诉权的赋予是基于"诉讼信托"的程序原理，并以相应的实体性部门法为依据，团体诉权的赋予对象则为"非经营性民间组织机构"。而我国2012年第二次修正后的《民事诉讼法》第55条规定的表述为"法律规定的机关和有关组织"，显然其并不仅限于"非经营性民间组织机构"（即其中的"有关组织"），还包括"法律规定的机关"。而所谓"机关"，在我国之语言传统中，基本指向政府公权机构，而非民间组织。因此，《民事诉讼法》第 55 条的规定，在某种程度上已经突破了传统意义之团体诉讼制度范畴。不论是有心还是无意，这种突破可归入"制度创新"的范畴。

因此，我国《民事诉讼法》第 55 条的规定，不但为在我国构建由公益性民间组织提起的公益侵害阻断程序提供了制度性空间，同时也为检察机关基于其民事公诉职能提起之公益侵害阻断程序的构建提供了制度性的可能。因为，尽管该条规定的表述为"法律规定的机关"，未直接写明"检察机关"，而所谓"机关"也通常指向行政性公权机构，但如果作广义理解，仍可将履行法律监督职责的"检察机关"包含在内。这意味着，《民事诉讼法》第 55 条同时也提出了确立公益侵害阻断程序的第二种制度路径，即由检察机关基于其民事公诉职能提起公益侵害阻断程序。因此，就检察机关如何于民事诉讼领域发挥其公益维护职能这一问题而言，我们也不应再局限于对域外团体诉讼之制度理念的机械模仿，而应在民事诉讼立法层面，及时、系统地构建以团体诉讼制度为模本的、由检察机关基于其民事公诉职能提起的公益侵害阻断程序。

四、检察机关提起之公益侵害阻断程序的先决要素

构建由检察机关基于其民事公诉职能提起之公益侵害阻断程序，首先要对其四项先决性制度要素予以明确：

第一，要在立法层面确立检察机关之民事公诉职权。就此，前文论及，尽管就通过"民事公诉"或"行政公诉"的途径维护国家和社会之公共利益并实现监督民、行立法之统一实施的目的已于学术层面基本达成共识，但在 2017 年《民事诉讼法》修正和 2018 年《人民检察院组织法》修订之前，没有立法条文直接明确规定由检察机关行使"民事、行政公诉权"及其内涵和外延。2018年修订前的《人民检察院组织法》中规定的"公诉""公诉权"特指刑事公诉。而《刑事诉讼法》仅赋予检察院以提起刑事附带民事公诉的职权。2017年修正前的《民事诉讼法》虽于第55条确立民事公益诉讼，但并未直接明确规定由检察机关提起，其他相关条文也只是在宪法的基础上重申了检察院的民事诉讼监督权，并就损害国家、集体或私人民事权益的行为赋予人民检察院以支持受损害的单位或个人起诉的职权。这也导致，早期关于民事、行政公诉制度的尝试在检察司法实践中停留在较低层面。虽然，《国务院关于落实科学发展观加强环境保护的决定》，其第19条规定"……研究建立环境民事和行政公诉制度"，从而将"民事、行政公诉"作为一个制度性概念予以提出，但其也不过是一个国家政策文件，不具备立法的基本效力等级和功能。更何况，在之后的一段时期，与国务院对于"环境民事和行政公诉制度"的积极立场相比，最高检和最高法的态度却不约而同地趋于消极。因此，检察机关提起之民事公益侵害阻断程序的构建，首先要在立法层面明确的第一项先决要素就是检察机关的"民事公诉权"。具体而言：首先，要通过对《人民检察院组织法》相应条文的修改，对其赋予检察机关之"公诉权"外延进行扩充，以确立检察机关之"民事、行政公诉权"。① 其次，要对

---

① 这在2018年《人民检察院组织法》修订时已经基本实现。2018年修订前《人民检察院组织法》第5条规定："各级人民检察院行使下列职权：……（四）对于刑事案件提起公诉，支持公诉；对于人民法院的审判活动是否合法，实行监督。……"2018年修订后《人民检察院组织法》第20条规定："人民检察院行使下列职权：（一）依照法律规定对有关刑事案件行使侦查权；（二）对刑事案件进行审查，批准或者决定是否逮捕犯罪嫌疑人；（三）对刑事案件进行审查，决定是否提起公诉，对决定提起公诉的案件支持公诉；（四）依照法律规定提起公益诉讼；（五）对诉讼活动实行法律监督；（六）对判决、裁定等生效法律文书的执行工作实行法律监督；（七）对监狱、看守所的执法活动实行法律监督；（八）法律规定的其他职权。"其中，第四项已经确立了检察机关的"民事、行政公诉权"。对此，笔者认为，为在基本层面上明确"民事、行政公诉权"的内涵和外延，该条可进一步修改为："人民检察院行使下列职权：……（四）依照法律规定对民事和行政公益案件支持或提起公益诉讼；……"

《民事诉讼法》第 15 条所确立之支持起诉原则进行扩充,在就损害国家、集体或私人民事权益的行为赋予其以支持受损害的单位或个人起诉之职权的基础上,同时赋予其以民事公诉职权。①

第二,要在立法层面对检察机关之民事公诉职权的范围予以明确,从而确定由检察机关基于其民事公诉职能提起之公益侵害阻断程序的适用范围。就此,应积极寻求相关之单行立法的辅助。首先,《民事诉讼法》第 55 条的规定需要进行修改,条文表述应在规定"检察机关"这一主体类型的同时,明确由其提起之公益侵害阻断程序的适用范围和前提条件。② 其次,还要对《消费者权益保护法》《环境保护法》以及《海洋环境保护法》的相应条文进一步进行相应的修改。一者,要对《消费者权益保护法》的相应条文进行进一步的修改。在其第 47 条已经规定由"中国消费者协会"和"省、自治区、直辖市消费者协会"就侵害众多消费者合法权益案件提起民事公益侵害阻断程序的基础上,进一步规定"检察机关"作为该程序的启动主体。③ 二者,要修

---

① 现行《民事诉讼法》第 15 条:"检察机关、社会团体、企业事业单位对损害国家、集体或者个人民事权益的行为,可以支持受损害的单位或者个人向人民法院起诉。"为确立检察机关之民事公诉职权,该条可修改为:"(第一款)检察机关、社会团体、企业事业单位对损害国家、集体或者个人民事权益的行为,可以支持受损害的单位或者个人向人民法院起诉。(第二款)<u>前款规定之支持起诉无法实施时,检察机关可以对损害国家、社会公共利益的行为直接提起诉讼</u>。"

② 可采取如下之条文修改方案,将现行《民事诉讼法》第 55 条修改为"(第一款)<u>对《环境保护法》、《海洋环境保护法》和《消费者权益保护法》规定的污染环境、侵害众多消费者合法权益等损害社会公共利益的行为,以及法律规定的其他损害社会公共利益的行为,检察机关、法律规定的行政机关和社会组织,公民个人</u>可以向人民法院提起诉讼。(第二款)检察机关对在履行职责中发现的破坏生态环境和资源保护、食品药品安全领域侵害众多消费者合法权益等损害社会公共利益的行为,应当督促或支持前款规定的行政机关和社会组织提起诉讼,<u>在没有前款规定的行政机关和社会组织或者前款规定的行政机关和社会组织不提起诉讼的情况下,可以向人民法院提起诉讼</u>。(第三款)<u>公民个人提起诉讼前,要先提请前两款规定之机关和社会组织向人民法院提起诉讼</u>。"

③ 可采取如下之条文修改方案,即:在现行《消费者权益保护法》之"第四章 国家对消费者合法权益的保护"的最后增加一个条文,作为第 36 条,规定"<u>对侵害众多不特定消费者合法权益或具有危及消费者人身、财产安全危险的行为,人民检察院、本法规定的工商行政管理部门和其他有关行政部门、符合本法第四十七条规定的社会组织,以及公民个人,可以依据《民事诉讼法》第五十五条规定,向人民法院提起诉讼</u>"。

改《环境保护法》第 58 条，在其现行规定之基础上，进一步规定"检察机关"作为该程序的启动主体。① 三者，要修改《海洋环境保护法》第 89 条，在其现有规定之基础上，进一步规定"对破坏海洋生态、海洋水产资源、海洋保护区，等已经损害社会公共利益或者具有损害社会公共利益重大风险的行为，人民检察院有权依据《民事诉讼法》第五十五条的规定向法院提起诉讼"②。

第三，要在立法层面明确检察机关提起之公益侵害阻断程序的诉请与裁判范围。团体诉讼之诉请形态主要表现为"停止侵害之诉"或"撤销之诉"，而非"侵权损害赔偿之诉"，其核心制度功能聚焦于群体性案件中所蕴含之"集合性公益"的不可分性和扩张性，乃至于可能内含其中的"纯粹性公益"，并通过"停止侵害之诉"或"撤销之诉"的诉请，直接实现诉讼之纠纷解决和利益救济之法律效果的公益性扩张，以预防、制止违法行为对"集合性公益"或"纯粹性公益"的危害，而不以团体成员之个体性利益损害的赔偿性救济为程序目的。因此，就检察机关提起之公益侵害阻断程序，我国民事诉讼立法也应在现第 55 条规定的基础上，进一步明确规定：在由检察机关提起的公

---

① 可采取如下之条文修改方案，将现行《环境保护法》第 58 条修改为"（第一款）对污染环境、破坏生态，已经损害社会公共利益或者具有损害社会公共利益重大风险的行为，符合下列条件的社会组织可以依据《民事诉讼法》第五十五条规定，向人民法院提起诉讼：（一）依法在设区的市级以上人民政府民政部门登记；（二）专门从事环境保护公益活动连续五年以上且无违法记录。（第二款）人民检察院、本法规定的环境保护主管部门或者其他负有环境保护监督管理职责的部门，以及公民个人，可依前款规定向人民法院提起诉讼。（第三款）符合前两款规定的社会组织、机关和公民个人向人民法院提起诉讼，人民法院应当依法受理。（第四款）提起诉讼的社会组织、机关和公民个人不得通过诉讼牟取经济利益。"

② 可采取如下之条文修改方案，将现行《海洋环境保护法》第 89 条修改为"（第一款）造成海洋环境污染损害的责任者，应当排除危害，并赔偿损失；完全由于第三者的故意或者过失，造成海洋环境污染损害的，由第三者排除危害，并承担赔偿责任。（第二款）对破坏海洋生态、海洋水产资源、海洋保护区，给国家造成重大损失的，由依照本法规定行使海洋环境监督管理权的部门代表国家对责任者提出损害赔偿要求。（第三款）对破坏海洋生态、海洋水产资源、海洋保护区，等已经损害社会公共利益或者具有损害社会公共利益重大风险的行为，人民检察院、依照本法规定行使海洋环境监督管理权的部门，符合《环境保护法》第五十八条规定的社会组织，以及公民个人，有权依据《民事诉讼法》第五十五条的规定向法院提起诉讼。"

益侵害阻断程序中，检察机关之诉请仅限于停止侵害、排除妨害、恢复原状等类似请求形态，而不能提出旨在个体性利益损害赔偿的请求项目，法院的裁判也应以此为限。

第四，要在立法层面明确检察机关提起之公益侵害阻断程序与私益损害赔偿诉讼的关系。依团体诉讼之制度原理，由团体诉讼所承载之"集合性公益"或"纯粹性公益"必须与团体成员之个体性利益明确区分，二者之诉权既不相互排斥亦不完全重叠，因此团体诉权的赋予并不侵蚀团体成员就其个体性利益寻求损害赔偿的诉权，其完全可于团体诉讼之外就其私益损害赔偿事宜另行诉讼。因此，就检察机关提起之公益侵害阻断程序的构建，我国民事诉讼立法也应在现第55条规定的基础上，进一步明确，基于同一公益侵权行为，在此种侵害阻断程序之外，就其间不能提出的旨在个体性利益损害赔偿的请求项目，具体利益关系主体可依立法规定之其他程序方案，另行提起私益损害赔偿诉讼。

五、检察机关提起公益侵害阻断程序之试点改革与立法动向

以国家作用形态理论为基础，前文已经对检察机关提起公益侵害阻断程序的正当性进行了论证，并以《民事诉讼法》第55条为客体解读了确立检察机关提起之公益侵害阻断程序的可能性，还对检察机关提起之公益侵害阻断程序的四项先决性制度要素进行了系统分析。而在当前之新一轮司法改革的背景下，我国之立法机构和司法机关也正就确立检察机关提起之公益侵害阻断程序作出积极的努力。

2015年7月1日，《检察院公益诉讼试点决定》提出：为加强对国家利益和社会公共利益的保护，授权最高检在生态资源和环境保护、国有土地使用权出让和国有资产保护，以及食药安全等领域开展公益诉讼试点工作。根据《检察院公益诉讼试点决定》，十三个省、自治区、直辖市被确定为试点地区。《检察院公益诉讼试点决定》对试点工

作的开展提出六个方面的具体要求。①2015年7月2日，最高检又公布了《试点方案》，从四个方面勾勒了检察院公益诉讼试点工作的基本框架。首先，《试点方案》明确了检察院公益诉讼试点工作的目标②，并提出了检察院公益诉讼试点工作的四项原则③。其次，《试点方案》明确检察院公益诉讼试点工作的主要内容包含两个方面："提起行政公益诉讼"和"提起民事公益诉讼"。就后一项试点工作，又明确了五个方面的试点工作具体事项。④再次，《试点方案》明确了检察院公益诉讼试点工作实施计划的三个阶段，即立法机关授权，积极开展试点和推动相关法律修改完善。最后，《试点方案》对检察院公益诉讼试点工作提出了四项要求：其一，坚持统筹谋划；其二，积极稳妥推进；其三，加强协调配合；其四，注重宣传引导。随后，2015年12月16日，最

---

① 第一，试点工作必须坚持党的领导、人民当家作主和依法治国的有机统一，充分发挥法律监督、司法审判职能作用，促进依法行政、严格执法，维护宪法法律权威，维护社会公平正义，维护国家利益和社会公共利益。第二，试点工作应当稳妥有序，遵循相关诉讼制度的原则。第三，提起公益诉讼前，人民检察院应当依法督促行政机关纠正违法行政行为、履行法定职责，或者督促、支持法律规定的机关和有关组织提起公益诉讼。第四，人民法院应当依法审理人民检察院提起的公益诉讼案件；第五，由最高人民法院、最高人民检察院就《检察院公益诉讼试点决定》制定实施办法，并报全国人民代表大会常务委员会备案。第六，试点期限为二年，自本决定公布之日起算；最高人民法院、最高人民检察院应当加强对试点工作的组织指导和监督检查；试点进行中，最高人民检察院应当就试点情况向全国人民代表大会常务委员会作出中期报告；试点期满后，对实践证明可行的，应当修改完善有关法律。

② 按照《中共中央关于全面推进依法治国若干重大问题的决定》的改革部署，积极探索建立检察机关提起公益诉讼制度，充分发挥检察机关法律监督职能作用，促进依法行政、严格执法，维护宪法法律权威，维护社会公平正义，维护国家和社会公共利益。

③ 坚持正确方向，立足法律监督职能，有效保护公共利益和严格依法有序推行。

④ 其一，试点案件范围。检察机关在履行职责中发现污染环境、食品药品安全领域侵害众多消费者合法权益等损害社会公共利益的行为，在没有适格主体或者适格主体不提起诉讼的情况下，可以向人民法院提起民事公益诉讼。其二，诉讼参加人。检察机关以公益诉讼人身份提起民事公益诉讼，被告是实施损害社会公共利益行为的公民、法人或者其他组织。其三，诉前程序。检察机关在提起民事公益诉讼之前，应当依法督促或者支持法律规定的机关或有关组织提起民事公益诉讼。其四，提起公益诉讼。检察机关提起民事公益诉讼，应当有明确的被告、具体的诉讼请求、社会公共利益受到损害的初步证据，并应当制作公益诉讼起诉书。其五，诉讼请求。检察机关可以向人民法院提出要求被告停止侵害、排除妨碍、消除危险、恢复原状、赔偿损失、赔礼道歉等诉讼请求。

高人民检察院第十二届检察委员会第四十五次会议审议通过《检察院公益诉讼试点实施办法》。该实施办法总计58条,分为四章:"第一章 提起民事公益诉讼""第二章 提起行政公益诉讼""第三章 其他规定"和"第四章 附则"。其中,"第一章 提起民事公益诉讼"(第1—27条)和"第三章 其他规定"(第53—56条)就检察机关提起民事公益诉讼十一个方面的程序事项作出了规定。继之,2016年2月22日,为贯彻实施《检察院公益诉讼试点决定》,依法审理人民检察院提起的民事公益诉讼案件,以《民事诉讼法》《行政诉讼法》等法律规定为依据,结合审判工作实际,最高人民法院审判委员会第1679次会议又审议通过了《法院审理检察院公益诉讼实施办法》。并于2016年2月25日印发,自2016年3月1日起施行。该实施办法由"一、民事公益诉讼""二、行政公益诉讼""三、其他规定"和"四、附则"四个部分构成,总计25个条文。其中,"一、民事公益诉讼"(第1—10条)和"三、其他规定"(第20—23条),就人民法院审理人民检察院提起民事公益诉讼案件相关的八个方面程序事项作出了规定。可见,基于"全国人大及其常委会授权"和这一系列的司法解释文件,检察机关逐步被确立为民事公益诉讼之提起主体类型之一。因此,2016年4月24日最高人民法院公布的《消费民事公益诉讼解释》,也以《消费者权益保护法》第47条的规定为基础,于其第1条作出拓展性的规定,将消费民事公益诉讼的提起主体扩充为两种类型:其一,"中国消费者协会"和"省、自治区、直辖市消费者协会";其二,"法律规定或者全国人大及其常委会授权的机关和社会组织"。最后,以《检察院公益诉讼试点决定》为基础,2017年6月27日,《修改决定》又于第1条规定:"一、对《中华人民共和国民事诉讼法》作出修改。第五十五条增加一款,作为第二款:'人民检察院在履行职责中发现破坏生态环境和资源保护、食品药品安全领域侵害众多消费者合法权益等损害社会公共利益的行为,在没有前款规定的机关和组织或者前款规定的机关和组织不提起诉讼的情况下，可以向人民法院提起诉讼。前款规定的机关或者组织提起诉讼的，人民检察院可以支持起诉。'"从而将"人民检察院"明确纳入第一款之"法律规定的机关和有关组织"的范畴之内，使之正式被确立为民事公益侵害阻断程序的提起主体类型之一，并初步明确了由其提起之公益侵害阻断程序的适用范围和前提条件。并且，《人民检察院组织法》亦于 2018 年 10 月 26 日第十三届全国人民代表大会常务委员会第六次会议完成修订，其第 20 条规定："人民检察院行使下列职权：……（四）依照法律规定提起公益诉讼；……"从而与 2017 年《民事诉讼法》修正时第 55 条增加之第二款对应，为检察机关提起公益诉讼奠定职权基础。

而且，在司法实践层面，由检察机关提起之公益侵害阻断程序案件也开始实质性的呈现。根据最高检《试点方案》和《检察院公益诉讼试点实施办法》，试点工作的主要内容包含两个方面："提起行政公益诉讼"和"提起民事公益诉讼"。尽管各地方检察机关似乎主要是将精力投入在提起行政公益诉讼的领域，由检察院提起的行政公益诉讼案件也开始大量出现，并尤为引人注目。[①] 而且，入选"中国十大公益诉讼专家评选与公益诉讼发展研讨会"2015 年度中国十大公益诉讼的七起民事公益诉讼案件也全部由民间公益组织提起。[②] 但在入选"2015 年中国

---

① 如入选"中国十大公益诉讼专家评选与公益诉讼发展研讨会"2015 年中国十大公益诉讼的"山东省庆云县检察院诉庆云县环保局不履行职责案"和"贵州省锦屏县人民检察院诉锦屏县环保局怠于履行职责案"等。

② 前文引用之"案例 10 重庆绿色志愿者联合会诉湖北省恩施州建始县磺厂坪矿业有限责任公司环境污染民事公益诉讼案""案例 11 北京市朝阳区自然之友环境研究所、福建省绿家园环境友好中心诉谢知锦等四人破坏林地民事公益诉讼案""案例 12 中华环保联合会诉德州晶华集团振华有限公司大气污染民事公益诉讼案""案例 13 中国生物多样性保护与绿色发展基金会诉美国康菲石油（中国）有限公司、中国海洋石油总公司渤海生态环境污染民事公益诉讼案""案例 14 中国生物多样性保护与绿色发展基金会诉宁夏华御化工有限公司等八家公司腾格里沙漠环境污染民事公益诉讼案""案例 24 浙江省消费者权益保护委员会诉上海铁路局强制实名购票遗失乘客另行购票侵害消费者权益民事公益诉讼案"和"案例 25 上海市消费者权益保护委员会诉天津三星通信技术有限公司、广东欧珀移动通信有限公司预装手机软件侵害消费者知情权、选择权民事公益诉讼案"。

十大公益诉讼评选推荐案例"的 22 个案件中，有 2 件民事公益诉讼是由检察机关提起的（前文所引之"案例 17 常州市人民检察院诉许建惠、许玉仙环境污染民事公益诉讼案"和"案例 18 徐州市人民检察院诉徐州市鸿顺造纸有限公司环境污染民事公益诉讼案"）。这意味着，在检察机关公益诉讼试点改革之历史背景下，由检察机关提起之公益侵害阻断程序案件已经开始实质性的呈现，并且极有可能迅速增长。

在上述检察机关公益诉讼试点工作之系列改革举措，《民事诉讼法》第 55 条新增之第二款，以及修订后新《人民检察院组织法》第 20 条之规定下，构建由检察机关提起之公益侵害阻断程序的前三项先决性制度要素得以初步明确：

第一，通过立法机构之《检察院公益诉讼试点决定》《民事诉讼法》第 55 条新增之第二款和修订后新《人民检察院组织法》第 20 条之规定，检察机关之民事公诉职权得以初步确立。全国人民代表大会常务委员会是国家立法机关之常设机构，由其制定之《检察院公益诉讼试点决定》，可以理解为具有初级立法效力之《检察院公益诉讼试点决定》。其明确提出：授权最高检在生态资源和环境保护、国有土地使用权出让和国有资产保护及食药安全等领域开展公益诉讼试点工作。则可理解为对检察机关之民事、行政公诉职权的初步立法认可。但也必须强调，《检察院公益诉讼试点决定》虽由立法机构作出，但其毕竟并非正式立法。因此，检察机关之民事、行政公诉职权的取得，最终还是要取决于立法修改。也正是因为这个原因，《试点方案》才明确将检察院公益诉讼试点工作的实施计划分为三个阶段：立法机关授权，积极开展试点和推动相关法律修改完善。为此，以《检察院公益诉讼试点决定》为基础，2017 年 6 月 27 日，《修改决定》又于第 1 条规定："一、对《中华人民共和国民事诉讼法》作出修改。第五十五条增加一款，作为第二款：……"从而将"人民检察院"明确纳入第一款之"法律规定的机关和有关组织"的范畴之内，使之正式被确立为民事公益侵害阻断程序的提起主体类型之一，并初步明确了由其提起之公益侵害阻断程序的适用范围和前提条件。随后，《人民检察院组织法》亦于2018年10月26日第十三届全国人民代表大会常务委员会第六次会议完成修订，其第20条规定："人民检察院行使下列职权：……（四）依照法律规定提起公益诉讼；……"从而与2017年《民事诉讼法》修正时第55条增加之第二款对应，为检察机关提起公益诉讼奠定职权基础。由此，检察机关之民事公诉职权也得以初步确立。但是，笔者认为，检察机关之民事公诉职权的正式确立在基础性立法层面仍须作两项改进：一者，修订后新《人民检察院组织法》第20条关于检察机关之民事、行政公诉职权的规定仍有必要改进，以在基本层面上明确"民事、行政公诉权"的内涵和外延①；二者，对《民事诉讼法》第15条所确立之支持起诉原则进行扩充，在就损害国家、集体或私人民事权益的行为赋予人民检察院以支持受损害的单位或个人起诉之职权的基础上，同时赋予其以民事公诉职权。②

第二，依据《民事诉讼法》第55条新增之第二款规定，通过检、法两家之司法解释，检察机关行使民事公诉职权的具体范围得以初步确定。首先，《检察院公益诉讼试点实施办法》第1条对检察机关提

---

① 2018年修订后《人民检察院组织法》第20条规定："人民检察院行使下列职权：（一）依照法律规定对有关刑事案件行使侦查权；（二）对刑事案件进行审查，批准或者决定是否逮捕犯罪嫌疑人；（三）对刑事案件进行审查，决定是否提起公诉，对决定提起公诉的案件支持公诉；<u>（四）依照法律规定提起公益诉讼</u>；（五）对诉讼活动实行法律监督；（六）对判决、裁定等生效法律文书的执行工作实行法律监督；（七）对监狱、看守所的执法活动实行法律监督；（八）法律规定的其他职权。"其中，第四项已经确立了检察机关的"民事、行政公诉权"。对此，笔者认为，为在基本层面上明确"民事、行政公诉权"的内涵和外延，该条可进一步修改为："人民检察院行使下列职权：……（四）依照法律规定对民事和行政公益案件支持或提起公益诉讼；……"

② 现行《民事诉讼法》第15条规定："检察机关、社会团体、企业事业单位对损害国家、集体或者个人民事权益的行为，可以支持受损害的单位或者个人向人民法院起诉。"为确立检察机关之民事公诉职权，该条可修改为："（第一款）检察机关、社会团体、企业事业单位对损害国家、集体或者个人民事权益的行为，可以支持受损害的单位或者个人向人民法院起诉。<u>（第二款）前款规定之支持起诉无法实施时，检察机关可以对损害国家、社会公共利益的行为直接提起诉讼。</u>"

起民事公益诉讼的案件类型和范围从三个方面进行了界定：其一，检察机关对环境污染、食药安全领域等公益侵权行为提起民事公益诉讼；其二，检察机关提起公益诉讼的案件是其在履行职务犯罪侦查、批准或者决定逮捕、审查起诉、控告检察、诉讼监督等职责过程中发现的；其三，案件没有适格主体或者适格主体不提起民事公益诉讼。其次，《法院审理检察院公益诉讼实施办法》第1条对人民检察院提起民事公益诉讼的客体和条件也作出了立场统一的规定。即人民检察院可以对环境污染、生态破坏、食药安全领域等公益侵权行为提起民事公益诉讼。人民检察院提起民事公益诉讼需要满足四项程序要件：其一，适格主体不提起民事公益诉讼或案件没有适格主体；其二，被告明确；其三，诉讼请求具体，且有事实、理由；其四，属于民事诉讼的主管范围和受诉人民法院管辖。但仍有必要强调，司法解释毕竟不是正式立法，检察机关之民事公诉职权的范围仍须在立法层面最终确定。为此，2017年《民事诉讼法》第三次修正后的第55条新增之第二款规定也在作出积极努力。但是，笔者认为，本次修改方案仍不尽如人意，需要进一步优化。①

第三，通过检、法两家之司法解释，检察机关提起之公益侵害阻断程序的诉请与裁判范围得以初步明确。根据《检察院公益诉讼试点实施办法》第15、16、18条的规定，在检察机关提起的民事公益诉讼中：人民检察院的诉讼参加人身份为"公益诉讼人"，可以提出恢

---

① 可采取如下之条文修改方案，将现行《民事诉讼法》第55条修改为"（第一款）对《环境保护法》、《海洋环境保护法》和《消费者权益保护法》规定的污染环境、侵害众多消费者合法权益等损害社会公共利益的行为，以及法律规定的其他损害社会公共利益的行为，检察机关、法律规定的行政机关和社会组织、公民个人可以向人民法院提起诉讼。（第二款）检察机关对在履行职责中发现的破坏生态环境和资源保护、食品药品安全领域侵害众多消费者合法权益等损害社会公共利益的行为，应当督促或支持前款规定的行政机关和社会组织提起诉讼，在没有前款规定的行政机关和社会组织或者前款规定的行政机关和社会组织不提起诉讼的情况下，可以向人民法院提起诉讼。（第三款）公民个人提起诉讼前，要先提请前两款规定之机关和社会组织向人民法院提起诉讼。"

复原状、停止侵害、消除危险、排除妨碍、赔偿损失、赔礼道歉等诉讼请求项目；被告为实施损害社会公共利益行为的公民、法人或者其他组织，不能提出反诉请求。综合《法院审理检察院公益诉讼实施办法》第3、4、6条的规定：其一，人民检察院以"公益诉讼人"身份提起民事公益诉讼，享有、承担民事诉讼法所规定之原告的诉讼权利、义务，可以提出恢复原状、消除危险、排除妨碍、停止侵害、赔偿损失、赔礼道歉等诉讼请求；其二，人民检察院提起民事公益诉讼以实施损害社会公共利益行为的公民、法人或其他组织为被告，被告提出反诉请求的，法院不予受理。可见，在"诉请与裁判范围"这一问题上，《检察院公益诉讼试点实施办法》与《法院审理检察院公益诉讼实施办法》的立场完全一致。而且，也与之前的《环境民事公益诉讼解释》和之后的《消费民事公益诉讼解释》保持了制度逻辑上的统一。综合《环境民事公益诉讼解释》第9、17—24条的规定：其一，在环境民事公益诉讼程序中，对环境污染、生态破坏等已经损害或严重危及社会公共利益的行为，原告可以提出"恢复原状、消除危险、排除妨碍、停止侵害、赔偿损失、赔礼道歉"的诉讼请求项目。其二，就"恢复原状"的诉讼请求项目：法院可依法判令被告修复生态环境，以及在修复无法完成时可以采取的替代性修复方案；也可以在判令修复生态环境的同时，判定被告无法完成修复时应承担的修复费用，甚至直接判令被告承担一定金额之修复费用。其三，在环境民事公益诉讼中，法院认为原告已经提出的诉讼请求项目尚不足以充分维护社会公共利益的，可依职权予以释明，并要求变更诉讼请求或增加恢复原状、停止侵害等诉讼请求项目。其四，环境民事公益诉讼中，对被告方当事人以反诉方式提出的诉讼请求项目，法院应裁定不予受理。但也仍须强调，司法解释毕竟不是正式立法，检察机关提起之公益侵害阻断程序的诉请与裁判范围仍须在立法层面最终确定。而综合《消费民事公益诉讼解释》第 5、11、13、17—18 条的规定：首先，在消费民事公益诉讼中，对经营者侵害众多不特定消费者合法权益或者具有危及消费者人身、财产安全危险的行为，原告方当事人可以提出诉讼请求项目包括"格式约定无效、消除危险、排除妨碍、停止侵害、赔偿损失、赔礼道歉"等。具体而言，针对《消费民事公益诉讼解释》第 2 条规定之前三项行为，原告可以请求"停止侵害、排除妨碍、消除危险、赔礼道歉"；就《消费民事公益诉讼解释》第 2 条规定之第四项行为，原告可以请求判定格式约定无效；就《消费民事公益诉讼解释》第 17、18 条规定之"原告为消除危险、排除妨碍、停止侵害而采取合理性处置和预防措施所支付的费用"和"原告及其诉讼代理人为实施诉讼而支出的律师费用、鉴定费用、调查取证费用，及其他合理费用"，可以请求赔偿损失。其次，在消费民事公益诉讼中，法院认为原告方当事人已经提出的诉讼请求项目尚不足以维护社会公共利益的，可依职权予以释明，并要求其变更诉讼请求或增加其他诉讼请求项目。最后，在消费民事公益诉讼中，对于被告以反诉方式提出的诉讼请求，法院裁定不予受理。

然而，遗憾的是，无论《民事诉讼法》第 55 条第二款，还是《检察院公益诉讼试点决定》《试点方案》《检察院公益诉讼试点实施办法》和《法院审理检察院公益诉讼实施办法》，就构建由检察机关提起之公益侵害阻断程序的第四项先决性制度要素，均丝毫未予提及。但是，所幸的是，之前的《环境民事公益诉讼解释》和《〈民诉法〉解释》，就公益侵害阻断程序与私益损害赔偿诉讼的关系问题已经作出立场近乎完全统一的规定。综合《环境民事公益诉讼解释》第 10、29—31 条的规定：首先，环境民事公益诉讼和私益损害赔偿诉讼在诉的属性上相互独立；其次，环境民事公益诉讼和私益损害赔偿诉讼在审理程序上相互独立；再次，环境民事公益诉讼裁判的事实认定对于后续的私益损害赔偿诉讼有预决效力①；最后，私益损害赔偿诉讼原告的受偿顺位优先。②《〈民诉法〉解释》第 288 条则规定：人民法院受理当事人提起的公益诉讼案件，不影响因同一公益侵权行为而遭受损害的其他主体根据民事诉讼法第 119 条规定另行提起私益损害赔偿诉讼。而且，之后的《消费民事公益诉讼解释》也就此问题作出了制度立场统一的规定。综合其第 9—10、16 条的规定：首先，私益损害赔偿诉讼与消费民事公益诉讼在诉之属性上相互独立。法定机关和社会组织提起消费民事公益诉讼程序，不影响因同一公益侵权行为而遭受到人身、财产损害的公民、法人和其他组织依法另行提起私益损害赔偿诉讼。其次，消费民事公益诉讼和私益损害赔偿诉讼在审理程序上相互独立。鉴于诉之属性上的差异，且合并审理不仅不能提高效率还会导致诉讼拖延。因此，消费民事公益诉讼和私益损害赔偿诉讼不能合并审理。如公民、法人和其他组织以其人身、财产遭受损害为由提出申请要求参加消费民事公益诉讼程序，法院应予拒绝，但要告知其另行提起私益损害赔偿诉讼。但是，在消费民事公益诉讼案件受理后，因同一侵权行为受到损害的消费者请求对其私益损害赔偿诉讼中止审理的，人民法院可以准许。因为，消费民事公益诉讼裁判的事实认定对于后续之私益损害赔偿诉讼将会产生预决效力。最后，消费民事公益诉讼裁判的事实认定对于后续的私益损害赔偿诉讼有预决效力。基于私益损害赔偿诉讼与消费民事公益诉讼在事实认定以及法律适用方面的共通性，鉴于私益损害赔偿诉讼原告举证能力的不足，《消费民事公益诉讼解释》第 16 条特别强调了这种预决效力，并将其区分成为两种情形：

---

① 基于环境民事公益诉讼与私益损害赔偿诉讼在事实认定以及法律适用方面的共通性，鉴于私益损害赔偿诉讼原告举证能力的不足，《环境民事公益诉讼解释》第 30 条特别强调了这种预决效力，并将其区分为两种情形：法院依职权援引的预决效力和依当事人申请而援引的预决效力。

② 但法律另有规定的除外。如对于船舶油污损害赔偿纠纷案件，《1992 年国际油污损害民事责任公约》以及《最高人民法院关于审理船舶油污损害赔偿纠纷案件若干问题的规定》就规定采取按比例受偿的原则。

法院依职权援引的预决效力和依当事人申请而援引的预决效力。

第三节 行政机关提起之公益侵害阻断程序

一、行政机关提起公益侵害阻断程序之理论基础

如前文所述，近代社会，"无为而治"的理念曾经一度在国家作用形态理论领域占据主导地位。而在现代社会，国家的作用形态被重新定位，并形成了在本质上区别于"无为而治"，在程度上有量性差异的两种理念："国家积极作用形态理念"和"国家辅助作用形态理念"。与早期"无为而治"的理念明显不同，"国家积极作用形态理念"和"国家辅助作用形态理念"均强调国家应就公共利益福祉之谋取承担责无旁贷的绝对性职责。但是，就对国家之公益福祉谋取职责的强调程度，两种理念间存在量性差异。"国家积极作用形态理念"更加强调行政机关利用相应的行政执法手段制止或防止对国家和社会公共利益的危害行为。为此，国家须设置数量众多、体系庞大的行政机构体系，并力求覆盖所有的国家和社会公共利益领域。某项国家和社会公共利益一旦遭遇危险或遭受损害，即由对该领域负有管理职责的行政机关寻找具体行为主体，对其行政违法行为实施行政制裁，追究其行政违法责任。相比于民事公益诉讼的程序途径，这显然是一种更具效率意义的制度性方案。而"国家辅助作用形态理念"则更强调由相应之公权机构通过提起"禁令之诉"（停止侵害之诉）或"撤销之诉"（宣告之诉）的途径，以制止或防止对国家和社会公共利益的危害行为。由此可见，依据"国家辅助作用形态理念"，由承载公益维护职能的行政机关和履行民事公诉职能的检察机关提起公益侵害阻断程序，能够获得更为坚实的国家作用形态理论基础。基于此，在大陆法系传统国

家和地区，检察机关（检察长）和政府机关往往被赋予提起民事、行政公益诉讼的诉权。[①] 以之为基础，作为国家与社会公共利益之代表的检察机关与行政机关，通过民事公益诉讼的途径为国民谋取公益性福祉就获得了基本面支撑。德国公法学家海茵·盖茨就曾明确指出：为了维护公共利益，在民间公益组织和国民个人提起的公益诉讼外，也应允许一定之公权机构为维护公共利益（如消费者利益、环境权益等）提起"禁令之诉"（停止侵害之诉）或"撤销之诉"（宣告之诉）。[②] 而在我国，就国家作用形态问题的理论认知，也恰恰正处于由"国家积极作用形态理念"向"国家辅助作用形态理念"转换的历史阶段。

因此，现代社会之国家作用形态理论，尤其是渐行确立主导地位之"国家辅助作用形态理念"，不仅可以为确立由检察机关提起之公益侵害阻断程序提供基础性理论依据，同时也能为确立由肩负公益维护职能的行政机关提起之公益侵害阻断程序提供坚实的理论支撑。

二、我国之传统立场

就由行政机关通过提起民事公益侵害阻断程序来维护国家和社会公共利益这一制度方案，我国诉讼法学界普遍持谨慎态度。其原因在于，依据我国之公权结构体系和政府职能配置，行政机关是国家和社会公共事务的当然管理者，并因此获得了强大而丰富的行政职权，在国家利益和社会公共利益可能或已经遭受现实性侵害时，行政机关当然应该履行法律职责并行使行政职权通过相应的行政执法手段解决问题，从而预防或制止对国家利益和社会公共利益的危害。为此，国家

[①] 张卫平：《诉讼架构与程式——民事诉讼的法理分析》，清华大学出版社 2000 年版，第 328 页。

[②] 海茵·盖茨：《公共利益诉讼的比较法鸟瞰》，载莫诺·卡佩莱蒂编：《福利国家与接近正义》，刘俊祥译，法律出版社 2000 年版，第 92—93 页。

设置了数量众多、体系庞大的行政机构体系，并力求覆盖所有的国家和社会公共利益领域。所以，某项国家和社会公共利益一旦遭遇危险或遭受损害，由对该领域负有管理职责的行政机关寻找具体行为主体，对其行政违法行为实施行政制裁，追究其行政违法责任，相比于民事公益诉讼的程序途径，这显然是一种更具效率意义的制度性方案。而一旦在立法中确立由行政机关通过提起民事公益侵害阻断程序来维护国家和社会公共利益的制度方案，则可能导致某些行政机关基于非正常的利益驱动，不再主动通过行政执法手段寻求对国家和社会公共利益的维护，反而依赖于效率不高的民事公益侵害阻断程序。这一传统立场也影响到了我国《民事诉讼法》的修改。2012年第二次修正后的《民事诉讼法》第55条的规定，其条文表述为"法律规定的机关"，并未直接写明"行政机关"。之后，跟进性修改的《消费者权益保护法》和《环境保护法》也未明确规定行政机关为公益诉讼的提起主体。《消费者权益保护法》第47条仅规定侵害众多消费者合法权益案件之民事公益诉讼程序的提起主体为"中国消费者协会"和"省、自治区、直辖市消费者协会"。《环境保护法》第58条也只是规定环境污染案件之民事公益诉讼程序由"依法于设区市级以上政府民政部门登记，专门从事环保公益活动，存续五年以上，且无违法记录的社会组织"提起。

这种观点不无道理。然而，将国家和社会公共利益的维护完全委诸行政机构体系的行政职权行为，其可靠性取决于诸多因素，如公权结构体系和政府职能配置的合理性、行政机构体系的完整性、特定行政机构之公益维护职能的明确性、公益维护之行政程序的规范性等。其中，任何一个方面的欠缺，都将减损行政职权行为的公益维护职能。就此，甚至可以绝对地说，没有任何一个国家的制度体系，能够满足如此众多的要求，从而可以放心地将国家和社会公共利益的维护完全委诸行政机构体系的行政职权行为。正是基于这一原因，在公益维护领域，同样应当遵循"司法最终解决"的基本法理，必须考虑在必要时通过司法诉讼程序完成行政职权程序完成不了的任务。

　　实践也证明，在由行政机关管理的某些国家和社会公共利益领域，行政执法行为往往会与相关的私权法律事项产生非常复杂的关系，现有的行政执法程序无力为问题的解决提供充分的保障，单纯地依赖行政执法，不但无法高效地维护国家和社会公共利益，反而可能严重损害行政相对人的实体性私法利益和程序性公法利益。此时，赋予相应之行政机关以民事公益侵害阻断程序主体资格，通过司法程序来实现对于国家和社会公共利益的维护，能够更为有效地兼顾相关之私益法律关系，从而弥补行政执法的不足。早期的司法实践中也有这样的实例。如《最高人民法院公报》2004 年第 7 期所公布的一起典型判例：黑龙江省饶河县四排赫哲族乡人民政府诉中央电视台、北京北辰购物中心和郭颂侵害民间文学艺术作品著作权纠纷案。① 诉讼中，三被告曾就四排赫哲族乡政府对赫哲族民间音乐作品保护提起民事诉讼的原告主体资格提出程序异议，并一度成为整个诉讼程序的核心性争点。但是，一、二审程序均最终认定：以《想情郎》为代表的音乐曲调，在赫哲族中世代流传，属于民间文学艺术作品，应当受到法律保护。作为赫哲族人共同创造的精神文化财富，涉案之赫哲族民间文学艺术作品不归属特定之赫哲族成员，但又与每一名赫哲族人息息相关。因此，赫哲族中任何成员或群体均有权利维护其不受侵害。而四排赫哲族乡政府是依法于少数民族聚居区内设立的政府机构，承担维护该地区之赫哲族公共利益的职责。所以，四排赫哲族乡政府可以以自己的名义对侵犯赫哲族民间文学艺术作品合法权益的行为提起民事公益诉讼。可以说，以上案例，对于我国确立由承载公益维护职能之行政机关提起之公益侵害阻断程序，具有重要的实证价值。

　　国外的一些作法则更为激进，为通过公益侵害阻断程序维护公共

---

　　① 具体案情，可参见《中华人民共和国最高人民法院公报》2004 年第 7 期。

利益,甚至专门设立某种与行政机关具有类似职能的"准公权机构",并赋予其公益诉权,以启动程序。如英国根据其 1925 年的《性别歧视法》(Sex Discrimination Act)设立的"平等机会委员会",就获得了立法授予的针对性别歧视行为提起公益侵害阻断程序的公益诉权。又如英国依据其《种族关系法》(Race Relation Act)设立的"种族平等委员会",则获得了立法授予的针对种族歧视行为提起公益侵害阻断程序的公益诉权。再如美国设立的"联邦交易委员会"(Federal Trade Commission),立法也赋予其以针对违规交易行为提起公益侵害阻断程序的公益诉权。① 除设立"准公权机构",并赋予其公益诉权以启动公益侵害阻断程序外,英国甚至还创新性地赋予某些特殊"公权职务"以此种公益诉权,如公共卫生监察员、专利局局长和公平交易局局长等。②

三、行政机关提起公益侵害阻断程序的可能性、可行性与必要性

根据前文对《民事诉讼法》第 55 条之法理本质的解读,尽管学界普遍认为,其于基本立法层面确立了"民事公益诉讼程序",但究其本质,实为对德国之团体诉讼制度理念的借鉴。所谓"法律规定的机关和有关组织可以向人民法院提起诉讼",也就意味着:相应之非经营性机构、团体,必须基于实体性单行立法之明确规定,方能针对"污染环境、侵害众多消费者合法权益"等公益侵权行为取得团体性诉权,并基于诉讼担当之程序原理,取代具体之利益关系主体,启动、实施诉讼程序。因此,就我国大陆地区而言,以《民事诉讼法》第 55 条为

---

① 基于美国特有的"集团诉讼"制度理念,"联邦交易委员会"(Federal Trade Commission)不仅被赋予了在公益侵害阻断程序中提出"不作为请求"的公益诉权,甚至也被赋予了提出"损害赔偿请求"的诉权。

② 沈达明:《比较民事诉讼法初论》,中信出版社 1991 年版,第 158—160 页。

源头，未来之中式团体诉讼亦将于广义上归属于公益侵害阻断程序的范畴，其将在一定程度上承载"纯粹性公益"的价值目标。而且以一系列的民事实体单行立法为背景，基于团体诉讼之制度理念而扩大担当性公益诉权之适用范围的制度发展趋势已经在我国渐趋形成。在民事诉讼立法层面，我们也不能再局限于对团体诉讼之制度理念的借鉴，而应及时、系统地构建以团体诉讼制度为模本的公益侵害阻断程序。而在团体诉讼制度的发展进程中，由民间组织作为程序启动主体是其基础性的制度模式。这一点，无论是在德国之团体诉讼制度的发展进程中，还是在我国确立民事公益诉讼制度的进程中，均已于立法和司法实践层面得到了充分的验证。因此，我国构建以团体诉讼制度为模本的公益侵害阻断程序时，也必须将民间组织提起之公益侵害阻断程序作为其最基础的程序形态。

然而，笔者同时又认为，《民事诉讼法》第55条之立法方案对团体诉讼制度的借鉴，在某种程度上突破了传统意义之团体诉讼制度的范畴。因为，依据团体诉讼制度的基本理念，团体诉权的赋予是基于"诉讼信托"的程序原理，并以相应的实体性部门法为依据，团体诉权的赋予对象则为"非经营性民间组织机构"。而我国《民事诉讼法》第55条规定的表述为"法律规定的机关和有关组织"，显然其并不仅限于"非经营性民间组织机构"（即其中的"有关组织"），还包括"法律规定的机关"。而所谓"机关"，在我国之语言传统中，基本指向政府公权机构，而非民间组织。因此，《民事诉讼法》第55条的规定，在某种程度上已经突破了传统意义之团体诉讼制度范畴。不论是有心还是无意，这种突破可归入"制度创新"的范畴。

因此，《民事诉讼法》第55条的规定，不但为在我国构建由公益性民间组织提起的公益侵害阻断程序提供了制度性空间，同时也为行政机关基于其公益维护职能提起之公益侵害阻断程序的构建提供了制度性可能。因为，尽管该条规定的表述为"法律规定的机关"，未直接写明"行政机关"。但所谓"机关",其首要含义即指向行政性公权机构。这意味着,《民事诉讼法》第 55 条的规定同时也就公益侵害阻断程序的确立提出了第三种制度路径,即由行政机关基于其职权范围内之公益维护职能提起公益侵害阻断程序。因此,就行政机关如何于民事诉讼领域发挥其公益维护职能这一问题而言,我们也不应再局限于对域外团体诉讼之制度理念的机械模仿,而应在民事诉讼立法层面,及时、系统地构建以团体诉讼制度为模本的、由行政机关基于其职权范围内之公益维护职能提起的公益侵害阻断程序。

而且,确立行政机关提起之公益侵害阻断程序的这种逻辑上的可能性,正在我国之相关立法和司法实践层面演变成为一种可行性,甚至是必要性。

早在 2000 年,《海洋环境保护法》就已经确立了海洋环境保护行政机关在海洋环境保护诉讼中的担当性公益诉权,非常类似于 2012 年第二次修正后的《民事诉讼法》第 55 条所采纳之团体诉讼的制度方案。《海洋环境保护法》以其第 5 条的规定为基础,于第 89 条中规定:对破坏海洋生态、水产资源和保护区,并给国家造成重大损失的行为,海洋环境保护监督管理部门有权代表国家对责任者请求损害赔偿。所谓"代表国家对责任者提出损害赔偿请求",当然应该包括通过诉讼程序"提出损害赔偿请求"。因此,该条规定应该包含这样的含义:对破坏海洋生态、海洋水产资源、海洋保护区等损害社会公共利益的行为,行使海洋环境保护监督管理职权的行政机关有权向法院提起诉讼。

并且,在 2012 年《民事诉讼法》第二次修正前,甚至是早在 2007 年《民事诉讼法》第一次修正前,司法实践中就已经开始出现由行政机关提起民事公益诉讼程序以维护消费者权益或保护环境公共利益的案件。如贵州省清镇市人民法院(环保法庭)审理的"原告'贵阳市两湖一库管理局'诉被告'贵州天峰化工有限责任公司'环境侵权案"。2007 年 12 月 10 日,贵州省清镇市人民法院立案受理该案起诉，于 12 月 27 日公开开庭审理，并当庭判令：被告方当事人立即停止使用涉案磷石膏废渣场，并在 2008 年 3 月 31 日前积极采取有效措施排除其对当地环境的妨碍，消除其对环境的危险。① 宣判后，被告积极采取了治理措施。该案经由中央和地方省市多家媒体报道宣传，引起了十分强烈的社会反响。判决生效后，贵州省清镇市人民法院（环保法庭）多次通知双方到庭就案件执行问题进行协商，至 2008 年 8 月，被告天峰公司已经主动关停了产生磷石膏废渣的磷胺生产线并开始拆除生产线设备。

2012 年第二次修正后的《民事诉讼法》第 55 条规定，民事公益诉讼由"法律规定的机关和有关组织"提起。根据修改后的《消费者权益保护法》第 37、47 条的规定，侵害众多消费者合法权益案件之民事公益诉讼程序的提起主体为"中国消费者协会"和"省、自治区、直辖市消费者协会"。而根据修订后的《环境保护法》第 58 条规定，环境污染案件之民事公益诉讼程序的提起主体为"依法在设区的市级以上人民政府民政部门登记，专门从事环境保护公益活动连续五年以上且无违法记录的社会组织"。尽管，一系列立法并没有将于其职权范围内承载公益维护职能之行政机关明确规定为民事公益侵害阻断程序的启动主体。但在司法实践层面，承载公益维护职能之行政机关或事业单位仍在坚持尝试提起民事公益诉讼。如前文引用之"案例 19 镇江市渔政监督支队诉韩国开发银行投资公司（**KDB CAPITAL CO, LTD.**）通海水域环境污染民事公益诉讼案"中，尽管武汉海事法院经审查认定，起诉人镇江市渔政监督支队的工作职能范围中虽然包括"为渔业可持续发展提供渔政监管保障和环境资源保护"，但其属于事业单位法人，而非"海洋环境保护监督管理职能部门"，也不是"法定社会组织"，不具备提起环境民事公益诉讼的原告主体资格。并以之为由裁

---

① 贵州省清镇市人民法院"（2007）清环保民初字第 1 号"《民事判决书》。

定不予受理其起诉。然而,该案件的出现也不可辩驳地印证了一个现象,即承载公益维护职能之行政机关或事业单位仍在坚持尝试提起民事公益诉讼。而且,武汉海事法院就该案所作之"不予受理"裁定书(2015 武海法立字第 00001 号)中,对"法律规定有海洋环境监督管理权的部门"提起海洋环境污染民事公益诉讼明确持肯定立场。同样的现象还出现在前文引用之"案例 16 大连市环保志愿者协会诉中国海洋石油总公司环境污染民事公益诉讼案"中。受案的大连海事法院也认为,"大连市环保志愿者协会"是一家环保组织,而非"负责海洋环境保护的行政主管部门",依《海洋环境保护法》等有关规定不具有提起"海洋污染公益诉讼"的主体资格,从而裁定不予受理其起诉。其"不予受理"裁定书中,同样对"法律规定有海洋环境监督管理权的部门"提起海洋环境污染民事公益诉讼明确持肯定立场。

可见,确立行政机关提起之公益侵害阻断程序已不再仅仅是一种逻辑上的可能,相关之单行立法已经开始就赋予承载公益维护职能之行政机关以担当性公益诉权提出可行性方案。而在司法实践层面,承载公益维护职能之行政机关或事业单位也仍在坚持尝试提起民事公益诉讼,以呈现确立行政机关提起之公益侵害阻断程序的现实必要性。

四、行政机关提起之公益侵害阻断程序的先决要素

综上,《民事诉讼法》第 55 条的规定,不但为在我国构建由公益性民间组织和检察机关提起的公益侵害阻断程序提供了制度性空间,同时也为行政机关基于其公益维护职能提起之公益侵害阻断程序的构建提供了制度性的可能。这意味着,《民事诉讼法》第 55 条的规定就公益侵害阻断程序的确立提出了第三种制度路径,即由行政机关基于其职权范围内之公益维护职能提起公益侵害阻断程序。因此,就行政机关如何于民事诉讼领域发挥其公益维护职能这一问题而言,我们也不应再局限于对域外团体诉讼之制度理念的机械模仿，而应在民事诉讼立法层面，及时、系统地构建以团体诉讼制度为模本的、由行政机关基于其职权范围内之公益维护职能提起的公益侵害阻断程序。

构建由行政机关基于其职权范围内之公益维护职能提起之公益侵害阻断程序，首先要对其四项先决性制度要素予以明确：

第一，要在立法层面确立行政机关之民事公益诉权。如前文所述，尽管现代社会之国家作用形态理论，尤其是渐行确立主导地位之"国家辅助作用形态理念"，不仅可以为确立由检察机关提起之公益侵害阻断程序提供基础性理论依据，同时也能为确立由肩负公益维护职能的行政机关提起之公益侵害阻断程序提供坚实的理论支撑；但就由行政机关通过提起民事公益侵害阻断程序来维护国家和社会公共利益，我国诉讼法学界仍普遍持谨慎立场。因此，行政机关提起之民事公益侵害阻断程序的构建，要在立法层面明确的先决要素就是行政机关的"民事公益诉权"，以消除理论与实践层面的分歧与争议，并在根本意义上为由承载公益维护职能之行政机关提起的公益侵害阻断程序提供制度逻辑基础。因此，《民事诉讼法》第55条的规定需要进行修改，条文表述应明确"行政机关"这一主体类型。[①] 从而于民事诉讼基本立法层面确立承载公益维护职能之行政机关的民事公益诉权。

第二，要在立法层面对不同行政机关之公益维护职能和民事公益诉权的范围予以明确，从而确定由行政机关基于其公益维护职能提起

---

① 可采取如下之条文修改方案，将现行《民事诉讼法》第55条修改为"（第一款）对《环境保护法》、《海洋环境保护法》和《消费者权益保护法》规定的污染环境、侵害众多消费者合法权益等损害社会公共利益的行为，以及法律规定的其他损害社会公共利益的行为，检察机关、法律规定的行政机关和社会组织、公民个人可以向人民法院提起诉讼。（第二款）检察机关对在履行职责中发现的破坏生态环境和资源保护、食品药品安全领域侵害众多消费者合法权益等损害社会公共利益的行为，应当督促或支持前款规定的行政机关和社会组织提起诉讼，在没有前款规定的行政机关和社会组织或者前款规定的行政机关和社会组织不提起诉讼的情况下，可以向人民法院提起诉讼。（第三款）公民个人提起诉讼前，要先提请前两款规定之机关和社会组织向人民法院提起诉讼"。

之公益侵害阻断程序的适用范围。就此，应积极寻求相关之单行立法的辅助。首先，要对《消费者权益保护法》的相应条文进行进一步的修改，以其第 32、33、34 条的规定为前提①，在其第 47 条已经规定由"中国消费者协会"和"省、自治区、直辖市消费者协会"就侵害众多消费者合法权益案件提起民事公益侵害阻断程序的基础上，进一步规定"工商行政管理部门和其他有关行政部门"作为该程序的启动主体②。其次，要以其第 10 条的规定为前提③，对《环境保护法》第 58 条进行进一步修改，在其现有规定之基础上，进一步规定"环境保护主管部门或者其他负有环境保护监督管理职责的部门"作为该程序的启动主体④。最后，要以其第 5 条规定为前提，对《海洋环境保护法》

---

① 《消费者权益保护法》第 32 条："<u>各级人民政府工商行政管理部门和其他有关行政部门</u>应当依照法律、法规的规定，在各自的职责范围内，采取措施，保护消费者的合法权益。有关行政部门应当听取消费者和消费者协会等组织对经营者交易行为、商品和服务质量问题的意见，及时调查处理。"第 33 条："<u>有关行政部门</u>在各自的职责范围内，应当定期或者不定期对经营者提供的商品和服务进行抽查检验，并及时向社会公布抽查检验结果。<u>有关行政部门</u>发现并认定经营者提供的商品或者服务存在缺陷，有危及人身、财产安全危险的，应当立即责令经营者采取停止销售、警示、召回、无害化处理、销毁、停止生产或者服务等措施。"第 34 条："<u>有关国家机关应当依照法律、法规的规定，惩处经营者在提供商品和服务中侵害消费者合法权益的违法犯罪行为</u>。"

② 可采取如下之条文修改方案，在现行《消费者权益保护法》之"第四章 国家对消费者合法权益的保护"的最后增加一个条文，作为第 36 条，规定"<u>对侵害众多不特定消费者合法权益或具有危及消费者人身、财产安全危险的行为，人民检察院、本法规定的工商行政管理部门和其他有关行政部门、符合本法第四十七条规定的社会组织，以及公民个人，可以依据《民事诉讼法》第五十五条规定，向人民法院提起诉讼</u>"。

③ 《环境保护法》第 10 条："<u>国务院环境保护主管部门，对全国环境保护工作实施统一监督管理；县级以上地方人民政府环境保护主管部门，对本行政区域环境保护工作实施统一监督管理。县级以上人民政府有关部门和军队环境保护部门，依照有关法律的规定对资源保护和污染防治等环境保护工作实施监督管理</u>。"

④ 可采取如下之条文修改方案，将现行《环境保护法》第 58 条修改为"（第一款）<u>对污染环境、破坏生态，已经损害社会公共利益或者具有损害社会公共利益重大风险的行为，符合下列条件的社会组织可以<u>依据《民事诉讼法》第五十五条规定</u>，向人民法院提起诉讼：（一）依法在设区的市级以上人民政府民政部门登记；（二）专门从事环境保护公益活动连续五年以上且无违法记录。（第二款）人民检察院、本法规定的环境保护主管部门或者其他负有环境保护监督管理职责的部门，以及公民个人，可依前款规定向人民法院提起诉讼。（第三款）符合前两款规定的社会组织、机关和公民个人向人民法院提起诉讼，人民法院应当依法受理。（第四款）提起诉讼的社会组织、机关和公民个人不得通过诉讼牟取经济利益</u>"。

第89条进行修改,在其现有规定之基础上,进一步规定"对破坏海洋生态、海洋水产资源、海洋保护区等已经损害社会公共利益或者具有损害社会公共利益重大风险的行为,依照本法规定行使海洋环境监督管理权的部门有权依据《民事诉讼法》第五十五条的规定向法院提起诉讼"①。

第三,要在立法层面明确行政机关提起之公益侵害阻断程序的诉请与裁判范围。团体诉讼之诉请形态主要表现为"停止侵害之诉"或"撤销之诉",而非"侵权损害赔偿之诉",其核心制度功能聚焦于群体性案件中所蕴含之"集合性公益"的不可分性和扩张性,乃至于可能内含其中的"纯粹性公益",并通过"停止侵害之诉"或"撤销之诉"的诉请,直接实现诉讼之纠纷解决和利益救济之法律效果的公益性扩张,以预防、制止违法行为对"集合性公益"或"纯粹性公益"的危害,而不以团体成员之个体性利益损害的赔偿性救济为程序目的。因此,就行政机关提起之公益侵害阻断程序,我国民事诉讼立法也应在现第55条规定的基础上,进一步明确规定:在由行政机关提起的公益侵害阻断程序中,行政机关之诉请仅限于停止侵害、排除妨害、恢复原状等类似请求形态,而不能提出旨在个体性利益损害赔偿的请求项目,法院的裁判也应以此为限。

第四,要在立法层面明确行政机关提起之公益侵害阻断程序与私益损害赔偿诉讼的关系。依团体诉讼之制度原理,由团体诉讼所承载

---

① 可采取如下之条文修改方案,将现行《海洋环境保护法》第89条修改为"(第一款)造成海洋环境污染损害的责任者,应当排除危害,并赔偿损失;完全由于第三者的故意或者过失,造成海洋环境污染损害的,由第三者排除危害,并承担赔偿责任。(第二款)对破坏海洋生态、海洋水产资源、海洋保护区,给国家造成重大损失的,由依照本法规定行使海洋环境监督管理权的部门代表国家对责任者提出损害赔偿要求。(第三款)对破坏海洋生态、海洋水产资源、海洋保护区,等已经损害社会公共利益或者具有损害社会公共利益重大风险的行为,人民检察院、依照本法规定行使海洋环境监督管理权的部门、符合《环境保护法》第五十八条规定的社会组织,以及公民个人,有权依据《民事诉讼法》第五十五条的规定向法院提起诉讼"。

之"集合性公益"或"纯粹性公益"必须与团体成员之个体性利益明确区分，二者之诉权既不相互排斥亦不完全重叠，因此团体诉权的赋予并不侵蚀团体成员就其个体性利益寻求损害赔偿的诉权，其完全可于团体诉讼之外就其私益损害赔偿事宜另行诉讼。因此，就行政机关提起之公益侵害阻断程序的构建，我国民事诉讼立法也应在现第55条规定的基础上，进一步明确：基于同一公益侵权行为，在此种侵害阻断程序之外，就其间不能提出的旨在个体性利益损害赔偿的请求项目，具体利益关系主体可依民诉立法规定之其他程序方案，另行提起私益损害赔偿诉讼。

第四节　公民个人提起之公益侵害阻断程序

一、公民个人公益诉讼的法理渊源

公民个人提起公益诉讼的制度方案，源起于"公民诉讼"的制度理念。所谓"公民诉讼"，即由与案件无直接利害关系的公民个人提起的旨在维护公共利益的诉讼程序，学界亦称"民众诉讼""纳税人诉讼"。其最突出的核心特征是："公民诉讼"的原告方当事人与案件并无直接之私权利害关系，针对某一危害公共利益状态的行为，只要置身于这种概括性的公共利益范畴之内，任一公民个体均可取得提起旨在维护公共利益之"公民诉讼"的原告主体资格，而不以其个体性私法利益直接遭受损害或面临危险为必要前提。

"公民诉讼"的制度理念本源自行政诉讼领域。行政法学的基础理论认为：如果机械地将公民个人提起诉讼的权利限定在其个体权利受到侵害的情况下，就不仅会在一定程度上导致私法关系与公法关系的混淆，而且有可能过度削弱法院通过司法程序对行政机构之违法行为进行监督的能力，并与现代行政法的发展趋势相违背。[①]因此，有学者就提出：在出现行政违法行为时，为了有效地予以制止，立法机构应该授权特定的行政职务（如检察总长）通过诉讼主张并维护公共利益的权利，而立法一旦作出这种授权，就意味着实际争端的存在；国会也可以不将此种权利授予特定的行政职务或官吏，而是将其授予某种私人团体，此种授权的作出，如同前述之情形，也将意味着实际争端的存在；而且，宪法不应禁止国会将此种权利授予给任何其他主体，甚至是授予给自然人，即使这种诉讼的唯一目的就是主张和维护公共利益，获得此种授权的自然人甚至可以说就是一个私人检察总长。[②] 20世纪中叶，依据1943年"纽约州工业联合会诉伊克斯"案件和1940年"桑德斯兄弟广播站"案件的判例，美国联邦最高法院提出了后来被学界戏称为"私人检察总长"的"公民诉讼"制度。此后，在美国的行政法领域，"公民诉讼"制度于联邦和各州的制定法中获得了广泛的立法依据，从而在更大的范围内被采用。[③]日本《行政案件诉讼法》中也规定有公民诉讼的制度方案，其具体类型包括了：直接请求关联诉讼、公职选举诉讼、基于《宪法》第95条的居民投票诉讼、居民诉讼、最高法院大法官之国民审查诉讼等。

二、公民个人公益诉讼的法理障碍

但是，要将"公民诉讼"的制度理念扩及于民事诉讼领域，借

[①] 王名扬：《英国行政法》，中国政法大学出版社1987年版，第199页。
[②] 王明远：《论环境权诉讼——通过私人诉讼维护环境公益》，《比较法研究》2008年第3期。
[③] 就美国联邦制定法而言，"公民诉讼"之制定法条文肇始于1970年的《清洁空气法》。之后，1972年《清洁水法》《海洋倾废法》《噪声控制法》，1973年《濒危物种法》，1974年《深水港法》《安全饮用水法》，1976年《资源保全与恢复法》《有毒物质控制法》，1977年《露天采矿控制与复原法》，1978年《边缘大陆架法》以及1986年《超级基金修正及再授权法》，其中均有相关之制定法条文。

以维护民事公益,却会面临一个重大障碍:民事诉讼中的当事人适格问题。

依传统民事诉讼之基本程序原理,适格的当事人是民事诉讼程序得以启动和推进的必要条件。而某一民事主体要取得正当当事人之资格,就必须与案件之间形成具体之私权利害关系,并因此而取得诉之利益。因此,是否与案件之间形成具体之私权利害关系,也就成为当事人适格与否的核心判断标准。基于这一程序原理,我国《民事诉讼法》第119条将"与本案有直接利害关系"规定为在民事诉讼程序中"公民、法人和其他组织"取得正当原告资格的必要条件。而所谓"直接利害关系",即"具体之私权利害关系"。如此,当事人就只能对个体性之私人利益提起民事诉讼程序,而不能对与个人私益无直接关联的公益事项提起民事诉讼。这一制度原理的出发点是为了避免私益诉权的滥用,因此才以"具体之私权利害关系"为纽带,限制私法诉权主体的范围。甚至,基于同样的制度理念,行政诉讼领域,在确立"公民诉讼"的国家,也会对其适用范围在当事人资格层面加以限制。如日本的公民诉讼仅限于公职选举诉讼、直接请求关联诉讼、居民诉讼、基于《宪法》第95条的居民投票诉讼、最高法院大法官之国民审查诉讼等五种类型。美国的"公民诉讼"也仅限于对一般纳税人、普通消费者、同业竞争人、共同环境居住者开放。①

但是,也有学者认为,将民事诉讼之原告限定于与案件有"直接利害关系"的主体,虽有防止诉权滥用的制度效果,但也会使民事诉讼在公共利益和社会秩序的维护领域趋于僵化,以至造成民事公益维护领域的主体缺位。因此,应本着利益衡量的价值立场,在"制裁公益侵害行为的必要性"与"私益诉权滥用的可能性"之间完成理性的取舍。而在我国当前公益诉讼原告主体严重缺位的背景下,引进"公

---

① 郑春燕:《论民众诉讼》,《法学》2001年第4期。

民诉讼"的制度方案，对于环境保护、消费维权等领域的公益维护有重要价值。为此，不妨修改《民事诉讼法》第119条第（一）项之规定，拓宽"直接利害关系"这一立法术语的内涵，软化对当事人适格原理的立法遵循，或者彻底抛弃以"直接利害关系"为适格当事人之判断标准的制度方案，以为建立"公民诉讼"制度提供制度空间。[①]

就此观点，笔者认为有本末倒置之嫌疑。其一，当事人适格的制度原理确立已久，对民事诉讼制度体系的内在统一功不可没；其二，尽管在现代社会要求民事诉讼承载公益维护功能的呼声甚嚣尘上，但并不足以彻底推翻民事诉讼之私益属性基础，相比于私益纠纷案件，需要通过民事诉讼程序处理的公益案件仍为少数；其三，基于建立公益诉讼制度的必要，而废弃作为民事诉讼制度体系之重要基石的当事人适格原理，会对民事诉讼制度体系的内在统一性和实践稳定性造成实质性的冲击；其四，为维护公共利益而确立由公民个人提起之公益诉讼程序，就其原告主体资格所面临之障碍，完全可以寻求其他的突破方案，如诉讼信托或诉讼担当。

三、《民事诉讼法》第55条排除公民个人公益诉讼的原因

《民事诉讼法》第55条的规定，为在我国构建由公益性民间组织、享有民事公诉职权之检察机关和承载公益维护职能之行政机关提起的公益侵害阻断程序提供了制度性空间，但却未就构建公民个人提起之公益侵害阻断程序直接提供制度性的可能。因为，该条规定的表述为"法律规定的机关和有关组织"，从而将"公民个人"这一主体类型明确地排除在外。就该技术性处理方案，笔者认为，须对《民事诉讼法》

---

① 肖建国：《民事公益诉讼的基本模式研究——以中、美、德三国为中心的比较法考察》，《中国法学》2007年第5期。

第 55 条"民事公益诉讼程序"之立法方案进行深层解析,方能客观性地理解。

《民事诉讼法》第 55 条之所以确立"民事公益诉讼程序",其制度逻辑源起于两个方面:首先,"民事公益诉讼程序"的制度功能定位于群体性案件之诉讼形态的转换。即通过确立民事公益诉讼程序,可以实现我国传统民事诉讼制度体系下之"群体性"诉讼(如代表人诉讼)向公益民事诉讼制度背景下之"个体性"诉讼形态的转换。其次,"民事公益诉讼程序"之价值目标取向于公益民事诉讼案件类型及数量的可控性。公益民事诉讼程序的确立,在实现传统民事诉讼制度体系下之"群体性"诉讼(如代表人诉讼)向公益民事诉讼制度背景下之"个体性"诉讼形态转换的同时,也可能付出一种代价,即公益民事诉讼案件数量的激增。为避免这一后果,立法又必须力求将公益民事诉讼个案之类型与数量纳入司法政策之可控范围内。因此:一者,该条规定公益民事诉讼仅限对"污染环境、侵害众多消费者合法权益等损害社会公共利益的行为"提起,其目的即为实现公益民事诉讼个案之类型的可控性;二者,该条将"法律规定的机关和有关组织"确定为公益民事诉讼程序之原告,其本质目的并非强化公益民事诉讼程序之公益目的,亦非推动形成更多的公益民事诉讼个案,而是力求将"自然人"个体排除在公益民事诉讼程序之程序启动主体范围之外,从而避免由"自然人"个体提起之公益民事诉讼个案的大量发生,最终实现公益民事诉讼之个案数量的可控性。

四、公民个人提起公益侵害阻断程序的制度必要性与法理可行性

尽管如此,笔者仍然认为,立法修改的这一技术性处理,并不能彻底否定确立公益侵害阻断程序的第四种制度路径,即由公民个人提起之公益侵害阻断程序。因为,从本质上讲,公共利益所遭受之危险

或损害，其后果尽管首先会于国家或社会层面得以展现，但其造成的不利益状态最终将是由公民个人承担的。所以，为充分实现侵害阻断程序之公益维护功能，尽管可以由公益性民间组织、行使民事公诉职权之检察机关和承载公益维护职能之行政机关依法启动诉讼、实施程序操作，但并不能因此而抹杀由公民个人提起公益侵害阻断程序的制度必要性。

而且，这一点也正在司法实践层面得到验证。起诉主体问题是我国民事公益诉讼制度建立过程中的起始性问题，也是需要在立法层面首先予以明确的一个问题。尽管，《民事诉讼法》第55条将民事公益诉讼的提起主体规定为"法律规定的机关和有关组织"，《消费者权益保护法》第37、47条和《环境保护法》第58条又对其中的"有关组织"作出了限定。但是，在民事公益诉讼制度的发展进程中，起诉主体的多元化趋势已经不可避免，其在司法实践层面通过实证案例也表现得尤为突出。首先，依据《环境保护法》第58条的规定，根据《环境民事公益诉讼解释》第1—5条的解释，提起环境污染民事公益诉讼的公益性社会组织正趋于多样化。其次，在检察机关公益诉讼试点工作启动后，人民检察院提起民事公益诉讼的案件数量开始迅速增长。最后，承载公益维护职能之行政机关或事业单位也开始尝试提起民事公益诉讼。而且，更为引人注目的是：尽管立法规定将"公民个人"排除在民事公益诉讼之启动主体范围之外，但仍有为数不少的公民个人积极尝试提起民事公益诉讼。既有公民个人尝试提起环境污染民事公益诉讼，如前文引用之"案例1 福建省闽侯县394名村民诉福建省固体废物处置有限公司环境污染损害赔偿案""案例3 任坚刚诉超彩钛白（安徽）科技有限公司环境污染民事公益诉讼案"及"案例7 兰州市民温军、刘庆元、王玮、火东兵、徐子琦诉兰州威立雅水务集团有限公司环境污染民事公益诉讼案"等。也有公民个人尝试提起消费维权民事公益诉讼，如前文引用之"案例20 罗秋林诉云南白药集团股份有限公司、衡阳市百姓大药房有限公司国仁堂药店侵害消费者知情权民事公益诉讼案""案例21 李恩泽诉江西中烟有限责任公司虚假宣传、欺骗和误导消费者民事公益诉讼案""案例22 消费者诉亚马逊中国单方取消订单损害消费者权益案"及"案例23 律师联手起诉金龙鱼等品牌转基因食用油标识不清损害消费者知情权、选择权系列案"等。此类民事公益诉讼尽管多因现行立法的排斥性规定而被法院裁定不予受理或驳回起诉,但其客观存在也无可辩驳地印证了民事公益诉讼之起诉主体的多元化趋势,以及确立由公民个人提起之公益侵害阻断程序制度的必要性。

因此,笔者认为,就公益侵害阻断程序的系统构建,在关注前三种制度路径的同时,也必须前瞻性地关注第四种制度路径,即由公民个人提起之公益侵害阻断程序。用长远的眼光来衡量,我们必须考虑在条件允许的情况下,构建以团体诉讼制度为模本的,由公民个人提起的公益侵害阻断程序。

而且,确立由公民个人提起之公益侵害阻断程序,在程序法理层面是具有可行性的。通过确立公民个人提起之公益侵害阻断程序:一者,可以实现由公民个人启动、实施纯粹性公益民事诉讼程序的制度预期;二者,可以有效消除"公民诉讼"制度方案所遭遇的"当事人适格"障碍。对此,可从以下两个方面加以论证:

第一,"公益侵害阻断程序"兼具非讼程序和诉讼程序的双重属性,本就不应严格遵循以传统"诉讼程序"为基本考量样本确立起来的"当事人适格"程序原理。诚如前文所述,公益侵害阻断程序以承载"纯粹性公益"之价值目标为本质特征。所谓"纯粹性公益",学界亦称其为"扩散性利益"(diffuse interest),即由不特定之多数主体所共同享有的一种超越个体属性、不可具体分配的利益,其利益主体事先未以任何法律上的原因而结合成为任何意义上的利益共同体,仅仅基于特定之原因事实相互间才产生此种利益性关联。① 与"集合性公益"不同,"纯粹性公益"源自抽象的社会共同利益且不能向社会个体实施具体的利益分配,因此也就无法通过诉讼程序实现向"私益"的还原。因此,在民事诉讼法学之程序原理上,公益侵害阻断程序兼具非讼程序和诉讼程序的双重属性。而基于"非讼程序"与传统意义上之"诉讼程序"在制度原理和技术逻辑上的深层差异,以"诉讼程序"为基础依托的传统民事诉讼法学理论体系、制度原理和程序技术,往往无法对应性地就公益侵害阻断程序中之相关程序事项和制度问题给出正当性的答案。如源自传统意义上之诉讼程序范畴的当事人适格理论,就很难对公益侵害阻断程序中当事人之正当资格问题作出恰当的解释,亦无法有效应对公益侵害阻断程序之立法设计和司法运作中的相应问题。又如,源于传统私益民事诉讼法学理论体系的诉讼请求和裁判范围理论,也无法对"公益侵害阻断程序"中的诉讼请求规则、裁判范围规则及其与私益损害赔偿诉讼的逻辑关系等问题,作出正当性的解释。

第二,就公益侵害阻断程序中公民个人之原告主体资格问题,完全可以沿用团体诉讼之诉讼担当(诉讼信托)的程序原理。就公益侵害阻断程序之制度功能定位而言,公益侵害阻断程序并不以对个体性民事损害的具体赔偿为本质目的,而是为避免社会之"纯粹性公益"遭受难以弥补的损失或难以挽回的后果,禁止相应主体实施其可能实施的侵害行为,要求其立即停止正在实施的侵害行为或立即采取消除危险、排除妨碍、恢复原状的积极措施。就这一制度功能定位而言,与团体诉讼制度具有高度的类似性。而以德国立法为代表的"团体诉讼",恰恰是基于"诉讼信托"(诉讼担当)的程序原理,依据相应的实体性部门法,赋予某些非经营性的组织机构以团体诉权,令其于相

---

① 张伟和:《巴西的集团诉讼制度》,《人民法院报》2005年4月29日。

应类型之群体性纠纷中取得诉讼当事人资格，以取代团体成员启动、参加诉讼程序，其于诉讼中独立享有和承担程序性权利和义务，并可实施相应的实体性处分。而在以团体诉讼制度为模本，由公益性民间组织、行使民事公诉职权的检察机关和承载公益维护职能的行政机关所提起之公益侵害阻断程序中，民间组织、检察机关和行政机关之公益诉权的取得同样须以相应之单行立法为前提，并以"诉讼信托"（诉讼担当）的程序原理为依托。所以，就公益侵害阻断程序的系统构建而言，对公民个人之原告主体资格问题，完全可以沿用团体诉讼之诉讼担当（诉讼信托）的程序原理加以解释，并通过单行立法的方式予以明确。

五、公民个人提起之公益侵害阻断程序的先决要素

综上，《民事诉讼法》第55条的规定尽管没有为确立公民个人提起之公益侵害阻断程序提供制度性空间，但并不能因此而彻底否定确立公益侵害阻断程序的第四种制度路径。因此，公益侵害阻断程序的系统构建在关注前三种制度路径的同时，也必须前瞻性地关注第四种制度路径，即由公民个人提起之公益侵害阻断程序。用长远的眼光来衡量，我们必须考虑在条件允许的情况下，构建以团体诉讼制度为模本的、由公民个人提起的公益侵害阻断程序。

构建由公民个人提起之公益侵害阻断程序，要对其四项先决性制度要素予以明确：

第一，要在立法层面确立公民个人之民事公益诉权。如前文所述，公共利益所遭受之危险或损害，其后果尽管首先会于国家或社会层面得以展现，但其造成的不利益状态最终将是由公民个人承担的。所以，为充分实现公益侵害阻断程序之公益维护功能，尽管可以由公益性民间组织、行使民事公诉职权之检察机关和承载公益维护职能之行政机

关依法启动、实施程序操作，但并不能因此而抹杀由公民个人提起公益侵害阻断程序的制度必要性。而要建立由公民个提起之公益侵害阻断程序，恰如行政机关提起之民事公益侵害阻断程序的构建，首先要在立法层面明确的先决要素就是公民个人的"民事公益诉权"，以消除理论与实践层面的分歧与争议，并在根本意义上为由公民个人提起的公益侵害阻断程序提供制度逻辑基础。因此，《民事诉讼法》第 55 条的规定需要进行修改，条文表述应明确"公民个人"这一主体类型。①从而于民事诉讼基本立法层面确立公民个人之民事公益诉权。

第二，要在立法层面对公民个人之民事公益诉权的范围予以明确，从而确定由公民个人提起之公益侵害阻断程序的适用范围。就此，应积极寻求相关之单行立法的辅助。首先，要对《消费者权益保护法》的相应条文进行进一步的修改，在其第 47 条已经规定由"中国消费者协会"和"省、自治区、直辖市消费者协会"就侵害众多消费者合法权益案件提起民事公益侵害阻断程序的基础上，进一步规定"公民个人"作为该程序的启动主体。②其次，要对《环境保护法》第 58 条进行进一步修改，在其现有规定之基础上，进一步规定"公民个人"作

---

① 可采取如下之条文修改方案，将现行《民事诉讼法》第 55 条修改为"（第一款）对《环境保护法》《海洋环境保护法》和《消费者权益保护法》规定的污染环境、侵害众多消费者合法权益等损害社会公共利益的行为，以及法律规定的其他损害社会公共利益的行为，检察机关、法律规定的行政机关和社会组织、公民个人可以向人民法院提起诉讼。（第二款）检察机关对在履行职责中发现的破坏生态环境和资源保护、食品药品安全领域侵害众多消费者合法权益等损害社会公共利益的行为，应当督促或支持前款规定的行政机关和社会组织提起诉讼，在没有前款规定的行政机关和社会组织或者前款规定的行政机关和社会组织不提起诉讼的情况下，可以向人民法院提起诉讼。（第三款）公民个人提起诉讼前，要先提请前两款规定之机关和社会组织向人民法院提起诉讼"。

② 可采取如下之条文修改方案，在现行《消费者权益保护法》之"第四章 国家对消费者合法权益的保护"的最后增加一个条文，作为第 36 条，规定"对侵害众多不特定消费者合法权益或具有危及消费者人身、财产安全危险的行为，人民检察院、本法规定的工商行政管理部门和其他有关行政部门、符合本法第四十七条规定的社会组织，以及公民个人，可以依据《民事诉讼法》第五十五条规定，向人民法院提起诉讼"。

为该程序的启动主体。① 再次，要对《海洋环境保护法》第89条进行修改，在其现有规定之基础上，进一步规定"对破坏海洋生态、海洋水产资源、海洋保护区等已经损害社会公共利益或者具有损害社会公共利益重大风险的行为，公民个人有权依据《民事诉讼法》第五十五条的规定向法院提起诉讼"②。

第三，要在立法层面明确公民个人提起之公益侵害阻断程序的诉请与裁判范围。团体诉讼之诉请形态主要表现为"停止侵害之诉"或"撤销之诉"，而非"侵权损害赔偿之诉"，其核心制度功能聚焦于群体性案件中所蕴含之"集合性公益"的不可分性和扩张性，乃至于可能内含其中的"纯粹性公益"，并通过"停止侵害之诉"或"撤销之诉"的诉请，直接实现诉讼之纠纷解决和利益救济之法律效果的公益性扩张，以预防、制止违法行为对"集合性公益"或"纯粹性公益"的危害，而不以团体成员之个体性利益损害的赔偿性救济为程序目的。因此，就公民个人提起之公益侵害阻断程序，我国民事诉讼立法也应在现第55条规定的基础上，进一步明确规定：在由公民个人提起的公

---

① 可采取如下之条文修改方案，将现行《环境保护法》第58条修改为"（第一款）对污染环境、破坏生态，已经损害社会公共利益或者具有损害社会公共利益重大风险的行为，符合下列条件的社会组织可以依据《民事诉讼法》第五十五条规定，向人民法院提起诉讼：（一）依法在设区的市级以上人民政府民政部门登记；（二）专门从事环境保护公益活动连续五年以上且无违法记录。（第二款）人民检察院、本法规定的环境保护主管部门或者其他负有环境保护监督管理职责的部门，以及公民个人，可依前款规定向人民法院提起诉讼。（第三款）符合前两款规定的社会组织、机关和公民个人向人民法院提起诉讼，人民法院应当依法受理。（第四款）提起诉讼的社会组织、机关和公民个人不得通过诉讼牟取经济利益"。

② 可采取如下之条文修改方案，将现行《海洋环境保护法》第89条修改为"（第一款）造成海洋环境污染损害的责任者，应当排除危害，并赔偿损失；完全由于第三者的故意或者过失，造成海洋环境污染损害的，由第三者排除危害，并承担赔偿责任。（第二款）对破坏海洋生态、海洋水产资源、海洋保护区，给国家造成重大损失的，由依照本法规定行使海洋环境监督管理权的部门代表国家对责任者提出损害赔偿要求。（第三款）对破坏海洋生态、海洋水产资源、海洋保护区，等已经损害社会公共利益或者具有损害社会公共利益重大风险的行为，人民检察院、依照本法规定行使海洋环境监督管理权的部门、符合《环境保护法》第五十八条规定的社会组织，以及公民个人，有权依据《民事诉讼法》第五十五条的规定向法院提起诉讼"。

益侵害阻断程序中，公民个人之诉请仅限于停止侵害、排除妨害、恢复原状等类似请求形态，而不能提出旨在个体性利益损害赔偿的请求项目，法院的裁判也应以此为限。

第四，要在立法层面明确公民个人提起之公益侵害阻断程序与私益损害赔偿诉讼的关系。依团体诉讼之制度原理，由团体诉讼所承载之"集合性公益"或"纯粹性公益"必须与团体成员之个体性利益明确区分，二者之诉权既不相互排斥亦不完全重叠，因此团体诉权的赋予并不侵蚀团体成员就其个体性利益寻求损害赔偿的诉权，其完全可于团体诉讼之外就其私益损害赔偿事宜另行诉讼。因此，就公民个人提起之公益侵害阻断程序的构建，我国民事诉讼立法也应在现第55条规定的基础上，进一步明确：基于同一公益侵权行为，在此种侵害阻断程序之外，就其间不能提出的旨在个体性利益损害赔偿的请求项目，具体利益关系主体可依民诉立法规定之其他程序方案，另行提起私益损害赔偿诉讼。

第五章　公益侵害阻断程序之规则体系

前文论及，为将民事公益诉讼之程序规则推向具体化、系统化的层面，并实现其与传统之民事诉讼制度体系的内在融合，我们正在立法和司法解释两个层面上作出积极的努力。从立法层面看，以《民事诉讼法》第55条的规定为基础，通过对《环境保护法》和《消费者权益保护法》的修改，以及2018年修订后新《人民检察院组织法》第20条的规定，初步明确了环境污染和消费维权两类民事公益诉讼案件的原告主体资格。从司法解释层面看，则试图通过三种类型的司法解释文本，为民事公益诉讼程序的实践运行提供技术性的规则体系。首先，作为具有明确案件类型指向的两部司法解释文本：其一，《环境民事公益诉讼解释》对环境民事公益诉讼中涉及的诉讼客体和提起条件，提起主体，管辖，诉请与裁判范围，支持起诉、立案通告与诉讼参加，证据与证明，调解、撤诉与再诉，与私益损害赔偿诉讼的关系，裁判的执行等九个方面的程序事项作出了系统的规定，以期为环境污染这一具体案件类型提供系统的民事公益诉讼程序规则体系；其二，《消费民事公益诉讼解释》对消费民事公益诉讼中涉及的诉讼客体、提起主体、提起条件与起诉材料、管辖、诉请与裁判范围、立案通告与诉讼参加、证明、与私益损害赔偿诉讼的关系、重诉的禁止及裁判的执行等十个方面的程序事项作出了系统规定，以期为消费维权这一具体案件类型提供系统的民事公益诉讼程序规则体系。其次，作为具有明确的部门法价值取向的一部司法解释文本，《〈民诉法〉解释》对民事公益诉讼所涉及的诉讼客体和提起条件、提起主体、管辖、立案通告与诉讼参加、与私益损害赔偿诉讼的关系、和解与调解、撤诉、重诉的禁止等八个方面的宏观程序事项作出针对性规定，以期为民事公益诉讼程序确定一些基本的程序规则要素。最后，为落实《检察院公益诉讼试点决定》，进而践行2017年第三次修正后《民事诉讼法》第55条所增加之第二款规定，最高检制定的《检察院公益诉讼试点实施办法》和最高法制定的《法院审理检察院公益诉讼实施办法》，又分别就检察机关提起公益诉讼和法院审理的若干程序事项作出具体规定，以期为检察机关公益诉讼提起工作的顺利推进提供具体的程序规则体系。然而，这样的一种立法演进逻辑，忽略了一个重要的前置性逻辑命题，即民事公益诉讼之制度模式、程序属性、功能定位和立法方案的理性判断与取舍。而且，以我们所践行之立法演进逻辑和所选择之立法方案背景，通过司法解释为民事公益诉讼提供程序规则体系虽然有其必要性，但也并非长久之计，并且存在将民事公益诉讼制度推向碎片化发展路径的重大风险。而从当前民事公益诉讼的司法实践来看，这种风险正在成为现实，民事公益诉讼的程序规则也正在司法实践层面趋于分散化。在司法实践不可避免之功利主义价值取向下，区分案件类型制定司法解释文本，或区分起诉主体类型制定司法解释文本，从而为民事公益诉讼的制度运行建立程序规则体系，这样的司法解释文本起草策略固然具有一定的必然性，但其也正在造成不同类型案件或起诉主体之民事公益诉讼程序规则体系的人为割裂。从微观层面讲，这种割裂将会造成程序规则资源的浪费，导致多头司法解释文本在规则设计和条文书写上的重复和矛盾。从宏观层面讲，这种割裂则会冲击民事公益诉讼之程序规则体系的统一性，甚至危及民事公益诉讼制度框架的稳定性。作为部门法属性的司法解释文本，《〈民诉法〉解释》或许可以阶段性地缓解这种割裂的巨大危害，但却无力彻底解决这一问题。因其不过是司法解释而已。而且可以预见,将来还会有更多针对具体案件类型或起诉主体类型确立公益诉讼程序规则的司法解释文本产生,民事公益诉讼之程序规则的分散化趋势也将被进一步放大。所以,为避免未来民事公益诉讼之程序规则体系的统一性和制度框架的稳定性遭受实质性冲击,我们必须认识到:第一,在现实之立法演进逻辑和当前之立法方案背景下,通过司法解释为民事公益诉讼提供程序规则体系有其历史必要性;第二,以司法解释为民事公益诉讼提供程序规则支撑是一个迫不得已的选择,是一个阶段性的举措,而非长久之计,并存在将民事公益诉讼制度推向碎片化发展路径的重大风险,且民事公益诉讼的程序规则也正在司法实践层面形成分散化的发展趋势;第三,问题的根源在于我们确立民事公益诉讼制度的立法演进逻辑和立法方案取舍忽视了一个重要的前置性命题——"民事公益诉讼之制度模式、程序属性、功能定位和立法方案的理性判断与取舍";第四,民事公益诉讼制度的完善进程中,我们必须重新审视这一前置性逻辑命题,完成对民事公益的内涵界定、外延勾画和类型界分,理清民事公益诉讼与民事私益诉讼在法理属性和制度功能上的逻辑区分与内在关联,区分不同类型之民事公益的程序路径与制度原理,谋划民事公益诉讼制度体系的系统框架。

为此,前文论述才在对民事公益之基本类型与程序路径进行系统分析的基础上提出了我国未来"民事公益程序之制度谱系蓝本"[①],进而提出了"公益侵害阻断程序"的命题,又对其法理属性和功能定位问题进行了论证,并在对其先决要素和立法体例进行分析、作出选择之后提出了四位一体的制度模式。[②]

但是,公益侵害阻断制度的立法构建,还有最后一项任务必须完

[①] 参见"图 1 我国民事公益程序之制度谱系蓝本"。
[②] 参见"图 4 民事公益侵害阻断程序之制度模式"。

成，即统一性程序规则体系的构建。唯有在正确之立法价值导向和制度模式选择的基础上，为公益侵害阻断制度打造"统一性程序规则体系"，才能在实质意义上扭转民事公益诉讼之程序规则的分散化发展趋势，才能在根本意义上避免不同类型案件或起诉主体之民事公益诉讼程序规则体系的人为割裂，也才能在最终意义上斩断民事公益诉讼制度的碎片化发展路径并令其回归统一化的正确发展轨道。当然，之前在司法实践不可避免之功利主义价值取向下区分案件类型或起诉主体类型所制定之一系列司法解释文本也绝非是一无是处，它们可以为公益侵害阻断制度之"统一性程序规则体系"的设计、论证和确立提供重要的逻辑支撑和规则素材。

基于前文论述，公益侵害阻断制度之"统一性程序规则体系"的构建可采用以下之立法体例，即在现行立法之"第十四章 第二审程序"与"第十五章 特别程序"之间增设一章，命名为"第 × 章 公益侵害阻断程序"。该章的规定需完成两项基本任务：其一，要就公益侵害阻断程序之特殊性程序事项于该章作出专门规定，以完成对其程序启动规则和审理程序规则的基础性设计；其二，要就公益侵害阻断程序之启动、审理的一般性程序事项，及其裁判、阻断错误之救济程序和强制执行程序规则，于该章作出一般性规定以援引现行立法"第一编 总则""第二编 审判程序"和"第三编 执行程序"的程序规则。[①]

因此，公益侵害阻断制度之"统一性程序规则体系"的构建主要包含两个方面的内容：程序启动规则和审理程序规则。

---

① 可采取如下之立法方案。在现行立法之"第十四章 第二审程序"与"第十五章 特别程序"之间增设一章，命名为"第 × 章 公益侵害阻断程序"。其中，第 1 条规定："人民法院审理依本法第五十五条规定提起诉讼的公益案件，适用本章规定。本章没有规定的，适用本法和其他法律的有关规定。"

第一节　程序启动规则

一、启动程序的主体

《民事诉讼法》第 55 条的规定，本质上是对德国之团体诉讼制度理念的借鉴。所谓"法律规定的机关和有关组织可以向人民法院提起诉讼"，也就意味着：相应之非经营性机构、团体，必须基于实体性单行立法之明确规定，方能针对所规定之公益侵权行为取得团体性诉权，并基于诉讼担当之程序原理，取代具体之利益关系主体，启动、实施诉讼程序。而且，我国以《民事诉讼法》第 55 条为基本立法依据的民事公益诉讼，也正在经历着与团体诉讼极为相似的一种发展路径。在该条规定施行之前，一些实体性单行立法已经开始借鉴德国之团体诉讼制度方案，依据法定诉讼担当之程序原理，于诉之利益归属主体不可能或不适于实施诉讼时，赋予对该利益负有监管、保护职责的主体以担当性公益诉权，其中有不少情形本质上类似于德国实体单行立法中赋予团体诉权的规定。而伴随《民事诉讼法》第 55 条的出台，基于团体诉讼制度理念之担当性公益诉权的适用范围又被进一步扩大到"消费维权"和"环境保护"领域。可见，基于团体诉讼之制度理念而扩大担当性公益诉权之适用范围的制度发展趋势已经形成。在民事诉讼立法层面，我们就不能再局限于对团体诉讼之制度理念的借鉴，而应及时、系统地构建以团体诉讼制度为模本的"公益侵害阻断程序"。在团体诉讼制度的发展进程中，由民间组织作为程序启动主体是其基础性的制度模式。甚至可以说，以德国立法为代表之"团体诉讼"制度的本质就是：基于"诉讼信托"的程序原理，依据相应的实体性部门法，赋予某些非经营性的组织机构以团体诉权，令其于相应类型之群体性纠纷中取得诉讼当事人资格，以取代团体成员启动、参加诉讼程序，其于诉讼中独立享有和承担程序性权利和义务，并实施相应的实体性处分。这一点，无论是在德国之团体诉讼制度的发展进程中，还是在我国确立民事公益诉讼制度的进程中，均已于立法和司法实践层面得到了充分的验证。因此，我国构建以团体诉讼制度为模本的公益侵害阻断程序时，也必须将民间组织提起之公益侵害阻断程序作为其最基础的程序形态。

对此，我国《民事诉讼法》第55条的规定也已经作出了正确的选择，将"法定组织"确定为提起公益侵害阻断程序的基本主体类型。然而，单凭《民事诉讼法》第55条的规定，尚不足以在中国正式建立民间组织提起之公益侵害阻断程序。因为，团体诉讼中之集合性利益团体必须符合实体单行立法之法定构成要件方能成立，该条中之所谓"法律规定"（即相关之实体性单行立法）是有待明确和完善的。因此，应积极寻求相关之实体单行立法的辅助，以明确提起公益侵害阻断程序之"法律规定的有关组织"的具体范围。这一点在后来的《〈民诉法〉解释》中也再次被强调，其第284条进一步明确规定"环境保护法、消费者权益保护法等法律规定的……有关组织……提起公益诉讼……"。而且，我们也已经开始尝试在立法和司法解释两层面上作出努力。在2012年第二次修正后的《民事诉讼法》第55条施行后，《环境保护法》和《消费者权益保护法》也跟进性地完成了修改。根据修改后《消费者权益保护法》第37、47条的规定，侵害众多消费者合法权益案件之民事公益诉讼程序的提起主体为"中国消费者协会"和"省、自治区、直辖市消费者协会"。而根据修订后的《环境保护法》第58条规定，环境污染案件之民事公益诉讼程序则由"依法在设区的市级以上人民政府民政部门登记，专门从事环境保护公益活动连续五年以上且无违法记录的社会组织"提起。对此，《环境民事公益诉讼解释》第 1—5 条又作出了四个方面的解释性规定。①

但是，公益侵害阻断程序的系统构建，其程序启动主体不应局限于民间公益组织这一单一主体类型。

首先，宪法赋予检察机关以法律监督机构的地位，并授予其以法律监督之宪法性职权——检察权，以保障国家法律制度的正确施行和统一。作为一个宏观性概念范畴，检察权包含了职务犯罪侦查权、非职务犯罪侦查指导及监督权、审判监督权、强制执行监督权，以及公诉权等。因此，广义上讲，检察机关实施法律监督的方式分为诉讼和非诉讼两种类型，而诉讼这种法律监督途径则以其公诉权为基础。其中，检察机关基于立法授权，为维护国家和社会公共利益，就某些公益性民事案件向法院提起、实施民事诉讼的职权，则被称为"民事公诉权"，并与"行政公诉权"和原初意义上的"刑事公诉权"共同构成检察公诉职权的整体。②并且，我国就国家作用形态问题的理论认知，也正处于由"国家积极作用形态理念"向"国家辅助作用形态理念"转换的历史阶段。因此，确立由检察机关提起之公益侵害阻断程序，可以在国家作用形态之理论层面，尤其是基于"国家辅助作用形态理念"，获得坚实的理论支撑。而且，2012 年第二次修正后的《民事诉讼法》第 55 条之立法方案对团体诉讼制度的借鉴，在某种程度上突破了团体诉讼之传统制度范畴。因为，依据团体诉讼制度的基本理念，团体诉权的赋予是基于"诉讼信托"的程序原理，并以相应的实体性

---

① 首先，"社会组织"的类型包括社会团体、民办非企业单位和基金会三种。其次，"设区的市级以上人民政府民政部门"包括设区的市，自治州、盟、地区，不设区的地级市，直辖市的区以上人民政府民政部门。再次，"专门从事环境保护公益活动连续五年以上"是指"社会组织章程确定的宗旨和主要业务范围是维护社会公共利益，并从事环境保护公益活动，且在起诉前其成立时间已经满五年"。最后，"无违法记录"是指"起诉前五年内，社会组织未因从事业务活动违反法律、法规的规定而受过行政性或刑事性处罚，不包括情节轻微的违规行为，也不包括法定代表人以及社会组织成员个人的违法行为"。

② 何文燕：《检察机关民事公诉权的法理分析》，载最高人民检察院民事行政检察厅编：《民事行政检察指导与研究》第三集，法律出版社 2005 年版，第 126 页。

部门法为依据，团体诉权的赋予对象则为"非经营性民间组织机构"。而我国《民事诉讼法》第 55 条规定的表述为"法律规定的机关和有关组织"，显然并不限于"非经营性民间组织机构"（即其中的"有关组织"），还包括"法律规定的机关"。而所谓"机关"，在我国之语言传统中，基本指向政府公权机构，而非民间组织。不论是有心还是无意，这种突破可归入"制度创新"的范畴。因此，我国《民事诉讼法》第 55 条的规定，不但为在我国构建由公益性民间组织提起的公益侵害阻断程序提供了制度性空间，同时也为检察机关基于其民事公诉职能提起之公益侵害阻断程序的构建提供了制度性的可能。因为，尽管该条规定的表述为"法律规定的机关"，未直接写明"检察机关"，但如果作广义理解，仍可将履行法律监督职责的"检察机关"包含在内。这意味着，《民事诉讼法》第 55 条的规定就公益侵害阻断程序的确立提出了第二种制度路径，即由检察机关基于其民事公诉职能提起公益侵害阻断程序。

其次，现代社会之国家作用形态理论，尤其是渐行确立主导地位之"国家辅助作用形态理念"，不仅可以为确立由检察机关提起之公益侵害阻断程序提供基础性理论依据，同时也能为确立由肩负公益维护职能的行政机关提起之公益侵害阻断程序提供坚实的理论支撑。并且，《民事诉讼法》第 55 条的规定，也为行政机关基于其公益维护职能提起之公益侵害阻断程序的构建提供了制度性的可能。这意味着，《民事诉讼法》第 55 条的规定就公益侵害阻断程序的确立提出了第三种制度路径，即由行政机关基于其职权范围内之公益维护职能提起公益侵害阻断程序。因此，就行政机关如何于民事诉讼领域发挥其公益维护职能这一问题而言，我们也不应再局限于对域外团体诉讼之制度理念的机械模仿，而应在民事诉讼立法层面，及时、系统地构建以团体诉讼制度为模本的，由行政机关基于其职权范围内之公益维护职能提起的公益侵害阻断程序。而且，确立行政机关提起之公益侵害阻断程序的这种逻辑上的可能性,正在我国之相关立法和司法实践层面演变成为一种可行性,甚至是必要性。早在 2000 年,《海洋环境保护法》就已经确立了海洋环境保护行政机关在海洋环境保护诉讼中的担当性公益诉权,非常类似于《民事诉讼法》第 55 条所采纳之团体诉讼的制度方案。并且,在 2012 年《民事诉讼法》第二次修正前,甚至是早在 2007 年《民事诉讼法》第一次修正前,司法实践中就已经开始出现由行政机关提起民事公益诉讼程序以维护消费者权益或保护环境公共利益的案件。如贵州省清镇市人民法院(环保法庭)审理的"原告'贵阳市两湖一库管理局'诉被告'贵州天峰化工有限责任公司'环境侵权案"。①2012 第二次修正后的《民事诉讼法》施行之后,尽管一系列立法并没有将于其职权范围内承载公益维护职能之行政机关明确规定为民事公益侵害阻断程序的启动主体,但在司法实践层面,承载公益维护职能之行政机关或事业单位仍在坚持尝试提起民事公益诉讼。如前文引用之"案例 19 镇江市渔政监督支队诉韩国开发银行投资公司(KDB CAPITAL CO, LTD.)通海水域环境污染民事公益诉讼案"中,尽管武汉海事法院经审查认定,起诉人"镇江市渔政监督支队"**不是法律规定有海洋环境监督管理权的部门**,也不是法律规定的有关社会组织,所以不具备提起环境民事公益诉讼程序的原告主体资格。并以之为由裁定不予受理其起诉。然而,该案件的出现也不可辩驳地印证了一个现象,即承载公益维护职能之行政机关或事业单位仍在坚持尝试提起民事公益诉讼。而且,武汉海事法院就该案所作之"不予受理"裁定书(2015 武海法立字第 00001 号)中,对

---

① 2007 年 12 月 10 日,贵州省清镇市人民法院立案受理"贵阳市两湖一库管理局"(原告)对"贵州天峰化工有限责任公司"(被告)的民事起诉,于 12 月 27 日公开开庭审理,并当庭判令(贵州省清镇市人民法院"2007 清环保民初字第 1 号"《民事判决书》):被告立即停止使用给环境造成重大污染的磷石膏废渣场,并采取相应措施在 2008 年 3 月 31 日前排除该废渣场对环境的妨碍,消除对环境的危害。

"法律规定有海洋环境监督管理权的部门"提起海洋环境污染民事公益诉讼明确持肯定立场。同样的现象还出现在前文引用之"案例16 大连市环保志愿者协会诉中国海洋石油总公司环境污染民事公益诉讼案"中。该案中，大连海事法院也认为，大连市环保志愿者协会是一家环保组织，而非"负责海洋环境保护的行政主管部门"，依《海洋环境保护法》等有关规定不具有提起"海洋污染公益诉讼"的主体资格，从而裁定不予受理其起诉。其"不予受理"裁定书中，同样对"法律规定有海洋环境监督管理权的部门"提起海洋环境污染民事公益诉讼明确持肯定立场。可见，确立行政机关提起之公益侵害阻断程序已不再仅仅是一种逻辑上的可能，相关之单行立法已经开始就赋予承载公益维护职能之行政机关以担当性公益诉权提出可行性方案。而在司法实践层面，承载公益维护职能之行政机关或事业单位也仍在坚持尝试提起民事公益诉讼，以呈现确立行政机关提起之公益侵害阻断程序的现实必要性。

最后，2012年第二次修正后的《民事诉讼法》第55条，为在我国构建由公益性民间组织、享有民事公诉职权之检察机关和承载公益维护职能之行政机关提起的公益侵害阻断程序提供了制度性空间，但却未就构建公民个人提起之公益侵害阻断程序直接提供制度性的可能。因为，该条规定的表述为"法律规定的机关和有关组织"，明确将"公民个人"排除在外。但是，立法修改的这一技术性处理，并不能彻底否定确立公益侵害阻断程序的第四种制度路径，即由公民个人提起之公益侵害阻断程序。因为，从本质上讲，公共利益所遭受之危险或损害，其后果尽管首先会于国家或社会层面得以展现，但其造成的不利益状态最终将是由公民个人承担的。所以，为充分实现侵害阻断程序之公益维护功能，尽管可以由公益性民间组织、行使民事公诉职权之检察机关和承载公益维护职能之行政机关依法启动、实施程序操作，但并不能因此而抹杀由公民个人提起公益侵害阻断程序的制度必要性。而且，这一点也正在司法实践层面得到验证。在我国民事公益诉讼制度的发展进程中，起诉主体的多元化趋势已经不可避免，其在司法实践层面通过实证案例也表现得尤为突出。其中，特别引人注目的是：尽管立法作出了排斥性的规定，但仍有为数不少的公民个人尝试提起民事公益诉讼。此类民事公益诉讼，尽管多因立法将民事公益诉讼的起诉主体限定为"法律规定的机关和有关组织"而被法院裁定不予受理或驳回起诉，但其客观存在也无可辩驳地印证了民事公益诉讼之起诉主体的多元化趋势，以及确立由公民个人提起之公益侵害阻断程序的制度必要性。因此，公益侵害阻断程序的系统构建，在关注前三种制度路径的同时，也必须前瞻性地关注第四种制度路径，即由公民个人提起公益侵害阻断程序。

另外，在明确环境污染和消费维权两种基本类型之民事公益案件的起诉主体的进程中，立法也正在尝试就民事公益诉讼之起诉主体逐步推进多元化的发展趋势，并且已经正式将检察机关确立为民事公益侵害阻断程序的提起主体类型之一。2015年7月1日，《检察院公益诉讼试点决定》提出：为加强对国家利益和社会公共利益的保护，授权最高检在生态资源和环境保护、国有土地使用权出让和国有资产保护，以及食药安全等领域开展公益诉讼试点工作。7月2日，最高检《试点方案》，又从四个方面勾勒了检察院公益诉讼试点工作的基本框架，明确检察院公益诉讼试点工作的主要内容包含两个方面："提起行政公益诉讼"和"提起民事公益诉讼"。就"民事公益诉讼"的试点工作，又明确了五个方面的试点工作具体事项。为贯彻实施《检察院公益诉讼试点决定》，依法有序地推进检察院公益诉讼试点工作，最高人民检察院和最高人民法院又分别审议通过了《检察院公益诉讼试点实施办法》和《法院审理检察院公益诉讼实施办法》就检察机关提起民事公益诉讼和人民法院审理工作中的若干程序事项作出了规定。通过这一系列的努力，检察机关逐步成为民事公益诉讼的起诉主体类型之一。并且，这种逐步推进民事公益诉讼之起诉主体多元化的尝试也开始影响到后来的司法解释。2016年4月24日，最高人民法院公布了《消费民事公益诉讼解释》。以《消费者权益保护法》第47条的规定为基础，其第1条又作出拓展性的规定，将消费民事公益诉讼的提起主体扩充为两种类型：其一，"中国消费者协会"和"省、自治区、直辖市消费者协会"；其二，"法律规定或者全国人大及其常委会授权的机关和社会组织"。之所以作出这种拓展性规定，其最为直接的原因就是前文论及的"检察机关公益诉讼试点工作"。而且，以《检察院公益诉讼试点决定》为基础，2017年6月27日，《修改决定》又于第1条规定："一、对《中华人民共和国民事诉讼法》作出修改。第五十五条增加一款，作为第二款：'人民检察院在履行职责中发现破坏生态环境和资源保护、食品药品安全领域侵害众多消费者合法权益等损害社会公共利益的行为，在没有前款规定的机关和组织或者前款规定的机关和组织不提起诉讼的情况下，可以向人民法院提起诉讼。前款规定的机关或者组织提起诉讼的，人民检察院可以支持起诉。'"将"人民检察院"明确纳入第一款之"法律规定的机关和有关组织"的范畴之内，使之正式被确立为民事公益侵害阻断程序的提起主体类型之一，并初步明确了由其提起之公益侵害阻断程序的适用范围和前提条件。随后，2018年10月26日，第十三届全国人大常委会第六次会议又修订了《人民检察院组织法》，修订后的第20条规定："人民检察院行使下列职权：……（四）依照法律规定提起公益诉讼；……"与2017年《民事诉讼法》修正时第55条增加之第二款对应，为检察机关提起民事公益侵害阻断程序奠定职权基础。所以，前文才就公益侵害阻断程序的系统构建提出了"四位一体"的制度模式（图4）。这也意味着，公益侵害阻断之程序启动规则应该为民间组织、检察机关、行政机关和公民个人四类主体确立程序启动主体资格。为此：首先，要在2018年修订后新《人民检察院组织法》第20条的基础上，进一步在基本层面上明确"民事、行政公诉权"的内涵和外延；其次，要在立法层面确立行政机关和公民个人之民事公益诉权；最后，还要在立法层面对检察机关之民事公诉职权和不同行政机关之民事公益诉权以及公民个人之民事公益诉权的适用范围予以明确。具体而言，需要从四个层面上调整现行立法：

第一，对2018年修订后新《人民检察院组织法》第20条就检察机关之民事、行政公诉职权的规定进一步改进，以在基本层面上明确"民事、行政公诉权"的内涵和外延。①

第二，对《民事诉讼法》第15条所确立之支持起诉原则进行扩充，在赋予人民检察院以支持起诉职权的基础上，同时赋予其以民事公诉职权。②

第三，对《民事诉讼法》第55条进行修改，在其已经规定"民间组织"和"检察机关"两种主体类型的基础上，进一步明确规定行政机关和公民个人作为其程序启动的基本主体类型，并明确

---

① 2018年修订后《人民检察院组织法》第20条规定："人民检察院行使下列职权：（一）依照法律规定对有关刑事案件行使侦查权；（二）对刑事案件进行审查，批准或者决定是否逮捕犯罪嫌疑人；（三）对刑事案件进行审查，决定是否提起公诉，对决定提起公诉的案件支持公诉；（四）依照法律规定提起公益诉讼；（五）对诉讼活动实行法律监督；（六）对判决、裁定等生效法律文书的执行工作实行法律监督；（七）对监狱、看守所的执法活动实行法律监督；（八）法律规定的其他职权。"其中，第四项已经确立了检察机关的"民事、行政公诉权"。对此，笔者认为，为在基本层面上明确"民事、行政公诉权"的内涵和外延，该条可进一步修改为："人民检察院行使下列职权：……（四）依照法律规定对民事和行政公益案件支持或提起公益诉讼；……"

② 现行《民事诉讼法》第15条："检察机关、社会团体、企业事业单位对损害国家、集体或者个人民事权益的行为，可以支持受损害的单位或者个人向人民法院起诉。"为确立检察机关之民事公诉职权，该条可修改为："（第一款）检察机关、社会团体、企业事业单位对损害国家、集体或者个人民事权益的行为，可以支持受损害的单位或者个人向人民法院起诉。（第二款）前款规定之支持起诉无法实施时，检察机关可以对损害国家、社会公共利益的行为直接提起诉讼。"

各类主体提起之公益侵害阻断程序的适用范围和前提条件。从而落实检察机关之民事公诉权,并赋予行政机关和公民个人以民事公益诉权。①

第四,对《消费者权益保护法》《环境保护法》和《海洋环境保护法》的相应条文进行进一步的修改,以在立法层面对检察机关之民事公诉职权、不同行政机关之民事公益诉权和公民个人之民事公益诉权的适用范围予以明确,从而确定由检察机关、行政机关和公民个人提起之公益侵害阻断程序的适用范围。具体而言:其一,对《消费者权益保护法》的相应条文进行进一步的修改。在其第 47 条已经规定由"中国消费者协会"和"省、自治区、直辖市消费者协会"就消费侵权案件提起民事公益侵害阻断程序的基础上,以其第 32、33、34 条的规定为前提,进一步规定"检察机关""工商行政管理部门和其他有关行政部门"和"公民个人"作为该程序的启动主体。② 其二,以《环境保护法》第 10 条的规定为前提,对其第 58 条进行进一步修改。在其现有规定之基础上,进一步规定"检察机关""环境保护主管部门或者其他负有环境保护监督管理职责的部门"和"公民个人"作为该程序的

---

① 为落实检察机关之民事公诉权,并赋予行政机关和公民个人以民事公益诉权,可采取如下之条文修改方案,将现行《民事诉讼法》第 55 条修改为"(第一款)对《环境保护法》《海洋环境保护法》和《消费者权益保护法》规定的污染环境、侵害众多消费者合法权益等损害社会公共利益的行为,以及法律规定的其他损害社会公共利益的行为,检察机关、法律规定的行政机关和社会组织、公民个人可以向人民法院提起诉讼。(第二款)<u>检察机关对在履行职责中发现的破坏生态环境和资源保护、食品药品安全领域侵害众多消费者合法权益等损害社会公共利益的行为,应当督促或支持前款规定的行政机关和社会组织提起诉讼,在没有前款规定的行政机关和社会组织或者前款规定的行政机关和社会组织不提起诉讼的情况下,可以向人民法院提起诉讼。(第三款)公民个人提起诉讼前,要先提请前两款规定之机关和社会组织向人民法院提起诉讼</u>"。

② 可采取如下之条文修改方案,在现行《消费者权益保护法》之"第四章 国家对消费者合法权益的保护"的最后增加一个条文,作为第 36 条,规定"<u>对侵害众多不特定消费者合法权益或具有危及消费者人身、财产安全危险的行为,人民检察院、本法规定的工商行政管理部门和其他有关行政部门、符合本法第四十七条规定的社会组织,以及公民个人,可以依据《民事诉讼法》第五十五条规定,向人民法院提起诉讼</u>"。

启动主体。① 其三，以《海洋环境保护法》第 5 条规定为前提，修改其第 89 条。在其现有规定之基础上，进一步规定"对破坏海洋生态、海洋水产资源、海洋保护区，等已经损害社会公共利益或者具有损害社会公共利益重大风险的行为，人民检察院、依照本法规定行使海洋环境监督管理权的部门、符合《环境保护法》第五十八条规定的社会组织，以及公民个人，有权依据《民事诉讼法》第五十五条的规定向法院提起诉讼"②。

二、启动程序的客体

所谓启动程序的客体，即民事公益侵害阻断程序所针对的案件类型和客观意义上的适用范围。它是我国确立民事公益诉讼程序进程中的另一个起始性命题。

在我国，"公益诉讼"概念的提出，在很大程度上源于日本之"现代型诉讼"概念的启发。而由于对公益诉讼这一概念的泛化理解，对

---

① 可采取如下之条文修改方案，将现行《环境保护法》第 58 条修改为"（第一款）对污染环境、破坏生态，已经损害社会公共利益或者具有损害社会公共利益重大风险的行为，符合下列条件的社会组织可以依据《民事诉讼法》第五十五条规定，向人民法院提起诉讼：（一）依法在设区的市级以上人民政府民政部门登记；（二）专门从事环境保护公益活动连续五年以上且无违法记录。（第二款）人民检察院、本法规定的环境保护主管部门或者其他负有环境保护监督管理职责的部门，以及公民个人，可依前款规定向人民法院提起诉讼。（第三款）符合前两款规定的社会组织、机关和公民个人向人民法院提起诉讼，人民法院应当依法受理。（第四款）提起诉讼的社会组织、机关和公民个人不得通过诉讼牟取经济利益"。

② 可采取如下之条文修改方案，将现行《海洋环境保护法》第 89 条修改为"（第一款）造成海洋环境污染损害的责任者，应当排除危害，并赔偿损失；完全由于第三者的故意或者过失，造成海洋环境污染损害的，由第三者排除危害，并承担赔偿责任。（第二款）对破坏海洋生态、海洋水产资源、海洋保护区，给国家造成重大损失的，由依照本法规定行使海洋环境监督管理权的部门代表国家对责任者提出损害赔偿要求。（第三款）对破坏海洋生态、海洋水产资源、海洋保护区，等已经损害社会公共利益或者具有损害社会公共利益重大风险的行为，人民检察院、依照本法规定行使海洋环境监督管理权的部门、符合《环境保护法》第五十八条规定的社会组织，以及公民个人，有权依据《民事诉讼法》第五十五条的规定向法院提起诉讼"。

诉讼之公益价值目标的高度期待就在所难免。因此，我国诉讼法学界，在主张通过对传统之诉讼制度理念和程序规则体系进行技术性调整以期承载相应之公益价值目标的同时，也产生了通过制定新法或修改旧法确立新的诉讼模式和程序方案以期承载诉讼之公益价值目标的主张，并很快就这种新诉讼模式的名称达成共识，称其为"公益诉讼"。由于"公益诉讼"这一概念的广泛社会基础，及整个社会对于司法诉讼之公益维护功能的殷切期待，2012 年对民事诉讼法的修改根本无法回避这一话题。而在消费维权、环境污染两类案件中，通过司法诉讼维护公共利益的社会呼声尤其高昂。因为在这两类案件中，原告方当事人的诉讼请求通常既包括私益性的损害赔偿，也涉及要求被告停止生产、停止销售、召回缺陷产品、停止排污、治理污染、恢复环境等纯粹公益性的诉求。因此，2012 年第二次修正后的《民事诉讼法》于其第 55 条规定了"民事公益诉讼程序"。

该条规定，在将民事公益诉讼程序的提起主体限定为"法律规定的机关和有关组织"的同时，也界定了民事公益诉讼程序的客体范围：其一，列举性规定了两种基本案件类型，即"环境污染"和"消费侵权"案件；其二，明确立法之开放性立场，为将来其他类型之民事公益案件进入诉讼程序保留了立法空间。之后跟进性修改的《环境保护法》和《消费者权益保护法》，针对民事公益诉讼的提起主体问题，又作出了进一步的细化规定。修改后的《消费者权益保护法》第 47 条进一步明确了消费侵权案件之民事公益诉讼程序的提起主体，即"中国消费者协会"和"省、自治区、直辖市消费者协会"。修订后的《环境保护法》第 58 条也进一步明确了环境污染案件之民事公益诉讼程序的提起主体，及其所须满足的具体条件：其一，登记于设区市级以上政府之民政部门的社会组织；其二，专门从事环保公益活动达到五年以上；其三，没有违法记录。但是，修改后的《消费者权益保护法》和《环境保护法》，并未对民事公益诉讼的客体作出进一步的规定，就民事公益诉讼的两种基本案件类型（即"环境污染案件"和"侵害众多消费者合法权益的案件"），两部立法基本延续《民事诉讼法》第 55 条的立法表述。① 即使是最高人民法院于 2015 年 1 月 30 日公布的《〈民诉法〉解释》，其第 284 条对民事公益诉讼之客体的规定，也仍然延续"污染环境、侵害众多消费者合法权益等损害社会公共利益的行为"这一表述方案。

但是，在后来的一些司法解释文本中，就民事公益侵害阻断程序之客体问题，开始进一步作出一些解释性的具体规定。

如最高人民法院于 2015 年 1 月 6 日公布的《环境民事公益诉讼解释》。其第 1 条的规定又将作为环境民事公益诉讼客体的"污染环境、破坏生态行为"宏观性区分为两种情形：其一，已经损害社会公共利益的环境污染和生态破坏行为；其二，对社会公共利益构成重大风险的污染环境、破坏生态行为。②

又如，2015 年 7 月 1 日《检察院公益诉讼试点决定》提出：为加强对国家利益和社会公共利益的保护，授权最高检在**生态环境和资源保护……食品药品安全**等领域开展公益诉讼试点工作。随后，最高人民检察院《试点方案》明确检察公益诉讼试点工作的主要内容包含两个方面："提起行政公益诉讼"和"提起民事公益诉讼"。就"民事公益诉讼"试点工作，又明确了五个方面的试点工作具体事项。其中，就检察机关提起民事公益诉讼程序之试点案件的范围规定为：检察机关对其在履行职责中发现的**污染环境、食药安全领域侵害众多消费者合法权益等损害社会公共利益行为**，在没有适格主体或适格主体不提

---

① 如《消费者权益保护法》第 47 条表述为"对侵害众多消费者合法权益的行为，……"又如《环境保护法》第 58 条表述为"对污染环境、破坏生态，损害社会公共利益的行为，……"

② 《环境民事公益诉讼解释》第 1 条："法律规定的机关和有关组织依据民事诉讼法第五十五条、环境保护法第五十八条等法律的规定，对已经损害社会公共利益或者具有损害社会公共利益重大风险的污染环境、破坏生态的行为提起诉讼，符合民事诉讼法第一百一十九条第二项、第三项、第四项规定的，人民法院应予受理。"

起诉讼的情况下,可以依法向法院提起民事公益诉讼程序。随后,《检察院公益诉讼试点实施办法》第1条的规定就检察机关提起民事公益诉讼的案件类型和范围作出了几乎完全一样的界定。再后,《法院审理检察院公益诉讼实施办法》就人民检察院提起民事公益诉讼的客体问题继续坚持同一立场。①

再如,最高人民法院于2016年4月24日公布的《消费民事公益诉讼解释》。就消费民事公益诉讼之客体问题,基于《民事诉讼法》第55条和《消费者权益保护法》第47条之概括界定,其第1条首先将消费民事公益诉讼的客体区分为两种宏观类型:其一,"经营者侵害众多不特定消费者合法权益的行为";其二,"经营者具有危及消费者人身、财产安全危险的行为"。之后,其第2条又进一步作出列举性规定,将经营者提供商品或者服务中的五种情形纳入消费民事公益诉讼之客体范围:其一,提供的商品或者服务存在缺陷,侵害众多不特定消费者合法权益的。其二,提供的商品或服务可能对消费者人身、财产安全造成危险,但未作出明确的警示和真实的说明,未标明正确使用商品、接受服务和防止危害发生方法的;对其所提供的商品或服务的性能、质量、用途和有效期限等信息作虚假宣传或引人误解宣传的。其三,宾馆、商场、餐馆、银行、机场、车站、港口、影剧院、景区、娱乐场所等经营场所存在危及消费者人身、财产安全危险的。其四,以格式条款、店堂告示、声明、通知等方式作出不公平、不合理规定,排除或限制消费者权利、减轻或免除经营者责任或加重消费者责任的。其五,其他侵害或危及众多不特定消费者合法权益或人身、财产安全的损害社会公共利益行为。

基于立法设计之初始性价值导向,司法实践中民事公益诉讼的案

---

① 《法院审理检察院公益诉讼实施办法》第1条:人民检察院可以对污染环境、破坏生态、食品药品安全领域侵害众多消费者合法权益等损害社会公共利益的行为提起民事公益诉讼。

件类型也逐步趋于集中化。2013年以后，代表性的民事公益诉讼案件集中为两类："环境民事公益诉讼案件"和"消费民事公益诉讼案件"。在两类代表性的民事公益诉讼案件中，占主导地位的又是"环境民事公益诉讼案件"。以"案例法学研究会"和"中国公益诉讼网""民主与法制网""法治周末报社""北京理工大学司法研究所""中央财经大学法律援助中心"等机构自2011年起开始举办的"中国十大公益诉讼专家评选与公益诉讼发展研讨会"所评选出的年度中国十大公益诉讼为例：2013年入选的十个案例中，有六起属于行政公益诉讼，另外四起则属于民事公益诉讼，其中包括两起环境民事公益诉讼（前文引用之"案例3任坚刚诉超彩钛白（安徽）科技有限公司环境污染民事公益诉讼案"和"案例5中华环保联合会诉海南天工生物工程公司等环境污染民事公益诉讼案"），消费民事公益诉讼则有一起（"刘明诉中国移动长沙公司流量清零霸王条款侵犯消费者权益案"）；2014年入选的十个案例中，有四起是行政公益诉讼，在另外六起民事公益诉讼案例中，环境民事公益诉讼有三起（前文引用之"案例1福建省闽侯县394名村民诉福建省固体废物处置有限公司环境污染损害赔偿案""案例6中华环保联合会诉谭某、方某环境污染民事公益诉讼案"和"案例9泰州市环保联合会诉江苏常隆农化有限公司等六公司环境污染民事公益诉讼案"），消费民事公益诉讼则有一起（前文引用之"案例23律师联手起诉金龙鱼等品牌转基因食用油标识不清损害消费者知情权、选择权系列案"）；2015年入选的十个案例中，有三起是行政公益诉讼，在另外七起民事公益诉讼案例中，环境民事公益诉讼有五起（前文引用之"案例10重庆绿色志愿者联合会诉湖北省恩施州建始县磺厂坪矿业有限责任公司环境污染民事公益诉讼案""案例11北京市朝阳区自然之友环境研究所、福建省绿家园环境友好中心诉谢知锦等四人破坏林地民事公益诉讼案""案例12中华环保联合会诉德州晶华集团振华有限公司大气污染民事公益诉讼案""案例13中国生物多样性保护与绿色发展基金会诉美国康菲石油（中国）有限公司、中国海洋石油总公司渤海生态环境污染民事公益诉讼案"和"案例14 中国生物多样性保护与绿色发展基金会诉宁夏华御化工有限公司等八家公司腾格里沙漠环境污染民事公益诉讼案"），消费民事公益诉讼则有两起（前文引用之"案例24 浙江省消费者权益保护委员会诉上海铁路局强制实名购票遗失乘客另行购票侵害消费者权益民事公益诉讼案"和"案例25 上海市消费者权益保护委员会诉天津三星通信技术有限公司、广东欧珀移动通信有限公司预装手机软件侵害消费者知情权、选择权民事公益诉讼案"）。

但是，在案件类型集中化的发展趋势下，民事公益诉讼的受案范围却并未因此走向封闭，而是保持了一种开放性姿态。即使在2013年以后，除"环境污染"和"消费维权"两类代表性民事公益诉讼案件之外，司法实践中也不乏其他类型的民事公益诉讼案件。如入选2013年中国十大公益诉讼的"南京'天下公'文化公司诉苏州莫泰酒店有限公司因维稳导致违约案"以及入选2013年中国十大公益诉讼推荐案例的"业主诉武汉蓝焰房地产开发有限公司架空层侵权案"。又如入选2014年中国十大公益诉讼推荐案例的"南天一花园业委会诉深圳城建公司等房屋侵权纠纷案"。再如入选2015年中国十大公益诉讼推荐案例的"北京黄某诉浙江天猫公司网购产品质量纠纷案"。民事公益诉讼的受案范围能够保持这种开放性姿态，是符合民事诉讼立法之初衷的。因为，《民事诉讼法》第55条规定中的一个"等"字，早就已经明确提出了民事公益诉讼受案范围的开放性立场。而且，在2012年第二次修正后的《民事诉讼法》施行之前，一些实体性单行立法已经在不经意间开始借鉴德国之团体诉讼制度方案，依据法定诉讼担当之程序原理，于诉之利益归属主体不可能或不适于实施诉讼时，赋予对该利益负有监管、保护职责的主体以担当性公益诉权，其中有不少情形本质上类似于德国实体单行立法中赋予团体诉权的规定。如海洋环境保护行政机关在海洋环境保护诉讼中的担当性公益诉权；又如工会在集体合同争议中的担当性公益诉权；再如业主委员会维护业主共同利益的担当性公益诉权。而伴随 2012 年第二次修正后《民事诉讼法》第 55 条的出台，基于团体诉讼制度理念的担当性公益诉权在中国的适用范围又被进一步扩大到"消费维权"和"环境保护"领域。可见，基于团体诉讼之制度理念而扩大担当性公益诉权之适用范围的制度发展趋势已然形成，民事公益诉讼受案范围的开放性立场必将得到进一步的延续。

综上，公益侵害阻断之程序启动规则的构建就其程序启动客体问题必须坚持两个基本的价值导向：其一，要强化"环境污染"和"消费维权"两类公益案件的主导性地位；其二，要坚守立法之开放性立场，为其他类型之民事公益案件保留立法空间。为此，以前文就公益侵害阻断程序的系统构建所提出之"四位一体"的制度模式（图4）及相应之立法调整方案为前提，需要从三个层面上进一步调整现行立法：

第一，对《民事诉讼法》第 55 条进行修改，以为其他类型之民事公益案件保留充分的立法空间，从而进一步坚守立法之开放性立场。①

第二，将作为环境民事公益诉讼客体的"污染环境、破坏生态行为"在宏观层面上进一步区分为"已经损害社会公共利益的污染环境、破坏生态行为"和"具有损害社会公共利益重大风险的污染环境、破坏生态行为"，以强化"环境污染"民事公益案件的主导性地位。为

---

① 为进一步坚守立法之开放性立场，给其他类型之民事公益案件保留充分的立法空间，可采取如下之条文修改方案，即：将现行《民事诉讼法》第 55 条修改为"（第一款）<u>对</u>《环境保护法》《海洋环境保护法》和《消费者权益保护法》规定的污染环境、侵害众多消费者合法权益等损害社会公共利益的行为，以及法律规定的其他损害社会公共利益的行为，检察机关、法律规定的行政机关和社会组织、公民个人</u>可以向人民法院提起诉讼。（第二款）<u>检察机关对在履行职责中发现的破坏生态环境和资源保护、食品药品安全领域侵害众多消费者合法权益等损害社会公共利益的行为，应当督促或支持前款规定的行政机关和社会组织提起诉讼，在没有前款规定的行政机关和社会组织或者前款规定的行政机关和社会组织不提起诉讼的情况下，</u>可以向人民法院提起诉讼。（第三款）<u>公民个人提起诉讼前，要先提请前两款规定之机关和社会组织向人民法院提起诉讼</u>"。

此，要在修改《环境保护法》第58条的同时①，对《海洋环境保护法》第89条进行相应之修改。②

第三，要对《消费者权益保护法》的相应条文进行进一步的修改，将作为消费民事公益诉讼之客体的"侵害众多消费者合法权益的行为"宏观性区分为"侵害众多不特定消费者合法权益的行为"和"具有危及消费者人身、财产安全危险的行为"，以强化"消费维权"民事公益案件的主导性地位。③

三、启动程序的要件

《民事诉讼法》在确立民事公益诉讼程序时，其第55条的规定虽

---

① 可采取如下之条文修改方案，将现行《环境保护法》第58条修改为"（第一款）对污染环境、破坏生态，已经损害社会公共利益或者具有损害社会公共利益重大风险的行为，符合下列条件的社会组织可以依据《民事诉讼法》第五十五条规定，向人民法院提起诉讼：（一）依法在设区的市级以上人民政府民政部门登记；（二）专门从事环境保护公益活动连续五年以上且无违法记录。（第二款）人民检察院、本法规定的环境保护主管部门或者其他负有环境保护监督管理职责的部门，以及公民个人，可依前款规定向人民法院提起诉讼。（第三款）符合前两款规定的社会组织、机关和公民个人向人民法院提起诉讼，人民法院应当依法受理。（第四款）提起诉讼的社会组织、机关和公民个人不得通过诉讼牟取经济利益"。

② 可采取如下之条文修改方案，将现行《海洋环境保护法》第89条修改为"（第一款）造成海洋环境污染损害的责任者，应当排除危害，并赔偿损失；完全由于第三者的故意或者过失，造成海洋环境污染损害的，由第三者排除危害，并承担赔偿责任。（第二款）对破坏海洋生态、海洋水产资源、海洋保护区，给国家造成重大损失的，由依照本法规定行使海洋环境监督管理权的部门代表国家对责任者提出损害赔偿要求。（第三款）对破坏海洋生态、海洋水产资源、海洋保护区，等已经损害社会公共利益或者具有损害社会公共利益重大风险的行为，人民检察院、依照本法规定行使海洋环境监督管理权的部门、符合《环境保护法》第五十八条规定的社会组织，以及公民个人，有权依据《民事诉讼法》第五十五条的规定向法院提起诉讼"。

③ 可采取如下之条文修改方案，其一，将现行《消费者权益保护法》第47条修改为"对侵害众多不特定消费者合法权益或具有危及消费者人身、财产安全危险的行为，中国消费者协会以及在省、自治区、直辖市设立的消费者协会，可以依据《民事诉讼法》第五十五条规定，向人民法院提起诉讼。"其二，在现行《消费者权益保护法》之"第四章 国家对消费者合法权益的保护"的最后增加一个条文，作为第36条，规定"对侵害众多不特定消费者合法权益或具有危及消费者人身、财产安全危险的行为，人民检察院、本法规定的工商行政管理部门和其他有关行政部门，符合本法第四十七条规定的社会组织，以及公民个人，可以依据《民事诉讼法》第五十五条规定，向人民法院提起诉讼"。

就民事公益诉讼程序确定了两种基本案件类型（"环境污染"和"侵害众多消费者合法权益"），同时也规定了民事公益诉讼程序的提起主体。但是，其并未就民事公益诉讼的程序启动要件作出直接规定。依据第55条所选择之立法体例，因其位于立法之"第一编 总则"中，学界又惯称之为"公益诉讼"，似乎当然应该援引《民事诉讼法》第119条对通常诉讼程序之启动要件的规定。而依据第119条的规定，诉讼程序的启动需要满足四项实质要件：存在直接利害关系；被告明确；诉讼请求具体，且有事实、理由；属于民事诉讼主管和受诉法院管辖。学界的争议便由此而生。因为，依据《民事诉讼法》第55条规定，民事公益诉讼由"法律规定的机关和有关组织"提起。之后，依据《消费者权益保护法》第47条的规定，侵害众多消费者合法权益案件之民事公益诉讼程序的提起主体为"中国消费者协会"和"省、自治区、直辖市消费者协会"。而依据《环境保护法》第58条规定，环境污染案件由"依法在设区的市级以上人民政府民政部门登记，专门从事环境保护公益活动连续五年以上且无违法记录的社会组织"提起民事公益诉讼程序。但是，以上法律规定之提起公益诉讼程序的主体，均无法在制度逻辑上与公益案件之间建立"直接利害关系"，因而也就根本无法满足《民事诉讼法》第119条所规定之四项实质要件中的第一项。因此，早期国内学界关于民事公益诉讼问题的理论研究，多将其原告方当事人的适格问题作为核心性研究命题。而且，早期国内司法界关于民事公益诉讼程序的实践探索，也多因该起诉要件的欠缺而步履维艰。

后来，局面开始有所改观。诉讼法学的理论研究逐步认识到，我国2012年第二次修正后的《民事诉讼法》第55条，是受德国团体诉讼制度方案之影响的结果。尽管学界普遍认为，其于基本立法层面确立了民事公益诉讼程序。但究其本质，实为对德国之团体诉讼制度理念的借鉴。以德国立法为代表的"团体诉讼"制度，其基于"诉讼信托"的程序原理，依据相应的实体性部门法，赋予某些非经营性的组织机构以团体诉权，令其于相应类型之群体性纠纷中取得诉讼当事人资格，以取代团体成员启动、参加诉讼程序，其于诉讼中独立享有和承担程序性权利和义务，并可实施相应的实体性处分。所以，从程序法理属性的层面讲，团体诉讼在一定程度上突破了传统民事诉讼之私益属性原理，在广义上属于公益侵害阻断程序的范畴；而从制度功能定位的层面讲，团体诉讼虽以"集合性公益"为出发点，但其在一定程度上也可以承载"纯粹性公益"的价值目标，其制度功能处于"集合性公益"与"纯粹性公益"的临界点上。团体诉讼制度之作用范围和作用形态在极大程度上取决于相应之实体性部门立法的范围和强度。从其发展脉络上看，团体诉讼制度在德国的确立也恰恰源于赋予团体诉权的实体性部门立法的出现，而伴随着类似部门立法之范围的扩大和力度的强化，团体诉讼制度在德国诉讼实践中的作用范围和形态也呈现扩大和强化的趋势。而且，德国诉讼法学界已经对团体诉讼之制度构成要素达成了基本共识：其一，团体诉讼中之集合性利益团体必须符合实体单行立法之法定构成要件方能成立；其二，必须严格限定团体诉讼的适用范围，团体诉权的取得亦须以实体单行立法之明确规定为前提；其三，团体诉讼之诉请形态主要表现为"停止侵害之诉"或"撤销之诉"，而非"侵权损害赔偿之诉"，其核心制度功能聚焦于群体性案件中所蕴含之"集合性公益"的不可分性和扩张性，并通过"停止侵害之诉"或"撤销之诉"的诉请，直接实现诉讼之纠纷解决和利益救济之法律效果的公益性扩张，以预防、制止违法行为对"集合性公益"或"纯粹性公益"的危害，而不以团体成员之个体性利益损害的赔偿性救济为程序目的。其四，由团体诉讼所承载之"集合性公益"或"纯粹性公益"必须与团体成员之个体性利益明确区分，二者之诉权既不相互排斥亦不完全重叠，因此团体诉权的赋予并不侵蚀团体成员就其个体性利益寻求损害赔偿的诉权，其完全可于团体诉讼之外就其私益损害赔偿事宜另行诉讼。而从我国《民事诉讼法》第55条的规定看，所谓"法律规定的机关和有关组织"，也就意味着：相应之非经营性机构、团体，必须基于实体性单行立法之明文规定，方能针对所规定之公益侵权行为取得团体性诉权，并基于诉讼担当之程序原理，取代具体之利益关系主体，启动、实施诉讼程序。而且，在我国基于团体诉讼之制度理念而扩大担当性公益诉权之适用范围的制度发展趋势已经形成。在民事诉讼立法层面，我们已经不能再局限于对团体诉讼之制度理念的借鉴，而应及时、系统地构建以团体诉讼制度为模本的"公益侵害阻断程序"。而团体诉讼制度的发展进程中，由民间组织作为程序启动主体是其基础性的制度模式。这一点，无论是在德国之团体诉讼制度的发展进程中，还是在我国确立民事公益诉讼制度的进程中，均已于立法和司法实践层面得到了充分的验证。因此，我国构建以团体诉讼制度为模本的公益侵害阻断程序时，也必然将民间组织提起之公益侵害阻断程序作为其最基础的程序形态。因此，"法律规定的机关和有关组织"之所以能够成为公益侵害阻断程序或民事公益诉讼的启动主体，从一开始就不是因为其与案件之间有"直接利害关系"，而是基于"诉讼信托"的程序原理，依据相应的实体性部门法，被赋予了担当性公益诉权，令其于相应类型之公益案件中取得当事人资格，以部分性地取代直接利害关系主体启动、参加诉讼程序，独立享有和承担程序性权利和义务，并实施相应的实体性处分。

因此，前文论述才提出：在"非讼"与"诉讼"二元对立之封闭性程序分类模式之下，"公益侵害阻断程序"是一个特例，其兼具传统之"非讼程序"与"诉讼程序"的双重属性。传统诉讼法学理论认为，非讼程序"不须依一般诉讼程序起诉、公开辩论，然后判决，而仅须简易、迅速处理或裁定非讼事件"[①]。因此，学界也通常将非讼程

---

① 姚瑞光：《民事诉讼法》，中国政法大学出版社2011年版，第3页。

序理解为一种"略式审判程序"。这意味着：在非讼程序中，为通常之诉讼程序而确立的诉讼要件（或起诉条件）规则会被抛弃；因非讼事件中不包含私人权利义务争议，非讼程序也不裁判私人间的实质性法律争议，故而立法会为非讼程序设定更加宽松的程序启动条件，而无须满足立法为通常之诉讼程序而确立的诉讼要件。但公益侵害阻断程序与之不同，尽管其具有一定程度之"非讼程序"属性，但其脱胎于比较法意义上的"团体诉讼"制度。而在拥有"团体诉讼"制度的国家和地区（如德国、法国、日本和我国台湾地区），其民事诉讼立法对该项制度的设计均是以通常之诉讼程序规则体系为外在模本和前提框架的。因此，当我们选择以"团体诉讼"制度为模本构建公益侵害阻断程序时，也必须接受其与生俱来的"诉讼程序"属性。所以，公益侵害阻断程序绝非非讼程序意义上之"略式审判程序"，而应是传统诉讼程序意义上之"完整审判程序"。这意味着，在公益侵害阻断程序中，为通常之诉讼程序而确立的诉讼要件（或起诉条件）规则不能被完全抛弃，而只能基于公益案件及其程序理念的特殊性在程序启动规则层面加以改造。

所以，在民事公益侵害阻断程序之兼具"非讼"与"诉讼"属性的运行原理下，《民事诉讼法》第 119 条所规定之四项实质要件的第一项（"存在直接利害关系"），是根本不可能得到满足，也不应该在立法层面予以设定的一项程序启动要件。早期国内学界关于民事公益诉讼之原告方当事人适格问题的研究，也更像是一种不明所以的伪命题研究。

理论立场的改变很快对司法实务领域产生了影响。后来的司法解释，开始逐步放弃直接援引《民事诉讼法》第 119 条关于起诉要件的规定，其为民事公益诉讼所设计的程序启动规则也开始正式抛弃"原告是与本案有直接利害关系的公民、法人和其他组织"这一程序启动要件。

最高人民法院于 2015 年 1 月 6 日公布《环境民事公益诉讼解释》，根据其第 1 条的规定，环境民事公益诉讼的提起条件被界定为三项：其一，被告明确；其二，诉讼请求具体且有事实、理由；其三，属于民事诉讼主管范围和受诉人民法院管辖。从而抛弃了"原告是与本案有直接利害关系的公民、法人和其他组织"这一程序启动要件。

2015 年 1 月 30 日，最高人民法院公布《〈民诉法〉解释》。其第 284 条列举性界定了民事公益诉讼的提起条件：其一，被告明确；其二，诉讼请求具体；其三，有初步证据证明社会公共利益受到损害；其四，属于民事诉讼主管范围和受诉人民法院管辖。与《民事诉讼法》第 119 条规定的通常诉讼程序的起诉条件相比，"存在直接利害关系"未被作为民事公益诉讼的起诉要件，这与《环境民事公益诉讼解释》的立场是一致的。但不同的是，根据《环境民事公益诉讼解释》第 1 条的规定，环境民事公益诉讼的提起要符合《民事诉讼法》第 119 条第二、三、四项的规定，即被告明确，诉讼请求具体且有事实、理由，属于民事诉讼主管范围和受诉人民法院管辖。但在《〈民诉法〉解释》第 284 条的规定中，增加了一项起诉要件，即"有社会公共利益受到损害的初步证据"。然而，这又与《环境民事公益诉讼解释》第 8 条"提起环境民事公益诉讼应当提交下列材料：……（二）被告的行为已经对社会公共利益造成损害或重大风险的初步证明材料；……"的规定保持了逻辑上的统一。

2016 年 2 月 22 日，最高人民法院又公布了《法院审理检察院公益诉讼实施办法》。根据其第 1 条的规定，人民检察院提起民事公益诉讼需要满足四项程序要件：其一，案件没有适格主体或者适格主体不提起民事公益诉讼；其二，被告明确；其三，诉讼请求具体且有事实、理由；其四，属于民事诉讼主管范围和受诉人民法院管辖。与之前的《环境民事公益诉讼解释》和《〈民诉法〉解释》立场一致，"原告是与本案有直接利害关系的公民、法人和其他组织"同样未被作为检察机关提起民事公益诉讼的程序要件。但与之不同的是，《法院审理检察院公益诉讼实施办法》第 1 条对检察机关提起民事公益诉讼设定了一项特别的程序要件，即"案件没有适格主体或者适格主体不提起民事公益诉讼"。究其根本，该项程序要件的设定源于先前《检察院公益诉讼试点实施办法》为检察机关所设定之提起民事公益诉讼的诉前程序。综合《检察院公益诉讼试点实施办法》第 13—14 条的规定：检察机关在提起民事公益诉讼之前，应当先行依法督促法律规定的机关提起民事公益诉讼，或建议、支持辖区内符合立法规定之前提条件的有关组织提起民事公益诉讼；没有适格的机关、组织，或其拒提起民事公益诉讼，且社会公共利益仍处于受侵害状态的，检察机关直接提起民事公益诉讼。但是，笔者认为，该项诉前程序的设定，还不值得进一步将其设定为一项程序启动要件，最多将其设定为程序启动的一项诉讼文件。

2016 年 4 月 24 日，最高人民法院又公布了《消费民事公益诉讼解释》。该司法解释只是在其第 4 条规定了提起消费民事公益诉讼时原告方当事人应当提交的三类诉讼材料：其一，根据《民事诉讼法》第 121 条规定制作的起诉状；其二，被告行为对不特定众多消费者合法权益造成损害或危及消费者人身、财产安全的初步证据；其三，消费者组织就涉诉事项已按照《消费者权益保护法》第 37 条第四项或者第五项的规定履行公益性职责的证明材料。而对消费民事公益诉讼的提起条件，却未作专条规定。究其原因：尽管之前的《环境民事公益诉讼解释》第 1 条将环境民事公益诉讼的提起条件规定为三项：其一，被告明确；其二，诉讼请求具体且有事实、理由；其三，属于民事诉讼主管范围和受诉人民法院管辖。但根据《环境民事公益诉讼解释》第 8 条的规定，提起环境民事公益诉讼应当提交被告行为损害或危及社会公共利益的初步证据。因此，后来《〈民诉法〉解释》第 284 条将民事公益诉讼的提起条件列举性地界定为四项：其一，被告明确；

其二，诉讼请求具体；其三，有初步证据证明社会公共利益受到损害；其四，属于民事诉讼主管范围和受诉人民法院管辖。这一处理方案已经趋于在理论和实务界达成共识。因此，就消费民事公益诉讼的提起条件问题，应该统一适用《〈民诉法〉解释》第284条的规定，《消费民事公益诉讼解释》已经完全没有必要再作专条规定。

综上，公益侵害阻断之程序启动规则的构建就其程序启动要件问题，既要坚持正确的理论立场，又要遵循已于司法解释层面展现的司法实践规律。要坚持正确的理论立场意味着：在公益侵害阻断程序中，基于其所兼具的"非讼"与"诉讼"属性，为通常之诉讼程序而确立的诉讼要件（或起诉条件）规则既不能依样照搬，也不能完全抛弃，而只能基于公益案件及其程序理念的特殊性在程序启动规则层面加以改造；因此，必须放弃对《民事诉讼法》第119条关于起诉要件之规定的直接援引，并抛弃"直接利害关系"这一程序启动要件。要遵循已于司法解释层面展现的司法实践规律则意味着：必须将"有社会公共利益遭受损害或遭遇重大风险的初步证明材料"设定为一项新的程序启动要件。①

四、启动程序的文件

启动程序所要提交的诉讼文件，是程序启动要件问题的延续，相应程序规则的设计也需要以程序启动要件规则为基本前提。唯一需要特别关注的是在检察机关、行政机关和公民个人提起公益侵害阻断程

---

① 可采取如下之立法方案。在现行立法之"第十四章 第二审程序"与"第十五章 特别程序"之间增设一章，命名为"第 × 章 公益侵害阻断程序"。其中，第2条规定："根据本法第五十五条规定提起诉讼必须符合下列条件：（一）有明确的被告；（二）有具体的诉讼请求；（三）有社会公共利益受到损害或存在重大风险的初步证明材料；（四）属于人民法院受理民事诉讼的范围和受诉人民法院管辖。"

序时需要先履行相应的诉前程序操作，以及由此产生的程序启动文件。就此，在一系列的司法解释文件中，已经得到充分的印证。

根据《环境民事公益诉讼解释》第8条的规定，提起环境民事公益诉讼应当提交的起诉材料有三类：其一，根据《民事诉讼法》第121条规定制作的起诉状；其二，被告行为已致社会公共利益遭受损害或遭遇重大风险的初步证明材料；其三，提起诉讼之社会组织的章程、登记证书、最近五年的年度工作和年检报告及其依法制作的无违法记录声明。

根据《检察院公益诉讼试点实施办法》第17条的规定，提起民事公益诉讼的检察机关应当提交"民事公益诉讼起诉书"和"被告行为损害社会公共利益的证明材料"。以之为基础，《法院审理检察院公益诉讼实施办法》第2条进一步明确规定，人民检察院提起民事公益诉讼时应当提交的起诉材料包括三类：其一，根据《民事诉讼法》第121条规定制作的起诉状；其二，存在损害社会公共利益行为的初步证明材料；其三，已经履行督促或者支持民事公益起诉之诉前程序的证明材料。①

根据《消费民事公益诉讼解释》第4条的规定，提起消费民事公益诉讼应当提交三类起诉材料：其一，根据《民事诉讼法》第121条规定制作的起诉状；其二，被告行为已经侵害或危及众多不特定消费者合法权益的初步证据；其三，消费者组织就涉诉事项已按照《消费者权益保护法》第37条第四项或者第五项的规定履行公益性职责的证明材料。

---

① 其中，第三类诉讼材料（"已经履行督促或者支持民事公益起诉之诉前程序的证明材料"）的设定，即源于先前《检察院公益诉讼试点实施办法》为检察机关提起民事公益诉讼所设定的诉前程序。根据《检察院公益诉讼试点实施办法》第13—14条的规定：检察机关在提起民事公益诉讼之前，应当先行依法督促法律规定的机关提起民事公益诉讼，或建议、支持辖区内符合法律规定条件的有关组织提起民事公益诉讼；没有适格的机关和有关组织提起民事公益诉讼，且社会公共利益仍处于受侵害状态的，检察机关直接提起民事公益诉讼。

综上，公益侵害阻断之程序启动规则的构建就其程序启动文件问题，既要坚持正确的理论立场，又要遵循已于司法解释层面展现的司法实践规律。坚持正确的理论立场意味着：程序启动文件规则的设计必须以程序启动要件的设定为基本前提，并保持制度逻辑上的统一；遵循已于司法解释层面展现的司法实践规律则意味着：要根据其他法律为检察机关、行政机关和公民个人提起公益侵害阻断程序所设定之诉前程序，为之设定相应的程序启动文件。①

五、管辖案件的法院

案件的管辖问题是一项技术性的程序规则，不需要多么深厚、系统的理论基础，更应该关注规则设计的技术正当性。就此，相关的司法解释已经开始作出努力。

最高人民法院《环境民事公益诉讼解释》第6、7条对环境民事公益诉讼的管辖问题从四个方面作出了规定。首先，级别管辖和管辖权转移问题。作为新的案件类型，环境民事公益诉讼的审、执难度和社会关注度较高，因此原则上应由中级以上法院管辖其一审程序。但对于那些较早建立有专门环保法庭的基层法院，因其已经积累了一些关于环境民事公益诉讼的审判经验，故允许适用《民事诉讼法》第38条

---

① 可采取如下之立法方案。在现行立法之"第十四章 第二审程序"与"第十五章 特别程序"之间增设一章，命名为"第 × 章 公益侵害阻断程序"。其中，第3条规定："（第一款）根据本法第五十五条规定提起诉讼需要提交下列材料：（一）符合本法第一百二十一条规定的起诉状；（二）社会公共利益受到损害或存在重大风险的初步证明材料。（第二款）社会组织就环境污染行为提起前款规定诉讼的，应当提交社会组织登记证书、章程、起诉前连续五年的年度工作报告书或者年检报告书，以及由其法定代表人或者负责人签字并加盖公章的无违法记录的声明。（第三款）消费者组织就侵害众多消费者合法权益行为提起前款规定诉讼的，应当提交已就涉诉事项按照《消费者权益保护法》第三十七条第四项或者第五项的规定履行公益性职责的证明材料。（第四款）人民检察院提起前款规定诉讼的，应当提交已经履行督促或者支持民事公益起诉之诉前程序的证明材料。（第五款）公民个人提起前款规定诉讼的，应当提交已经提请法律规定之机关和社会组织向人民法院提起诉讼的证明材料。"

规定的管辖权转移规则，受案中级法院可在报请上级法院批准后，将裁定移送案件给基层法院审理。其次，地域管辖问题。本质上，环境民事公益诉讼应归属于侵权纠纷，由被告住所地或侵权行为地（包括"行为实施地"和"损害结果地"）法院管辖。再次，共同管辖、选择管辖和指定管辖问题。就此，《环境民事公益诉讼解释》认为应该适用民事诉讼法的一般规则。如就同一环境污染、生态破坏行为，当事人分别向有管辖权的两个以上法院提起环境民事公益诉讼，则由立案最早的法院管辖，必要时也可报请其共同上级法院指定管辖。最后，集中管辖问题。党的十八届三中全会提出，要积极探索、尝试建立与行政区划适当分离的新型司法管辖制度。党的十八届四中全会则又进一步提出，要积极探索、尝试设立跨越行政区划体系的法院。而环境资源和生态因素恰恰具有极强的流动性和延续性，现行的环境监管和资源利用体制却是以行政区划为界限的，行政权力的配置方案与生态系统的管控规律之间存在相互割裂的逻辑冲突，经常导致跨区划的环境污染、生态破坏事件难以获得及时有效的应对。为此，针对环境民事公益诉讼案件，《环境民事公益诉讼解释》创设集中管辖规则，规定：经最高法院批准，根据其辖区内的生态资源和环境保护需求，在其辖区内选择性地确定部分中级法院受理一审环境民事公益诉讼案件，并划分其管辖一审环境民事公益诉讼案件的区域。

最高人民法院《〈民诉法〉解释》第285条又就民事公益诉讼的管辖问题从四个方面作出了一般性规定。首先，级别管辖问题。作为新的案件类型，民事公益诉讼的审、执难度和社会关注度较高，因此须由中级以上法院管辖案件的一审程序。其次，专门管辖问题。就海洋环境民事公益诉讼的管辖问题，之前的《环境民事公益诉讼解释》未作具体规定，《〈民诉法〉解释》第285条第二款则为其确立了专门管辖规则，即海洋环境污染民事公益诉讼，由污染发生地、损害结果地或预防污染措施采取地海事法院管辖。再次，地域管辖问题。与之前的《环境民事公益诉讼解释》立场一致，《〈民诉法〉解释》也认为本质上民事公益诉讼属于侵权纠纷，应由被告住所地或侵权行为地法院管辖。最后，共同管辖、选择管辖和指定管辖问题。亦与之前的《环境民事公益诉讼解释》立场一致，《〈民诉法〉解释》也认为应该适用民事诉讼法的一般规则。但是，与之前的《环境民事公益诉讼解释》不同，《〈民诉法〉解释》并未就民事公益诉讼确立统一适用的集中管辖规则。因此，《环境民事公益诉讼解释》所创设的环境民事公益诉讼案件集中管辖规则不能直接适用于消费维权或其他类型的民事公益诉讼。

最高人民检察院《检察院公益诉讼试点实施办法》第2条确立了检察机关提起民事公益诉讼的级别管辖、地域管辖、指定管辖和管辖权转移规则。首先，检察机关提起民事公益诉讼的案件，一般由市（分、州）人民检察院管辖。其次，检察机关提起民事公益诉讼的案件，由侵权行为实施地、损害结果发生地或被告住所地人民检察院管辖。再次，有管辖权的人民检察院因特殊原因不能行使管辖权的，由上级人民检察院指定本试点地区其他人民检察院管辖。最后，上级人民检察院如果认为确有必要，可以直接提级办理下级人民检察院管辖的案件；下级人民检察院在确有必要时，可以报请上级人民检察院办理由其管辖的案件；有管辖权的人民检察院在认为确有必要时也可在报请其上一级检察院批准后将其管辖的民事公益案件交下级人民检察院办理。随后，最高人民法院《法院审理检察院公益诉讼实施办法》第5条又就人民检察院提起民事公益诉讼案件的级别和地域管辖问题作出了一般规定，即人民检察院提起民事公益诉讼的一审案件，其管辖法院为侵害行为实施地、损害结果发生地或被告住所地的中级法院。

最高人民法院《消费民事公益诉讼解释》就消费民事公益诉讼的管辖问题于其第3条作出两点规定：其一，消费民事公益诉讼案件根据《〈民诉法〉解释》第285条规定确定管辖法院；其二，消费民事公益诉讼案件实行集中管辖规则。依据《〈民诉法〉解释》第285条的规定，消费民事公益诉讼管辖的三个问题得以明确：首先，级别管辖问题。作为新的案件类型，民事公益诉讼的审、执难度和社会关注度较高，因此应由中级以上法院管辖其一审程序。其次，地域管辖问题。与之前的《环境民事公益诉讼解释》立场一致，《〈民诉法〉解释》也认为本质上民事公益诉讼属于侵权纠纷，应由被告住所地或侵权行为地法院管辖。最后，共同管辖、选择管辖和指定管辖问题。亦与之前的《环境民事公益诉讼解释》立场一致，《〈民诉法〉解释》也认为应该适用民事诉讼法的一般规则。但与《〈民诉法〉解释》不同的是，《消费民事公益诉讼解释》第3条第二款的规定，为消费民事公益诉讼案件确立了集中管辖规则。这也与之前《环境民事公益诉讼解释》为环境民事公益诉讼案件所创设的"集中管辖规则"一脉相承。

综上，就公益侵害阻断程序之管辖规则的构建，过往之司法解释已于以下八个方面达成共识：其一，级别管辖。作为新的案件类型，民事公益诉讼的审、执难度较大，社会关注度高，因此其一审程序由中级以上人民法院管辖。其二，地域管辖。本质上民事公益诉讼属于侵权纠纷，应由被告住所地或侵权行为地法院管辖。其三，海洋环境污染案件的专门管辖。海洋环境污染公益民事诉讼，由污染地、结果地或预防措施采取地的海事法院管辖。其四，选择管辖。民事公益案件允许援引适用《民事诉讼法》第35条规定的选择管辖规则，如就同一公益侵权行为当事人分别向有管辖权的两家以上法院提起诉讼，由立案最早的法院管辖，必要时也可报请其共同上级法院指定管辖。其五，移送管辖。民事公益案件允许援引适用《民事诉讼法》第36条规定的移送管辖规则，法院发现对已经受理的案件不享有管辖权的，应当将其移送给有管辖权的法院，受移送的法院必须受理，确实存在管辖权争议的应当报请上级人民法院指定管辖，但绝对不能再自行移送。

其六，指定管辖。民事公益案件允许援引适用《民事诉讼法》第37条规定的指定管辖规则，有管辖权法院基于特殊原因不能行使管辖权或法院之间就管辖权归属发生争议无法协商解决的，应报请其（共同）上级法院指定管辖。其七，管辖权转移。民事公益案件允许援引适用《民事诉讼法》第38条规定的管辖权转移规则，上级法院可以管辖下级法院管辖的民事公益案件，受案中、高级法院也可在报请上级法院批准后，将案件裁定移送基层法院审理。其八，逐步推行集中管辖。经最高法院批准，由高级法院根据其辖区的实际情况确定部分中级法院受理第一审民事公益诉讼案件，并划分其管辖区域。①

第二节　审理程序规则

一、诉请项目与审理范围

就公益侵害阻断程序规则的系统构造而言，诉请项目与审理范围是互为表里的两个问题。当事人的请求项目决定了案件的审理范围，审理范围规则又制约着当事人的请求项目。

前文论及，对于2012年第二次修正后的《民事诉讼法》第55条的规定，学界普遍认为，其于基本立法层面确立了"民事公益诉讼程序"。但究其本质，实为对德国之团体诉讼制度理念的借鉴。所谓"法律规定的机关和有关组织可以向人民法院提起诉讼"，也就意味着：相

---

① 可采取如下之立法方案。在现行立法之"第十四章 第二审程序"与"第十五章 特别程序"之间增设一章，命名为"第 × 章 公益侵害阻断程序"。其中，第4条规定："（第一款）公益诉讼案件由侵权行为地或者被告住所地中级人民法院管辖，但法律另有规定的除外。（第二款）因污染海洋环境提起的公益诉讼，由污染发生地、损害结果地或者采取预防污染措施地海事法院管辖。（第三款）经最高法院批准，高级法院可以根据本辖区的实际情况，在辖区内确定部分中级法院受理第一审民事公益诉讼案件，并确定其管辖民事公益诉讼案件的区域。"

应之非经营性机构、团体，必须基于实体性单行立法之明文规定，方能针对所规定之公益侵权行为取得团体性诉权，并基于诉讼担当之程序原理，取代具体之利益关系主体，启动、实施诉讼程序。

在德国诉讼法学界，就团体诉讼之制度构成要素已经达成基本共识：其一，团体诉讼中之集合性利益团体必须符合实体单行立法之法定构成要件方能成立；其二，必须严格限定团体诉讼的适用范围，团体诉权的取得亦须以实体单行立法之明确规定为前提；其三，团体诉讼之诉请形态主要表现为"停止侵害之诉"或"撤销之诉"，而非"侵权损害赔偿之诉"，其核心制度功能聚焦于群体性案件中所蕴含之"集合性公益"的不可分性和扩张性，并通过"停止侵害之诉"或"撤销之诉"的诉请，直接实现诉讼之纠纷解决和利益救济之法律效果的公益性扩张，以预防、制止违法行为对"集合性公益"或"纯粹性公益"的危害，而不以团体成员之个体性利益损害的赔偿性救济为程序目的。其四，由团体诉讼所承载之"集合性公益"或"纯粹性公益"必须与团体成员之个体性利益明确区分，二者之诉权既不相互排斥亦不完全重叠，因此团体诉权的赋予并不侵蚀团体成员就其个体性利益寻求损害赔偿的诉权，其完全可于团体诉讼之外就其私益损害赔偿事宜另行诉讼。尽管，就团体诉讼之程序原理基础的阐释形成了多种理论学说，且纷争不止。如"诉讼担当说""不作为请求权说""义务性起诉权说"和"民众诉讼说"等。但是，笔者认为，其中最具代表意义的"民众诉讼说"与"诉讼担当说"间并不存在本质矛盾，反而可以相辅相成、取长补短。因此，不妨将二者加以整合，以共同为团体诉讼于程序原理层面提供坚实的支撑：一者，团体组织之所以能够取得团体诉权并启动、实施团体诉讼，就是基于诉讼担当的原理令其以担当者的身份取代直接利益关系主体实施诉讼；二者，团体诉讼不以个体性私益的救济为出发点，也不关注通过对"集合性公益"的"个体化配置"将其还原为"私益"并向相关利益主体实施具体的利益分配，其制度功能聚焦于群体性案件中所蕴含之"集合性公益"的不可分性和扩张性，乃至于可能内含其中的"纯粹性公益"，并通过"停止侵害之诉"或"撤销之诉"的诉请，直接实现诉讼之纠纷解决和利益救济之法律效果的公益性扩张，其在一定程度上突破了传统民事诉讼之私益属性原理，故而并不关注对团体成员之个体性利益损害的具体赔偿，因此担当诉讼之团体无须全面取代被担当人的诉讼地位，而被担当人亦完全可以就其私益损害赔偿事宜另行诉讼。

而在我国，基于团体诉讼之制度理念而扩大担当性公益诉权之适用范围的制度发展趋势已经形成。因此，在民事诉讼立法层面，我们就不能再局限于对团体诉讼之制度理念的借鉴，而应及时、系统地构建以团体诉讼制度为模本的公益侵害阻断程序。就公益侵害阻断程序这一制度范畴的创设而言，首先要明确其程序法理属性，并对其制度功能进行定位。在民事诉讼法学之程序原理上，公益侵害阻断程序兼具"非讼程序"和"诉讼程序"的双重属性，并以承载"纯粹性公益"之价值目标为本质特征。因此，确立公益侵害阻断程序，其功能定位不同于传统诉讼程序。公益侵害阻断程序并不以对个体性民事损害的具体赔偿为本质目的，其功能定位于：为避免社会之"纯粹性公益"遭受难以弥补的损失或难以挽回的后果，禁止相应主体实施其可能实施的侵害行为，要求其立即停止正在实施的侵害行为或立即采取消除危险、排除妨碍、恢复原状的积极措施。因此，公益侵害阻断程序不应处理私人间的实质性纠纷对抗，也不能裁判私人间的实质性法律争议；其审理过程和裁判结果，均体现国家公权对私法关系的强烈干预，并在一定程度上突破民法上的"意思自治"原则和诉讼法上的"处分主义""辩论主义"；其程序规则追求紧凑、快速，程序进程采用"职权推进主义"理念，证据调查和事实认定采用"职权探知主义"理念。

最早就此表明正确立场的司法解释文本是最高人民法院《环境

民事公益诉讼解释》。综合其第9、17—24条，对四个方面的相关问题作出了规定。首先，诉讼请求的项目。环境民事公益诉讼的原告可以针对实施环境污染行为的被告提出"恢复原状、消除危险、排除妨碍、停止侵害、赔偿损失和赔礼道歉"的诉讼请求。具体而言：为了防止损害后果的发生和损害范围的扩大，可以提出"消除危险、排除妨碍、停止侵害"的诉讼请求；为修复环境、恢复生态，可以提出"恢复原状"的诉讼请求；就环境生态受损至其得到修复期间的服务功能损失，可提出"赔偿损失"的请求；原告就为停止侵害、排除妨碍、消除危险采取合理预防、处置措施而支出的费用，可以提出"赔偿损失"的请求；原告就为实施诉讼所支出的律师费用、鉴定费用、检验费用、咨询费用和其他合理费用，可以提出"赔偿损失"的请求。其次，"恢复原状"请求的裁判。针对"恢复原状"的诉讼请求：法院可以判令被告修复环境资源、恢复生态功能，以及被告可以采用的替代性修复方案；也可以同时判令被告承担相应修复费用；难以确定修复费用或相关鉴定的难度和费用过高的，可以由法院结合污染和破坏的范围和程度、受损资源的稀缺度、环境修复的难度、防治成本的额度、被告获益的多少及其过错的性质等诸多因素，通过参考相关专家和环保部门的意见，作出合理判定；服务功能损失和修复费用赔偿款项，应当专门用于环境修复和生态恢复，但其他环境民事公益诉讼程序的原告方当事人因败诉所需承担之律师费用、鉴定费用、检验费用、专家咨询和调查取证等必要费用，可酌情从中支付。再次，基于释明的诉讼请求变更。环境民事公益诉讼中，如果法院认为原告方当事人已经提出的诉讼请求项目尚不足以充分维护社会公共利益，可依职权予以释明，要求其变更诉讼请求或增加诉讼请求项目。最后，反诉的禁止。环境民事公益诉讼中，被告以反诉方式提出诉讼请求的，法院不予受理。

之后，最高人民检察院《检察院公益诉讼试点实施办法》作出了类似的规定。根据其第15、16、18条，在检察机关提起的民事公益诉讼程序中，检察院的诉讼参加人身份为"公益诉讼人"，可以提出诸如恢复原状、消除危险、停止侵害、排除妨碍、赔偿损失、赔礼道歉等诉讼请求项目；被告为实施损害社会公共利益行为的公民、法人或者其他组织，不能提出反诉请求。随后，作为与之配套的司法解释文本，最高人民法院《法院审理检察院公益诉讼实施办法》保持了与之高度一致的立场。其第3、4、6条规定：其一，人民检察院提起民事公益诉讼的诉讼参加人身份为"公益诉讼人"，但享有和承担民事诉讼法原告方当事人的所有诉讼权利和义务，可以提出恢复原状、排除妨碍、停止侵害、消除危险、赔偿损失、赔礼道歉等诉讼请求项目；其二，人民检察院提起民事公益诉讼以实施损害社会公共利益行为的公民、法人或其他组织为被告，被告提出反诉请求的，法院不予受理。

最高人民法院《消费民事公益诉讼解释》就消费民事公益诉讼的诉请与审理范围问题也作出了逻辑上一致的规定。综合其第5、11、13、17—18条：首先，诉讼请求的项目。在消费民事公益诉讼中，对经营者侵害众多不特定消费者合法权益或者具有危及消费者人身、财产安全危险的公益侵权行为，原告可以提出消除危险、排除妨碍、停止侵害、赔偿损失、赔礼道歉、格式约定无效等诉讼请求项目。具体而言，针对《消费民事公益诉讼解释》第2条规定之前三项行为，原告可以请求停止侵害、排除妨碍、消除危险、赔礼道歉；就《消费民事公益诉讼解释》第2条规定之第四项行为，原告可以请求判定格式约定无效；就《消费民事公益诉讼解释》第17、18条规定之"原告为排除妨碍、消除危险、停止侵害而采取处置和预防措施所支出的合理费用"和"原告及其诉讼代理人为实施诉讼所支出的律师费用、鉴定费用、调查取证费用及其他合理费用"，原告可以请求赔偿损失。其次，基于释明的诉讼请求变更。消费民事公益诉讼中，法院认为原告已经提出的诉讼请求项目尚不足以充分维护社会公共利益的，可依职权予以释明，要求变更诉讼请求或增加诉讼请求项目。最后，反诉的禁止。消费民事公益诉讼中，被告以反诉方式提出诉讼请求的，法院不予受理。

但遗憾的是，在最高人民法院《〈民诉法〉解释》中，就民事公益诉讼之诉请项目和审理范围问题却未作出统一的规定。

综上，公益侵害阻断程序之审理规则的构建就其诉请项目与审理范围问题，既要坚持正确的理论立场，又要遵循已于司法解释层面展现的司法实践规律。坚持正确的理论立场意味着：其一，公益侵害阻断程序的诉请项目和审理范围应限于为避免社会之"纯粹性公益"遭受难以弥补的损失或难以挽回的后果，而禁止相应主体实施其可能实施的侵害行为，要求其立即停止正在实施的侵害行为或立即采取消除危险、排除妨碍、恢复原状的积极措施；其二，公益侵害阻断程序中，如果法院认为原告方当事人已经提出之诉讼请求项目尚不足以充分维护社会公共利益，可依职权予以释明，要求其变更或增加诉讼请求项目；其三，在公益侵害阻断程序中，对于被告方当事人所提出之反诉请求，法院应该裁定不予受理。遵循已于司法解释层面展现的司法实践规律则意味着：其一，应列举性规定公益侵害阻断程序中的一般性诉请项目，如恢复原状、消除危险、排除妨碍、停止侵害、赔偿损失、赔礼道歉等；其二，应明确"赔偿损失"请求的客体和范围，规定"就生态环境受到损害至其恢复原状期间的服务功能损失，为停止侵害、排除妨碍、消除危险采取合理预防、处置措施而支出的费用，对侵权行为进行调查、取证的合理费用，为实施诉讼所支出的检验费用、鉴定费用、合理律师费及其他合理费用，可以提出赔偿损失的请求"；其三，应具体规定"对以店堂告示、格式条款、声明、通知和其他方式，作出限制或排除消费者权利、免除或减轻经营者责任、加重消费者责任等不合理、不公平规定，并侵害众多消费者合法权益的，可以请求判定格式约定无效"。①

二、立案通告与诉讼参加

前文论及,在民事诉讼法学之程序原理上,公益侵害阻断程序兼具非讼程序和诉讼程序之双重属性,并以承载"纯粹性公益"之价值目标为本质特征。因此,确立公益侵害阻断程序,其功能定位不同于传统诉讼程序。公益侵害阻断程序并不以对个体性民事损害的具体赔偿为本质目的,其功能定位于:为避免社会之"纯粹性公益"遭受难以弥补的损失或难以挽回的后果,禁止相应主体实施其可能实施的侵害行为,要求其立即停止正在实施的侵害行为或立即采取消除危险、排除妨碍、恢复原状的积极措施。因此,公益侵害阻断程序不应处理私人间的实质性纠纷对抗,也不能裁判私人间的实质性法律争议;其处理过程和裁判结果,均体现国家公权对私法关系的强烈干预,并在一定程度上突破民法上的"意思自治原则"和民事诉讼法上的"处分主义""辩论主义";其程序规则追求紧凑、快速,审理进程采"职权推进主义"理念,证据调查和事实认定采"职权探知主义"理念。所以,前文才提出:可根据程序启动主体的类型将其分为"公益性民间组织提起之公益侵害阻断程序""检察机关基于其民事公诉职能提起之

---

① 可采取如下之立法方案。在现行立法之"第十四章 第二审程序"与"第十五章 特别程序"之间增设一章,命名为"第 × 章 公益侵害阻断程序"。其中,第 5 条规定:"(第一款)根据本法第五十五条规定提起诉讼,原告可以请求被告承担停止侵害、排除妨碍、消除危险、恢复原状、赔偿损失、赔礼道歉等民事责任。(第二款)对生态环境受到损害至其恢复原状期间的服务功能损失,为停止侵害、排除妨碍、消除危险采取合理预防、处置措施而支出的费用,对侵权行为进行调查、取证的合理费用,为实施诉讼所支出的检验费用、鉴定费用、合理律师费及其他合理费用,原告可以请求被告赔偿损失。(第三款)对以格式条款、通知、声明、店堂告示等方式,作出排除或者限制消费者权利、减轻或者免除经营者责任、加重消费者责任等对消费者不公平、不合理规定,并侵害众多消费者合法权益的,原告可以请求判定格式约定无效。(第四款)法院认为原告提出的诉讼请求不足以维护社会公共利益的,可向其释明,要求变更或者增加停止侵害、恢复原状等诉讼请求。(第五款)被告以反诉方式提出诉讼请求的,法院不予受理。"

公益侵害阻断程序""承载公益维护职能的行政机关提起之公益侵害阻断程序"和"公民个人提起之公益侵害阻断程序"。并进而就其程序规则体系的系统构建提出了前文（图4）所示之"四位一体"的制度模式。

但是，在这种程序启动主体多元化的制度模式下，面对同一民事公益案件，多种主体可能均有资格提起诉讼，重复性的诉讼系属、重复审理和重复裁判将成为一项不得不面对的制度风险。为化解这种制度风险，就必须在其程序规则体系的设计中提出恰当的应对方案，即立案通告与诉讼参加规则。就此，相关之司法解释文本已经作出积极尝试。

最高人民法院《环境民事公益诉讼解释》最早就立案通告与诉讼参加规则作出规定。根据其第10—12条：首先，立案公告与通告。法院受理环境民事公益诉讼后，应当在立案之日起五日内公告案件受理情况，并于十日内告知对被告行为负有环境保护监督管理职责的部门。其次，诉讼参加。其他机关和社会组织如果有权就同一案件提起公益诉讼，可于法院作出立案公告之日起的三十日内提出申请要求作为共同原告参加诉讼。但是，就其人身、财产所遭受之私益损害，公民、法人和其他组织不得申请参加公益诉讼，而只能另行提起私益损害赔偿诉讼。

之后，最高人民法院《〈民诉法〉解释》也作出了类似的规定，将之前《环境民事公益诉讼解释》所确立的立案通告与诉讼参加规则，扩及于所有类型的民事公益诉讼案件。根据《民诉法解释》第286、287条的规定：首先，立案通告。民事公益诉讼案件受理后，人民法院应当在十日内以书面形式告知相关行政主管部门。其次，诉讼参加。人民法院受理民事公益诉讼案件后，有权就同一案件提起公益诉讼的其他机关组织，可于开庭前申请参加诉讼，作为共同原告。

最高人民法院《消费民事公益诉讼解释》也作出了相似的规定，

明确要求在消费民事公益诉讼程序中适用立案通告与诉讼参加规则。根据其第6、7条的规定：首先，立案公告与通告。消费民事公益诉讼案件被受理后，人民法院应当在十日内以书面形式告知相关行政主管部门，并对案件受理情况进行公告。其次，诉讼参加。就同一案件有权提起诉讼的其他机关和社会组织，可以在一审开庭前向人民法院提出申请要求以共同原告身份参加诉讼。

尽管多个司法解释文本就立案通告与诉讼参加规则的条文表述不尽相同，但依然能于司法实践层面充分说明确立该项规则的制度必要性。确立该项规则的程序目的主要包含四个逻辑层面：其一，通过立案通告向能够就同一案件提起诉讼且易于特定化的检察机关和行政机关为诉讼告知；其二，通过立案公告向能够就同一案件提起诉讼但难以特定化的社会组织和公民个人为诉讼告知；其三，通过诉讼参加令其他能就同一案件提起诉讼的主体参与诉讼程序；其四，避免重复性的诉讼系属、重复审理和重复裁判。①

三、证据收集与事实认定

前文论及，在我国基于团体诉讼之制度理念而扩大担当性公益诉权之适用范围的制度发展趋势已经形成。因此，在民事诉讼立法层面，我们就不能再局限于对团体诉讼之制度理念的借鉴，而应及时、系统地构建以团体诉讼制度为模本的公益侵害阻断程序。就该制度范畴的创设而言，首先要明确其程序法理属性，并对其制度功能进行定位。

---

① 可采取如下之立法方案。在现行立法之"第十四章 第二审程序"与"第十五章 特别程序"之间增设一章，命名为"第 × 章 公益侵害阻断程序"。其中，第6条规定："（第一款）人民法院受理公益诉讼案件后，应当在五日内公告案件受理情况。（第二款）人民法院受理公益诉讼案件后，应当在十日内书面告知相应检察机关和相关行政主管部门。（第三款）人民法院受理公益诉讼案件后，依法可以提起诉讼的其他机关、有关组织和公民个人，可以在开庭前向人民法院申请参加诉讼。人民法院准许参加诉讼的，列为共同原告。"

在民事诉讼法学之程序原理上，公益侵害阻断程序兼具非讼程序和诉讼程序之双重属性，并以承载"纯粹性公益"之价值目标为本质特征。因此，公益侵害阻断程序并不以对个体性民事损害的具体赔偿为本质目的，其功能定位于：为避免社会之"纯粹性公益"遭受难以弥补的损失或难以挽回的后果，禁止相应主体实施其可能实施的侵害行为，要求其立即停止正在实施的侵害行为或立即采取消除危险、排除妨碍、恢复原状的积极措施。其诉请项目与审理范围也应以之为限。因此，公益侵害阻断程序不应处理私人间的实质性纠纷对抗，也不能裁判私人间的实质性法律争议；其处理过程和裁判结果，均体现国家公权对私法关系的强烈干预，并在一定程度上突破民法上的"意思自治原则"和民事诉讼法上的"处分主义""辩论主义"。所以，其程序规则追求紧凑、快速，审理进程采"职权推进主义"理念，而就证据调查和事实认定则采"职权探知主义"理念。

"职权探知主义"理念的导入，将在极大程度上改变公益侵害阻断程序中的证据调查和事实认定规则。这一点在早期相关司法解释文本中已经开始有所反映。如最高人民法院《环境民事公益诉讼解释》就环境民事公益诉讼的证据收集与事实认定，其第13—16条的规定明确了四个方面的问题。首先，推定规则。原告在诉讼中提出请求，要求被告方当事人就其所排放之主要污染物的名称、所采用的排放方式、排放浓度和数量、超标排放的具体情况和防治设施的运行情况等环境信息事项提供法律、法规、规章规定被告方当事人必须持有或有证据证明其实际持有的相关证据材料，被告方拒不提供，如原告提出不利于被告的相关事实主张，可推定其主张成立。其次，依职权调查取证。在审理环境民事公益诉讼案件时，法院认为确有必要的，应当依职权调查收集相关证据材料。再次，鉴定与专家意见。对为维护社会公共利益所必须查明的专门性问题，如应由原告方当事人承担证明责任，法院可依职权委托具备相应资质的机构实施鉴定，当事人也可申请通知有专门知识的人出庭就服务功能损失费的计算、修复方式的确定、修复费用的计算、因果关系的认定以及与鉴定意见的可采性相关的专门性问题提出专家意见。最后，自认规则。对原告方当事人在诉讼中作出的自认，法院认为损害社会公共利益的，不予确认。又如最高人民检察院《检察院公益诉讼试点实施办法》，就检察机关提起民事公益诉讼的证明责任及证据收集与事实调查职权问题，其第19.6条规定：其一，人民检察院提起的民事公益诉讼中，其对所提出的诉讼请求依据的法律事实或反驳对方诉讼请求依据的法律事实，以及履行诉前程序的法律事实，应当提供证据予以证明。其二，对可能损害社会公共利益的行为和损害后果，检察机关可以采用以下方式收集证据、调查事实：调阅、复制行政执法卷宗材料；询问违法行为人、证人；调取物证、书证、视听资料；向相关部门、行业协会或专业人员提出专业咨询；委托相应机构实施鉴定、评估、审计；勘验现场、提取物证。但是，在证据收集和事实调查过程中不得采取查封、扣押、冻结财产或限制人身自由的强制性措施。再如最高人民法院《消费民事公益诉讼解释》就消费民事公益诉讼中的证据收集与事实认定，其第8、12条明确了两个方面的问题。首先，证据保全问题。有权提起消费民事公益诉讼的机关或者社会组织，可以依据《民事诉讼法》第81条规定申请保全证据。其次，自认规则。对原告在诉讼过程中作出的自认，法院认为损害社会公共利益的，不予确认。但遗憾的是，最高人民法院《〈民诉法〉解释》就民事公益案件的证据收集与事实认定问题没有作出专门的统一性规定。

可见，"职权探知主义"理念正在悄然改变着民事公益诉讼案件的证据收集和事实认定规则。因此，公益侵害阻断程序之审理规则的构建就其证据收集与事实认定问题，既要坚持正确的理论立场，又要遵循已于司法解释层面展现的司法实践规律。坚持正确的理论立场意味着：公益侵害阻断程序之证据收集与事实认定规则需充分体现"职权探知主义"的理念，以探寻公益性法律事实的客观真相为本质性价值导向。遵循已于司法解释层面展现的司法实践规律则意味着：其一，要强化公益侵害阻断程序中法院的调查取证职权。审理民事公益诉讼案件所需要的证据，法院认为必要时应当依职权调查收集或采取证据保全措施。其二，要明确公益侵害阻断程序中法院的委托鉴定职权。对为维护公共利益所必须查明的专门性问题，如其应由原告方当事人承担证明责任，可由法院依职权委托相应机构鉴定；就服务功能损失费的计算、修复费用的计算、修复方式的确定、因果关系的认定、鉴定意见的采信等专门性问题，应当允许当事人提出申请要求通知有专门知识的人出庭提出专家意见。其三，要明确检察机关、行政机关在公益侵害阻断程序中的调查取证职权。人民检察院或行政机关，在其提起的公益侵害阻断程序中，对损害社会公共利益的行为和损害后果，应当在其检察或行政职权的范围内调查收集证据，并向法院提供。其四，要强化推定规则在公益侵害阻断程序中的适用。原告请求被告提供可能证明存在损害社会公共利益的行为和损害后果的证据材料，有证据证明或法律规定被告方当事人应当持有，但其却拒绝提供，如原告提出不利于被告的事实主张，可推定其主张成立。其五，要限制自认规则在公益侵害阻断程序中的适用。对原告在诉讼过程中作出的自认，法院认为损害社会公共利益的，不予确认。①

---

① 可采取如下之立法方案。在现行立法之"第十四章 第二审程序"与"第十五章 特别程序"之间增设一章，命名为"第 × 章 公益侵害阻断程序"。其中，第 7 条规定："（第一款）人民法院认为审理公益诉讼案件需要的证据，应当调查收集；在证据可能灭失或者以后难以取得的情况下，人民法院也应主动采取保全措施。（第二款）人民法院审理公益诉讼案件，对应由原告承担证明责任且为维护公共利益所必要的专门性问题应依职权委托具备资格的鉴定人进行鉴定。（第三款）人民检察院或行政机关就其支持或直接提起诉讼的公益案件，对损害社会公共利益的行为和损害后果，应当在其检察职权或行政职权的范围内调查收集证据，并向人民法院提供。（第四款）人民法院审理公益诉讼案件，原告请求被告提供可能证明存在损害社会公共利益的行为和损害后果的证据材料，法律规定被告应当持有或有证据证明被告持有而拒不提供的，如原告主张相关事实不利于被告，可推定其主张成立。（第五款）人民法院审理公益诉讼案件，对原告在诉讼过程中作出的自认，认为损害社会公共利益的，不予确认。"

四、诉讼调解与撤回起诉

就公益侵害阻断程序规则的系统构造而言，案件审理中之诉讼调解与撤回起诉问题的规则设定与其程序属性和制度功能定位直接相关。前文论及，在民事诉讼法学之程序原理上，公益侵害阻断程序兼具非讼程序和诉讼程序之双重属性，并以承载"纯粹性公益"之价值目标为本质特征。与"集合性公益"不同，"纯粹性公益"源自抽象的社会共同利益且不能向社会个体实施具体的利益分配，因此也就无法通过诉讼程序实现其向"私益"的还原。因此，确立公益侵害阻断程序，其功能定位不同于传统诉讼程序。公益侵害阻断程序并不以对个体性民事损害的具体赔偿为本质目的，其功能定位于：为避免社会之"纯粹性公益"遭受难以弥补的损失或难以挽回的后果，禁止相应主体实施其可能实施的侵害行为，要求其立即停止正在实施的侵害行为或立即采取消除危险、排除妨碍、恢复原状的积极措施。因此，公益侵害阻断程序不应处理私人间的实质性纠纷对抗，也不能裁判私人间的实质性法律争议；其处理过程和裁判结果，均体现国家公权对私法关系的强烈干预，并在一定程度上突破民法上的"意思自治原则"和民事诉讼法上的"处分主义""辩论主义"。而传统民事诉讼制度体系中的诉讼调解与撤诉规则，其根本性的法理依据就是源于实体法的"意思自治"原则和形于诉讼法的"处分主义"理念。所以，基于公益侵害阻断程序对传统之"意思自治"原则和"处分主义"理念的突破，其程序规则的设计也应就公益案件的调解和公益起诉的撤回设定限制性的规则。就此，相关之司法解释已经开始作出尝试。

如最高人民法院《环境民事公益诉讼解释》第25—27条就环境民事公益诉讼的调解与撤诉问题作出了限制性规定。首先，对调解的限制。环境民事公益诉讼中，当事人可以通过法院调解或自行和解达成协议，但法院应当对所达成之协议进行不少于三十日的公告。公告期满后，法院经审查确认协议内容不违背社会公共利益的，应当依法出具写明当事人提出的诉讼请求、案件已经查明的基本事实和所达成之协议内容的调解书，并予以公开。其次，对撤诉的限制。原告申请撤诉可能损害社会公共利益的，当事人以达成和解协议为由申请撤诉的，法庭辩论终结后原告申请撤诉的，法院不予准许，除非因环保部门依法履职而使原告方当事人诉讼请求得以全部实现。

又如最高人民法院《〈民诉法〉解释》。就民事公益诉讼的和解与调解问题，其第289条的限制性规定与之前的《环境民事公益诉讼解释》立场高度一致：首先，民事公益诉讼中，当事人可以通过诉讼调解或自行和解达成协议；其次，法院应当对协议内容进行不少于三十日的公告；再次，公告期满后，经法院审查确认协议内容对社会公共利益不构成损害的，应当制作并出具写明当事人诉讼请求、案件已查明之基本事实和协议内容的调解书，并予以公开；最后，如果发现调解或和解协议损害社会公共利益的，法院不得出具调解书，应该及时恢复审理、作出裁判。但就民事公益诉讼的撤诉问题，《〈民诉法〉解释》未如《环境民事公益诉讼解释》般作出细致的限制性规定，而仅在其第290条概括性规定：公益诉讼原告方当事人在法庭辩论终结以后提出撤诉申请的，法院不予准许。

再如最高人民法院《法院审理检察院公益诉讼实施办法》第8、9条就人民检察院提起民事公益诉讼案件的调解、和解与撤诉问题也作出了类似的限制性规定：其一，人民检察院与被告方当事人达成的调解或和解协议，应当履行不少于三十日的公告程序；公告期满后，法院经审查认为不损害社会公共利益的，应当出具调解书。其二，人民检察院申请撤诉应在法庭辩论终结前提出；法庭辩论终结后提出撤诉申请，经审查其诉讼请求全部实现的，方予准许。

之后的最高人民法院《消费民事公益诉讼解释》，尽管未就消费民事公益诉讼的和解与调解问题直接作出限制性的规定，但其立场并非是要否定这种限制性规则的必要性，而是认为在消费民事公益诉讼中可以直接援引适用最高人民法院《〈民诉法〉解释》中的相应规则。

综上，公益侵害阻断程序之审理规则的构建就其诉讼调解与撤回起诉问题，既要坚持正确的理论立场，又要遵循已于司法解释层面展现的司法实践规律。坚持正确的理论立场意味着：基于公益侵害阻断程序对传统之"意思自治"原则和"处分主义"理念的突破，其程序规则的设计应当就公益案件的调解和公益起诉的撤回设定限制性规则。遵循已于司法解释层面展现的司法实践规律则意味着：其一，民事公益案件，应当允许双方当事人通过诉讼调解或自行和解达成协议，但其协议内容不得对社会公共利益造成损害。其二，为确定调解或和解协议是否损害社会公共利益，法院应当履行不少于三十日的公告程序，并在公告期内接受来自于社会各界关于其是否损害社会公共利益的信息反馈。其三，公告期满后，法院经审查认为协议内容不损害社会公共利益的，必须出具调解书，并予以公开；认为协议内容违反社会公共利益的，法院应该拒绝出具调解书，并应恢复案件审理、及时作出裁判。其四，民事公益案件，应当允许原告在一审法庭辩论终结前提出申请要求撤回起诉，但不得损害社会公共利益。其五，原告仅以达成和解协议为由申请撤诉，或在一审法庭辩论终结后申请撤诉的，不予准许；除非法院审查后认为其诉讼请求已经全部实现。①

---

① 可采取如下之立法方案。在现行立法之"第十四章 第二审程序"与"第十五章 特别程序"之间增设一章，命名为"第 × 章 公益侵害阻断程序"。其中，第8条规定："（第一款）人民法院审理公益诉讼案件，可以进行调解，双方当事人也可以自行和解。但调解或和解协议的内容不得损害社会公共利益。（第二款）达成和解或调解协议后，人民法院应当将协议进行公告。公告期间不得少于三十日。（第三款）公告期满后，人民法院经审查，和解或调解协议不违反社会公共利益的，应当出具调解书；和解或调解协议违反社会公共利益的，不予出具调解书，继续对案件进行审理并依法作出裁判。"第9条规定："（第一款）人民法院审理公益诉讼案件，一审法庭辩论终结前，原告申请撤诉的，是否准许，由人民法院裁定。（第二款）原告撤诉可能损害社会公共利益，原告仅以达成和解协议为由申请撤诉，或在一审法庭辩论终结后申请撤诉的，不予准许。除非其诉讼请求已经全部实现。"

五、重诉禁止与再诉允许

前文论及，公益侵害阻断程序可根据其程序启动主体的类型分为"公益性民间组织提起之公益侵害阻断程序""检察机关基于其民事公诉职能提起之公益侵害阻断程序""承载公益维护职能的行政机关提起之公益侵害阻断程序"和"公民个人提起之公益侵害阻断程序"，故其程序规则体系的系统构建采用前文（图4）所示之"四位一体"的制度模式。但是，在这种程序启动主体多元化的制度模式下，面对同一民事公益案件，多种主体可能均有资格提起诉讼，重复性的诉讼系属、重复审理和重复裁判将成为一项不得不面对的制度风险。为化解这种制度风险，就必须在其程序规则体系的设计中提供恰当的应对方案。进而提出，应在公益侵害阻断程序中确立"立案通告与诉讼参加规则"以实现四个层面的程序目的：其一，通过立案通告向能够就同一案件提起诉讼且易于特定化的检察机关和行政机关为诉讼告知；其二，通过立案公告向能够就同一案件提起诉讼但难以特定化的社会组织和公民个人为诉讼告知；其三，通过诉讼参加令其他能就同一案件提起诉讼的主体参与诉讼程序；其四，避免重复性的诉讼系属、重复审理和重复裁判。可见，就其避免重复诉讼的程序功能而言，应该属于一种事前防范机制。但是，仅靠"立案通告与诉讼参加规则"这种事前防范机制，禁止重复诉讼的制度目的还不能得到最终实现。因为，公益侵害阻断程序中之禁止重复诉讼的理念，本质上源于传统民事诉讼之"一事不再理"的基本理念。而在传统的民事诉讼制度体系中，"一事不再理"的理念以既判力为其制度性支撑，以"重诉禁止"为其规则化表象。所以，民事公益侵害阻断程序的构建，要想实质性地实现禁止重复诉讼的制度目的，应在"立案通告与诉讼参加规则"之基础上，进一步确立重诉禁止规则。而且，基于公益侵害阻断程序在法理属性和功能定位上的特殊性,对其所确立之重诉禁止规则,还需要通过确立再诉允许规则的途径进行制约和平衡。

就此,相关之司法解释已经开始作出尝试。如最高人民法院《环境民事公益诉讼解释》第 28 条规定:其一,环境民事公益诉讼案件的起诉被裁定驳回或原告申请撤诉被裁定准许的,有权就同一环境污染、生态破坏行为提起诉讼的其他机关组织再次提起公益诉讼的,人民法院应予受理,除非因环保部门依法履职而使原告方当事人诉讼请求全部得到实现。其二,环境民事公益诉讼的实体判决生效后,法律规定的机关和社会组织另行起诉的,如有充分证据证明存在前一案件的审理程序未能发现的损害,人民法院应予受理。又如最高人民法院《〈民诉法〉解释》第 291 条明确规定:在公益诉讼程序作出生效的裁判以后,就同一公益侵权行为,其他依法享有原告资格的机关组织另行提起公益诉讼程序的,人民法院应该作出不予受理的裁定,除非法律、司法解释另有规定。再如最高人民法院《消费民事公益诉讼解释》第 15 条的规定与《〈民诉法〉解释》第 291 条如出一辙。①

但是,需要说明的是:在公益案件的重诉与再诉问题上,《〈民诉法〉解释》和《消费民事公益诉讼解释》与之前的《环境民事公益诉讼解释》相比,在价值取向和规则设定上有明显差异。根据《环境民事公益诉讼解释》第 28 条的规定,其就环境民事公益诉讼案件的制度价值取向是鼓励在社会公共利益没有得到彻底维护时再次提起公益诉讼。而且,其规则设计也更注重于再次提起公益诉讼时的程序要件的设定。因此,本质上,可将其定性为"再诉允许"规则。而根据《消费民事公益诉讼解释》第 15 条和《〈民诉法〉解释》第 291 条,它们的制度价值取向则是坚守民事诉讼之"一事不再理"的基本理念,其

---

① 《消费民事公益诉讼解释》第 15 条:"消费民事公益诉讼案件的裁判发生法律效力后,其他依法具有原告资格的机关或者社会组织就同一侵权行为另行提起消费民事公益诉讼的,人民法院不予受理。"

规则设计也更加强调同一民事公益诉讼案件之另诉或重诉的禁止。因此，本质上，可将其定性为"重诉禁止"规则。然而，《环境民事公益诉讼解释》第 28 条规定的"再诉允许"规则与《〈民诉法〉解释》第 291 条规定的"重诉禁止"规则，在制度逻辑上也存在质的关联。"重诉禁止"规则源于民事诉讼之"一事不再理"的基本理念，是民事诉讼制度的基本程序法理立场；而"再诉允许"规则源于民事公益维护的制度性需求，是民事公益诉讼案件所必要的程序规则路径。

综上，公益侵害阻断程序之审理规则的构建就其重诉与再诉问题，既要坚持正确的理论立场，又要遵循已于司法解释层面展现的司法实践规律。为平衡"重诉禁止"与"再诉允许"两个对冲性价值理念：首先，民事公益侵害阻断程序应当遵行"一事不再理"理念而订立"重诉禁止"规则，但相较于通常诉讼程序，亦应适度弱化其程序地位和制度功能；其次，在民事公益侵害阻断程序中，为弱化"一事不再理"的制度理念，为避免"重诉禁止"规则的僵化，也要确立正当的"再诉允许"规则，以通过预设前提下再次提起的公益侵害阻断程序更加充分地维护社会公共利益。[①]

六、私益损害的另行诉讼

前文论及，我国民事诉讼立法应及时、系统地构建以团体诉讼制度为模本的"公益侵害阻断程序"。就该制度范畴的创设，首先要明确

[①] 可采取如下之立法方案。在现行立法之"第十四章 第二审程序"与"第十五章 特别程序"之间增设一章，命名为"第 × 章 公益侵害阻断程序"。其中，第 10 条规定："（第一款）公益诉讼案件的实体判决发生法律效力后，其他依法具有原告资格的主体就同一侵权行为另行提起公益诉讼的，人民法院裁定不予受理。（第二款）公益诉讼案件的起诉被裁定驳回或原告申请撤诉被裁定准许的，其他依法具有原告资格的主体就同一侵权行为再次提起公益诉讼，人民法院应予受理。（第三款）公益诉讼案件的实体判决生效后，如有证据证明存在前案审理未发现的损害，依法具有原告资格的主体就同一侵权行为再次提起公益诉讼的，人民法院应予受理。"

其程序法理属性,并对其制度功能进行定位。在民事诉讼之程序原理上,公益侵害阻断程序兼具非讼程序和诉讼程序之双重属性,并以承载"纯粹性公益"之价值目标为本质特征。因此,公益侵害阻断程序并不以对个体性民事损害的具体赔偿为本质目的,其功能定位于:为避免社会之"纯粹性公益"遭受难以弥补的损失或难以挽回的后果,禁止相应主体实施其可能实施的侵害行为、要求其立即停止正在实施的侵害行为或立即采取消除危险、排除妨碍、恢复原状的积极措施。而且,其诉请项目与审理范围也应以之为限。因而,公益侵害阻断程序不应处理私人间的实质性纠纷对抗,也不能裁判私人间的实质性法律争议,其程序客体非常类似于非讼事件。因此,建立公益侵害阻断程序,作为一项先决性程序要素,立法必须对其与私益损害赔偿诉讼的关系进行准确定位。而依团体诉讼之制度原理,由团体诉讼所承载之"集合性公益"必须与团体成员之个体性利益明确区分,二者之诉权既不相互排斥亦不完全重叠,团体诉权的赋予并不侵蚀团体成员就其个体性利益寻求损害赔偿的诉权,其完全可于团体诉讼之外就其私益损害赔偿事宜另行诉讼。所以,基于其非讼属性,基于其"诉请项目与审理范围"所受之规则限定,由公益侵害阻断程序所承载之"纯粹性公益"亦须与基于同一公益侵权行为而受损害之社会个体私益明确区分,二者之诉权既不相互排斥亦不完全重叠,担当性公益诉权的行使并不侵蚀基于同一公益侵权行为而遭受损害之社会个体寻求损害赔偿的私益诉权,其完全可于公益侵害阻断程序之外就其私益损害赔偿事宜另行诉讼。

就此,相关之司法解释文本也已经开始作出尝试。如最高人民法院《环境民事公益诉讼解释》已经开始区分"环境侵权私益诉讼与环境侵害公益诉讼的运行逻辑"①。就环境民事公益诉讼与私益损害赔偿诉

---

① 张旭东:《环境民事公私益诉讼并行审理的困境与出路》,《中国法学》2018年第5期。

讼的关系问题,其第 10、29—31 条从四个方面作出了规定。首先,环境民事公益诉讼和私益损害赔偿诉讼在诉的属性上相互独立。法定机关和社会组织提起环境民事公益诉讼程序,不影响因同一公益侵权行为而遭受人身、财产损害的公民、法人和其他组织依法另行提起私益损害赔偿诉讼。其次,环境民事公益诉讼和私益损害赔偿诉讼在审理程序上相互独立。鉴于诉之属性上的差异,且合并审理不仅不能提高效率还会导致诉讼拖延,因此,环境民事公益诉讼和私益损害赔偿诉讼不能合并审理。再次,环境民事公益诉讼裁判的事实认定对于后续的私益损害赔偿诉讼有预决效力。基于环境民事公益诉讼与私益损害赔偿诉讼在事实认定以及法律适用方面的共通性,鉴于私益损害赔偿诉讼原告举证能力的不足,《环境民事公益诉讼解释》第 30 条特别强调了这种预决效力,并将其区分成为两种情形:法院依职权援引的预决效力和依当事人申请而援引的预决效力。最后,私益损害赔偿诉讼原告的受偿顺位优先。当被告因环境污染、生态破坏行为,在私益损害赔偿诉讼和环境民事公益诉讼中均被判决承担民事责任,但其财产不足以履行所有判决义务时,应当先履行私益损害赔偿责任,除非法律另有规定。又如《〈民诉法〉解释》就民事公益诉讼与私益损害赔偿诉讼的关系问题与之前的《环境民事公益诉讼解释》保持了一致立场,认为基于同一公益侵权行为而提起的民事公益诉讼与私益损害赔偿诉讼,其在诉讼请求、诉讼目的上存在本质区别。因此,其第 288 条规定:公益诉讼案件的受理,不影响受害人就同一侵权行为另行提起私益损害赔偿诉讼。再如《消费民事公益诉讼解释》就消费民事公益诉讼与私益损害赔偿诉讼的关系问题,其第 9—10、16 条从三个方面作出了规定。首先,消费民事公益诉讼和私益损害赔偿诉讼在诉的属性上相互独立。法定机关和社会组织提起消费民事公益诉讼不影响其他受害人就同一公益侵权行为另行提起私益损害赔偿诉讼。其次,消费民事公益诉讼和私益损害赔偿诉讼在审理程序上相互独立。鉴于诉之属性上的差异，且合并审理不仅不能提高效率还会导致诉讼拖延。因此，消费民事公益诉讼和私益损害赔偿诉讼不能合并审理。但是，在消费民事公益诉讼案件受理后，因同一侵权行为受到损害的消费者请求对其私益损害赔偿诉讼中止审理的，人民法院可以准许。因为，消费民事公益诉讼裁判的事实认定对于后续的私益损害赔偿诉讼有预决效力。最后，消费民事公益诉讼裁判的事实认定对于后续的私益损害赔偿诉讼有预决效力。基于消费民事公益诉讼与私益损害赔偿诉讼在事实认定以及法律适用方面的共通性，鉴于私益损害赔偿诉讼原告举证能力的不足，《消费民事公益诉讼解释》第16条特别强调了这种预决效力，并也将其区分成为两种情形：法院依职权援引的预决效力和依当事人申请而援引的预决效力。

综上，公益侵害阻断程序之审理规则的构建，就其与源于同一侵权行为之私益损害赔偿诉讼的关系问题，立法必须坚持两个基本的制度立场：其一，基于同一公益侵权行为，在公益侵害阻断程序之外，就其间不能提出的旨在为个体性利益寻求损害赔偿的请求项目，具体利益关系主体可依立法规定之其他程序方案，另行提起私益损害赔偿诉讼；其二，基于民事公益案件与私益损害赔偿案件在事实认定以及法律适用方面的共通性，鉴于私益损害赔偿诉讼原告举证能力的不足，民事公益判决之判决理由中的事实认定结论对于后续的私益损害赔偿诉讼有预决效力。[1]

---

[1] 可采取如下之立法方案。在现行立法之"第十四章 第二审程序"与"第十五章 特别程序"之间增设一章，命名为"第 × 章 公益侵害阻断程序"。其中，第11条规定："（第一款）人民法院受理公益诉讼案件，不影响同一侵权行为的受害人根据本法第一百一十九条规定另行提起损害赔偿诉讼。（第二款）公益诉讼案件受理后，同一侵权行为的受害人可以请求人民法院对其根据本法第一百一十九条规定提起的诉讼予以中止。（第三款）已为公益诉讼生效裁判认定的事实，在同一侵权行为的受害人根据本法第一百一十九条规定提起的诉讼中，当事人无须举证证明，但有相反证据足以推翻的除外。"

参考文献

中文著作

1. 曹建明主编：《程序公正与诉讼制度改革》，人民法院出版社 2002 年版。

2. 柴发邦主编：《民事诉讼法学新编》，法律出版社 1992 年版。

3. 陈刚主编：《自律型社会与正义的综合体系——小岛武司先生七十华诞纪念文集》，陈刚等译，中国法制出版社 2006 年版。

4. 陈荣宗、林庆苗：《民事诉讼法》（修订四版），台北三民书局 2005 年版。

5. 陈新民：《德国公法学基础理论》，山东人民出版社 2010 年版。

6. 范愉：《集团诉讼问题研究》，北京大学出版社 2005 年版。

7. 葛义才：《非讼事件法论》，台北三民书局 2005 年版。

8. 谷口安平：《程序的正义与诉讼》，王亚新、刘荣军译，中国政法大学出版社 1996 年版。

9. 江伟：《〈中华人民共和国民事诉讼法〉修改建议稿（第三稿）及立法理由》，人民法院出版社 2005 年版。

10. 江伟主编：《民事诉讼法学原理》，中国人民大学出版社 1999 年版。

11. 金俊银：《中华人民共和国民事诉讼法释论》，中国政法大学出版社 1991 年版。

12. 罗结珍译：《法国新民事诉讼法典》，法律出版社 2008 年版。

13. 马原：《民事诉讼法的修改与适用》，人民法院出版社 1991 年版。

14. 米尔伊安·R. 达玛什卡：《司法和国家权力的多种面孔》，郑戈译，中国政法大学出版社 2015 年版。

15. 莫诺·卡佩莱蒂编：《福利国家与接近正义》，刘俊祥译，法律出版社 2000 年版。

16. 沈达明：《比较民事诉讼法初论》，中信出版社 1991 年版。

17. 史蒂文·苏本、玛格瑞特（绮剑）·伍：《美国民事诉讼的真谛》，蔡彦敏等译，法律出版社 2002 年版。

18. 斯蒂文·J. 伯顿：《法律的道路及其影响》，张之梅等译，北京大学出版社 2005 年版。

19. 唐纳德·布莱克：《社会学视野中的司法》，郭星华等译，法律出版社 2002 年版。

20. 佟丽华、白羽：《和谐社会与公益法——中美公益法比较研究》，法律出版社 2005 年版。

21. 王名扬：《英国行政法》，中国政法大学出版社 1987 年版。

22. 王强义、宋军：《民事诉讼特别程序研究》，中国政法大学出版社 1993 年版。

23. 肖建华：《民事诉讼当事人研究》，中国政法大学出版社 2002 年版。

24. 小岛武司：《诉讼制度改革的法理与实证》，陈刚等译，法律出版社 2001 年版。

25. 徐昕译：《英国民事诉讼规则》，中国法制出版社 2001 年版。

26. 姚瑞光：《民事诉讼法》，中国政法大学出版社 2011 年版。

27. 张茂：《美国民事诉讼法导论》，中国政法大学出版社 1998 年版。

28. 张卫平：《诉讼架构与程式——民事诉讼的法理分析》，清华大学出版社 2000 年版。

29. 章武生等：《中国群体诉讼理论与案例评析》，法律出版社 2009 年版。

30. 赵蕾：《非讼程序论》，中国政法大学出版社 2013 年版。

31. 中村一郎：《新民事诉讼法讲义》，陈刚等译，法律出版社 2001 年版。

32. 最高人民检察院民事行政检察厅编：《民事行政检察指导与研究》第三集，法律出版社 2005 年版。

中文论文

33. 陈刚：《支持起诉原则的法理及实践意义再认识》，《法学研究》2015 年第 5 期。

34. 丁宝同：《论争点效之比较法源流与本土归化》，《比较法研究》2016 年第 3 期。

35. 丁宝同：《民事公益之基本类型与程序路径》，《法律科学》2014 年第 2 期。

36. 丁宝同：《执行异议之诉：比较法视野下的谱系解读》，《比较法研究》2015 年第 4 期。

37. 高静、杨会新：《代表人诉讼制度的反思与重构》，《国家检察官学院学报》2002 年第 6 期。

38. 顾培东：《判例自发性运用现象的生成与效应》，《法学研究》2018 年第 2 期。

39. 郭锋：《大庆联谊股东诉讼案与中国证券民事赔偿制度的构建》，《法学杂志》2006 年第 1 期。

40. 海茵·盖茨：《公共利益诉讼的比较法鸟瞰》，载莫诺·卡佩莱蒂编：《福利国家与接近正义》，刘俊祥译，法律出版社 2000 年版。

41. 何其生：《大国司法理念与中国国际民事诉讼制度的发展》，《中国社会科学》2017 年第 5 期。

42. 洪冬英：《代表人诉讼制度的完善——以职权型示范诉讼为补充》，《华东政法大学学报》2011 年第 3 期。

43. 胡军辉：《对我国建立民事示范诉讼制度的思考》，《中国青年政治学院学报》2010 年第 1 期。

44. 胡军辉：《论民事既判事实之预决效力》，《湘潭大学学报》2010 年第 4 期。

45. 季卫东：《"牙防组"事件公益私诉启示》，《财经》2007 年第 11 期。

46. 江伟、常廷彬：《论已确认事实的预决力》，《中国法学》2008 年第 3 期。

47. 江伟、肖建国：《关于代表人诉讼的几个问题》，《法学家》1994 年第 3 期。

48. 李学尧：《法律职业主义——兼论律师职业在社会转型期的定位》，《法学研究》2005 年第 6 期。

49. 李云：《我国代表人诉讼制度的局限性及其完善的构想》，《理论探索》2004 年第 2 期。

50. 刘海渤：《民事非讼审判程序初探》，《中国法学》2004 年第 3 期。

51. 刘艺：《构建行政公益诉讼的客观诉讼机制》，《法学研究》2018 年第 3 期。

52. 刘毅、张谷：《示范诉讼及其在我国审判实践中的运用》，《人民司法》2009 年第 11 期。

53. 罗丽：《我国环境公益诉讼制度的建构问题与解决对策》，《中国法学》2017 年第 3 期。

54. 吕忠梅：《环境司法理性不能止于"天价"赔偿：泰州环境公益诉讼案评析》，《中国法学》2016 年第 3 期。

55. 潘剑锋：《论建构民事程序权利救济机制的基本原则》，《中国法学》2015 年第 2 期。

56. 沈冠伶：《示范诉讼契约之研究》，《台大法学论丛》2004 年第 6 期。

57. 苏泽林：《关于立案审判专业化的若干问题》，《人民法院报》2006 年 11 月 30 日。

58. 汤欣：《私人诉讼与证券执法》，《清华法学》2007 年第 3 期。

59. 王福华：《代表人诉讼之替代改革》，《上海交通大学学报（哲学社会科学版）》2006 年第 5 期。

60. 王福华：《代表人诉讼中的利益诉求》，《法学》2006 年第 6 期。

61. 王福华：《民事诉讼的社会化》，《中国法学》2018 年第 1 期。

62. 王明远：《论环境权诉讼——通过私人诉讼维护环境公益》，《比较法研究》2008 年第 3 期。

63. 王明远：《论我国环境公益诉讼的发展方向：基于行政权与司法权关系理论的分析》，《中国法学》2016 年第 1 期。

64. 翁晓斌：《论已决事实的预决效力》，《中国法学》2006 年第 4 期。

65. 吴泽勇：《建构中国的群体诉讼程序：评论与展望》，《当代法学》2012 年第 3 期。

66. 肖建国、谢俊：《示范性诉讼及其类型化研究——以美国、英国、德国为对象的比较法考察》，《法学杂志》2008 年第 1 期。

67. 肖建国：《民事公益诉讼的基本模式研究——以中、美、德三国为中心的比较法考察》，《中国法学》2007 年第 5 期。

68. 肖建国：《民事公益诉讼的类型化分析》，《西南政法大学学报》2007 年第 1 期。

69. 熊跃敏：《消费者群体性损害赔偿诉讼的类型化分析》，《中国法学》2014 年第 1 期。

70. 杨瑞：《示范诉讼制度探析 —— 兼论我国代表人诉讼制度之完善》，《现代法学》2007 年第 4 期。

71. 杨严炎：《多元化群体诉讼制度研究》，《东方法学》2008 年第 1 期。

72. 杨严炎：《示范诉讼的分析与借鉴》，《法学》2007 年第 3 期。

73. 于是：《"示范诉讼"张力困局辨析及程序性破解 —— 以司法公开为建构路径》，《上海政法学院学报》2013 年第 4 期。

74. 张千帆：《公共利益的构成》，《比较法研究》2005 年第 5 期。

75. 张伟和：《巴西的集团诉讼制度》，《人民法院报》2005 年 4 月 29 日。

76. 张卫平：《论民事诉讼的契约化 —— 完善我国民事诉讼法的基本作业》，《中国法学》2004 年第 3 期。

77. 张卫平：《民事公益诉讼原则的制度化及实施研究》，《清华法学》2013 年第 4 期。

78. 张卫平：《中国民事诉讼法立法四十年》，《法学》2018 年第 7 期。

79. 张旭东：《环境民事公私益诉讼并行审理的困境与出路》，《中国法学》2018 年第 5 期。

80. 章武生：《非讼程序的反思与重构》，《中国法学》2011 年第 3 期。

81. 郑春燕：《论民众诉讼》，《法学》2001 年第 4 期。

82. 钟瑞华：《美国消费者集体诉讼初探》，《环球法律评论》2005 年第 3 期。

外文著作

83. Bryan A. Garner, ed., *Black's Law Dictionary*, Eagan: Thomson West, 2014.

84. Charles E. F. Rickett and Thomas G. W. Telfer, eds., *International Perspectives on Consumers' Access to Justice*, Cambridge: Cambridge University Press, 2003.

85. M. Cappelletti and B. Garth, eds., *Access to Justice: Emerging Issues and Perspectives* (Vol III of Florence Access-to-Justice Project Series), Milan: Alphen aan den Rijn, 1979.

86. Robert H. Klonoff, *Class Action and Other Multi-Party Litigation in a Nutshell*, Eagan: West Academic, 2012.

87. 新堂幸司主编:《基本法学（七）》，东京岩波书房1983年版。

外文论文

88. Geraint Howells, Rhoda James, "Litigation in the Consumer Interest," *Ilsa Journal of International and Comparative Law* 1, 2002.

89. John Romberg, "Half a Loaf is Predominant and Superior to None: Class Certification of Particular Issues Under Rule 23（c）（4）（a）," *Utah Law Review* 249, 2002.

90. Kerry Barnett, "Equitable Trusts: An Effective Remedy in Consumer Class Actions," *Yale Law Journal* 96, 1987.

91. Richard O. Faulk, "Armageddon through Aggregation: The Use and Abuse of Class Actions in International Dispute Resolution," in Charles E. F. Rickett and Thomas G. W. Telfer, eds., *International Perspectives on*

Consumers' Access to Justice, Cambridge: Cambridge University Press, 2003.

92. Smith Heather, "Shareholders Unite Class Actions are Verboten in Germany, but the Rules May Soon Relax," *American Lawyer* 1, 2005.

93. Stefano M. Grace, "Strengthening Investor Confidence in Europe: U.S.-Style Securities Class Actions and the Acquis Communautaire," *Journal of Transnational Law & Policy* 15, 2006.

94. 小岛武司:《民事诉讼法理基础》,东京有斐阁1988年版。

附录　立法建议

一、《人民检察院组织法》修改建议

2018年修订前《人民检察院组织法》第5条："各级人民检察院行使下列职权：（一）对于叛国案、分裂国家案以及严重破坏国家的政策、法律、法令、政令统一实施的重大犯罪案件，行使检察权。（二）对于直接受理的刑事案件，进行侦查。（三）对于公安机关侦查的案件，进行审查，决定是否逮捕、起诉或者免予起诉；对于公安机关的侦查活动是否合法，实行监督。（四）对于刑事案件提起公诉，支持公诉；对于人民法院的审判活动是否合法，实行监督。（五）对于刑事案件判决、裁定的执行和监狱、看守所、劳动改造机关的活动是否合法，实行监督。"

2018年修订后《人民检察院组织法》第20条："人民检察院行使下列职权：（一）依照法律规定对有关刑事案件行使侦查权；（二）对刑事案件进行审查，批准或者决定是否逮捕犯罪嫌疑人；（三）对刑事案件进行审查，决定是否提起公诉，对决定提起公诉的案件支持公诉；（四）依照法律规定提起公益诉讼；（五）对诉讼活动实行法律监督；（六）对判决、裁定等生效法律文书的执行工作实行法律监督；（七）对监狱、看守所的执法活动实行法律监督；（八）法律规定的其他职权。"

建议进一步修改为:"人民检察院行使下列职权:(一)依照法律规定对有关刑事案件行使侦查权;(二)对刑事案件进行审查,批准或者决定是否逮捕犯罪嫌疑人;(三)对刑事案件进行审查,决定是否提起公诉,对决定提起公诉的案件支持公诉;(四)依照法律规定对民事和行政公益案件支持或提起公益诉讼;(五)对诉讼活动实行法律监督;(六)对判决、裁定等生效法律文书的执行工作实行法律监督;(七)对监狱、看守所的执法活动实行法律监督;(八)法律规定的其他职权。"

二、《民事诉讼法》修改建议

(一)《民事诉讼法》第 15 条修改建议

现行《民事诉讼法》第 15 条:"检察机关、社会团体、企业事业单位对损害国家、集体或者个人民事权益的行为,可以支持受损害的单位或者个人向人民法院起诉。"

建议修改为:"(第一款)检察机关、社会团体、企业事业单位对损害国家、集体或者个人民事权益的行为,可以支持受损害的单位或者个人向人民法院起诉。(第二款)前款规定之支持起诉无法实施时,检察机关可以对损害国家、社会公共利益的行为直接提起诉讼。"

(二)《民事诉讼法》第 55 条修改建议

现行《民事诉讼法》第 55 条:"(第一款)对污染环境、侵害众多消费者合法权益等损害社会公共利益的行为,法律规定的机关和有关组织可以向人民法院提起诉讼。(第二款)人民检察院在履行职责中发现破坏生态环境和资源保护、食品药品安全领域侵害众多消费者合法权益等损害社会公共利益的行为,在没有前款规定的机关和组织或者前款规定的机关和组织不提起诉讼的情况下,可以向人民法院提起诉讼。前款规定的机关或者组织提起诉讼的,人民检察院可以支持起诉。"

建议修改为:"(第一款)对《环境保护法》、《海洋环境保护法》和《消费者权益保护法》规定的污染环境、侵害众多消费者合法权益等损害社会公共利益的行为,以及法律规定的其他损害社会公共利益的行为,检察机关、法律规定的行政机关和社会组织、公民个人可以向人民法院提起诉讼。(第二款)检察机关对在履行职责中发现的破坏生态环境和资源保护、食品药品安全领域侵害众多消费者合法权益等损害社会公共利益的行为,应当督促或支持前款规定的行政机关和社会组织提起诉讼,在没有前款规定的行政机关和社会组织或者前款规定的行政机关和社会组织不提起诉讼的情况下,可以向人民法院提起诉讼。(第三款)公民个人提起诉讼前,要先提请前两款规定之机关和社会组织向人民法院提起诉讼。"

(三)《民事诉讼法》增设"第 × 章 公益侵害阻断程序"之条文建议

在现行《民事诉讼法》之"第十四章 第二审程序"与"第十五章 特别程序"之间增设一章,命名为"第 × 章 公益侵害阻断程序"。内设十一个条文:

第 1 条:"人民法院审理依本法第五十五条规定提起诉讼的公益案件,适用本章规定。本章没有规定的,适用本法和其他法律的有关规定。"

第 2 条:"根据本法第五十五条规定提起诉讼必须符合下列条件:(一)有明确的被告;(二)有具体的诉讼请求;(三)有社会公共利益受到损害或存在重大风险的初步证明材料;(四)属于人民法院受理民事诉讼的范围和受诉人民法院管辖。"

第 3 条:"(第一款)根据本法第五十五条规定提起诉讼需要提交

下列材料：（一）符合本法第一百二十一条规定的起诉状；（二）社会公共利益受到损害或存在重大风险的初步证明材料。（第二款）社会组织就环境污染行为提起前款规定诉讼的，应当提交社会组织登记证书、章程、起诉前连续五年的年度工作报告书或者年检报告书，以及由其法定代表人或者负责人签字并加盖公章的无违法记录的声明。（第三款）消费者组织就侵害众多消费者合法权益行为提起前款规定诉讼的，应当提交已就涉诉事项按照《消费者权益保护法》第三十七条第四项或者第五项的规定履行公益性职责的证明材料。（第四款）人民检察院提起前款规定诉讼的，应当提交已经履行督促或者支持民事公益起诉之诉前程序的证明材料。（第五款）公民个人提起前款规定诉讼的，应当提交已经提请法律规定之机关和社会组织向人民法院提起诉讼的证明材料。"

第4条："（第一款）公益诉讼案件由侵权行为地或者被告住所地中级人民法院管辖，但法律另有规定的除外。（第二款）因污染海洋环境提起的公益诉讼，由污染发生地、损害结果地或者采取预防污染措施地海事法院管辖。（第三款）经最高法院批准，高级法院可以根据本辖区的实际情况，在辖区内确定部分中级法院受理第一审民事公益诉讼案件，并确定其管辖民事公益诉讼案件的区域。"

第5条："（第一款）根据本法第五十五条规定提起诉讼，原告可以请求被告承担停止侵害、排除妨碍、消除危险、恢复原状、赔偿损失、赔礼道歉等民事责任。（第二款）对生态环境受到损害至其恢复原状期间的服务功能损失，为停止侵害、排除妨碍、消除危险采取合理预防、处置措施而支出的费用，对侵权行为进行调查、取证的合理费用，为实施诉讼所支出的检验费用、鉴定费用、合理律师费及其他合理费用，原告可以请求被告赔偿损失。（第三款）对以格式条款、通知、声明、店堂告示等方式，作出排除或者限制消费者权利、减轻或者免除经营者责任、加重消费者责任等对消费者不公平、不合理规定，并侵害众多消费者合法权益的，原告可以请求判定格式约定无效。（第四款）法院认为原告提出的诉讼请求不足以维护社会公共利益的，可向其释明，要求变更或者增加停止侵害、恢复原状等诉讼请求。（第五款）被告以反诉方式提出诉讼请求的，法院不予受理。"

第6条："（第一款）人民法院受理公益诉讼案件后，应当在五日内公告案件受理情况。（第二款）人民法院受理公益诉讼案件后，应当在十日内书面告知相应检察机关和相关行政主管部门。（第三款）人民法院受理公益诉讼案件后，依法可以提起诉讼的其他机关、有关组织和公民个人，可以在开庭前向人民法院申请参加诉讼。人民法院准许参加诉讼的，列为共同原告。"

第7条："（第一款）人民法院认为审理公益诉讼案件需要的证据，应当调查收集；在证据可能灭失或者以后难以取得的情况下，人民法院也应主动采取保全措施。（第二款）人民法院审理公益诉讼案件，对应由原告承担证明责任且为维护公共利益所必要的专门性问题应依职权委托具备资格的鉴定人进行鉴定。（第三款）人民检察院或行政机关就其支持或直接提起诉讼的公益案件，对损害社会公共利益的行为和损害后果，应当在其检察职权或行政职权的范围内调查收集证据，并向人民法院提供。（第四款）人民法院审理公益诉讼案件，原告请求被告提供可能证明存在损害社会公共利益的行为和损害后果的证据材料，法律规定被告应当持有或有证据证明被告持有而拒不提供的，如原告主张相关事实不利于被告，可推定其主张成立。（第五款）人民法院审理公益诉讼案件，对原告在诉讼过程中作出的自认，认为损害社会公共利益的，不予确认。"

第8条："（第一款）人民法院审理公益诉讼案件，可以进行调解，双方当事人也可以自行和解。但调解或和解协议的内容不得损害社会公共利益。（第二款）达成和解或调解协议后，人民法院应当将协议进行公告。公告期间不得少于三十日。（第三款）公告期满后，人民法院经审查，和解或调解协议不违反社会公共利益的，应当出具调解书；和解或调解协议违反社会公共利益的，不予出具调解书，继续对案件进行审理并依法作出裁判。"

第9条："（第一款）人民法院审理公益诉讼案件，一审法庭辩论终结前，原告申请撤诉的，是否准许，由人民法院裁定。（第二款）原告撤诉可能损害社会公共利益，原告仅以达成和解协议为由申请撤诉，或在一审法庭辩论终结后申请撤诉的，不予准许。除非其诉讼请求已经全部实现。"

第10条："（第一款）公益诉讼案件的实体判决发生法律效力后，其他依法具有原告资格的主体就同一侵权行为另行提起公益诉讼的，人民法院裁定不予受理。（第二款）公益诉讼案件的起诉被裁定驳回或原告申请撤诉被裁定准许的，其他依法具有原告资格的主体就同一侵权行为再次提起公益诉讼，人民法院应予受理。（第三款）公益诉讼案件的实体判决生效后，如有证据证明存在前案审理未发现的损害，依法具有原告资格的主体就同一侵权行为再次提起公益诉讼的，人民法院应予受理。"

第11条："（第一款）人民法院受理公益诉讼案件，不影响同一侵权行为的受害人根据本法第一百一十九条规定另行提起损害赔偿诉讼。（第二款）公益诉讼案件受理后，同一侵权行为的受害人可以请求人民法院对其根据本法第一百一十九条规定提起的诉讼予以中止。（第三款）已为公益诉讼生效裁判认定的事实，在同一侵权行为的受害人根据本法第一百一十九条规定提起的诉讼中，当事人无须举证证明，但有相反证据足以推翻的除外。"

三、《消费者权益保护法》修改建议

在现行《消费者权益保护法》之"第四章 国家对消费者合法权益

的保护"的最后增加一个条文，作为第 36 条："对侵害众多不特定消费者合法权益或具有危及消费者人身、财产安全危险的行为，人民检察院、本法规定的工商行政管理部门和其他有关行政部门、符合本法第四十七条规定的社会组织，以及公民个人，可以依据《民事诉讼法》第五十五条规定，向人民法院提起诉讼。"

现行《消费者权益保护法》第 47 条："对侵害众多消费者合法权益的行为，中国消费者协会以及在省、自治区、直辖市设立的消费者协会，可以向人民法院提起诉讼。"

建议修改为："对侵害众多不特定消费者合法权益或具有危及消费者人身、财产安全危险的行为，中国消费者协会以及在省、自治区、直辖市设立的消费者协会，可以依据《民事诉讼法》第五十五条规定，向人民法院提起诉讼。"

四、《环境保护法》修改建议

现行《环境保护法》第 58 条："对污染环境、破坏生态，损害社会公共利益的行为，符合下列条件的社会组织可以向人民法院提起诉讼：（一）依法在设区的市级以上人民政府民政部门登记；（二）专门从事环境保护公益活动连续五年以上且无违法记录。符合前款规定的社会组织向人民法院提起诉讼，人民法院应当依法受理。提起诉讼的社会组织不得通过诉讼牟取经济利益。"

建议修改为："（第一款）对污染环境、破坏生态，已经损害社会公共利益或者具有损害社会公共利益重大风险的行为，符合下列条件的社会组织可以依据《民事诉讼法》第五十五条规定，向人民法院提起诉讼：（一）依法在设区的市级以上人民政府民政部门登记；（二）专门从事环境保护公益活动连续五年以上且无违法记录。（第二款）人民检察院、本法规定的环境保护主管部门或者其他负有环境保护监督管理职责的部门，以及公民个人，可依前款规定向人民法院提起诉讼。（第三款）符合前两款规定的社会组织、机关和公民个人向人民法院提起诉讼，人民法院应当依法受理。（第四款）提起诉讼的社会组织、机关和公民个人不得通过诉讼牟取经济利益。"

五、《海洋环境保护法》修改建议

现行《海洋环境保护法》第 89 条："（第一款）造成海洋环境污染损害的责任者，应当排除危害，并赔偿损失；完全由于第三者的故意或者过失，造成海洋环境污染损害的，由第三者排除危害，并承担赔偿责任。（第二款）对破坏海洋生态、海洋水产资源、海洋保护区，给国家造成重大损失的，由依照本法规定行使海洋环境监督管理权的部门代表国家对责任者提出损害赔偿要求。"

建议修改为："（第一款）造成海洋环境污染损害的责任者，应当排除危害，并赔偿损失；完全由于第三者的故意或者过失，造成海洋环境污染损害的，由第三者排除危害，并承担赔偿责任。（第二款）对破坏海洋生态、海洋水产资源、海洋保护区，给国家造成重大损失的，由依照本法规定行使海洋环境监督管理权的部门代表国家对责任者提出损害赔偿要求。（第三款）对破坏海洋生态、海洋水产资源、海洋保护区，等已经损害社会公共利益或者具有损害社会公共利益重大风险的行为，人民检察院、依照本法规定行使海洋环境监督管理权的部门、符合《环境保护法》第五十八条规定的社会组织，以及公民个人，有权依据《民事诉讼法》第五十五条的规定向法院提起诉讼。"

后 记

在"国家社会科学基金青年项目"（13CFX065）和"西南政法大学青年学术文库"（西政校发〔2017〕86号）资助下，此书终得成稿。书稿初成于2016年10月，"国家社会科学基金青年项目"（13CFX065）结项于2017年3月，"西南政法大学青年学术文库"（西政校发〔2017〕86号）评审完成于2017年7月，出版合同签订于2018年6月，现再据出版社体例完成书稿校勘。时间跨度达两年之久，又适逢我国《民事诉讼法》第三次修正，《海洋环境保护法》第二、三次修正和《人民检察院组织法》的修订，还有多部相关司法解释的制定。其间，为使论证立基于时行之规范文本，并更新相关之论据信息，笔者先后六易其稿。然而，一己之力所限，难免挂一漏万，此番校勘之后，版行仍待时观。为此，就书稿面世时可能存在的未及更新之处，先行向读者致以万分真诚之歉意。

书不尽言，付梓为盼！

丁宝同

澳大利亚新南威尔士州赖德米尔公园路76—129B号，邮编2116

2018年12月18日